教育部哲学社会科学系列发展报告
（项目批准号：11JBGP001）

京津冀区域发展报告

2014

Beijing–Tianjin–Hebei Regional
Development Report (2014)

主　编：李国平

副主编：孙铁山　李岱松　颜廷标

陈家刚　刘京顺　刘霄泉

科学出版社

北　京

图书在版编目(CIP)数据

京津冀区域发展报告.2014/李国平主编.—北京：科学出版社，2014
ISBN 978-7-03-041012-2

I. ①京… II. ①李… III. ①区域经济发展-研究报告-华北地区 IV. ①F127.2

中国版本图书馆 CIP 数据核字（2014）第 124847 号

责任编辑：石　卉　程　凤/责任校对：张凤琴
责任印制：赵德静/封面设计：无极书装

科学出版社 出版
北京东黄城根北街 16 号
邮政编码：100717
http://www.sciencep.com

骏杰印刷厂 印刷
科学出版社发行　各地新华书店经销

*

2014 年 7 月第　一　版　开本：720×1000 1/16
2014 年 7 月第一次印刷　印张：24 1/4
字数：462 000

定价：118.00 元
（如有印装质量问题，我社负责调换）

编委会

主　编

李国平

副主编

孙铁山　李岱松　颜廷标　陈家刚　刘京顺　刘霄泉

编　委

卢明华　李青淼　陈红霞　崔　巍　席强敏　张学海　吴爱芝
张小薇　张杰斐　原　嫄　罗　毅　陈　曦　王志宝　赵浚竹

编写组成员及撰稿人
（按文序排列）

李国平　　　刘京顺　　　孙铁山　　　席强敏　　　刘霄泉　　　陈红霞　　　卢明华
尹　征　　　张杰斐　　　李岱松　　　张小薇　　　刘汉初　　　原　嫄　　　陈家刚
欧阳文婷　　崔　巍　　　张学海　　　颜廷标　　　王　帅　　　吴爱芝　　　李青淼
罗　毅　　　陈　曦　　　张　娇　　　王志宝　　　赵浚竹　　　魏文栋　　　齐云蕾
梁　岩　　　金　航　　　侯　韵　　　李　楠

前　言

京津冀区域（北京、天津和河北）是与长江三角洲、珠江三角洲并列的中国三大人口和社会经济活动的集聚区域之一。21世纪以来，京津冀区域步入了新的快速发展阶段。尤其是2011年以来，一方面，伴随着区域产业结构升级和产业转移步伐的加快，京津冀区域的综合竞争力进一步提升；另一方面，北京提出建设世界城市的目标后，以促进京津冀区域一体化为重点的首都经济圈建设被提上日程，区域合作进程明显加快，为最大限度地发挥区域发展潜力奠定了重要基础。建设世界城市及首都经济圈，对提升国家总体竞争力、融入全球城市网络和提升在全球的经济地位具有重要意义；全面了解和掌握京津冀区域的发展现状和趋势，清楚认识发展中存在的问题，科学谋划区域发展的路径与方向，是推动世界城市及首都经济圈建设、引领国家经济发展的战略需要。

本书是面向京津冀区域、全面研究该区域发展现状和问题的综合性系列报告的第二部，是北京大学承担的教育部哲学社会科学系列发展报告资助项目（项目批准号：11JBGP001）的重要成果。本书共分四篇——总论篇、综合篇、地区篇和专题篇。其中，总论篇分析了京津冀区域发展面临的新形势及取得的成效，指出了存在的五大突出问题，进而提出了明确功能定位、加速推进京津冀区域一体化、稳妥推进首都非核心功能疏解、促进协同创新、提高北京对周边地区的辐射效应、建立健全区域协调机制等战略对策。综合篇从总结京津冀区域的发展成就出发，分析了京津冀区域经济发展，社会发展，人口、资源与环境发展，空间发展和合作进展五大方面的现状和问题。地区篇从经济，社会，人口、资源与环境及空间发展四个方面分别阐述了北京、天津、河北三地的发展现状。专题篇以北京与周边地区的合作为主要研究内容，重点分析了北京与紧邻的河北六地市产业合作的变化趋势，对产业合作的需求及存在的主要问题进行了分析，提出了未来产业合作发展的目标、路径、模式及相关政策建议。

本书编委会及编写组成员为来自北京大学、中央财经大学、首都师范大学、首都经济贸易大学、北京第二外国语学院、南开大学、河北省社会科学院、北京市科学技术评价研究所、北京市对口支援和经济合作领导小组办公室等的北京、天津、河北三地的专家学者及政府实务部门人员。本书由编委会讨论确定结构框架、各章节的主要内容及基本观点，然后由各位执笔者承担相应章节的写作。第一章由李国平、刘京顺、孙铁山、席强敏执笔；第二章第一节由刘霄泉执笔，第二节由陈红霞执笔，第三节由卢明华、尹征执笔，第四节由张杰斐执笔，第五节由李岱松、张小薇执笔；第三章第一节由刘霄泉执笔，第二节由陈红霞执笔，第三节由卢明华、刘汉初执笔，第四节由原嫄执笔；第四章由陈家刚、欧阳文婷执笔；第五章由崔巍、张学海、颜廷标执笔；第六章由李国平、王帅、吴爱芝执笔；第七章由李青淼、罗毅、陈曦执笔；第八章由孙铁山、李青淼、张娇执笔；大事记由张小薇执笔。王志宝、赵浚竹、魏文栋、齐云蕾、梁岩、金航、侯韵、李楠也参与了本书的部分研究及数据处理工作。本书由李国平、孙铁山、刘霄泉、卢明华统稿。

本书编写的组织协调单位为北京大学首都发展研究院，该院工作人员为此付出了诸多努力。本书的编写得到了北京市对口支援和经济合作领导小组办公室、北京市发展和改革委员会、天津市发展和改革委员会、河北省发展和改革委员会、北京市科学技术委员会等单位或机构的大力支持。为完成本书的编写工作，编写组先后多次到北京、天津、河北各地开展调查研究，对给予调研以协助的相关机构、企业和个人表示衷心的感谢。本书力图反映近年来京津冀区域发展的最新状况和总体趋势，但限于理论水平与实践经验，书中难免存在肤浅与不足之处，编者诚恳地希望广大读者批评指正。

李国平

2014 年 3 月

目　录

第四篇　专题篇——京冀产业合作发展研究

第一篇　总论篇

第一章

新时期京津冀区域一体化发展的战略思考

在经济全球化和区域一体化趋势不断加强的大背景下，在我国综合国力和国际影响力与日俱增的新形势下，京津冀区域在经济发展、社会保障、生态保护、交通建设等领域取得了重大成就，同时仍面临着区域一体化程度较低、区域分工体系尚未形成、区域生态环境问题严峻等一系列突出的问题。在区域发展总体战略、新型城镇化战略、京津冀协同发展等国家重大战略对京津冀地区的发展产生重大影响的新时期，京津冀区域应该明确功能定位，加速推进区域合作进程，稳妥推进首都非核心功能疏解，促进区域协同创新，提高首都对周边的辐射效应，建立区域协调机制，迈向均衡、包容、可持续发展的新阶段。

第一节　推进京津冀区域一体化发展的战略意义

京津冀区域是新时期引领我国经济增长和转型升级、参与全球合作与竞争的战略平台，在中国特色社会主义"五位一体"建设中具有无可替代的战略地位和十分突出的引领作用。无论从区域经济一体化发展大势，还是从缓解首都面临的人口、资源和环境矛盾压力来看，都必须加快推进京津冀区域发展，将区域一体化进程向纵深推进。

1. 京津冀区域一体化发展是平衡全国经济布局、打造中国北方经济中心的重要支点

京津冀区域是全国政治、文化、国际交往和科技创新中心，也是中国北方

最大、发展最好、现代化程度最高的城镇和工业密集区。该区具有良好的区位条件、经济基础和密集的科技智力资源，是当前中国北方地区的经济中心特别是知识经济中心。京津冀区域是构建环渤海经济圈、引领中国北方地区发展、打造中国北方经济中心的重要支点，是平衡中国经济南北布局的战略高地。推进京津冀区域发展有利于优化国家整体经济布局，形成南北均衡的区域经济战略格局。推进京津冀区域一体化发展有利于进一步强化其国家政治、文化、国际交往和科技中心地位。

2. 京津冀区域一体化发展是参与全球竞争、打造中国的世界城市、引领区域发展的重要支撑

随着经济全球化和区域一体化趋势不断加强，京津冀区域既是中国参与全球竞争、在国际竞争中占有重要战略地位的空间单元，也是引领环渤海经济圈一体化发展的重要引擎。随着国家经济实力的强大，中国需要建设参与全球竞争的世界城市，而京津冀区域是北京建设世界城市的区域支撑。北京建设世界城市离不开其周边地区的支撑和保障，不仅需要经济的支撑，更需要资源、环境、空间等基础保障。因此，促进京津冀区域一体化发展是参与全球竞争、打造中国的世界城市、促进区域发展的重要战略途径。

3. 推进京津冀区域一体化发展是保证首都可持续发展、强化首都服务功能、促进区域协调发展的重要途径

人口和产业的过度集中使首都可持续发展面临重大考验，也影响了北京"四个服务"功能的充分发挥。同时，北京周边地区的发展也需要北京的辐射和扩散，通过区域统筹规划、合理分工，实现区域协调发展。推进京津冀区域一体化发展不仅是北京发展的需要，也是国家经济发展的需要。如何保障首都的可持续发展、强化首都服务功能、促进区域一体化发展是京津冀地区的重要使命。京津冀区域一体化发展需要北京继续发挥知识与服务优势，获取新的竞争优势。京津冀区域一体化发展需要充分发挥天津的产业基础和港口优势，形成现代制造业基地和国际物流贸易中心，与北京共同打造制造业、服务业产业链，促进区域内的产业集聚和产业带的形成。京津冀区域一体化发展需要充分发挥河北的要素资源、重化工业基础及能源枢纽港等优势，承接北京部分产业和城市功能的转移，为北京更好、更高标准地履行"四个服务"功能置换更多的发展空间。

4. 京津冀区域一体化发展是解决首都的"大城市病"、完善城市功能布局、加速社会转型的重要依托

北京作为首都，其长远目标是成为对全球经济有重大影响及控制能力的世界城市。要实现这一目标，北京不仅需要不断提升自身经济实力，成为全球城

市网络的重要节点和全球化扩散到区域的门户，而且必须打破单中心的空间发展模式，依托一个具有强劲经济活力的腹地作为区域发展的基础，寻求区域协调发展。面向北京的发展需求，推动京津冀区域一体化发展也是解决北京一系列发展问题的重要途径。"大城市病"问题日益凸显，严重影响了北京的可持续发展和社会转型。从北京的未来发展来说，上述问题的解决需要在区域空间尺度上，即京津冀区域层面上进行城市职能疏导和再配置，推进资源消耗大、附加价值低、不符合首都功能定位、会带来大量外来人口集聚的产业向周边地区转移，完善城市功能布局。推进京津冀区域一体化发展，不仅能够缓解首都"大城市病"问题，也对提升城市综合竞争力具有重要作用。

第二节　京津冀区域一体化发展面临的新形势

在新的时代背景下，国家对区域协调发展的总体要求为京津冀区域一体化发展提供了良好条件，给京津冀区域发展带来了一系列重要契机。

1. 世界第二大经济体地位的巩固和国家经济发展方式的转型升级给京津冀区域带来更大的发展空间

伴随着工业化、信息化、城镇化、市场化和国际化进程的逐步加快和深化，我国经济社会发展均取得了巨大成就，世界第二大经济体的地位不断巩固。我国已经进入深化改革开放、加快转变经济发展方式的攻坚时期，在转变经济发展方式过程中，以外向型经济为主导的长江三角洲和珠江三角洲经济区面临着更大挑战，产业结构服务化特征日益突出的京津冀区域发展更符合我国未来发展的趋势和方向，未来发展的潜力和发挥的作用将日益加强。京津冀区域将成为新时期引领我国经济增长和转型升级的重大战略平台。

2. 国家区域发展总体战略和主体功能区战略的深入推进将加快推进京津冀区域一体化协调机制建设

"十二五"期间，国家区域发展总体战略和主体功能区战略深入推进，国家"十二五"规划明确提出打造首都经济圈，推进京津冀区域经济一体化发展，支持东部地区率先发展的战略重点，中关村国家自主创新示范区、天津滨海新区、河北沿海地区、北京新机场临空经济区、天津海洋经济科学发展示范区均已上升为国家发展战略。《中共中央关于全面深化改革若干重大问题的决定》进一步体现了对新时期区域协调机制建设和区域一体化发展的重视，要求建立和完善跨区域城市发展协调机制，健全区域发展一体化体制机制。

3. 国家新型城镇化战略的加速推进将全面提升城市群的一体化建设和网络化发展

城市群的发展是国家新型城镇化战略加速推进过程中的关键问题。我国新型城镇化战略的顺利实施要求全面提升东部地区三大城市群发展水平，科学规划城市群内各城市功能定位和产业布局，缓解特大城市中心城区压力，强化中小城市产业功能，增强小城镇公共服务和居住功能，推进大中小城市基础设施一体化建设和网络化发展，逐步形成辐射作用大的城市群，促进大中小城市和小城镇协调发展，在更高层次上参与国际合作和竞争。以中心城市为核心的大都市圈和城市群的建设已经是社会、经济发展到一定阶段的必然选择，而且在未来国际竞争中占主导地位，区域合作的广度和深度将会进一步拓展，这正是京津冀区域一体化发展的良好时机。

4. 党中央国务院领导的高度重视和京津冀区域合作框架协议的签订指明了京津冀区域一体化发展的方向

党中央国务院领导高度重视京津冀区域一体化发展，明确提出要进一步加大支持力度，并就积极推进京津冀区域合作，促进优势互补、共赢发展，谱写社会主义现代化京津"双城记"、打破"一亩三分地"思维定式等关键问题做了一系列重要指示；2013 年，北京、天津和河北三地相互签署了区域合作框架协议，协议内容既包括了三地支持共同做好首都经济圈发展规划编制的顶层设计工作，又包含了交通、物流、金融、旅游、环保、科教、人才、产业等细化至项目的合作内容。党中央国务院领导的高度重视，北京、天津和河北三地合作框架协议的签订为推进京津冀区域一体化发展指明了方向和提供了有力支撑。

第三节　京津冀区域一体化发展取得的主要成效

1. 经济总量持续增长，产业结构不断优化

京津冀区域作为我国北方最重要的经济区，经过多年来的不懈努力，经济发展取得了巨大成就，2012 年区域生产总值（GDP）达到 57 348 亿元，占全国经济总量的 11%。近 60 年来，京津冀区域经济发展持续增长，1952～2012 年区域 GDP 年均实际增长率达到 8.7%，高于全国 7.9% 的平均水平。"十二五"时期以来，京津冀区域 GDP 由 2010 年的 43 732 亿元增长到 2012 年的 57 348 亿元，年均实际增长率达到 10.1%，高于全国 9.4% 的平均水平；京津冀区域人均 GDP 也由 42 723 元增长到 53 248 元，年均实际增速达到 8%（图 1-1）。由此可

见，京津冀区域的经济增长具有一定的持续性和稳定性，经济总量和人均 GDP 始终保持着较高增速，促使京津冀区域的经济实力不断增强。

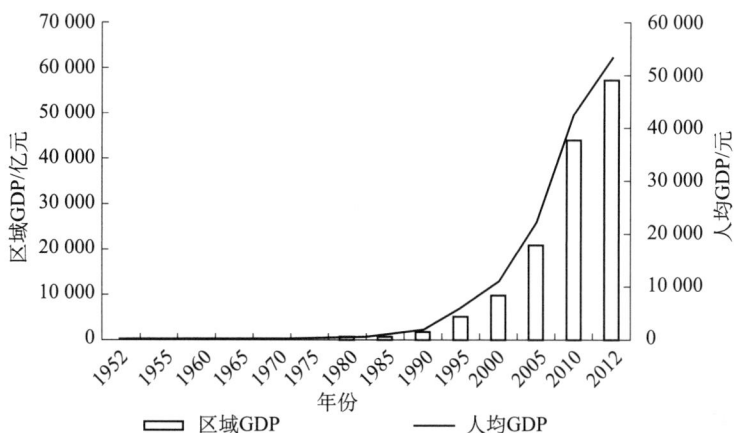

图 1-1　改革开放以来，京津冀区域重点年份的区域 GDP 和人均 GDP

资料来源：《新中国六十年统计资料汇编》《中国统计年鉴 2013》

在国民经济持续快速增长的同时，京津冀区域经济结构调整也明显加快，通过优先发展第三产业，推进工业和服务业的产业结构升级，积极培育高新技术产业，逐步形成了新的产业发展格局，有效提高了国民经济整体质量和效率。20 世纪 80 年代以来，京津冀区域第三产业的比重持续稳定增长，"三、二、一"的产业发展格局逐步形成，服务主导型的经济特征逐渐显现，2010 年第三产业的比重已超过一半（图 1-2）。2012 年，京津冀区域产业结构为 6∶43∶51（以增加值计），第三产业在与第二产业齐头并进的同时，已成为带动区域经济快速发展的重要支柱，标志着京津冀区域经济发展进入新的阶段。

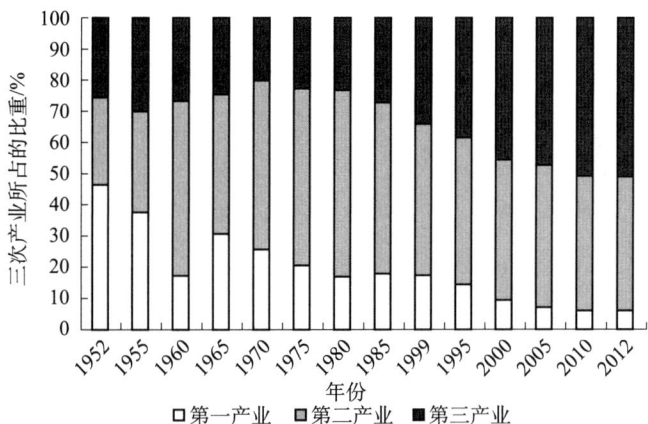

图 1-2　京津冀区域部分年份的三次产业结构

资料来源：《北京统计年鉴 2013》《河北经济年鉴 2013》《天津统计年鉴 2013》

2. 居民生活水平不断提高，区域社会保障体系日趋完善

改革开放以来，京津冀区域在经济快速发展的基础上，居民生活水平显著提升，消费水平稳步提高，物质和精神生活发生了巨大变化，实现了由温饱向小康的历史性转变。进入 21 世纪以后，居民收入继续保持快速增长，2012 年，北京、天津、河北三地城镇居民人均可支配收入分别为 36 469 元、29 626 元和20 543 元，与 2010 年相比年均增速分别为 12.0%、10.4% 和 12.4%；而农村居民人均纯收入水平分别为 16 476 元、13 571 元和 8081 元，与 2010 年相比，年均增速分别为 11.5%、7.2% 和 16.5%。这在很大程度上显示了京津冀区域的人民生活水平正在相对稳定的态势中持续提高（图 1-3 和图 1-4）。

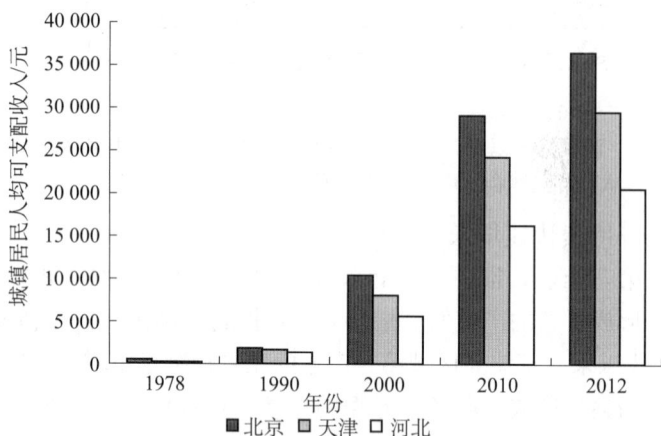

图 1-3　北京、天津和河北三地部分年份城镇居民人均可支配收入

资料来源：《北京统计年鉴 2013》《河北经济年鉴 2013》《天津统计年鉴 2013》

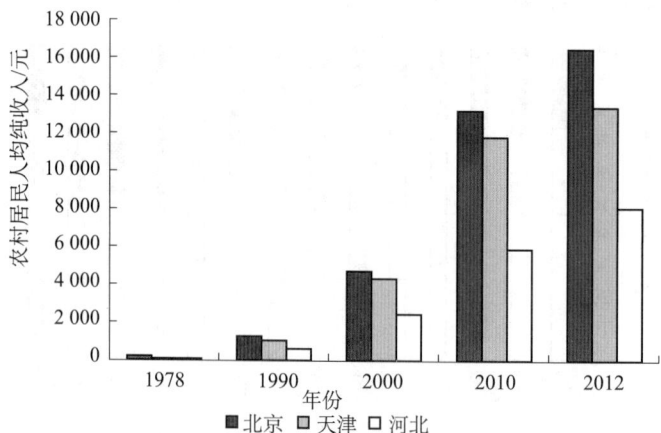

图 1-4　北京、天津和河北三地部分年份农村居民人均纯收入

资料来源：《北京统计年鉴 2013》《河北经济年鉴 2013》《天津统计年鉴 2013》

京津冀区域通过不断完善体制机制、提高管理服务水平、扩大覆盖面等相关措施，社会保险事业取得了长足发展。在整合城镇居民基本医疗保险制度和新型农村合作医疗制度的基础上，稳步有序地扩大社会保险的覆盖范围，促使区域参保人数不断增加。截至2012年，京津冀区域城镇居民养老、医疗保险覆盖面逐步扩大，总人数已经分别达到2822.28万人和2665.59万人（图1-5）。京津冀区域城镇居民基本养老保险覆盖面达到城镇总人口的1/2，其中北京为1206.4万人，超过城镇人口的2/3；天津为490.26万人，占城镇人口的近1/2；河北为1125.62万人，占城镇人口的1/3。居民其他三大社会保险——失业保险、工伤保险和生育保险惠及人数稳步增长，参保总人数由2010年的4307.1万人增加到2012年的5421.4万人，年均增长率达到12.2%。

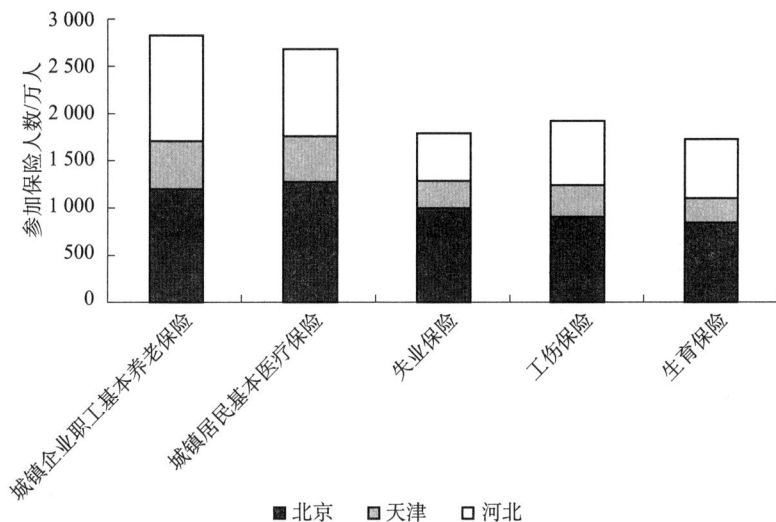

图1-5　2012年北京、天津和河北三地参加社会保险人数

数据来源：《北京统计年鉴2013》《河北经济年鉴2013》《天津统计年鉴2013》

在社会保障制度方面，京津冀区域已启动了区域人才合作推进工程，近两年来不断加快医疗保险制度衔接，建立京津冀区域内异地就医结算制度，逐步完善跨省市的区域社会保障体系。内容主要有以省级异地就医信息平台为基础，逐步实现省级医保信息系统的即时连接，全面实现异地就医人员医疗费用在就医地报销。区域内部沟通协调显著加强，对异地定点医疗机构和异地就医人员医疗费用监管、维护基金安全起到了积极作用。目前，在国家政策框架内，京津冀区域正逐步实现企业职工基本养老保险关系转移接续，并按照国家规定及时办理相应参保缴费和转接手续，使高层次人才在达到退休年龄时，能及时享受基本养老保险待遇。

3. 水资源、能源利用效率有较大提高，生态环境建设稳步推进

从水资源利用效率来看，近年来京津冀区域万元 GDP 用水量呈现减少的趋势，2012 年京津冀区域万元 GDP 用水量为 44.4 米³，比 2011 年减少 4.6 米³，降低 9.4%，比 2010 年减少 13.0 米³，降低 22.6%。

从能源利用效率来看，2000 年以来，京津冀区域万元 GDP 能耗下降趋势明显，从 2000 年的 1.83 吨标准煤下降到 2012 年的 0.78 吨标准煤，下降了近一半；虽然仍略高于全国平均水平，但差距明显缩小，2000 年每创造万元 GDP 要比全国多消耗 0.36 吨标准煤，2012 年则缩小到多消耗 0.08 吨标准煤（图 1-6）。从京津冀区域内的能源利用效率来看，河北万元 GDP 能耗最高，2012 年为 1.1 吨标准煤，但比 2010 年下降了 15.4%；而北京和天津的万元 GDP 能耗均明显低于全国平均水平，且仍在持续下降。因此，京津冀区域的能源利用效率在逐步稳定提升。

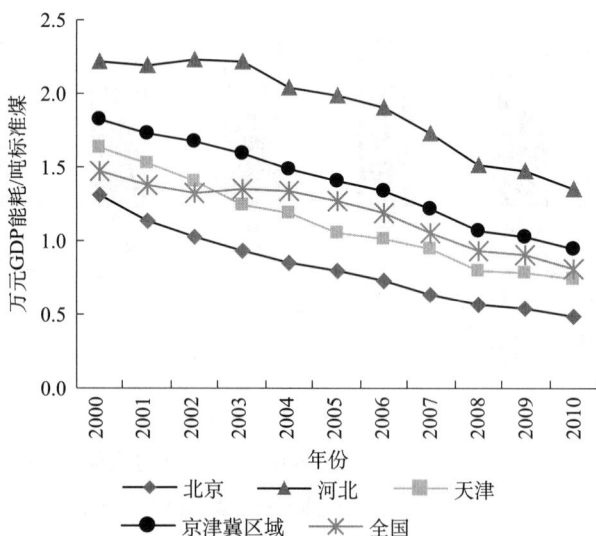

图 1-6　2000～2010 年京津冀区域与全国万元 GDP 能耗变化

近年来，京津冀区域环境污染治理投资不断增加，二氧化硫、烟尘、化学需氧量、氨氮等主要污染物排放量总量和强度均在下降，森林面积、森林覆盖率等生态环境指标也有所提升，不过突发环境事件却明显增加。虽然京津冀区域生态环境质量逐渐提高，但区域内部仍呈现出一定差异。北京和天津生态环境质量逐步提高，2012 年生态环境质量级别均为良；2012 年河北生态环境质量略有提高，但级别仍为一般。

4. 网络化交通体系基本形成，基础设施建设日益完善

改革开放以来，京津冀区域已逐步形成了以北京为中心的放射状路网系统，而这一系统仍在不断加强和完善中，路网密度稳步上升。其中，高速公路的基本格局为"九放射、一滨海、四纵、八横"，铁路的基本格局为"十放射、一纵、五横"。北部山区以北京伸出的放射状路网为主；南部平原地区路网既有北京、天津伸出的放射状路网，又有连接各主要城市的高等级公路，造成南部平原地区路网较北部密集。区域内的海港和空港吞吐能力也有显著提升，其中天津港已成为京津冀区域现代化综合交通网络的重要节点和对外贸易的主要口岸，唐山港在首钢搬迁的促进下已经迈入亿吨大港行列，而北京首都国际机场占了区域超过八成的客运量和近九成的货运量。

第四节　京津冀区域一体化发展中存在的突出问题

1. 缺乏区域整体发展战略规划

相比于长江三角洲地区已经在多年前就出台了跨省级行政区的区域规划，直至今日，跨省级行政区的京津冀区域规划尚未出台。北京在"十二五"规划中提出要建设世界城市，也缺少包括周边地区在内的世界城市区域规划。没有区域规划的规制和政策安排，难以避免区域发展的盲目性和不协调性。同时，作为北方地区最具有经济竞争力的北京和天津，合作发展的战略定位也一直未被明确，使得强强联手的优势效应无法得到体现和发挥。

2. 合理的分工体系尚未形成

在京津冀区域中，北京、天津这两大中心城市的职能定位分别为服务业和制造业，特别是近年来，天津的制造业职能逐步强化，变得更加显著。但作为服务业、制造业的职能中心，北京、天津的职能过于集中，对周边地区的辐射带动有限，造成中心城市与外围城市联系不够紧密，差距较大，在整个区域内形成了中心-外围的二元结构和发展格局。过于悬殊的二元结构直接导致了区域中的落后和边缘地区没有能力引进、吸收、消化周边发达地区或中心城市的生产要素；同时，发达地区所出现的产业集聚、形成的产业规模和产业链找不到适宜的生存和发展环境，没有能力向周边落后地区推广和扩散，影响了合理经济梯度的形成。由于区域内各城市发展目标相似，产业结构自成体系、自我封闭和产业同构现象严重，城市间争项目、抢投资、争资源、抢市场等恶性竞争

和封闭竞争现象依旧存在。这种现象及由此引发的恶性竞争，造成大量不必要的经济损失和浪费，导致产业链不合理、产业链过短、产业联系不够紧密等后果，无法形成合理有效的区域产业分工体系。

3. 区域空间发展不平衡性显著

不平衡性是京津冀区域空间发展的重要特征，整体上呈现明显的京津双核结构，除北京、天津等发达地区外，还存在大批欠发达地区。2012 年，北京人均 GDP 为 87 475 元，天津为 93 173 元，河北为 36 584 元。从分布上看，人均 GDP 在 5 万元以上的区县主要分布在北京平原区县、天津南部区县、唐山中部区县及邯郸西部区县，其他地区则比较低。从地均 GDP 来看，京津核心区为高值区，唐山、石家庄和邯郸为次高值区，中心—次中心—边缘结构极其明显，也从侧面反映了京津冀区域内部发展的不均衡性（图 1-7）。

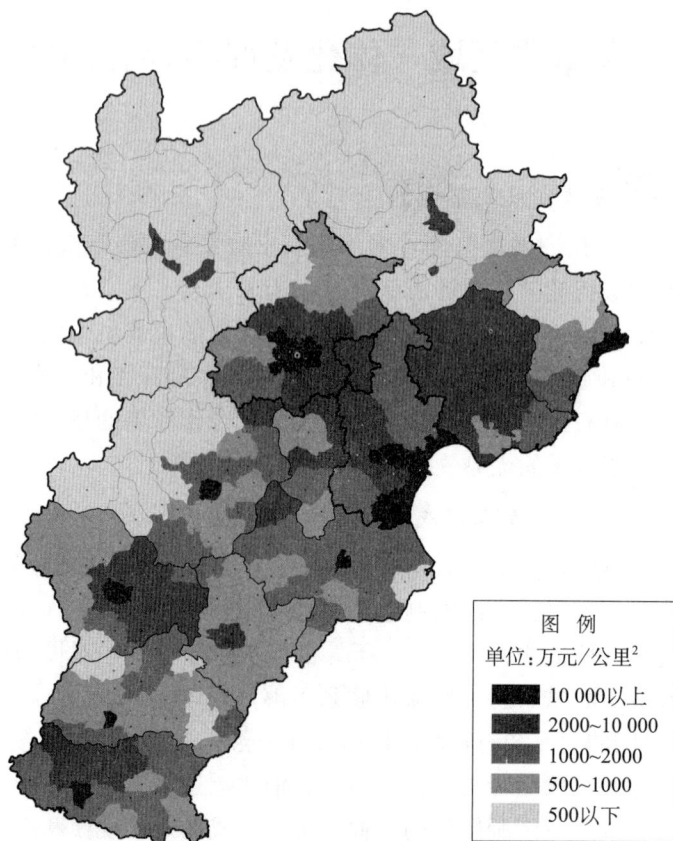

图 1-7 京津冀区域各地地均 GDP 分布示意图 (2010 年)

京津冀区域空间发展的不均衡性在京津冀区域一体化进程中引起的问题越

来越明显。一方面，北京与天津两个直辖市目前发展程度比较接近，在很多方面都存在着竞争的关系；另一方面，河北与北京经济社会发展程度相差很大，在一体化发展的过程中，河北承接北京城市功能转移的能力有限，制约了区域一体化发展。从这种角度来说，区域内部发展水平差异过大是京津冀区域一体化发展的一大障碍。

4. 水资源及生态环境压力仍然巨大

京津冀区域属于资源型缺水地区，2012 年，京津冀区域水资源总量为318.3 亿米³，仅占全国的 1.1%，人均水资源为 295.6 米³，仅为全国平均水平的 1/7。水资源总量及人均水平低，不仅制约了京津冀区域的经济发展，也由于常年多地超采地下水和各地生态用水严重不足等影响到了京津冀区域的生态环境。

随着经济的快速增长，京津冀区域的生态环境质量近年来虽略有提高，但整体形势仍十分严峻，这使得原本就紧张的资源环境问题成为区域发展中难以承受的重担。以城市为中心的环境污染在整个京津冀区域都存在，空气污染严重，地表水污染普遍，特别是流经城市的河段的有机污染；地下水则受到点状或面状污染，地下水水位持续下降，加剧了水资源的供需矛盾。京津冀区域的生态系统始终处于亚健康和不健康状态，对京津冀的一体化发展提出了更高的要求。一体化的进行及产业转移的逐步实现，给京津冀地区的生态环境带来新的巨大压力。因此，在京津冀区域一体化发展的过程中，除了要进行产业转移升级的合理安排之外，还必须要充分进行低碳发展，以缓解不断加大的资源环境压力。

5. 区域内合作机制尚不健全

目前，北京与周边省市区已经建立了双边合作机制，但京津冀区域整体合作机制仍没有建立起来，尤其是缺乏区域整体高层协调机制、企业跨地区转移的利益协调机制、完善的区域生态补偿机制和产学研合作机制等。比如，在高层协调机制方面，仅仅在高层之间进行了双边互访和多边协商，但是一直未能建立起一套正式的高层协调机制，未能在有关各方利益结合点和合作切入点上取得重大突破。在产学研方面，北京、天津两市是知识、资本和科技资源相对密集区域，河北与北京、天津两大中心城市在科技资源方面的互补作用十分明显。但是，由于京津冀区域产学研科技合作体系和机制尚未建立，区域科技和经济资源不能有效流动和实现优化配置。

第五节 京津冀区域一体化发展的战略及对策

为满足新时期国家对京津冀区域一体化发展的要求，解决京津冀区域发展所面临的突出问题，未来应该从明确功能定位、加速推进京津冀区域合作进程、稳妥疏解首都非核心功能、促进京津冀区域协同创新、提高首都对周边地区的辐射效应和建立健全京津冀区域协调机制等六大方面全面推进京津冀区域一体化快速发展。

（一）明确功能定位

京津冀区域一体化发展必须要有顶层设计，要从京津冀区域发展的总体战略定位，以及各自的比较优势和竞争优势出发，明确各省市的功能定位。

1. 京津冀区域的总体功能定位

京津冀区域的总体功能定位应为全球最具竞争力和影响力的现代化、国际化、生态化的世界级大都市圈，是全国的政治、文化、科教、国际交往中心和北方经济中心，具有全球影响力的国际创新中心，全国服务型经济中心区，以及转变经济发展方式的综合改革示范区。

2. 三地的功能定位

北京、天津和河北三地各具发展优势。北京是国家首都，政治、文化、科技创新、国际交往中心地位突出，已经成为超大规模的现代化国际大都市。天津是中国北方经济中心，也已经发展成为超大规模的现代化的综合性国际港口城市。河北土地面积大，人口多，重化工业基础雄厚，经济发展潜力巨大。在区域一体化视角下，三地依照各自的发展基础和条件，分别承担了不同的职能分工。北京的服务和知识型，天津的加工和服务型，河北的资源、加工型和服务型的基本组合特征具有很强的互补优势，在不同层面、不同环节上成为实现区域协同发展的重要基础。考虑到三地共同面对的人口、资源、环境和发展不平衡等问题，未来相当一段时期内北京特别是北京中心城区要"去功能化"、天津要"去加工化"，河北要"去重型化"。

确定三地各自的功能定位，应充分体现各自的比较优势、竞争优势、经济分工联系，以及优势互补和合作共赢的要求。北京作为首都，属于典型的"知识型＋服务型"城市，在高端服务业、高新技术产业和文化创意产业等方面具有明显优势，应兼顾首都功能和城市经济功能，政治中心、文化中心、科技创新中心和国际交往中心为首都核心功能，高端服务业、高新技术产业和文化创意产业为其主要的城市经济功能。从产业功能链上来看，北京主要应该是总部、研发和销售功能，非核心的生产制造功能应逐渐退出。

天津属于"加工型＋服务型"城市，不仅拥有北方最大的综合性港口和沿海比较丰富的土地资源，还有良好的制造业基础和开放优势，也是人口上千万的特大城市，考虑到和北京的分工关系，在适度发展现代制造业的基础上，需加快壮大服务业，实现服务和制造双轮驱动。从产业功能链上来看，天津主要应该突出其生产研发和加工制造功能，在部分优势行业承担一定的总部功能。

河北属于"资源型＋加工型＋服务型"地区，采掘业，重工业，农副产品生产、加工业优势突出，但过于偏重资源开发加工的重工业结构已经成为京津冀区域大气污染的主要原因，因此应该强调"去重型化"，加速从重工业向加工业和服务业的转型，应重点发展现代制造业、综合服务业、原材料工业和现代农业。从产业功能链上来看，河北现阶段主要是生产制造功能，在部分优势行业（主要是原材料工业、战略性新兴产业）承担生产研发功能。

（二）加速推进京津冀区域合作进程

应当围绕区域规划、产业功能互补合作、快速交通网络构建、生态环境治理协作、资源和能源合作开发等关键领域，全面推进京津冀区域合作进程。

1. 推动制订区域发展规划，严格空间管制

京津冀区域规划应遵循可持续发展、强制性与指导性并存、空间准入的可操作性、与其他规划协调等原则。因此，应在综合评价京津冀区域的生态、社会、经济发展条件与现状基础上，以保障资源合理配置为目标，科学制订一体化的区域规划。为保障一体化的区域规划的顺利实施，有效解决京津冀区域内产业趋同、合作机制不健全、资源配置不合理、产业结构层次不高、整体竞争力不强等问题，确保城市协调、有序发展，应加强空间管制，如产业的协调与分工、人口的空间配置、生态保护区划分、土地利用管制等。

2. 推动区域产业功能互补与合作

京津冀区域在产业优势方面具有较大的差异性，应坚持"优势互补、合作共赢"的原则，发挥北京、天津、河北三地的比较优势，引导人口和产业在京津冀区域内的合理布局，推进京津冀区域协调发展。比如，随着北京要素（土地、劳动等）成本不断提高，渐次推进食品饮料、纺织服装等劳动密集型制造业的制造环节和批发、物流等服务业向周边地区合理转移，带动周边地区就业和经济发展；充分发挥北京的科技、文化资源优势，重点发展总部、研发、设计功能，推动创新成果在天津、河北产业化，带动天津制造业-服务业融合发

展、河北制造业转型升级，促进三地产业功能互补与合作。

3. 加快区域一体化交通网络建设

建设便捷、一体化的区域交通网络是京津冀区域发展的基础。在区域交通网络建设中，应遵循"保障、引导、优化、提高"的发展原则，打破行政区划和部门界限，统筹规划、布局和建设京津冀区域的交通基础设施，加强重大交通基础设施的区域共享，形成高效的综合交通运输体系，为城镇体系的空间结构调整和要素流动提供基础支撑，促进人口、经济、社会和环境的协调发展。

4. 推进区域生态环境治理协作

主要措施如下：加强区域生态环境联合建设和流域综合治理，建立稳定的区域生态网络，加强三地合作；共同推进风沙源治理工程，继续支持周边地区生态保护林营造、森林防火基础设施建设及林木有害生物防治；协商推动建立统一的区域大气环境保护和水环境保护监测与监管体系。

5. 加强资源和能源合作开发

主要措施如下：全面推进电力、煤炭、天然气、新能源和可再生能源的合作开发与清洁高效利用，针对水资源短缺、土地资源紧张和生态环境恶化等区域发展面对的共同挑战，增强可持续发展领域中的战略合作；继续推动水源地合作区域向更大范围扩展，支持水库上游小流域治理和环境治理工作。

（三）稳妥疏解首都非核心功能

1. 加快疏解北京中心城区过密的非首都核心功能

北京城市功能的不断集中，带动了北京产业的不断发展和集聚，也包括一些与北京城市战略定位不协调的产业扩张。在制造业领域，北京仍然存在着一批"能耗高、工业污染排放量大、扰民严重"的粗放型中小企业；在服务业领域，区域性物流、区域性批发产业布局存在较大的不合理性。截至 2011 年年底，北京有 865 个商品交易市场，其中仍有一部分大型传统批发市场集中在中心城区，不仅占用了大量的土地空间，效率低下，而且对中心城区的交通、环境质量造成了很大的负面影响。这些与城市战略定位不协调的非首都核心功能为城市健康发展带来了很多问题，集中表现为城市拥挤与环境恶化，尤其是在中心城区表现最为明显。2003～2011 年，中心城区人口由 870 万人增长到 1230 万人，建设规模增加了 30%；73% 的就业、90% 的优质医疗和教育资源集中在中心城区内；80% 的机动车出行集中在六环路内，中心城区过度聚集的状况越来越严重。因此，有必要加快疏解北京中心城区过密的非首都核心功能，缓解首都的人口、资源与环境压力。

2. 加快北京副中心和新城建设，形成市域多中心网络化空间结构

疏解首都非核心职能，需要在市域范围内建设多个新城和副中心城市，促进城市空间的多中心化发展。进一步完善"两轴-两带-多中心"的城市空间结构。延伸发展两轴，集中体现首都服务功能及现代服务业功能，特别是东西轴（长安街及其延长线）要形成从通州新城到石景山之间包括金融、商贸、政务服务等在内的高端服务业发展轴带。强化建设"两带"，特别是东部发展带，使之成为北京知识经济发展的新重心。加强外围新城的建设，拓展中心区的发展空间，促进中心城、新城多点协同发展。在市域范围内建设多个服务全国、面向世界的城市职能中心，以提高城市的核心功能和综合竞争能力。新城是在原有卫星城基础上，疏解中心城区人口和功能、聚集新的产业、带动区域发展的规模化城市地区，具有相对独立性。应加快建设通州副中心城市，以及顺义、亦庄、大兴、房山、昌平、怀柔、密云、平谷、延庆、门头沟等新城，形成较大规模、相对自立的新的城市次中心，特别是适时加速昌平未来科技城、怀柔雁栖湖生态发展示范区、大兴首都第二机场地区等新中心的建设，促进城市空间的多中心化发展，构建市域的多中心空间结构。

3. 在京津冀地区形成多中心网络化的区域功能格局

疏解首都非核心职能，不仅需要在北京市域形成多中心网络化空间结构；更需要通过在京津冀区域打造若干个区域功能中心来实现。根据京津冀区域资源环境条件、经济社会联系、城镇空间分布格局、交通体系现状及各城市发展定位等，京津冀区域应努力构筑"一主、一副、三轴、四区、多中心、网络化"的空间发展格局。具体地，"一主"为北京，"一副"为天津。"三轴"即形成沿京广铁路和京石高速的北京－保定－石家庄城市带轴线，沿京津塘高速的北京－天津城市带轴线，沿京哈线、京山线和京沈高速沿线的北京－唐山－秦皇岛城市带轴线。"三轴"是京津冀区域内的城镇密集发展轴，是人流、物流等主要集聚的地带，是京津冀区域具有发展基础和潜力的地带，也是该区域与周边联系的主要通道。"四区"即以环渤海湾的秦皇岛、唐山、天津滨海新区、沧州等为核心的滨海临港发展区，以北京为起点向东南延伸的京津廊发展区（主要包括北京、天津、廊坊），沿京广线向西南方向延伸的京保石—邯邢衡发展区，以及以环京津燕山和太行山的承德、张家口等地区为核心的张—承发展区。"多中心"即在京津冀地区未来的发展中，应避免以某一个或几个城市为绝对中心的单一区域主导型格局，应重视不同规模等级城镇体系的培育，引导各城市立足自然资源、交通地理条件和经济基础，统筹规划发展，突出各自的特色和重点，提升发展实力和竞争力，逐渐形成以北京、天津、石家庄、唐山、保定等为中心的多中心发展格局。"网络化"即以基础设施为依托，借助区域人流、物

流、信息流、资金流的流动，将区域发展的多中心特征从形态上延伸到功能上，其中，"网络化"构建中，突出以联系北京、天津与河北各市间的放射状城际快速交通通道为纽带的京津冀区域综合交通网络的建设。

（四）促进京津冀区域协同创新

伴随着中关村国家自主创新示范区的建设，以及天津滨海新区、河北唐山被列入国家创新型城市试点城市，京津冀区域开始具备了良好的协同创新基础。发挥京津冀区域的创新资源优势，强化区域协同创新，建设中国创新中枢，将促进京津冀区域加快转变经济发展方式、提升产业结构水平、提高资源利用效率、减少环境污染和生态破坏、提升区域整体实力与综合竞争力。

1. 明确京津冀区域协同创新思路、目标和优先合作领域

京津冀区域协同创新应以京津冀区域经济社会发展对创新的需求为基本出发点，集成整合优势创新资源，强化高端引领作用，实施重大创新专项和建设重大产业创新基地，完善区域创新体系，形成互动共赢的区域创新合作与发展机制，以及点轴支撑的区域创新发展格局。大幅度提高区域自主创新能力和形成创新驱动发展战略格局，努力将京津冀区域建设成为我国经济社会发展的创新中枢、创新型国家建设的先导区、国家知识创新核心区、产业技术创新示范区。应围绕原始创新能力提升，区域产业结构升级，解决资源、能源与环境问题，社会文化建设等方面确定协同创新的优先领域和重大专项。

2. 建立健全京津冀区域协同创新的组织协调体系

京津冀区域协同创新是为京津冀区域经济社会发展服务的，三地政府应是京津冀区域协同创新的主要组织与实施者。应设立由三地主管领导组成的联合领导小组及办公室，建立各省市领导的定期联席会议制度。加快组建京津冀区域协同创新研究中心。围绕京津冀区域的创新、均衡、包容、可持续发展中的重大战略问题，开展跨区域的创新驱动发展战略研究，使之成为京津冀区域创新发展的综合性研究平台和国际一流的智库。依托首都高校及科研机构，并联合天津、河北等政府及高校研究机构，力争将其纳入国家高等学校创新能力提升计划。协同创新研究中心实行联合主任负责制，以发挥各地的主动性和积极性，形成网络化治理结构。

3. 积极探索京津冀区域协同创新模式

根据需要摸索适合京津冀区域总体及各地的产学研合作模式、跨城际联盟组织、创新主体互动模式及多中心协同共生模式等。京津冀区域创新体系建设应以提高区域创新能力、建设高端创新区域为目标，以服务区域经济社会发展为主线，深化科技体制改革，整合区域创新资源，构建以企业为主体，开放型、国际化的区域协同创新体系，形成三大创新系统（知识创新系统、技术创新系统、创新服务系统）、五大创新链条（现代农业技术创新链条、高新技术产业技术创新链条、重化工技术创新链条、先进制造技术创新链条、现代服务业技术创新链条）、三大技术市场（区域科技管理人才交流市场、跨省市科技成果转化市场、科技咨询与标准评估市场）、五大创新服务平台（大型科研仪器设备共享平台、教育信息化共享网络平台、创业投资合作平台、知识产权信息共享与交易管理平台、政府信息交流与共享平台）协同互动的新格局。

4．构建联合攻关、自主创新的创新合作平台

要促进京津冀区域的创新合作，必须加快创新资源的交流融合，提高创新资源的使用效率，搭建资源共享、技术研究合作与技术转移、产业合作的平台。相互开放重点实验室与研究基地，共享科技创新平台。围绕京津冀区域的优势产业、重点产业进行技术联合攻关，积极促进区域创新资源整合，建立提升自主创新能力的金融、财税和政府采购政策。

5．建立以企业为主体、市场为导向、产学研相结合的技术创新体系

围绕京津冀区域经济社会发展中的重大关键、共性技术问题，以企业为主体，以产业技术创新为重点开展联合攻关。大力推动京津冀区域的技术转移与交流，促进科研成果的转化和产业化。主要以技术转移服务机构为依托，组建京津冀区域技术交易联盟等技术转移服务联合机构，联合制订有关管理办法，尽可能争取优惠政策，促进技术交易市场与技术推广服务的发育。建立技术信息共享与交流的合作机制，搭建技术交易信息网络平台，定期举行京津冀区域技术信息发布会、技术项目对接洽谈会等，联合举办大型专题国际论坛、各类展示会、展览会等，为京津冀区域技术转移或成果跨地区推广、引进国际项目提供系列服务。

6．积极打造"京津科技新干线"，使之成为京津冀区域协同创新的引擎

京津科技新干线是指从中关村国家自主创新示范区到天津滨海新区的呈带状的高新技术研发与产业密集区。建设京津科技新干线，将有助于京津冀区域和中关村全球科技创新中心的建设，有助于京津冀区域产业升级和经济发展方式的转变，有助于经济体制和科技体制改革的深化，有助于国家创新驱动发展战略的实施。打造"京津科技新干线"，重在建设战略性新兴产业和高技术产业聚集区。应积极探索北京、天津共同建设"天津滨海-中关村科技园"、共同建设"京津科技创新示范区"、积极支持园区间的创新合作、设立重大创新合作专项等来推进其建设与发展。

（五）提高首都对周边地区的辐射效应

北京作为京津冀区域的核心城市，处于经济加速发展和向服务及知识型经济转型的新阶段，城市发展处于以吸纳、聚集为主向辐射、扩散为主的过渡阶段，对周边地区的辐射带动能力会逐渐增强。顺应这一发展趋势，未来应当重点强化首都北京的辐射带动作用，着力提升城市的国际交往功能、文化中心功能、科技创新功能、国际金融功能、国际商贸功能和国际旅游功能，依托强大的科技创新优势、金融服务优势、信息服务优势和商务服务优势，全力打造国家创新城市和生产性服务业城市，显著增强对京津冀区域及国内外其他地区的辐射带动作用和影响，引领京津冀区域的协同发展，显著提升京津冀区域的科学发展能力和区域整体实力，在区域竞争和国际竞争中取得新优势。

1. 扩大生产性服务业辐射带动

应着重提升首都生产性服务业的辐射能力，发展面向区域的金融、信息、商贸流通等服务，以及技术、产权等要素市场，增强对区域生产组织和要素配置的能力，以北京为中心，增强生产性服务业的辐射带动作用，大力发展服务外包（信息技术外包、业务流程外包等），将生产性服务业的服务半径拓展到京津冀区域及全国，引导区域发展和结构调整，促进区域整体服务业水平的全面提升，为打造世界城市区域奠定基础。

2. 增强临空经济的辐射带动能力

依托北京首都国际机场，进一步发展壮大临空经济区。以枢纽空港和天竺综合保税区为依托，大力发展临空关联型（物流、配送及适宜于空运的高新技术产业等）、临空附属型（会展业、分销中心等）、机场服务型（临空服务区、临空居住区、观光旅游区等）等临空经济，积极开展保税服务和离岸金融业务，完善北京首都国际机场配套设施，增强临空服务功能，努力建成辐射东北亚、面向全球的临空经济区，使该区发展成为我国和京津冀区域汇集人流、物流、技术流、信息流、资金流，凝聚各种资源、联系世界的窗口与基地，成为京津冀区域接轨全球经济的"全球门户"和区域中心。

3. 提高首都科技创新的辐射能力

以中关村国家自主创新示范区为核心，积极开展技术合作研究，提升区域整体创新能力。充分发挥科技资源的"溢出效应"，带动周边地区经济和社会协调发展。通过向周边地区提供科技发展基金，科研院所、高等院校和高新技术企业等与周边地区共建研究中心，在资源开发、生态建设、特色产业培育方面提供关键技术，向周边地区分散布局研发产业化基地，引导科技成果向周边地区转化，发展高新技术产业或利用扩散技术改造提升传统产业，逐步形成"研发在北京，转化在周边"的生产格局。

4. 发挥首都总部经济的引领作用

总部是公司配置资源的中枢，会带动资金流、物流、技术流、人才流等的集聚，促进资源配置水平的提高和现代服务业的发展繁荣。将总部经济的发展与完善京津冀区域的整体功能有机地结合起来，突出战略规划的引导作用，持续扩大北京总部经济的影响。支持总部企业到周边建设生产基地和配套服务基地，促进总部经济与产业结构升级的良性互动，进一步拓展总部经济的产业链条，充分发挥它的聚集效应、扩散效应，带动现代服务业等相关产业的发展，促进区域产业结构升级。

5. 带动区域公共服务水平提升

充分发挥首都公共服务资源优势，逐步提高北京的医疗、教育、文化等优势资源的覆盖面和可进入性，积极开展联合办学、跨地区远程医疗、远程教育等社会事业领域的交流与合作，提升周边地区社会发展水平，促进享受公共服务机会均等化。

（六）建立健全京津冀区域协调机制

区域的合理分工与协调发展，在很大程度上是市场选择的结果，政府的作用主要在于创造基础条件，构建形成良好的合作机制。京津冀区域的发展，一方面有赖于一批重大项目的具体运作；另一方面也有赖于创造形成符合市场经济要求的新型区域合作机制，促进市场作用的发挥。京津冀区域应高度重视区域合作机制创新，形成推进京津冀区域快速发展的机制保障。

1. 建立信息沟通机制

信息不对称往往是影响合作的主要原因，应尽快搭建区域信息沟通平台，利用现代互联网等先进技术，实现各地政务、商务及公共信息的公开、交流与共享，建立定期和不定期的区域论坛、会晤，以及不同领域的交流会议等信息沟通机制，提高信息沟通速度和效率。信息沟通应该包括政府、媒体、民众等多个主体，因此在政府主导的基础上，应积极依托媒体等渠道，鼓励企业，以及协会、社团等民间组织的跨地区沟通交流，不断疏通信息渠道，为企业跨地区寻求商机和加快要素流动降低交易成本服务。

2. 建立市场开发机制

实现区域经济的协调发展，根本上要依靠区域市场体系的完善。区域内应进一步扩大开放力度，创造外来企业与本地企业平等竞争的环境，协调区域利益关系，挖掘周边地区巨大的市场容量。联手完善商品市场，发展物流与贸易合作，实现物畅其流，特别是要建设农副产品统一市场和农副产品联合检验检疫体系；充分整合区域旅游资源，合作开发旅游市场，实现营销市场一体化，共同推进区域内无障碍旅游。

3. 建立要素流动机制

人流、物流、资金流的畅通是区域经济一体化的必要条件。要积极创造条件，突破体制障碍，建立要素流动机制，相互开放要素市场，实现区域内资金、技术、人才等要素的自由流动。建立政策协调机制，在税收、土地利用、人才流动、社会保障、争议解决等方面加强地区间的政策协调，实现区域利益最大化和各方利益的公平分享。

4. 创新区域合作机制

积极消除地方性政策壁垒，建立相关制度，引导、约束和保障区域公共领域合作的良性发展。推进区域发展规划的制订，加强区域共同政策的研究与衔接，定期进行区域规划、政策及重大合作项目的协调；加强交通基础设施一体化的投入和管理机制、合作产业园的税收与核算机制等方面的政策研究，加快区域一体化利益共创共享机制的建设，加强区域市场监管和准入标准等方面的对接。

第二篇　综合篇

第二章

京津冀区域发展

作为我国三大都市圈之一，京津冀区域发展始终引领着北方地区的经济社会和城市发展进程。北京、天津、河北三地独特的资源特点，决定了三地的优势产业。随着近年来区域内部产业结构调整和区域合作的不断推进，区域和城乡差异有所减小，区域间联系更加紧密，基础设施条件明显改善，社会发展一体化程度显著提高，区域发展总体上呈现出良好的发展态势。

第一节 京津冀区域经济发展

京津冀区域在全国经济发展和城镇化进程中都发挥着重要的引领作用。2011 年和 2012 年是"十二五"的头两年，在经济社会发展持续推进的基础上，经济发展速度减缓和结构调整优化成为京津冀区域发展的主题。

一、京津冀区域经济发展概况

（一）京津冀区域经济发展的总体特征及在全国的地位

基于其地域的完整性和人文亲缘性，京津冀区域经过多年发展，已成为我国北方最大的都市经济区，2012 年全区域实现 GDP 57 348 亿元，占全国经济总量的 11%，与长江三角洲、珠江三角洲地区一起被公认为我国三大人口和社会经济活动密集区域，是我国最重要的经济增长极①。

1. 经济总量

1990 年以来，京津冀区域的经济建设取得了长足进步（表 2-1）。从京津冀区域经济的总体发展速度来看，1993 年以来基本保持了高于全国平均水平 2 个百分点的增长速度，使得区域经济占全国比重小幅度上升，2004 年以后京津冀区域 GDP 占全国比重始终保持在 11％上下（图 2-1）。

表 2-1　京津冀区域改革开放以来主要国民经济指标

年份	区域 GDP/亿元	第一产业增加值/亿元	第二产业增加值/亿元			第三产业增加值/亿元	人均 GDP/元
			总量	工业增加值	建筑业增加值		
1990	1 708.08	299.11	831.30	739.15	92.15	577.67	2 111.21
1995	5 289.19	765.64	2487.12	2 146.22	340.90	2 036.43	6 183.17
2000	9 907.54	977.54	4 412.09	3 831.69	580.40	4 517.91	11 088.27
2005	20 887.25	1601.08	9 433.14	8 369.23	1 063.91	9 853.03	22 270.94
2010	43 732.32	2 832.79	18 936.31	16 728.88	2 207.43	21 963.22	42 723.53
2011	52 074.97	3201.72	22 807.66	20 250.01	2 557.65	26 065.59	49 062.02
2012	57 348.29	3 508.46	24 726.66	21 928.98	2 797.68	29 113.17	53 248.38

资料来源：《新中国六十年统计资料汇编》《中国统计年鉴2013》《北京统计年鉴2013》《天津统计年鉴2013》《河北经济年鉴2013》

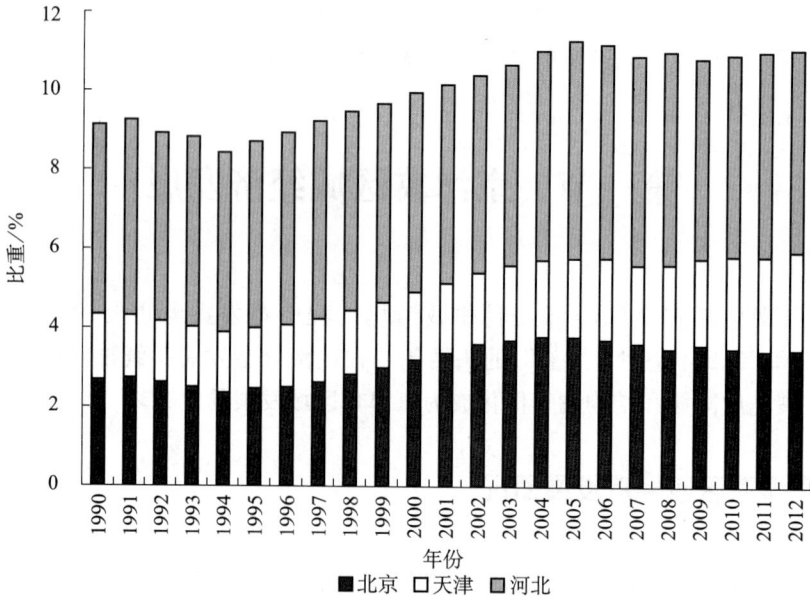

图 2-1　1990～2012 年京津冀区域 GDP 占全国比重的变化

资料来源：《中国统计年鉴2013》《北京统计年鉴2013》《天津统计年鉴2013》《河北经济年鉴2013》

① 本节如无特别说明，数据来源于《中国统计年鉴2013》《北京统计年鉴2013》《天津统计年鉴2013》《河北经济年鉴2013》。

就经济增速来看（图 2-2），京津冀区域 GDP 年均增速自 1990 年以来尽管存在一定波动，其中 1993 年最高增速达到 14.81％，1999 年增速仅为 9.83％，但是总体上保持了较高水平，区域经济总量和人均 GDP 迅速提升，2000 年区域经济总量接近 10 000 亿元，人均生产总值突破 10 000 元大关。

进入 21 世纪以来，京津冀区域进入了一体化的快速推动阶段，在区域发展定位和规划、区域资源和市场整合、区域基础设施建设等方面都取得了重大进展，三地均在自身经济建设的基础上取得了更加明显的进步。同时，在区域协调发展的概念下，京津冀区域逐步摆脱粗放型经济发展道路，以节能环保为发展要务，稳定均衡发展理念得到初步呈现。然而，由于经济发展方式与经济结构的调整，以及受到全国经济发展趋势的影响，京津冀区域 2010 年以来尽管经济总量持续增长，但 GDP 增长速度明显下降，由 2010 年的 12.8％下降到 2012 年的 10.1％（图 2-2）。

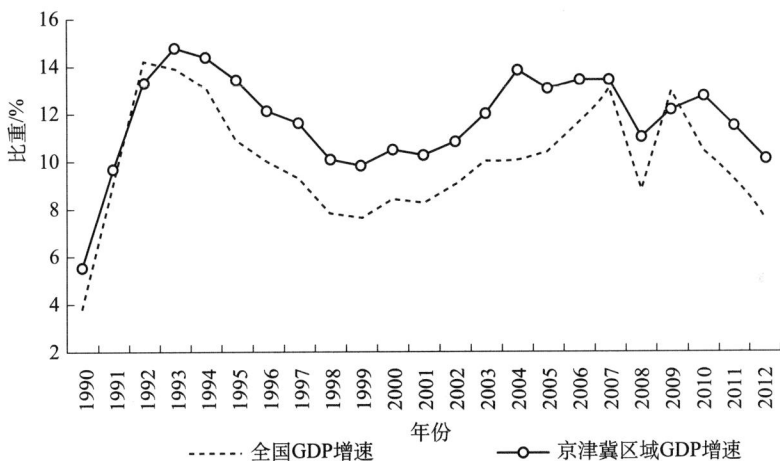

图 2-2　1990～2012 年全国 GDP 及京津冀区域 GDP 年均增速

资料来源：《中国统计年鉴 2013》《北京统计年鉴 2013》《天津统计年鉴 2013》《河北经济年鉴 2013》

按可比价计算，1952 年＝100

2. 产业结构

从 1990 年以来京津冀区域的产业结构变动趋势来看，第一产业和第二产业比重下降、第三产业比重逐步上升，是这一阶段的主要表现。2000 年是产业结构的转折点，即第三产业比重首次超过第二产业，但是第二产业比重的下降与第三产业的上升都较为缓慢，2010～2012 年的总体结构变动微小，三次产业结构相对稳定，2012 年三次产业之比为 6∶43∶51。总体来看，京津冀区域已经进入了产业结构升级调整的新阶段，但是第二产业比重仍然高于 40％，可见第二产业在区域经济中的重要性（图 2-3）。

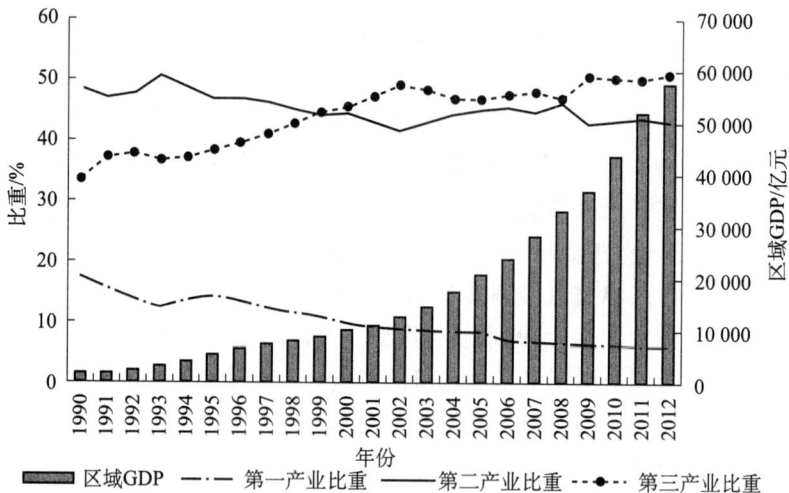

图 2-3　1990～2012 年京津冀区域经济阶段性发展特征

资料来源：《北京统计年鉴 2013》《天津统计年鉴 2013》《河北经济年鉴 2013》

就京津冀区域的三次产业结构来看，与全国相比，在不同阶段也呈现出一定的差异（图 2-4）：京津冀区域第一产业比重始终低于全国水平，但是差距近年来有所缩小；1995 年以前第二产业比重一直较全国偏高，但从 1995 年开始，第二产业比重开始逐步低于全国水平，尤其是 2000 年以后差距逐步增大，平均达到 2～3 个百分点；与此相反，京津冀区域的第三产业比重自 1990 年以来开始明显高于全国水平，近年来始终保持在大约 5 个百分点的水平上，总体上表现出较明显的服务业优势，从区域角度出发，服务主导型的经济特征逐渐显现。从 2010～2012 年的情况来看，由于区域整体处在发展方式转变和结构调整的复杂阶段，产业结构呈现出较稳定的态势，变动速度低于全国水平，所以短期内各产业比重的差异有一定程度的缩小。

进一步对比京津冀、广东及苏浙沪地区，从 GDP 构成结构来看（图 2-5），京津冀区域工业占比偏低，表现出一定的服务化特征。值得注意的是，分别观察北京、天津、河北地区的工业占比可以发现，京津冀区域的工业占比偏低主要受到北京服务业产业结构的影响，而相对的，与广东、浙江、江苏、上海、苏浙沪等地区相比，天津的工业占比与各地相仿，河北则明显偏高。这意味着在看到京津冀区域总体产业结构服务化的同时，必须关注地区间所存在的巨大差异。就京津冀区域各产业增加值来看，与广东及苏浙沪地区相比，各产业都不具有非常突出的规模优势，但如果从各地来看，可以发现，北京在金融业领域具有很强的规模优势，而河北的交通运输、仓储和邮政业，天津的批发和零

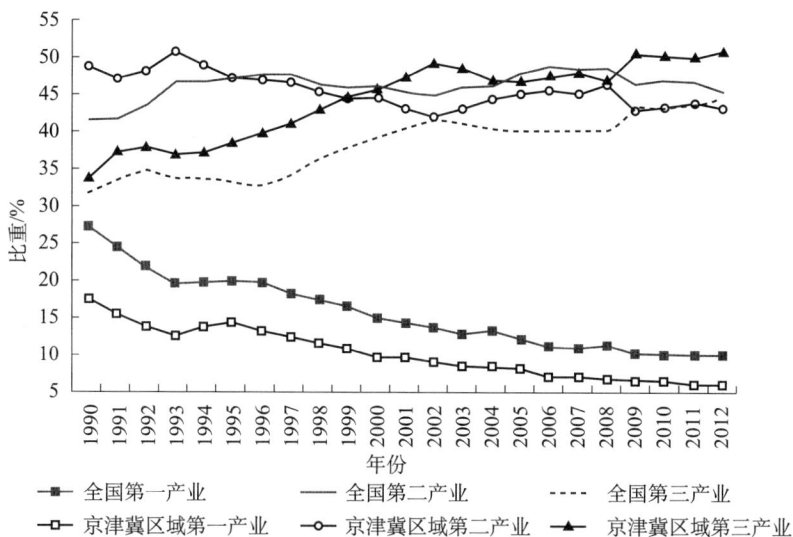

图 2-4 1990～2012 年京津冀区域及全国三次产业结构比较

资料来源：《中国统计年鉴 2013》《北京统计年鉴 2013》《天津统计年鉴 2013》
《河北经济年鉴 2013》

售业，都具有一定的规模优势。

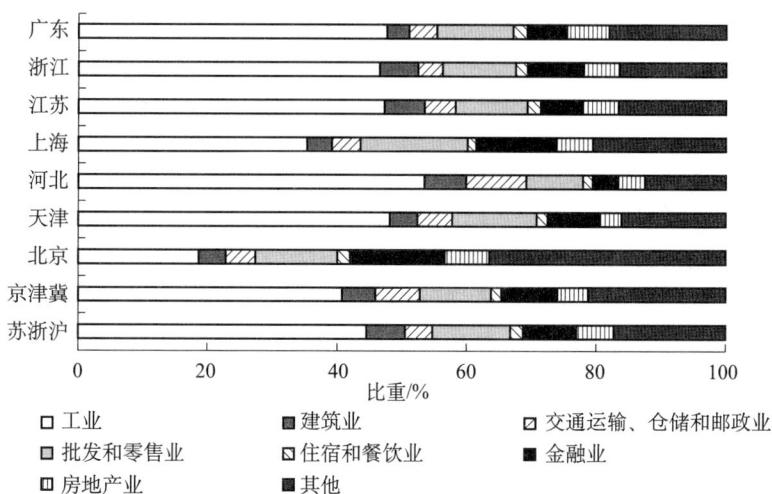

图 2-5 2012 年京津冀区域和广东及苏沪浙地区 GDP 构成

资料来源：《中国统计年鉴 2013》

3. 人均 GDP

人均 GDP 是衡量国家或地区经济发展水平的重要标准之一，相对于 GDP，人均 GDP 更能够反映地区生产力水平。对比 2002～2012 年京津冀区域 GDP 增速与全国的差距、人均 GDP 增速与全国的差距，可以发现，尽管总体表现出相近的趋势，但是人均 GDP 增速差异相对 GDP 增速差异明显较小，2007～2010年在 0 上下波动，地区生产力增长的速度与全国并没有太大差异（图 2-6）。但是从 2011～2012 年的总体趋势来看，人均 GDP 开始出现 1% 以上的增长差异，表明在新一轮生产方式和结构调整过程中，调整实效已开始初步体现。

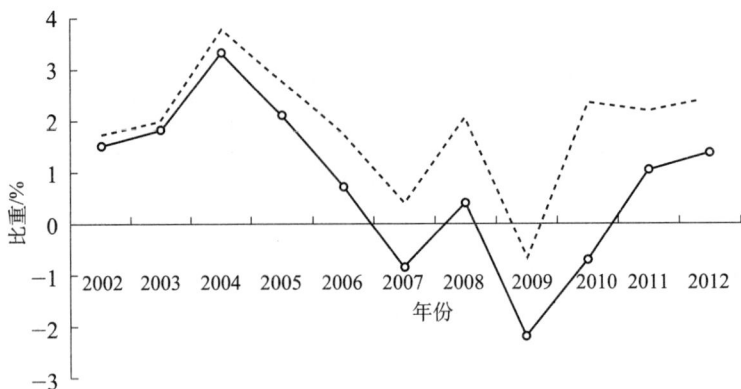

------ 京津冀区域GDP与全国GDP增速差异　──○── 京津冀区域人均GDP与全国人均GDP增速差异

图 2-6　2002～2012 年京津冀区域 GDP 与人均 GDP 增速与全国的比较

资料来源：《新中国六十年统计资料汇编》《中国统计年鉴 2013》《北京统计年鉴 2013》《天津统计年鉴 2013》《河北经济年鉴 2013》

按可比价计算，1952 年＝100

对比京津冀区域与全国的人均 GDP，1990 年～2012 年间，除 1994 年外，京津冀区域人均 GDP 始终高于全国 20%，尤其是 1994～2005 年，人均 GDP 高于全国水平的比例持续提高，2005 年最高值达到 57.75%（图 2-7）。2004 年以后，京津冀区域人均 GDP 的增速开始逐步下降，从 2004 年的 12.76% 下降到 2012 年的 8.47%。在增长速度明显下降的情况下，人均 GDP 高于全国的比重自 2006 年以后也逐步下降，但是均高于全国 35% 以上，体现出京津冀区域在人均生产力方面的显著优势（图 2-8）。从 2010～2012 年的发展趋势来看，人均 GDP 高于全国的比重尽管仍有所下降，但下降幅度已明显放缓。

（二）京津冀区域内部的经济差异

1. 经济总量

京津冀区域内部经济发展存在明显的不平衡性，北京和天津两大城市的经济总量之和占京津冀区域的 50% 左右（图 2-9）。作为中国的首都，北京的总体经济水平在区域内部的 13 个地级以上城市中最高（图 2-10），2012 年达到

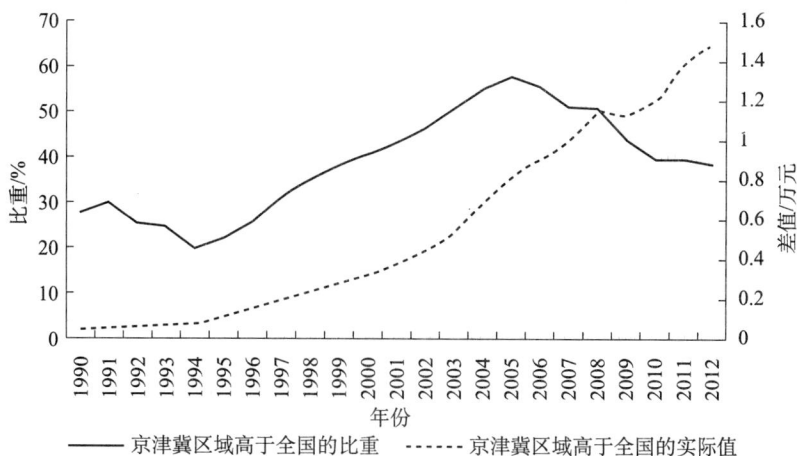

图 2-7　1990~2012 年京津冀区域与全国人均 GDP 比较

资料来源：《中国统计年鉴 2013》《北京统计年鉴 2013》《天津统计年鉴 2013》《河北经济年鉴 2013》

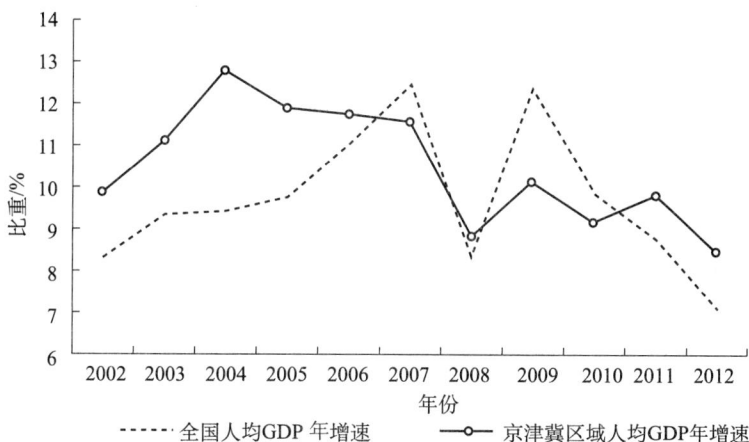

图 2-8　2002~2012 年京津冀区域与全国人均 GDP 增速比较

资料来源：《中国统计年鉴 2013》《北京统计年鉴 2013》《天津统计年鉴 2013》《河北经济年鉴 2013》

按可比价计算，1952 年＝100

17 879.40 亿元，天津位居第二，为 12 893.88 亿元；第三位和第四位分别是河北的唐山和石家庄，分别为 5861.64 亿元和 4500.21 亿元，不足第一位北京的 1/3 和第二位天津的 1/2；其他 9 个地级市的 GDP 均低于 3000 亿元，其中，GDP 总量最小的衡水仅为 1011.03 亿元，相当于北京的 5.6％和天津的 7.8％。

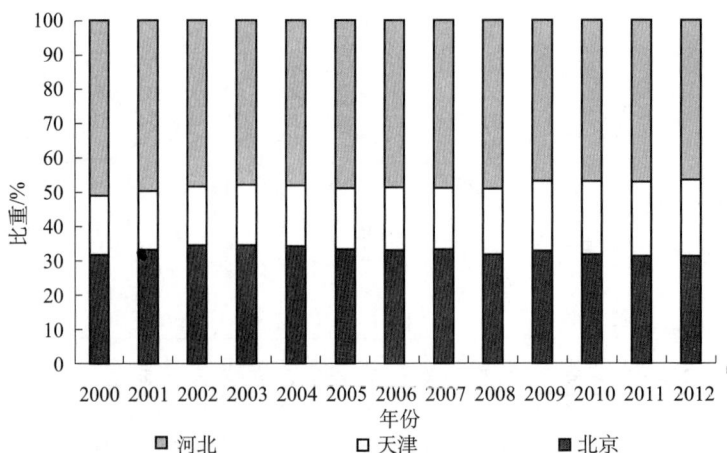

图 2-9　2000～2012 年北京、河北、天津三地 GDP 份额
资料来源：《北京统计年鉴 2013》《天津统计年鉴 2013》《河北经济年鉴 2013》

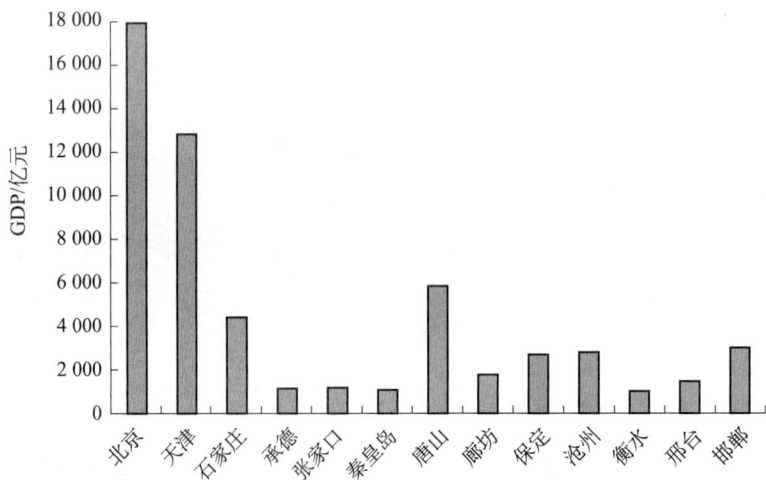

图 2-10　2012 年京津冀区域 13 个地级以上城市 GDP 比较
资料来源：《北京统计年鉴 2013》《天津统计年鉴 2013》《河北经济年鉴 2013》

从北京、天津、河北三地的增长速度来看，以 2007 年为转折点，2007 年以前各地增长速度虽然不一致，但是保持了近似的波动趋势；2007 年以来，天津以高出北京、河北 5～10 个百分点的增长速度快速增长，即使 2010 年以后三地增长速度均发生明显下滑，天津在 GDP 超过 1 万亿元的基础上，仍然保持了 13.85% 的快速增长，在未来几年中，将可能促进天津在京津冀区域的占比进一步提升（图 2-11）。

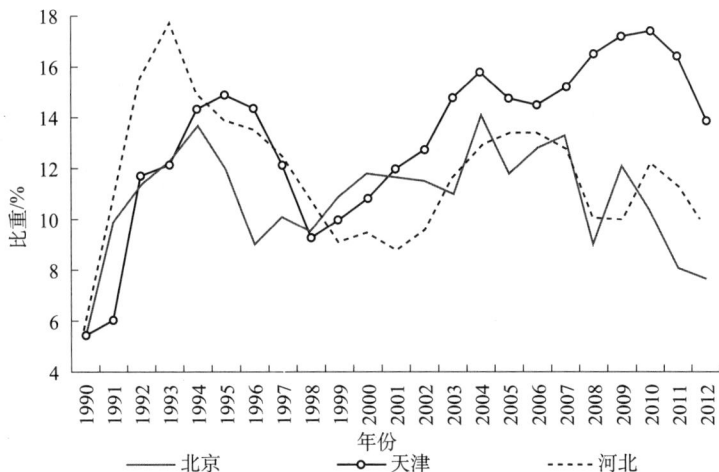

图 2-11　1990～2012 年北京、天津、河北三地 GDP 年增速

资料来源：《北京统计年鉴 2013》《天津统计年鉴 2013》《河北经济年鉴 2013》

2. 产业结构

对比北京、天津、河北三地的 1990～2012 年的产业结构发展趋势，可以看到三地产业结构变动呈现出截然不同的发展趋势。北京的产业结构调整表现出明显的服务化特征，第三产业比重由 1990 年的 40% 增长到 2012 年的 76.5%（图 2-12）；天津虽然表现出第二产业比重下降和第三产业比重上升的特征，但是第二产业比重仍超过 50%，说明工业产业仍然是天津重要的支柱产业（图 2-13）；河北是三地中第一产业比重和第二产业比重最大的区域，是京津冀区域重要的农业和工业基地（图 2-14）。

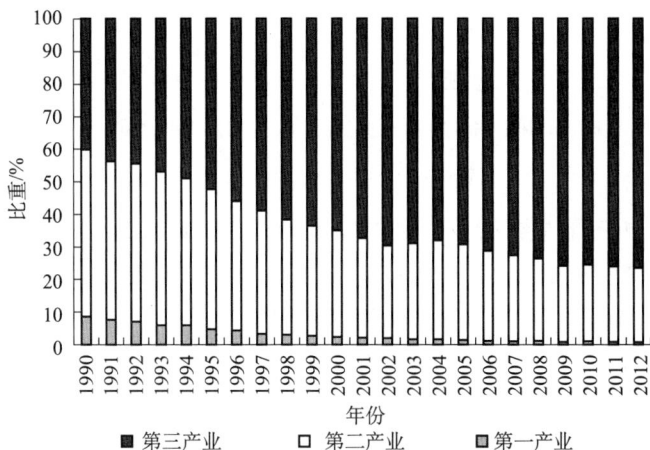

图 2-12　1990～2012 年北京三次产业比重

资料来源：《北京统计年鉴 2013》

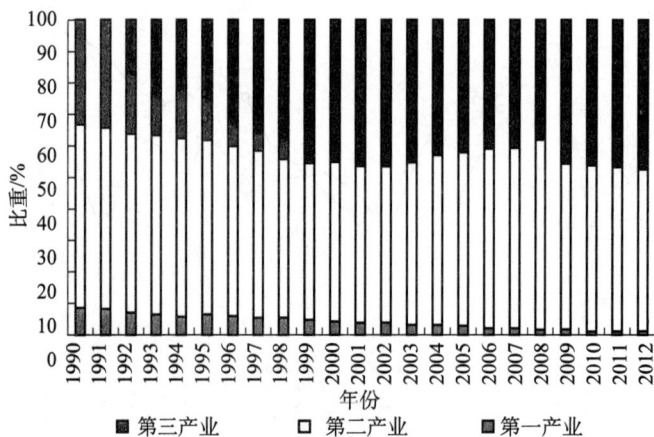

图 2-13　1990～2012 年天津三次产业比重

资料来源：《天津统计年鉴 2013》

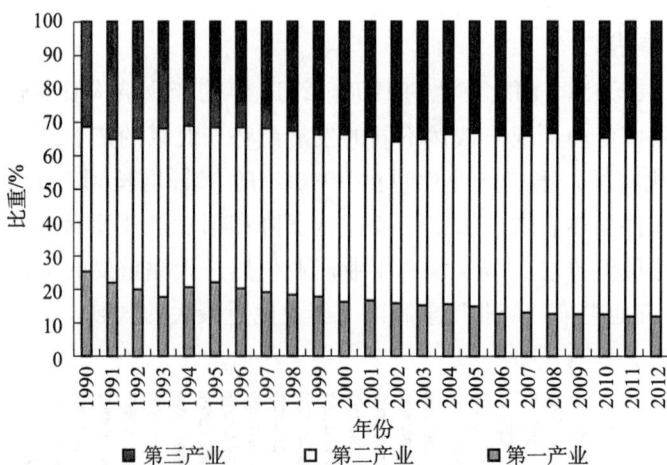

图 2-14　1990～2012 年河北三次产业比重

资料来源：《河北经济年鉴 2013》

　　进一步分析三地主要行业门类的发展情况，可以发现，北京、天津、河北在各自的主导产业选择和定位方面，存在比较明显的分化和错位发展。

　　从区位商（表 2-2）来看，北京的服务业优势非常突出，区位商高于 1.5 的行业包括信息传输、计算机服务和软件业，租赁和商务服务业，科学研究、技术服务和地质勘查业，文化、体育和娱乐业，居民服务和其他服务业，房地产业，批发和零售业，住宿和餐饮业，交通运输、仓储和邮政业，金融业。

　　天津区位优势明显的产业主要是居民服务和其他服务业，制造业，科学研究、技术服务和地质勘查业，体现出以制造业为主、服务业比重逐步增大的趋势，尤其是 2008～2012 年制造业优势明显提升，体现出天津制造业的主体功能。其他具有相对优势的产业还有住宿和餐饮业，批发和零售业等，但是 2008～2012 年相对优势有所降低，可见在生活性服务业方面的优势有所削弱。

河北优势较为突出的产业主要为电力、燃气及水的生产和供应业，采矿业的优势在 2008～2012 年有大幅度下降，可见伴随着能源储量下降和产业结构调整，采矿业等基础产业升级改造取得了一定成效。总体上服务业尤其是生活性服务业发展比较落后。

表 2-2　北京、天津、河北主要行业的区位商（2008 年、2012 年）

序号	行业	北京		天津		河北	
		2008 年	2012 年	2008 年	2012 年	2008 年	2012 年
1	采矿业	0.18	0.23	0.52	0.58	1.45	1.12
2	制造业	0.44	0.54	1.07	1.49	1.02	0.84
3	电力、燃气及水的生产和供应业	0.57	0.55	0.83	0.67	1.15	1.52
4	建筑业	0.48	0.45	0.74	0.82	0.83	1.00
5	交通运输、仓储和邮政业	1.76	1.84	1.25	1.11	0.94	0.89
6	信息传输、计算机服务和软件业	4.97	5.02	0.75	0.77	0.61	0.72
7	批发和零售业	1.70	2.05	1.53	1.29	0.89	0.91
8	住宿和餐饮业	2.62	2.56	1.28	1.37	0.73	0.63
9	金融业	1.69	1.51	0.96	0.78	1.35	1.15
10	房地产业	2.54	2.88	1.09	1.06	0.78	0.61
11	租赁和商务服务业	4.24	4.46	1.29	0.98	0.55	0.43
12	科学研究、技术服务和地质勘查业	4.31	3.47	1.75	1.32	0.94	0.93
13	水利、环境和公共设施管理业	1.43	0.82	1.33	0.80	0.90	1.13
14	居民服务和其他服务业	2.42	2.95	4.28	9.23	0.53	0.85
15	教育	0.85	0.57	0.71	0.52	1.24	1.34
16	卫生、社会保障和社会福利业	1.00	0.68	0.85	0.65	1.08	1.10
17	文化、体育和娱乐业	3.28	2.63	0.91	0.73	0.79	0.93
18	公共管理和社会组织	0.56	0.62	0.56	0.53	1.30	1.34

资料来源：《中国第二次经济普查年鉴 2008》《中国统计年鉴 2013》

对北京、天津、河北三地产业分工现状进行综合评估和分析，可以发现三地的产业发展具有各自不同的特征和方向：北京属于典型的知识型和服务型地区，在高新技术产业和文化创意产业、现代服务业等方面具有明显优势；天津属于加工型地区，以重工业为特征的加工型产业、非农产品为原料的加工工业占优势，承担制造和加工职能；河北虽然近年来采掘业有一定下降，但仍主要属于资源型地区，采掘业、重加工工业和农副产品生产、加工业占优势，承担提供资源支撑的职能。

3. 人均地区生产总值

京津冀区域的人均 GDP 总体上呈现逐渐上升态势，但不同地区的人均 GDP 仍有较大差距。20 世纪 90 年代以后，地区间人均 GDP 的差距逐渐增大，2012 年北京的人均 GDP 增长到 87 475 元，天津以快速增长态势，自 2011 年开始人均 GDP 已超过北京，并一举跃居全国第一位，2012 年达到 93 173 元；北京、天津两城市人均 GDP 均已超过 10 000 美元，位列全国的第一、第二位，按照 2007 年世界银行报告的划分标准，经济发展已达到中等发达国家水平；河北尽管近年来保持了年均 13% 的快速增长，但 2012 年人均 GDP 仅为 36 584 元，与北京、天津两市存在明显差距（图 2-15）。

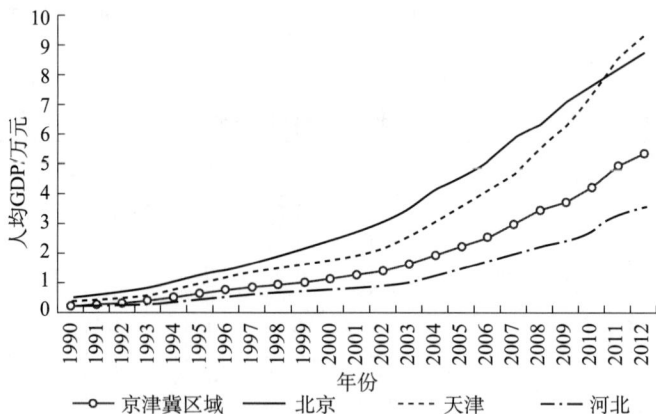

图 2-15 1990～2012 年北京、天津、河北及京津冀区域人均 GDP 变化

资料来源：《北京统计年鉴 2013》《天津统计年鉴 2013》《河北经济年鉴 2013》

进一步对比京津冀区域内 13 个地级以上城市的人均 GDP，可以看到城市间也存在一定差距，但是明显小于三地间 GDP 差距。2012 年，北京和天津人均 GDP 均超过 8 万元，较 2010 年有明显增长；河北各地级市中唐山市异军突起，人均 GDP 接近 6 万元；第二梯队包括石家庄、秦皇岛、廊坊和沧州四市，人均 GDP 均在 3 万元左右；其他六地市则在 2 万元上下，总体水平较 2010 年并没有较大变化（图 2-16）。

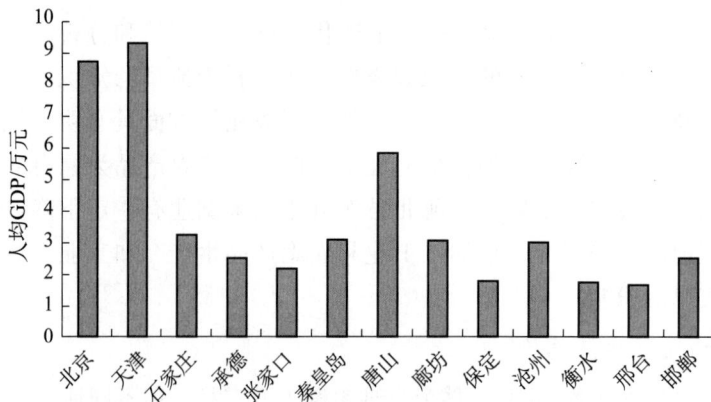

图 2-16 2012 年京津冀区域地级以上城市人均 GDP 比较

资料来源：《北京统计年鉴 2013》《天津统计年鉴 2013》《河北经济年鉴 2013》

二、京津冀区域第一产业发展状况

(一) 第一产业的总体特征

总体来看，京津冀区域第一产业总产值及增加值从新中国成立初期至今一直呈现上升趋势。随着经济的增长，京津冀区域的第一产业也取得了较大的发展，截至 2012 年北京、天津、河北的第一产业总产值分别实现 395.7 亿元、375.6 亿元及 5340.1 亿元（表 2-3）。从全国范围来看，综合第一产业总产值和增加值两项指标，进入 2000 年以来，京津冀区域第一产业总产值占全国的比重整体呈现下降的态势，尤其是 2010～2012 年下降速度明显加快（图 2-17）。自 2000 年以来，第一产业占京津冀区域 GDP 的比重也不断下降，2012 年仅为 6.12%，而北京更是下降至不足 1%，第一产业对京津冀区域经济增长的贡献在逐年减弱。

表 2-3 1952～2012 年京津冀区域第一产业总产值（当年价格）

（单位：亿元）

年份	1952	1960	1965	1970	1975	1980	1985	1995	2000	2005	2010	2012
北京	2.5	4.9	7.0	8.2	10.6	14.2	25.9	164.4	188.6	239.3	328.02	395.7
天津	2.7	3.2	4.8	5.2	5.4	9.3	20.4	125.4	156.3	238.3	317.3	375.6
河北	29.7	28.5	45.5	59.7	72.7	97.8	167.3	1147.8	1544.7	2600.8	4309.4	5340.1
京津冀区域	35.0	36.6	57.4	73.1	88.7	121.2	213.7	1437.7	1889.6	3078.5	4954.8	6111.4

资料来源：《新中国六十年统计资料汇编》《北京统计年鉴 2013》《天津统计年鉴 2012》《河北经济年鉴 2013》

图 2-17 1990～2012 年京津冀区域第一产业增加值和总产值占全国比重

资料来源：《中国统计年鉴 2013》《北京统计年鉴 2013》《天津统计年鉴 2013》《河北经济年鉴 2013》

与全国相比，近年来京津冀区域第一产业的发展明显低于全国平均水平。其中，河北作为全国粮食主产区之一，第一产业的发展基本接近全国平均水平；但北京和天津受到城市资源优势和功能定位的影响，第一产业发展缓慢，北京和天津第一产业总产值占京津冀区域的份额逐年下降，2012 年两地总计占京津冀区域第一产业的 12.6%，京津冀区域的第一产业发展主要集中在河北（图 2-18）。

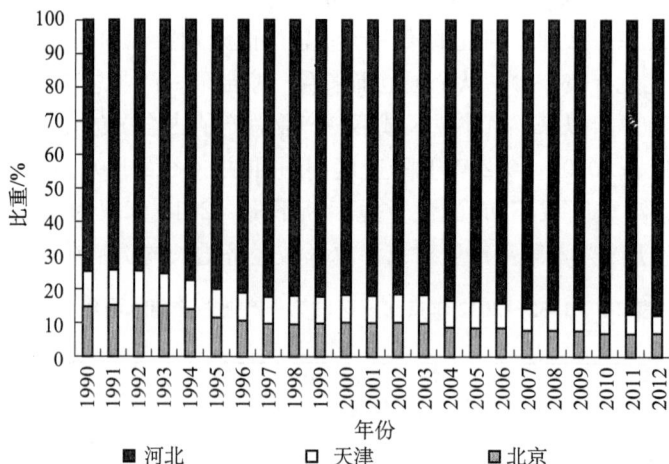

图 2-18　1990～2012 年京津冀区域第一产业总产值（当年价格）

资料来源：《北京统计年鉴 2013》《天津统计年鉴 2013》《河北经济年鉴 2013》

（二）第一产业内部结构特征

从整体来看，京津冀区域第一产业的主体是农业和牧业，受自然资源的限制，林业和渔业比重很小。2012 年，京津冀区域第一产业实现总产值 6111.43亿元，占全国的 6.83%。其中农业实现产值 3457.38 亿元，牧业实现产值2006.87 亿元，总计占京津冀区域第一产业总产值的 89%，农业和牧业在全国份额分别达到 7.37% 和 7.38%，都略高于第一产业总体占全国的比重。从 2000～2012 年的发展趋势来看，农业、林业、渔业占全国的份额均保持较稳定的态势，而牧业和农林牧渔服务业由于增速低于全国平均水平，所占份额表现出较明显的下降趋势，其中牧业从 2000 年的 10.18% 下降到 2012 年的 7.38%，农林牧渔服务业从 2003 年的 11.78% 下降到 2012 年的 8.18%（图 2-19、表 2-4）。

从京津冀区域第一产业的内部结构来看，尽管 2005 年以后有所波动，2000年以来农业份额总体上表现出上升趋势，而牧业的份额则在逐步下降。2003 年以来，农林牧渔服务业纳入第一产业统计，就占比来看，其占第一产业的比重不大，且近年来没有明显变化。

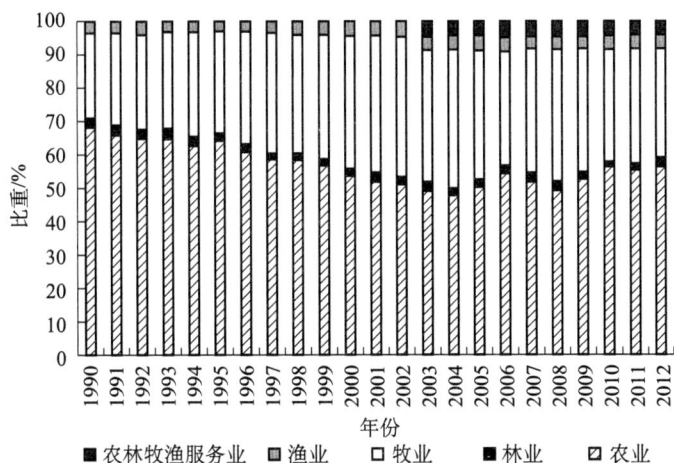

图 2-19　1990～2012 年京津冀区域第一产业内部结构（总产值）

资料来源：《北京统计年鉴 2013》《天津统计年鉴 2013》《河北经济年鉴 2013》

表 2-4　2000～2012 年京津冀区域第一产业总产值占全国比重（单位：%）

年份	第一产业	农业	林业	牧业	渔业	农林牧渔服务业
2000	7.58	7.34	3.41	10.18	3.19	
2001	7.84	7.40	4.74	10.62	3.23	
2002	7.75	7.29	4.93	10.47	3.36	
2003	8.00	7.58	4.45	10.61	2.98	11.78
2004	7.82	7.25	4.00	10.31	3.13	12.08
2005	7.80	7.38	3.82	10.13	3.10	11.85
2006	7.18	7.41	3.89	8.34	2.97	9.13
2007	7.34	7.59	3.88	8.35	2.95	9.31
2008	7.03	7.19	3.65	7.95	3.01	9.33
2009	7.02	7.17	4.37	8.06	2.95	8.62
2010	7.15	7.56	2.71	8.02	3.18	8.55
2011	6.90	7.43	2.57	7.51	3.09	8.43
2012	6.83	7.37	3.93	7.38	2.90	8.18

资料来源：《中国统计年鉴 2013》《北京统计年鉴 2013》《天津统计年鉴 2013》《河北经济年鉴 2013》

（三）主要农产品生产状况

京津冀区域大部地区位于华北平原，地形以平原为主，这为农作物生产提供了便利的条件。河北是我国主要粮食产区，天津、河北都有较为便利的港口条件，有利于渔业生产的发展。其中，2012 年，粮食、蔬菜及水果产量均超过千万吨，分别达到 3522.13 万吨、8422.73 万吨及 1396.24 万吨（表 2-5）。

表 2-5　2001～2012 年京津冀区域主要农产品产量　（单位：万吨）

年份	粮食	棉花	油料	蔬菜	水果	肉类	奶类	水产品
2001	2740.03	48.59	161.98	5948.00	767.88	541.64	186.22	118.78
2002	2655.88	46.73	159.31	6568.94	853.98	580.28	237.56	122.98
2003	2565.09	61.97	169.48	6992.91	961.82	619.34	314.13	123.23
2004	2675.54	79.37	158.76	7217.06	1032.89	651.16	401.23	130.50
2005	2830.98	66.28	156.51	7383.45	1076.33	688.62	476.25	139.18
2006	3031.70	79.72	136.45	6931.14	1119.93	486.39	544.70	123.93
2007	3090.80	81.98	140.74	7055.16	1164.12	479.72	627.15	129.17
2008	3180.24	82.12	155.24	7320.03	1201.52	503.34	651.85	136.39
2009	3191.29	67.65	145.61	7907.65	1765.80	513.30	597.20	140.38
2010	3251.34	63.35	142.50	8296.61	1787.60	505.60	582.50	147.10
2011	3456.20	72.62	143.83	8112.47	1320.03	416.82	592.27	148.05
2012	3522.13	62.23	144.73	8422.73	1396.24	432.00	603.64	159.20

资料来源：《北京统计年鉴 2013》《天津统计年鉴 2013》《河北经济年鉴 2013》

1. 粮油类

1）粮食

2012 年，京津冀区域实现粮食产量 3522.13 万吨，占全国粮食产量的 5.97%。总体来看，近年来京津冀区域粮食产量保持缓慢增长，占全国比重始终稳定在 6% 上下，在全国粮食生产中发挥着稳定的作用（图 2-20）。

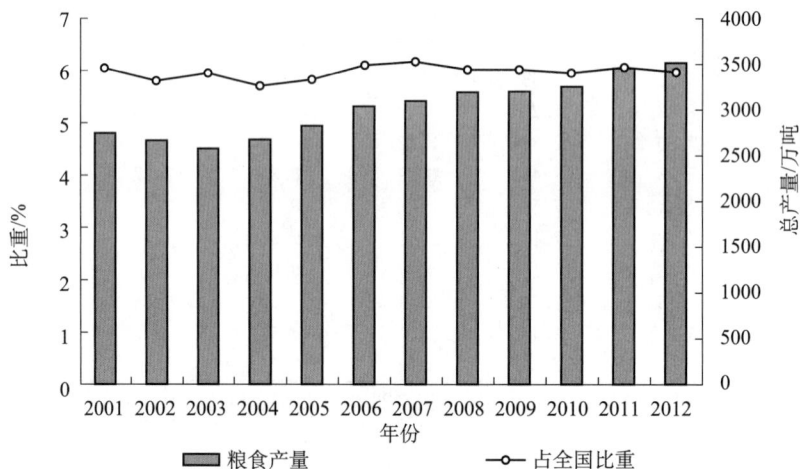

图 2-20　2001～2012 年京津冀区域粮食产量及占全国比重

资料来源：《中国统计年鉴 2013》《北京统计年鉴 2013》《天津统计年鉴 2013》《河北经济年鉴 2013》

2）棉花

京津冀区域是仅次于新疆、山东的全国第三大棉花产区。受气候、经济环境等多重因素的影响，在历史上，棉花产量表现出较大幅度的波动，1993 年降至最低的 20.4 万吨，占全国总产量的比重降至 5.46%，随后产量与占全国的比重均有所回升，2003 年达到 61.97 万吨，占全国的 12.75%。2003 年以来棉花产量仍然表现出一定的波动，但总产量已经开始明显下降，占全国的比重也呈现出下降的趋势（图 2-21）。

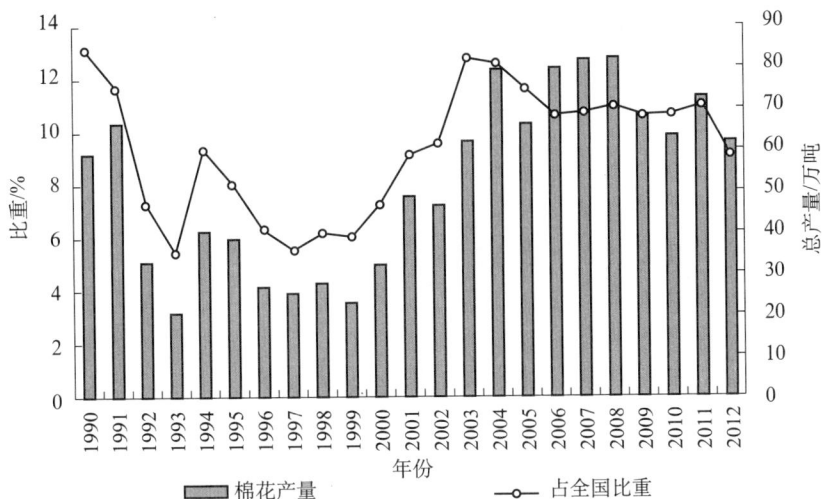

图 2-21　1990～2012 年京津冀区域棉花产量及占全国比重

资料来源：《中国统计年鉴 2013》《北京统计年鉴 2013》《天津统计年鉴 2013》《河北经济年鉴 2013》

3）油料

油料种植面积和产量自 2002 年以来整体呈下降趋势，2012 年京津冀区域实现产量 144.73 万吨，占全国总产量的 4.21%，与之相伴，京津冀区域油料产量占全国总产量的比重也表现出较明显的下降态势（图 2-22）。

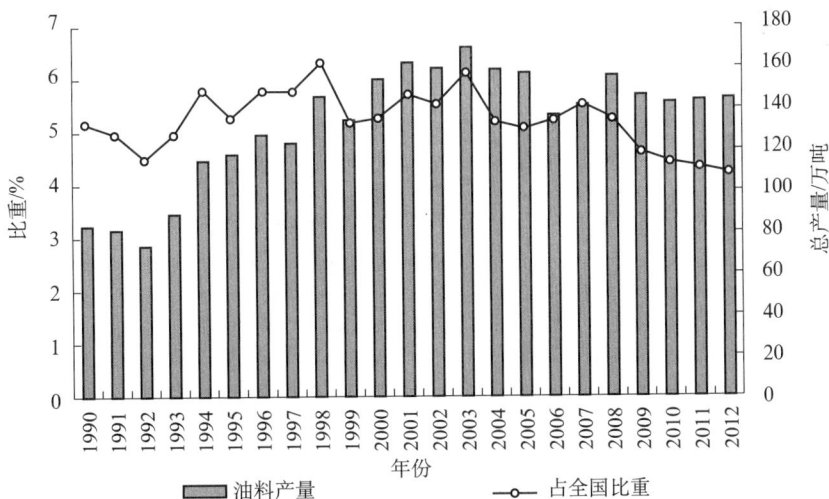

图 2-22　京津冀区域油料产量及占全国比重

资料来源：《中国统计年鉴 2013》《北京统计年鉴 2013》《天津统计年鉴 2013》《河北经济年鉴 2013》

2. 蔬菜、水果

2011 年，京津冀区域蔬菜产量达到 8112.47 万吨，占全国蔬菜产量的 11.94%，总体上京津冀区域的蔬菜产量近年来在波动中有小幅增长，占全国比重相对稳定，维持在 12%～13%（图 2-23）。

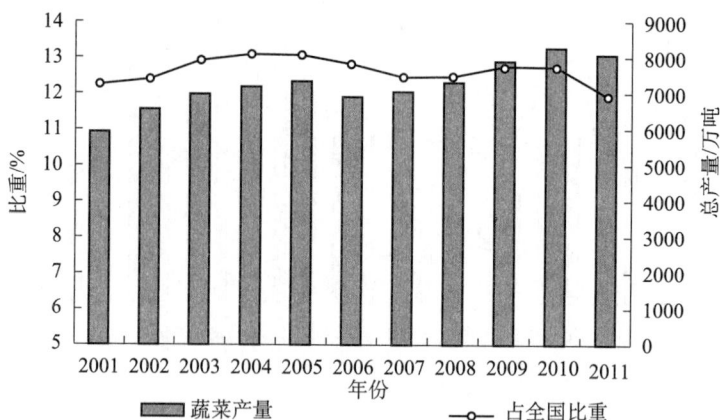

图 2-23　京津冀区域蔬菜产量及占全国比重

资料来源：《中国统计年鉴 2013》《北京统计年鉴 2013》《天津统计年鉴 2013》《河北经济年鉴 2013》

京津冀区域水果产量总体呈现逐年上升的趋势，其中 2009～2010 两年的水果产量格外突出。2011 年以来恢复至常规水平，2012 年产量实现 1396.24 万吨。但占全国水果生产总量比重呈现下降的趋势（图 2-24），2011～2012 年占全国比重已低于 6%。

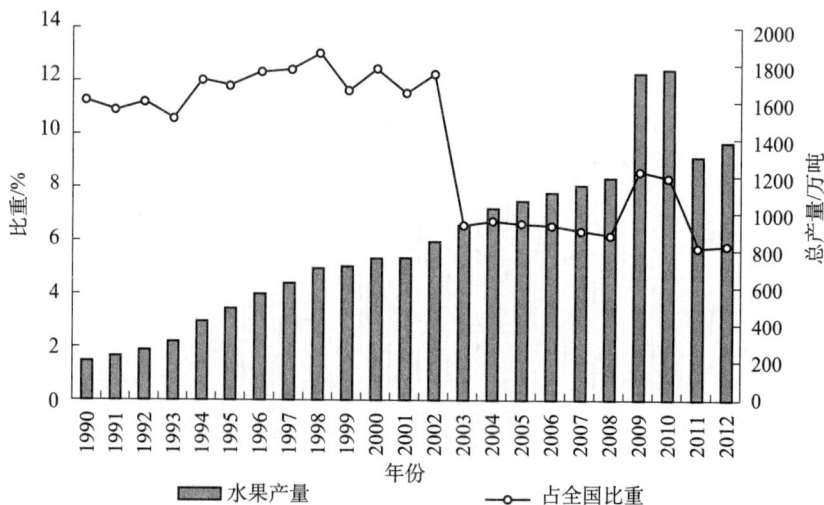

图 2-24　1990～2012 年京津冀区域水果产量及占全国比重

资料来源：《中国统计年鉴 2013》《北京统计年鉴 2013》《天津统计年鉴 2013》《河北经济年鉴 2013》

3. 水产品、牛奶及肉类

京津冀区域的牛奶产量在 2001~2008 年产量逐年上升，占全国比重始终维持在 16% 以上，2009 年开始出现产量小幅波动下滑的趋势，但总体上占全国比重仍然维持在 16% 上下（图 2-25）。与牛奶产品相比，京津冀区域的肉类产品产量及占全国比重近年来都出现了明显的下滑，从 2005 年的 688.62 万吨和占全国比重 9.92%，下降到 2012 年的 432 万吨和占全国比重 5.15%（图 2-26）。受到自然条件的限制，京津冀地区的水产品产量尽管总体上保持了逐年增长的态势，但是占全国的比重始终不高，基本维持在 3% 上下，2006 年以来又有小幅下降（图 2-27）。

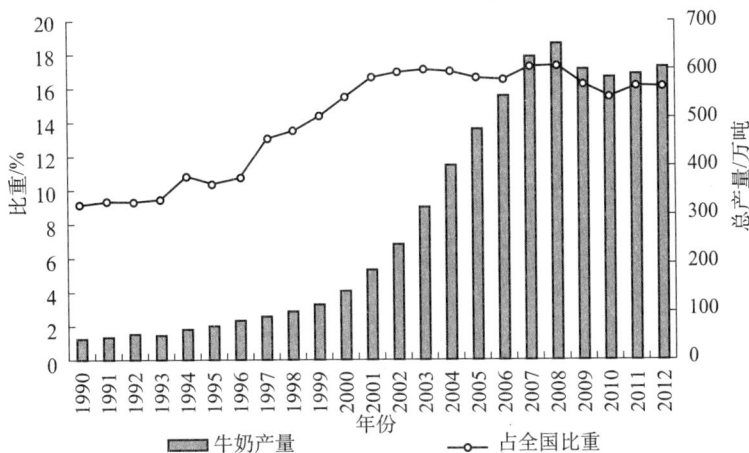

图 2-25　1990~2012 年京津冀区域牛奶产量及占全国比重

资料来源：《中国统计年鉴 2013》《北京统计年鉴 2013》《天津统计年鉴 2013》《河北经济年鉴 2013》

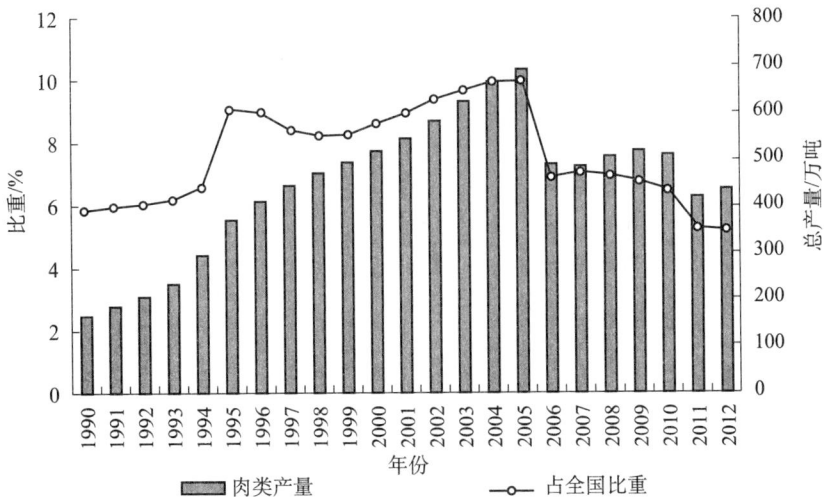

图 2-26　1990~2012 年京津冀区域肉类产量及占全国比重

资料来源：《中国统计年鉴 2013》《北京统计年鉴 2013》《天津统计年鉴 2013》《河北经济年鉴 2013》

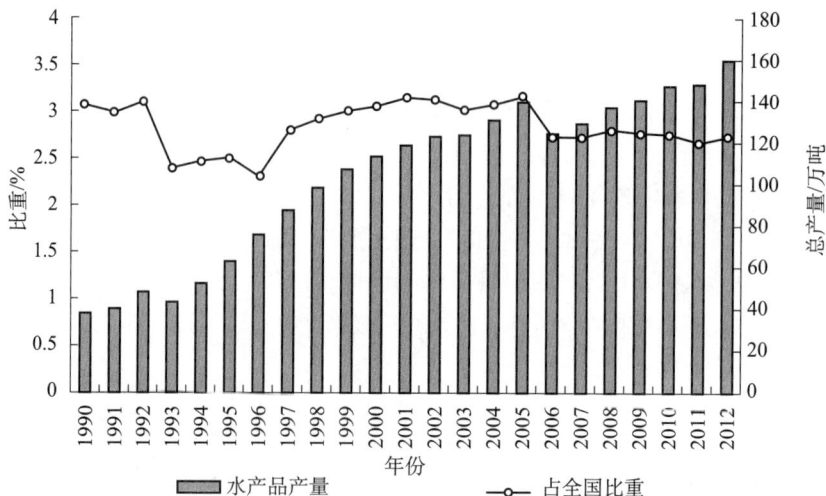

图 2-27　1990～2012 年京津冀区域水产品产量及占全国比重

资料来源：《中国统计年鉴 2013》《北京统计年鉴 2013》《天津统计年鉴 2013》《河北经济年鉴 2013》

　　从京津冀区域上述八种主要农产品来看，占全国比重最大的是牛奶；其次占全国比重 10％上下的有蔬菜和棉花。从发展趋势来看，近年来粮食、蔬菜、牛奶和水产品占全国的比重都没有显著变化，其他农产品占全国比重均出现一定程度的下降。总体来看，尽管京津冀区域的农产品产量逐年增长，但是增长速度略低于全国，农产品生产在全国的地位在逐步下降。

三、京津冀区域第二产业发展状况

（一）第二产业的总体特征

1. 总量特点

　　1990 年以来，京津冀区域第二产业发展总体呈现持续增长的趋势，截至 2012 年第二产业实现增加值 24 726.66 亿元，2004 年以来占全国比重始终保持在 10％以上，2010～2012 年呈现小幅上升的趋势（图 2-28）。总体来看，1990 年以来随着国家相关政策的不断调整、总体投资环境的不断改善，京津冀区域工业结构得到了调整和优化，促使京津冀区域第二产业在全国保持了稳定的地位。虽然 2008 年前后受国际金融危机的影响，发展有所波动，但仍维持较为稳定的态势。总体来看，由于京津冀区域尤其是重要的经济主体城市北京经济结构服务化趋势的加快，京津冀地区已逐步由新中国成立初期的工业基地向服务业中心发展，第二产业在全国的比重有所下降，但是仍然占全国第二产业增加值的 10％，在全国占有重要地位。

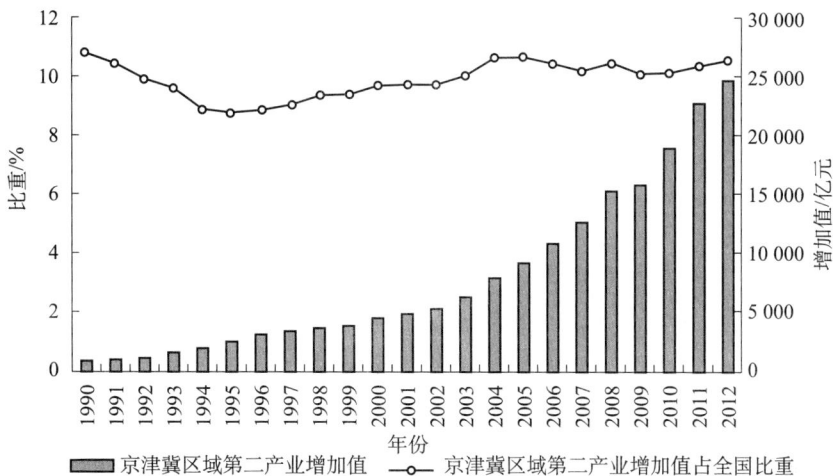

图 2-28　1990～2012 年京津冀区域第二产业增加值及占全国比重
资料来源：《中国统计年鉴 2013》《北京统计年鉴 2013》《天津统计年鉴 2013》《河北经济年鉴 2013》

2. 结构特点

从主营收入来看，京津冀区域排名前十五位的行业依次为黑色金属冶炼和压延加工业，电力、热力生产和供应业，汽车制造业，计算机、通信和其他电子设备制造业，煤炭开采和洗选业，石油加工、炼焦和核燃料加工业，金属制品业，农副食品加工业，黑色金属矿采选业，电气机械和器材制造业，专用设备制造业，非金属矿物制品业，通用设备制造业，化学原料和化学制品制造业，食品制造业，总收入占全部 39 个行业的 79.53％；其中前三大行业主营收入占比达到 32.99％，在全国占比均超过 10％（图 2-29）。从主营收入及其占全国同行业的比重来看，京津冀区域的工业结构虽仍然以重工业为主体，但以汽车制造、通信为代表的高端制造业和以农副食品加工及食品制造业为代表的轻工业比重已逐步增加。

京津冀区域拥有丰富的矿物资源，为其矿物开采加工及能源生产提供了良好的基础。河北境内矿物资源丰富，2012 年铁矿石原矿产量达 5.24 亿吨，占全国铁矿石原矿产量的 40％，产量居全国首位；原煤产量超过 2 亿吨；此外，京津冀区域拥有天津渤海油田、河北任丘华北油田、河北唐海冀东油田等，2012 年天津原油产量为 3098.3 万吨，河北原油产量为 584 万吨，京津冀区域原油产量占全国的 17.75％。依托丰富的资源，京津冀区域黑色金属冶炼和压延加工业始终是京津冀区域产值规模最大的行业，2012 年规模以上行业主营收入为 15 612.03 亿元，

主营收入/亿元

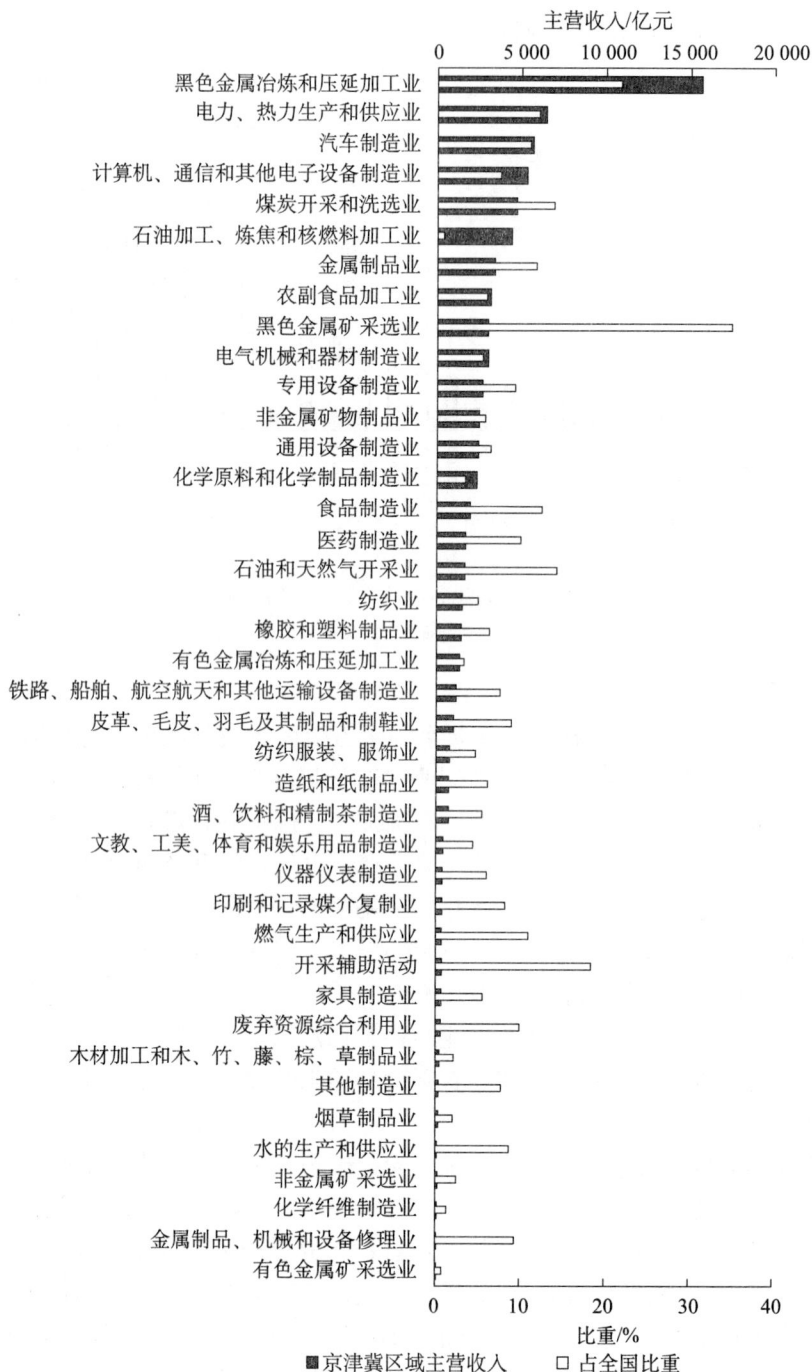

图 2-29　2012 年京津冀区域规模以上工业分行业状况

资料来源：《中国统计年鉴 2013》《北京统计年鉴 2013》《天津统计年鉴 2013》《河北经济年鉴 2013》

占全国同行业总产值的 21.8%；黑色金属矿采选业的主营业务收入尽管排名仅为第九位，但其占全国同行业的比重却十分突出，占全国同行业的 34.93%，在全国占据重要地位。此外，煤炭开采和洗选业，石油加工、炼焦和核燃料加工业，金属制品业，食品制造业，石油和天然气开采业，燃气生产和供应业，开采辅助活动等行业，占全国同行业比重也均超过 10%。

值得关注的是，京津冀区域集中了天津一汽、北京汽车及河北长城汽车等一批优势整车生产企业，以及一批通信设备制造商，使得京津冀区域在汽车制造、通信设备制造等领域具有突出的实力。其中汽车制造业 2012 年主营业务收入在京津冀区域各行业中排名第三，占全国的 11.16%；通信设备、计算机及其他电子设备制造业 2012 年主营业务收入在京津冀区域各行业中排名第四，占全国同行业的 7.61%。

（二）基于行业大类的地区工业产业结构分析

1. 地区行业的结构优势

京津冀区域第二产业中，工业占主要地位，工业增加值占第二产业增加值的比重始终保持在 80% 以上，对京津冀区域的经济发展始终发挥着重要作用。20 世纪 90 年代初期，京津冀区域工业在全国的地位有所下降，90 年代中期后又逐步回升。进入 21 世纪以来，京津冀区域进入工业结构优化调整的新时期，总体增速有所放缓，占全国的比重保持相对稳定的水平，但随着工业结构的优化升级效应的逐步体现，2010～2012 年增速进一步上升，2012 年京津冀区域工业增加值实现 21 928.96 亿元，占全国的 10.98%（图 2-30）。

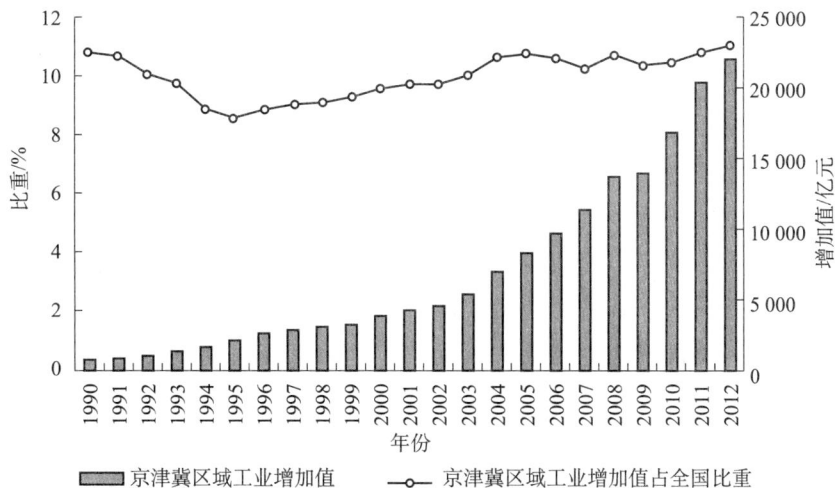

图 2-30　1990～2012 年京津冀区域工业增加值及占全国比重

资料来源：《中国统计年鉴 2013》《北京统计年鉴 2013》《天津统计年鉴 2013》《河北经济年鉴 2013》

　　京津冀区域是我国传统的工业集中地区，工业基础雄厚，为了更好地描述京津冀区域的优势行业，我们采用区位商和产值规模相结合的方法来衡量某个行业在国内的地位和作用。其中，我们用产值规模代表行业在该地区的重要程度，区位商体现行业的专业化优势，我们将产值规模排名前十位且区位商大于1的行业，定义为优势行业（表2-6、表2-7），由此对比京津冀区域2010年和2012年行业结构的特征及变化趋势①。

表 2-6　2010 年京津冀区域优势行业

行业	主营收入/亿元	占工业主营收入比重/%	区位商
黑色金属冶炼和压延加工业	12 731.10	19.97	2.56
交通运输设备制造业	5 497.88	8.62	1.09
电力、热力的生产和供应业	4 846.68	7.60	1.31
石油加工、炼焦和核燃料加工业	3 395.43	5.33	1.27
煤炭开采和洗选业	2 937.21	4.61	1.36
黑色金属矿采选业	2 139.63	3.36	3.82

　　注：选取区位商大于1、行业规模本地区前十位的行业作为地区优势行业
　　资料来源：《中国统计年鉴2011》《北京统计年鉴2011》《天津统计年鉴2011》《河北经济年鉴2011》

表 2-7　2012 年京津冀区域优势行业

行业	主营收入/亿元	占工业主营收入比重/%	区位商
黑色金属冶炼和压延加工业	15 612.03	18.54	2.41
电力、热力的生产和供应业	6 450.24	7.66	1.35
汽车制造业	5 716.89	6.79	1.23
煤炭开采和洗选业	4 739.30	5.63	1.54
石油加工、炼焦和核燃料加工业	4 415.85	5.24	1.24
金属制品业	3 438.56	4.08	1.31
黑色金属矿采选业	3 059.69	3.63	3.86
专用设备制造业	2 685.44	3.19	1.03

　　注：选取区位商大于1且行业规模在该地区排名前十位的行业作为地区优势行业
　　资料来源：《中国统计年鉴2013》《北京统计年鉴2013》《天津统计年鉴2013》《河北经济年鉴2013》

　　如表2-6所示，2010年京津冀区域区位商大于1且行业规模在该地区排名前十位的行业分别是黑色金属冶炼和压延加工业，交通运输设备制造业，电力、热力的生产和供应业，石油加工、炼焦和核燃料加工业，煤炭开采和洗选业，黑色金属矿采选业，主要集中在矿物原材料加工生产、装备制造等制造业上，与之相配套的能源生产也是优势行业之一。与2010年相比，2012年的优势行业中增加了汽车制造业、金属制品业和专用设备制造业，电力、热力的生产和供

---

　　① 由于2012年全国数据缺乏总产值数据，2010年、2012年产值规模数据采用主营收入数据代替。其中由于2012年开始采用2011年最新行业代码表，行业门类分类发生了一定的变化，主要体现在汽车制造业从交通设备制造业中独立出来。

应业,煤炭开采和洗选业的区位商均有明显提升(表 2-7)。其中,京津冀区域内拥有首都钢铁集团、河北钢铁集团、天津钢管集团等全国重点企业,无论是规模还是生产技术均处于全国领先的地位,黑色金属矿采选业、黑色金属冶炼和压延加工业的区位商在京津冀区域内是最大的,主营业务收入合计达到 18 671.73 亿元,区位商均大于 2,是京津冀区域内的优势行业。

从 2012 年京津冀区域的内部结构来看,北京、天津、河北三地的优势产业具有明显的差异(表 2-8)。北京和天津的优势产业主要集中于技术密集型现代制造业。北京具有优势的技术密集型产业包括计算机、通信和其他电子设备制造业,汽车制造业,医药制造业等。天津具有优势的技术密集型产业主要包括计算机、通信和其他电子设备制造业,汽车制造业等。在传统制造业方面,河北在黑色金属矿采选业、黑色金属冶炼和压延加工业、化学原料和化学制品制造业、农副食品加工业等行业均具有明显的优势,天津的传统工业优势主要集中在石油和天然气开采业、食品制造业及化学原料和化学制品制造业等几个行业,北京的优势产业则主要集中在电力、热力生产和供应业,煤炭开采和洗选业等行业。

表 2-8 2012 年北京、天津、河北三地优势行业

(a) 北京

行业	占工业总产值比重/%	区位商
电力、热力生产和供应业	19.35	2.46
汽车制造业	16.17	2.32
计算机、通信和其他电子设备制造业	13.18	2.18
石油加工、炼焦及核燃料加工业	5.68	1.06
煤炭开采和洗选业	5.20	1.22
电气机械和器材制造业	4.29	1.16
医药制造业	3.48	1.81
通用设备制造业	3.36	1.13

(b) 天津

行业	占工业总产值比重/%	区位商
计算机、通信和其他电子设备制造业	10.92	1.80
汽车制造业	7.38	1.06
石油和天然气开采业	5.94	2.88
化学原料和化学制品制造业	5.14	1.17
煤炭开采和洗选业	5.07	1.19
金属制品业	4.41	1.07
专用设备制造业	4.31	1.31
食品制造业	4.07	1.76

续表

（c）河北		
行业	占工业总产值比重/%	区位商
黑色金属冶炼和压延加工业	27.44	1.43
黑色金属矿采选业	5.86	1.73
石油加工、炼焦和核燃料加工业	5.39	1.01
化学原料和化学制品制造业	4.80	1.09
金属制品业	4.79	1.16
农副食品加工业	4.42	1.18
非金属矿物制品业	4.16	1.33

注：区位商计算方法：行业产值占工业总产值比重/京津冀区域行业产值占工业总产值比重，选取区位商大于1且行业规模居本地区前十位的行业作为地区优势行业

资料来源：《北京统计年鉴2013》《天津统计年鉴2013》《河北经济年鉴2013》

总的来看，在基本延续原有结构的基础上，北京和天津两地在以汽车制造、计算机、通信和其他电子设备制造为代表的高技术产业方面具有突出地位和明显优势，现代制造业在两地区的产业结构调整中成为发展的重点。总的来看，京津冀区域内部各地区间的工业优势存在一定的差异性，有利于优势互补。近年来北京产业结构调整促进了三地产业分工的进一步变化，然而尽管京津冀区域在技术密集型产业、装备制造业等现代制造业方面已经具有一定优势，以资源为基础等矿产开采和加工产业、能源生产产业仍然在地区产业体系中占有重要地位。

2. 地区行业专业化程度

产业的专业化发展有利于提高生产效率，发挥外部性，然而产业结构多样性有利于新产业的诞生及其他产业的发展，过度专业化分工也可能导致地区经济差距扩大，限制产业调整和更新，从而牺牲外部性。因此，有学者指出，省区产业多样并且有一两个较为突出的支柱产业，有利于产业发展[①]。本章选取基尼系数计算北京、天津、河北及京津冀区域的地方工业专业化程度，具体测算方法如下：

基尼系数的常见通用公式为

$$G = \frac{1}{2n^2\mu} \sum_{i=1}^{n} \sum_{j=1}^{n} \mid y_i - y_j \mid$$

本章通过基尼系数计算某地区的工业专业化，即采用工业总产值指标[②]，其中 $\mid y_i - y_j \mid$ 是测算地区的任意两产业大类的工业总产值差值的绝对值；n 是产

① 林秀丽.2010.省区工业产业专业化与经济发展水平.宏观经济研究，(7)：35-41.

② 本研究采用的工业总产值数据为规模以上工业企业总产值，分别来自《中国经济普查年鉴2008》，以及《北京统计年鉴2013》《天津统计年鉴2013》和《河北经济年鉴2013》。

业大类总数量；μ 是 n 个产业总产值的均值。将公式变形后，可简化为

$$G = \frac{n}{2}(\sum_{i=1}^{n} ix_i) - \frac{(n+1)}{n}$$

式中，$x_i = \dfrac{y_i}{\sum\limits_{i=1}^{n} y_i}$，$x_1 < x_2 < \cdots < x_n$，即为特定地区 i 产业占该地区总产业的比重。

地方产业专业化基尼系数的大小主要取决于几个支柱产业所占比重的大小，G 值越大代表该地区的产业专业化水平越高，即该地区越专注于支柱产业的发展。但是如果地方产业专业化基尼系数过大，则表明该地区的产业结构比较单一。

根据对北京、天津、河北及京津冀区域的地方产业专业化基尼系数的测算，得到结果。北京、天津和河北三地的专业基尼系数在 2010～2012 年都有小幅上升的趋势；其中除天津上升幅度较小外，北京、河北及京津冀区域整体的基尼系数均增加了 0.03 左右（图 2-31）。因而总体上来看，在新一轮产业调整优化过程中，产业集中度得到了进一步提升。

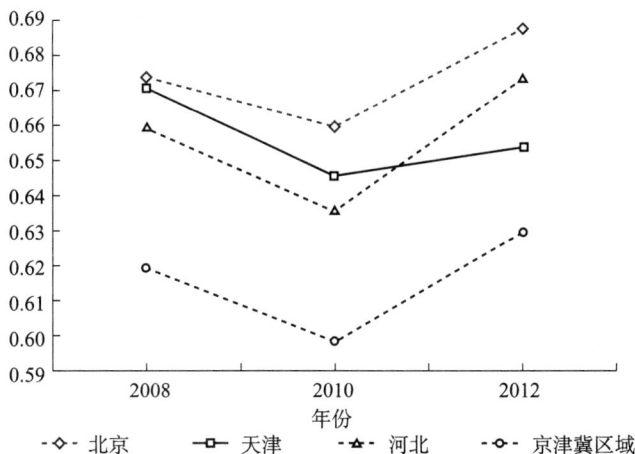

图 2-31　2008～2012 年北京、天津、河北及京津冀区域产业专业化基尼系数变化

资料来源：《中国经济普查年鉴 2008》《北京统计年鉴 2011》《天津统计年鉴 2011》
《河北经济年鉴 2011》《北京统计年鉴 2013》《天津统计年鉴 2013》《河北经济年鉴 2013》

从 2008 年、2010 年、2012 年三地规模前六位的产业情况可以看出，尽管产业排序方面有一定的变动，但是各地区的规模占比较大的产业仍然保持相对稳定的状态（表 2-9），而产业结构中比较明显的变化有如下两点：①化学原料和化学制品制造业在全区域的全面下降；②北京地区由于首钢搬迁而出现黑色金属冶炼和压延加工业的大幅下降甚至退出。

表 2-9　北京、天津、河北及京津冀区域产业专业化基尼系数及规模前六位产业

		2008 年	2010 年	2012 年
北京	产业专业化基尼系数	0.674	0.660	0.688
	规模前六位产业	通信设备、计算机和其他电子设备制造业	通信设备、计算机和其他电子设备制造业	电力、热力生产和供应业
		电力、热力生产和供应业	交通运输设备制造业	汽车制造业
		交通运输设备制造业	电力、热力生产和供应业	通信设备、计算机和其他电子设备制造业
		石油加工、炼焦和核燃料加工业	石油加工、炼焦和核燃料加工业	石油加工、炼焦和核燃料加工业
		黑色金属冶炼和压延加工业	电气机械和器材制造业	煤炭开采和洗选业
		专用设备制造业	煤炭开采和洗选业	电气机械和器材制造业
天津	产业专业化基尼系数	0.671	0.646	0.654
	规模前六位产业	黑色金属冶炼和压延加工业	黑色金属冶炼和压延加工业	黑色金属冶炼和压延加工业
		通信设备、计算机和其他电子设备制造业	交通运输设备制造业	通信设备、计算机和其他电子设备制造业
		交通运输设备制造业	通信设备、计算机和其他电子设备制造业	汽车制造业
		石油和天然气开采业	石油和天然气开采业	石油和天然气开采业
		电气机械和器材制造业	石油加工、炼焦和核燃料加工业	化学原料和化学制品制造业
		通用设备制造业	化学原料和化学制品制造业	煤炭开采和洗选业
河北	产业专业化基尼系数	0.660	0.636	0.674
	规模前六位产业	黑色金属冶炼和压延加工业	黑色金属冶炼和压延加工业	黑色金属冶炼和压延加工业
		电力、热力生产和供应业	电力、热力生产和供应业	电力、热力生产和供应业
		石油加工、炼焦和核燃料加工业	黑色金属矿采选业	黑色金属矿采选业
		化学原料和化学制品制造业	石油加工、炼焦和核燃料加工业	石油加工、炼焦和核燃料加工业
		黑色金属矿采选业	化学原料和化学制品制造业	化学原料和化学制品制造业
		农副食品加工业	农副食品加工业	金属制品业
京津冀区域	产业专业化基尼系数	0.620	0.599	0.630
	规模前六位产业	黑色金属冶炼和压延加工业	黑色金属冶炼和压延加工业	黑色金属冶炼和压延加工业
		通信设备、计算机和其他电子设备制造业	交通运输设备制造业	电力、热力生产和供应业
		电力、热力生产和供应业	电力、热力生产和供应业	汽车制造业
		交通运输设备制造业	通信设备、计算机和其他电子设备制造业	通信设备、计算机和其他电子设备制造业
		石油加工、炼焦和核燃料加工业	石油加工、炼焦和核燃料加工业	石油加工、炼焦和核燃料加工业
		化学原料和化学制品制造业	化学原料和化学制品制造业	化学原料和化学制品制造业

资料来源：《中国经济普查年鉴 2008》《北京统计年鉴 2011》《天津统计年鉴 2011》《河北经济年鉴 2011》《北京统计年鉴 2013》《天津统计年鉴 2013》《河北经济年鉴 2013》

四、京津冀区域第三产业发展状况

(一) 第三产业的总体特征

20 世纪 80 年代中期以来，受改革开放等经济政策的驱动，京津冀区域第三产业呈现出蓬勃发展的趋势，产业规模稳步增长，占区域 GDP 的比重逐年攀升。总体来看，20 世纪 90 年代是京津冀区域第三产业增速最快的阶段，京津冀第三产业增速明显高于全国水平，占全国第三产业增加值的比重也不断上升。2000 年以来第三产业占京津冀区域 GDP 比重已经达到 50％左右。然而也由于第三产业比重已经超过第一、第二产业的规模总和，第三产业逐步成为京津冀区域的主要经济增长点。但是，京津冀区域第三产业比重的提升速度明显低于全国水平。2006 年以来，第三产业占全国的比重呈现逐步下降的趋势。虽然增速与全国相比不再具有明显优势，但总体上来看第三产业仍然保持了较高的增长速度（图 2-32）。2012 年京津冀区域实现第三产业增加值 29 113.17 亿元，占当年京津冀区域 GDP 的 50.77％，占全国第三产业增加值的比重从 2006 年的 13.31％下降到 2012 年的 12.58％。

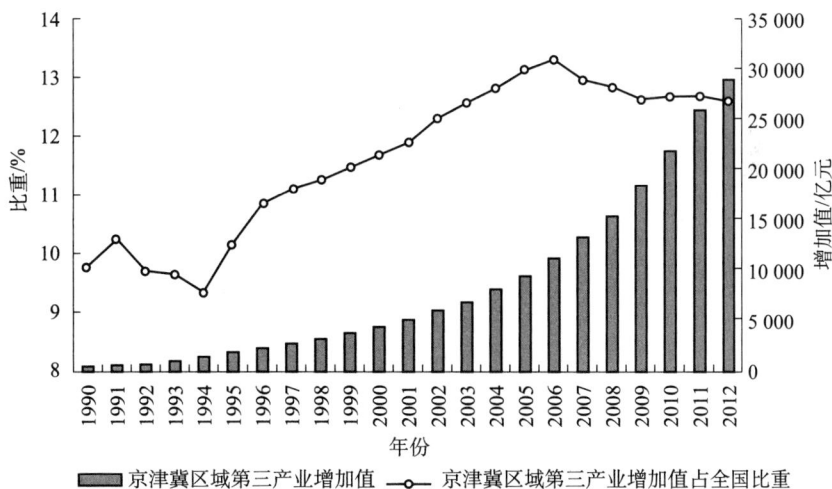

图 2-32　京津冀区域第三产业增加值占 GDP 比重及占全国第三产业增加值比重

资料来源：《新中国六十年统计资料汇编》《北京统计年鉴 2013》《天津统计年鉴 2013》
《河北经济年鉴 2013》

从北京、天津、河北三地的第三产业增加值水平来看，20 世纪 90 年代第三产业的高速发展主要是受北京第三产业发展的带动。北京第三产业的快速发展使得北京第三产业占京津冀区域第三产业总量的比重明显上升。2004~2008年，北京第三产业增加值占京津冀区域比重达到50％左右。2008年以来，随着天津服务化进程的加速，北京第三产业独大的局面逐步被打破，北京第三产业在京津冀区域的比重开始下滑，2009年开始天津第三产业在京津冀区域的比重明显上升，2012年达到区域总量的20.08％（图2-33）。

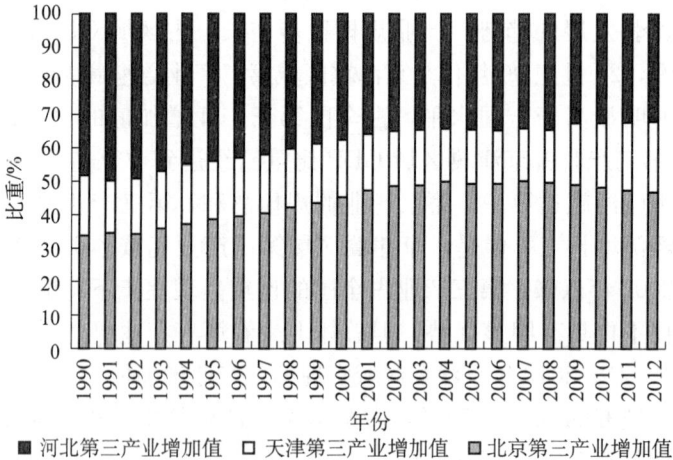

图 2-33　北京、天津、河北第三产业增加值占京津冀区域第三产业增加值的比重

资料来源：《新中国六十年统计资料汇编》《北京统计年鉴2013》《天津统计年鉴2013》
《河北经济年鉴2013》

（二）第三产业的结构特征

利用2004年和2008年经济普查数据，以及2012年统计数据，进一步分析京津冀区域第三产业的总体结构特征。根据京津冀区域第三产业从业人员数据计算第三产业各行业的区位商，可以看出京津冀区域第三产业的优势行业主要包括信息传输、计算机服务和软件业，租赁和商务服务业，科学研究、技术服务和地质勘查业，房地产业，文化、体育和娱乐业，居民服务和其他服务业等，与2004年和2008年相比，住宿和餐饮业同房地产业的区位商近年来也有一定的提高（表2-10）。从第三产业的结构来看，京津冀区域的优势行业主要集中在生产性服务业，以及文化娱乐、居民服务等公共服务业方面。

表 2-10　2004 年、2008 年、2012 年京津冀地区服务业区位商

行业	2004 年	2008 年	2012 年
交通运输、仓储和邮政业	1.00	0.98	1.09
信息传输、计算机服务和软件业	1.49	1.63	2.12

续表

行业	2004 年	2008 年	2012 年
批发和零售业	1.07	0.99	1.19
住宿和餐饮业	1.21	1.14	1.30
金融业	0.91	1.07	1.00
房地产业	1.07	1.11	1.37
租赁和商务服务业	1.67	1.50	1.86
科学研究、技术服务和地质勘查业	1.62	1.73	1.71
水利、环境和公共设施管理业	0.82	0.90	0.75
居民服务和其他服务业	1.88	1.45	2.64
教育	0.79	0.78	0.69
卫生、社会保障和社会福利业	0.79	0.78	0.67
文化、体育和娱乐业	1.39	1.28	1.33
公共管理和社会组织	0.74	0.70	0.71

注：其中 2012 年数据根据"年底城镇单位就业人员数"计算得出

资料来源：《中国经济普查年鉴 2004》《中国经济普查年鉴 2008》《中国统计年鉴 2013》

从北京、天津、河北三地的第三产业发展情况来看，河北的第三产业发展依然比较薄弱，北京和天津在第三产业方面已具有较明显的优势（表 2-11）。其中，北京在信息传输、计算机服务和软件业，租赁和商务服务业，科学研究、技术服务和地质勘查业，文化、体育和娱乐业，房地产业，居民服务和其他服务业，住宿和餐饮业等产业上的优势非常明显，其中信息传输、计算机服务和软件业，租赁和商务服务业的区位商不断提高显示出北京在现代服务业特别是生产性服务业方面具有明显的专业化优势，是京津冀区域现代服务业的核心。值得注意的是，金融业一直是北京重点发展的现代服务业之一，尽管根据从业人员指标，北京在金融业方面并不具有明显优势，但是金融业的区位商在逐年上升，北京还汇集了全国 60％的金融资产、40％的清算业务、60％的上市公司总股本和 60％的债券市场融资额，表现出在金融业方面的明显优势。然而，北京的全球中心指数排名从 2010 年的第 16 名下滑到 2012 年的第 58 名。究其原因，尽管北京集中了大量的金融业总部，但是由于首都的特殊地位和特点，以及"中国外汇管制及金融开放政策的不确定性"，北京在金融业发展方面受到严重限制。

天津主要的优势产业为住宿和餐饮业，批发和零售业，租赁和商务服务业，科学研究、技术服务和地质勘查业等产业，总体来看，天津第三产业的主要优势集中在生产性服务业和居民服务业领域。从天津的发展特点来看，近年来产业结构服务化的特征已较为明显，伴随着现代制造业的快速发展，生产性服务业作为制造业的配套服务产业将仍然是未来天津第三产业的主体；与此同时，第二产业的快速发展将吸引大量的人才和劳动力进入，也对带动生活性服务业的发展起到重要的作用。

表2-11 2004年、2008年、2012年北京、天津、河北三地服务业区位商

行业	北京			天津			河北		
	2004年	2008年	2012年	2004年	2008年	2012年	2004年	2008年	2012年
交通运输、仓储和邮政业	1.03	0.98	1.21	1.34	1.14	1.28	0.83	0.93	0.82
信息传输、计算机服务和软件业	2.22	2.76	3.30	0.74	0.69	0.89	0.85	0.60	0.66
批发和零售业	1.12	0.95	1.35	1.34	1.40	1.49	0.90	0.88	0.84
住宿和餐饮业	1.66	1.45	1.68	1.08	1.17	1.58	0.71	0.72	0.58
金融业	0.75	0.94	0.99	0.85	0.88	0.90	1.13	1.34	1.06
房地产业	1.50	1.41	1.89	1.10	1.00	1.23	0.53	0.77	0.57
租赁和商务服务业	2.70	2.35	2.93	1.35	1.18	1.13	0.50	0.54	0.40
科学研究、技术服务和地质勘查业	2.22	2.39	2.28	1.75	1.60	1.52	0.84	0.93	0.86
水利、环境和公共设施管理业	0.75	0.79	0.54	1.21	1.21	0.92	0.77	0.89	1.05
居民服务和其他服务业	2.68	1.34	1.94	3.28	3.91	10.64	0.40	0.52	0.79
教育	0.47	0.47	0.37	0.74	0.65	0.60	1.20	1.23	1.23
卫生、社会保障和社会福利业	0.55	0.56	0.45	0.88	0.78	0.75	1.05	1.07	1.02
文化、体育和娱乐业	2.05	1.82	1.73	0.95	0.84	0.84	0.74	0.78	0.86
公共管理和社会组织	0.32	0.31	0.40	0.52	0.52	0.61	1.33	1.28	1.23

注：其中2012年数据根据"年底城镇单位就业人员数"计算得出
资料来源：《中国经济普查年鉴2004》《中国经济普查年鉴2008》《中国统计年鉴2013》

第二节 京津冀区域社会发展

近年来，京津冀区域在社会发展方面成绩喜人，教育事业稳步发展，基础教育和高等教育水平等均有不同程度的提升；科技创新日益繁荣，科研成果的数量和质量均有明显提升，在区域产业结构调整、优化和升级的背景下，科学研究和技术创新成为区域经济发展的强劲助推力量；文化艺术事业日新月异，文化机构数量、广播电视制作和播出数量均处于全国较高水平，文化艺术市场也逐渐规范。此外，京津冀区域的医疗卫生工作也取得很大成绩，社区医疗快速发展，医疗卫生服务水平得到较大程度提升，社会保障工作平稳推进，已经建立了比较完善的社会保障体系。不过，在社会发展所涉及的各个领域中，依然存在一些亟待解决的问题，如区域内部发展的不均衡特征比较明显，部分公共服务资源局部地区集中的问题依然存在，区域资源共享和优势互补的良性运

行状态尚未形成等[①]。

一、京津冀区域教育事业发展基本情况

教育是经济发展和社会进步的基础，是提高国民素质的根本途径。近年来，京津冀区域教育事业全面推进，尽管优质教育资源的中心城市集中特征明显，但学前教育、九年义务教育进一步普及，职业技术教育、特殊教育等能力普遍增强，民办教育发展迅速，区域教育发展速度显著提升。

（一）高等教育

近年来，京津冀区域教育事业在保持全国相对优势的基础上继续稳步推进。2012年，京津冀区域普通高等学校总数为259所，其中，北京、天津和河北三地的普通高等学校数量分别是91所、55所和113所。在研究生教育方面，北京的教育优势十分明显，全市共有135所高校或科研机构培养研究生，截至2012年，在学研究生规模达到25.2万人，远超过天津的4.85万人和河北的3.59万人。同年，北京、天津和河北三地普通高等院校招收本专科学生数量分别为16.2万人、14.19万人和34.2万人，部分地区的招生数量有所下降。从三地高校毕业生数量看，北京、天津和河北2012年本专科毕业生数量分别是15.3万人、11.3万人和31.6万人，总量已经突破58万人。区域内部多数地区的毕业生数量较往年有不同程度增长，在国际金融危机的后续影响及国内经济增速放缓的大背景下，京津冀区域高校毕业生的就业形势不容乐观。从区域内部看，高等教育资源的区域极化特征明显，高等学校主要集中于北京、天津和石家庄等区域中心城市，相比之下，中等职业技术学校在区域内各城市之间的分布相对均衡。此外，从京津冀区域内部的地级及以上城市专任教师的区域分布看，主要集中于北京、天津和石家庄。从教育从业人员分布看，京津冀区域教育从业人员北京最多，且绝大多数集中于市辖区。

（二）基础教育

近年来，京津冀区域义务教育稳定发展，九年义务教育进一步普及，教育均等化战略平稳推进。北京、天津和河北三地按照"十二五"时期教育改革和发展规划的战略部署，加大力度推进教师队伍专业化建设，深入推进素质

---

① 本节如没有特别说明，数据来源为2011~2013年《中国统计年鉴》《中国城市统计年鉴》，以及北京市、天津市和河北省2012年、2013年等相应年度统计年鉴、统计公报和政府工作报告。

教育，深化教育教学改革，创新课堂教学模式，全面提高课堂教学的质量和效益。

从在校生统计数据看（表 2-12），2012 年，北京市全市普通高中在校生为 19.4 万人，天津为 43.8 万人，河北为 117.7 万人。北京、天津、河北三地初中在校生数量分别为 30.6 万人、43.8 万人和 217.4 万人；三地小学的在校生数分别为 71.9 万人、53.2 万人和 562.2 万人；三地幼儿园在园幼儿分别为 33.2 万人、22.9 万人和 196.2 万人。从 2012 年公布的学校数量指标看，2011 年，北京、天津、河北小学数量较 2010 年有所减少，分别由 2010 年的 1104 所、956 所、13 563 所，减少至 1090 所、874 所和 13 274 所，但招生规模进一步扩大、在校学生数进一步增加。同年，北京、天津和河北小学招生规模分别突破 11.3 万人、8.2 万人和 95.5 万人，较 2010 年分别增加了 1.9 万人、1.75 万人和 8.25 万人；三地普通小学在校学生数分别突破 68 万人、51.8 万人和 541 万人，较 2010 年分别增加了 2.72 万人、1.26 人和 29.5 万人。

表 2-12　2012 年北京、天津、河北三地在校（园）生规模比较

（单位：万人）

地区	幼儿园	小学	初中	高中
北京	33.2	71.9	30.6	19.4
天津	22.9	53.2	43.8	43.8
河北	196.2	562.2	217.4	117.7
京津冀区域	252.3	687.3	291.8	180.9

资料来源：《中国统计年鉴 2013》

尽管近年来京津冀区域教育事业发展速度较快，但仍存在一些亟待解决的问题。其一是教育资源的区际公平问题。从现有发展状态和未来的趋势看，北京、天津两地的教育（尤其是高等教育）集中度依然很高，从每 10 万人口各级学校平均在校生数量看，2012 年，北京、天津的高等教育在校生数量分别是 5534 人和 4358 人，远远高于河北的 2063 人（图 2-34）。高等教育的局部地区集中是区际教育基础设施差异的必然结果，但过度的集中直接主导了人才的基本流向，并引致了相关产业的地区分布不均衡，从而成为经济和社会发展不均衡的诱因。三地在教育资源互补基础上的共享和协作程度较低，缺乏人才联合培养的机制和动力，尚未建立统一的京津冀区域人才需求信息平台，在一定程度上阻碍了区域经济一体化的快速推进。未来可以考虑以三地政府相关部门为主体，定期召开协商会议，对京津冀区域教育合作和资源共享提供支持。其二是教育结构的不合理问题，尽管京津冀区域的教育资源总量在全国位居前列，但在部分教育层次上发展较慢，很难满足居民的基本需求，在幼儿园建设数量和质量、中小学校舍安全工程等方面上存在较大的提升空间。

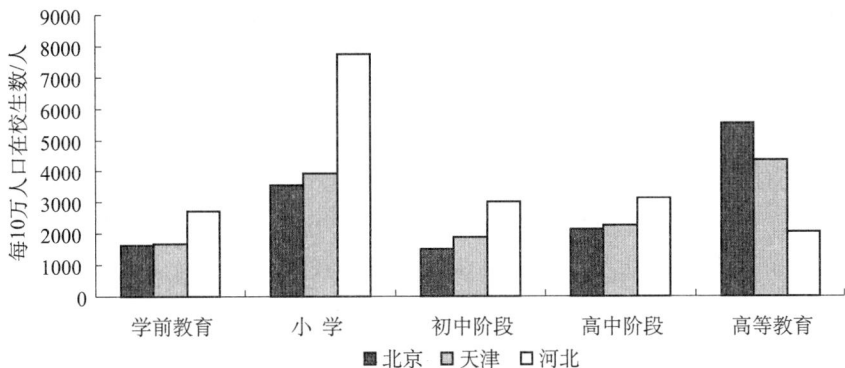

图 2-34　2012 年北京、天津、河北每 10 万人口各级学校平均在校生数量

资料来源:《中国统计年鉴 2013》

二、京津冀区域科技创新基本情况

科学技术是第一生产力,尤其对于京津冀区域来说,作为我国人口和经济活动三大集聚地带之一,科学技术水平和发展速度决定了这一区域经济发展的质量和可持续性。经过多年发展,京津冀区域的科学技术水平有了很大提高,并在一些重要领域始终居于全国前列,成为科学技术创新最为活跃的区域之一。

一般认为,研究与开发(R&D)活动的规模和强度是反映一国(或地区)科技实力和核心竞争力的重要指标。长期以来我国 R&D 存在诸多不尽如人意的地方,诸如投入强度低、结构不合理等。京津冀区域是 R&D 活动较为集中的区域,区域的 R&D 投入和产出一直处于全国领先位置。近两年来,北京、天津、河北三地用于 R&D 的经费支出保持平稳增长。其中,2011 年,京津冀区域科学研究、技术服务和地质勘查业方面投资总额达到 190.1 亿元,其中北京、天津、河北三地投资分别为 92 亿元、24.6 亿元和 73.5 亿元[①]。2012 年,北京、天津、河北三地 R&D 经费支出占生产总值的比重分别为 1.10%、1.98% 和 0.75%,分别比 2011 年增长了 8.81%、6.46% 和 15.20%。

专利的数量是衡量区域创新能力的重要标志。近年来,京津冀区域各级部门和企业积极创造和提供发明创造的软环境,鼓励申请专利。通过提高产品的技术含量,降低成本,不仅增强了企业和相关产业的竞争力,也推动了区域产业结构的升级。2012 年,三地专利申请量和授权量均有大幅度增长。其中,北

---

① 《中国投资年鉴 2012》。

京全年专利申请量与授权量分别为 9.23 万件和 5.05 万件，分别比 2011 年增长 18.4％和 23.5％；天津全年专利申请量与授权量分别为 4.15 万件、2 万件，比 2011 年分别增长 14.5％和 43.1％；河北全年专利申请量与授权量分别为 2.32 万件、1.53 万件，分别比 2011 年增长 32.1％和 37.7％。从所签订的技术合同指标看，2012 年，三地的技术合同签订量和成交额较 2011 年也均有大幅度增加。其中，北京全年共签订各类技术合同近 6 万份，增长 12％；技术合同成交总额为 2458.5 亿元，增长 30.1％。天津全年签订技术合同 1.34 万份，合同额为 251.22 亿元，增长 46.4％。河北签订技术合同 4513 份，技术合同成交额为 37.85 亿元，分别增长 2.5％和 41.8％（表 2-13）。

表 2-13 2012 年北京、天津、河北三地主要科技指标比较

地区	专利申请量		专利授权量		签订技术合同		技术合同金额	
	数量/件	增长率/%	数量/件	增长率/%	数量/项	增长率/%	金额/亿元	增长率/%
北京	92 305	18.4	50 511	23.5	59 969	12	2 458.5	30.1
天津	41 500	14.5	20 003	43.1	13 409	—	251.22	46.4
河北	23 241	32.1	15 315	37.7	4 513	2.5	37.85	41.8
合计	157 046	—	85 829	—	77 891	—	2747.57	—

资料来源：《中国统计年鉴 2013》

从各地技术市场成交额来看，2011 年，京津冀区域总量达到 2085.9 亿元，占全国总量的 43.8％。从 2005～2011 年京津冀各地区技术市场成交额变化情况看，北京技术市场成交额平均增速最大，其次是天津和河北（图 2-35）。三地技术市场成交额年均增长速度分别为 24.1％、21.2％和 21.6％。增速较为均衡的是北京，保持在 25％上下，波动较大的为河北，天津在 2010～2011 年增长速度达到 41.9％，居京津冀区域首位。

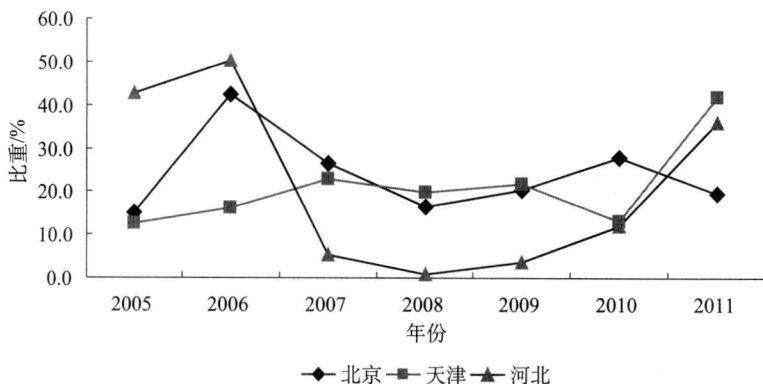

图 2-35 2005～2011 年京津冀各地区技术市场成交额变化情况

资料来源：《中国统计年鉴 2012》《中国城市统计年鉴 2012》

根据目前的数量指标衡量，京津冀区域的科技发展地区之间的不平衡现象依然存在，这与三地的经济发展水平、工业化所处阶段、产业结构状况、科技发展基础条件等均有密切关系。从总体上看，北京、天津、河北三地的科技水平具有明显的梯度特征，在未来的科技发展中，北京、天津作为区域科技创新活动的增长极，区域优势地位将继续保持。此外，随着研发投入和产出的快速增长，京津冀区域将逐步形成以科技创新支撑引领产业发展的区域经济发展格局，产业竞争力也将进一步增强。京津冀区域在科技创新方面仍存在一些问题，除优势科技创新资源的区际不平衡外，缺乏有效的科技创新合作也是未来区域一体化发展的障碍。在科技发展方面，如何实现在产业对接合作基础上强化科技成果转化应用和技术转移，将成为未来京津冀区域科技合作的重要方面。应继续推动产学研的有机结合，由三地科技主管部门牵头，切实推进一批重大科技项目的联合开展，充分利用和发挥京津冀各地区的科技资源优势。此外，应继续强化区域的自主创新能力，充分发挥中关村国家自主创新示范区在京津冀区域自主创新的带动作用，以项目为契机，实现北京、天津、河北重点产业聚集区的战略合作。

三、京津冀区域文化艺术事业基本情况

文化艺术事业的发展是京津冀区域社会全面进步的最直观表现之一。京津冀区域一直都是我国文化资源丰富、文化基础厚实、文化发展最具活力的地区之一。近年来，北京、天津、河北三地相关产业在多年积累的基础上继续朝纵深方向发展，覆盖面更广，行业发展更规范，相关活动更频繁，区际交流更活跃。

（一）文化艺术设施

作为典藏、陈列和研究代表自然和人类文化遗产实物的场所，博物馆对社会文化的繁荣具有重要意义。借助博物馆开展的各种活动，公众可以便捷地获取相关知识、接受教育和欣赏文化艺术。作为非营利性机构，博物馆需要各级政府和相关部门的支持和协作，其数量和提供服务的质量也是反映地区经济、社会发展水平的重要标志。截至2011年，京津冀区域共有博物馆129个，相应机构从业人员有3887人，文物藏品达到206.5万件（套），共举办展览541个，参观总量达到2386.1万人次。

公共图书馆经费来源于财政，面向普通居民提供服务，是社会文化建设的重要基础设施。尽管与西方发达国家相比，中国公共图书馆起步较晚，但长期

以来京津冀区域对公共图书馆的投入力度一直较大，因此，与全国平均水平相比，区域总体发展情况较好。2012年，京津冀区域共有公共图书馆225个，较2011年增加了4个，其中，北京、天津、河北三地的公共图书馆数量分别为25个、31个和169个。2011年，京津冀区域公共图书馆的总藏量突破了5000万册（件），人均为2.2册，每万人拥有的图书馆面积为246.1米²，显著高于全国73.8米²的平均水平。

目前，京津冀区域已经形成由各类图书馆组成的相对完善的图书馆系统，包括国家图书馆、公共图书馆、学校图书馆、科学图书馆、专业图书馆、技术图书馆、工会图书馆等在内的各种类型的图书馆运行状态良好。河北还建成了阳原泥河湾博物馆和蔚县剪纸博物馆等一批高水平的专题博物馆，县级图书馆、文化馆覆盖率分别达到75%和65%。图书馆基础设施条件的改善，充分发挥了开发信息资源、参与社会教育等职能，为京津冀区域社会文化事业繁荣做出了重要贡献。京津冀区域各项指标总体情况较好，尤其是在总流通人次方面，这反映了该区域图书馆的接纳能力较强（图2-36）。

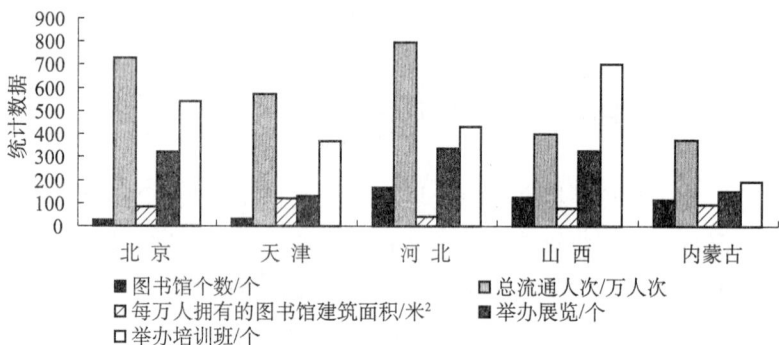

图2-36　2011年各地公共图书馆基本情况
资料来源：《中国城市统计年鉴2012》

(二) 广播电视

广播电视作为大众传播媒介，具有宣传、教育和舆论监督功能，该项事业的发展程度是衡量区域文化水平的重要指标。京津冀区域广播电视的发展一直处于全国领先地位，2012年年末，北京有线电视注册用户达到495.7万户，其中高清交互数字电视用户为310.9万户。天津全市广播节目达到22套，市级电视节目有36套，有线电视用户达到284.5万户，其中数字电视用户为244.5万户。河北有线电视用户为750.4万户，有线数字电视用户为549.1万户。

从广播电视节目综合人口覆盖率指标看，2011年，除河北外，北京、天津的广播节目综合人口覆盖率和电视节目综合人口覆盖率均达到了100%。河北的各项指标也高于全国平均水平。横向对比指标显示，全国广播节目综合人口覆盖率为 97.06％，京津冀区域为 99.78％，河北为 99.33％，其中，全国、京津冀区域和河北的中央广播节目的人口覆盖率分别为 96.13％、99.63％ 和98.90％，农村广播节目的人口覆盖率分别为 96.09％、99.71％、99.12％，河北高出全国平均水平约 3 个百分点。电视节目综合人口覆盖率全国、京津冀区域和河北分别为 97.82％、99.75％ 和 99.26％，其中，中央电视节目人口覆盖率分别为 96.99％、99.71％ 和 99.14％，农村电视节目的人口覆盖率分别为97.10％、99.69％和99.06％（图 2-37）。

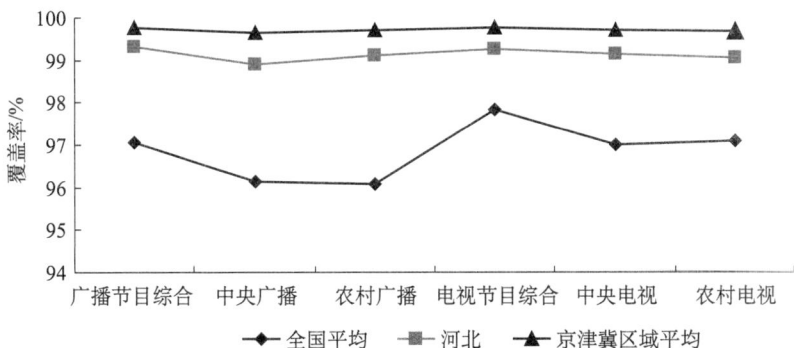

图 2-37　2011 年全国、京津冀区域、河北广播电视节目综合人口覆盖情况

资料来源：《中国统计年鉴 2012》《中国城市统计年鉴 2012》

（三）文化艺术市场

　　文化艺术的繁荣一方面表现在文化艺术事业的投资和产出增长上，另一方面表现在文化艺术工作、社会文化工作方面的政策及规划、规章制度的建立和完善上。近年来，京津冀区域文化艺术投资稳步增长。其中，2011 年，京津冀区域文化艺术投资主要集中于新闻出版业、广播电视电影和音像业、文化艺术业、体育业和娱乐业，三地各项文化产业的总投资额分别为 13.2 亿元、23.2 亿元、109.4 亿元、63.7 亿元和 108.4 亿元，占全国同期各项事业的投资比例分别为 16.2％、11.9％、9％、13.8％和 9％[①]。其中，新闻出版业、广播电视电影和音像业、体育事业的发展在全国占有绝对优势。从区域内部比较看，河北在文化艺术事业、娱乐业方面的投资较多，天津在体育和娱乐业方面的投入加大，北京的新闻出版、广播电视电影和音像业投资居于区域主导。

　　"十二五"期间，北京、天津、河北三地将文化事业放在重要的战略地位，

---

① 《中国固定资产投资统计年鉴 2012》。

并确立了明确的发展目标①。其中，与城市总体规划提出的"文化中心"相适应，北京提出将立足于促进首都产业升级和文化繁荣，着力推进文化创新，优化文化创意发展环境，推动文化创意产业发展水平和竞争力的进一步提升，把首都建设成为具有国际影响力的文化创新、运营、交易和体验中心。天津的文化产业发展目标更为具体，将立足于推动文化产业，带动相关产业的繁荣，加快建设国家动漫产业综合示范园、国家数字出版基地等重点文化项目，培育一批文化创意产业聚集区，此外，将进一步促进文化与旅游、科技融合，加大金融支持力度，发展文化产品和要素市场。河北的文化事业采取与北京、天津错位发展和互补发展的总体思路，未来将大力发展新闻出版、广播影视、演艺娱乐等重点产业，加快发展数字出版、移动多媒体、动漫游戏软件等新兴产业，建设一批国家级和省级文化产业园区。

尽管北京、天津、河北地理位置临近，同属北方文化，长期的经济、社会交往使得三地文化具有较好的亲缘性，但如果仔细辨析，三地文化差异性依然显著。在各地文化事业稳步推进的同时，为实现文化艺术事业的优势互补，京津冀区域在文化事业方面的合作建设工作也逐步开展。2011年，北京、天津、河北、山西、内蒙古五省区市党委宣传部在北京共同签署《华北五省区市文化发展战略合作框架协议》（以下简称《协议》）。《协议》就未来在文化事业、文化创意产业、精神文明建设、文化市场监管等方面的区域合作达成共识。《协议》为京津冀区域文化艺术事业的共同建设提供了框架性的指导意见，并对未来发展的重点、难点提出预测，也提出了切实可行的解决途径。2011年9月，在石家庄举办了以"让文化引领未来"为主题的京津冀区域协作论坛，论坛就京津冀文化产业协同发展的重点领域、体制机制创新、协作模式等多项议题进行了深入研讨和交流，助推了京津冀区域的文化协作和共同建设。近年来推出的"京津冀名胜文化休闲旅游年卡"最大限度地整合了京津冀区域文化休闲旅游资源，为三地人民提供了便捷、实惠的文化休闲机会，其所涵盖的景区数量不断增加，2013年的年卡涵盖了京津冀区域的100家景区，是创建之初数量的近5倍，实现了景区与消费者的互利共赢。

从目前京津冀区域文化艺术事业的发展情况看，总体水平较高，各方面发展较为均衡，一些新兴的文化艺术业态也在各部门、各行业组织的支持下得到长足发展。诚然，在互联网技术、无线网络技术等的推动下，传统文化艺术的表现形式受到不同程度的冲击，因此，未来京津冀区域文化艺术的发展不仅仅需要"迎新"，还需要在保留传统经典文化艺术，如京剧、河北梆子、天津相声

---

① 京津冀区域合作新课题：文化产业合作须破三大制约. 河北日报. 2011-09-05.

等具有地方特色艺术形式方面做出努力。此外，借由新技术的支持，文化艺术的受众群体、对人们的影响效果等都发生了较大变化，需要相关部门的通力配合，以期趋利避害，共同促进区域文化艺术事业的繁荣。

四、京津冀区域医疗卫生基本情况

京津冀区域医疗卫生事业发展水平一直处于全国前列，汇集了多家国内外知名的综合医院和专科医院。近年来，随着医疗体制改革的稳步推进，"看病难、看病贵"等切实关系居民生活的基本问题得到缓解，区域内医疗水平差距有所缩小，初步建立了覆盖城乡的基本医疗卫生制度。

（一）医疗设施

从数据指标看，2012年，北京、天津、河北三地的医院数量总数为2126家，其中，综合医院1311家，中医医院329家，专科医院428家。从地区比较看，河北各类医院的总数最多，其医院总数、综合医院数、中医医院数、专科医院数分别占京津冀区域总量的58.7%、61.7%、53.2%和53.7%。天津各类医院占京津冀区域比重最小，分别为14.3%、15.3%、9.4%和15.4%（图2-38）。

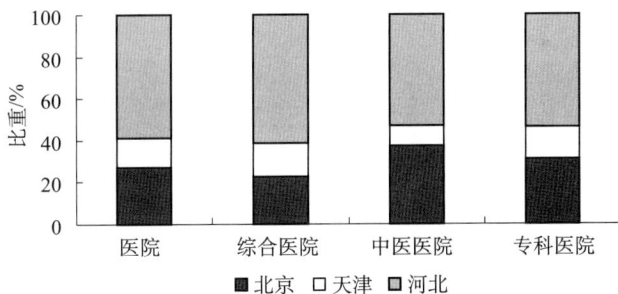

图2-38　2012年北京、天津、河北三地各类医院所占比例

资料来源：《中国统计年鉴2013》

从医院医疗卫生机构床位数指标看，2012年，北京、天津、河北三地各类医疗机构共有床位数43.8万张，其中，医院有床位数34.07万张，基层医疗卫生机构拥有床位数8.09万张，专业公共卫生机构拥有床位数1.41万张。

近年来，北京制订并实施了《2012—2015年深化医药卫生体制改革规划》，加快推进试点公立医院管办分开、医药分开。从城乡医疗结构角度看，北京、天津、河北的城市市辖区的医疗资源更丰富。其中，2011年，北京市辖区医院/

卫生院数、医院/卫生院床位数和医生总数（执业医师＋执业助理医师）分别占全市的97％、97.8％和96.8％，天津市辖区医院/卫生院数、医院/卫生院床位数和医生总数（执业医师＋执业助理医师）分别占全市的82.4％、91.4％和89.3％，河北市辖区医院/卫生院数、医院/卫生院床位数和医生总数（执业医师＋执业助理医师）分别占全省的20％、38.6％和42.2％。

（二）社区医疗

近年来，在社区中，由卫生及有关部门向居民提供的以预防、医疗、康复和健康促进为内容的卫生保健活动，即社区卫生服务中心在京津冀区域发展迅速。社区医疗机构的存在以人的健康为目的、以社区为范围，力求实现"小病在社区、大病到医院、健康进家庭"的目标，达到合理使用社区资源和技术，以及满足居民卫生服务需求的双重目的，使社区卫生服务中心成为传统医疗机构的有益补充。除北京、天津等中心城市的社区医疗外，河北的社区医疗建设也在稳步推进，2012年共有六家社区卫生服务中心被评为全国示范社区卫生服务中心①。

从各地社区卫生服务中心（站）的统计情况看（表2-14），2012年，北京、天津、河北三地社区卫生服务中心诊疗人次达到5617万人次，占全国总数的12.4％，其中，北京总量最大，诊疗人次超过3600万人次，河北最少，诊疗人次为543.8万人次。2012年，京津冀区域社区卫生服务站诊疗人次达1418万人次，占全国的9.9％，其中，河北诊疗人次最多，为941.9万人次，天津最少，为7.8万人次。

表2-14　2012年北京、天津和河北三地社区卫生服务中心（站）比较

	社区卫生服务中心						社区卫生服务站	
	诊疗人次/万人次	入院人数/人	病床使用率/%	平均住院日/日	医师日均担负诊疗人次/人次	医师日均担负住院床日/日	诊疗人次/万人次	医师日均担负诊疗人次/人次
全国	45 475.1	2 686 554	55.5	10.1	14.8	0.7	14 393.6	14.0
北京	3 615.1	36 494	37.7	15.2	15.0	0.2	468.4	20.3
天津	1 458.2	11 950	18.9	12.0	27.0	0.2	7.8	44.7
河北	543.8	61 731	51.2	8.0	7.7	0.7	941.9	11.2
京津冀区域合计	5617.0	110 175.0	—	—	—	—	1 418.0	—
京津冀区域占全国比重1%	0.124	0.041	—	—	—	—	0.099	—

资料来源：《中国统计年鉴2013》《北京统计年鉴2013》《天津统计年鉴2013》《河北统计年鉴2013》

---

① 包括石家庄市长安区长丰街道办事处社区卫生服务中心、石家庄市裕华区裕强街道办事处社区卫生服务中心、秦皇岛市海港区东环路社区卫生服务中心、邯郸市邯山区罗城头街道社区卫生服务中心、张家口市桥西区明德北社区卫生服务中心和张家口市桥西区南营坊社区卫生服务中心。

从京津冀区域的医疗卫生基本情况看，区域不均衡性依然存在，河北总体发展状况相对落后。区域的横向比较情况显示，社区医疗的整体水平与发达地区（如上海、江苏）还存在一定差距，其中，京津冀区域社区卫生医疗中心的病床使用率为34.2%，仅达到全国平均水平，社区医疗设施尚未发挥充分的作用。在社区医疗的发展中，还需要利用市场机制等，调节病人的就医方向，将无须去大医院就诊的病人引导到社区就诊，减少医疗资源的浪费。未来可以考虑在现有基础上，制订与区域医疗服务和医疗政策对接的总体发展规划，将京津冀区域的医疗设施和医疗服务纳入统一的制度和政策框架中，协调布局、资源共享，充分发挥各地区的资源优势。

五、京津冀区域社会保障体系基本情况

近年来，京津冀区域社会保障工作成绩显著，各地区社会保障体系较为完善，多数社会保障指标领先于全国平均水平，极大支持了区域经济发展，也促进了社会的和谐稳定。

（一）社会保障

2012年，北京、天津、河北三地社会保障体系进一步完善，社会保障覆盖面更广，社会保障政策更为灵活。2011年，北京、天津、河北三地卫生、社会保障和社会福利业方面的投资分别为48.1亿元、21.1亿元和91亿元[①]。从医保覆盖情况看，截至2010年，北京市已经建立覆盖全市的社保体系，实现了医保制度覆盖城乡1400多万人，低保制度城乡困难群体的应保尽保，以及养老保障制度的全覆盖。2011年，北京市颁布了《北京市"十二五"时期社会保障发展规划》，在肯定"十一五"期间取得的巨大成绩的基础上，明确了城市未来社会保障工作的重点任务，包括六个方面，即加快构建城乡一体化的社会保险体系，构建与首都经济发展水平相适应的社会福利制度，健全完善社会救助体系，加快保障性安居工程建设，稳步提高社会保障待遇水平，建立健全城乡一体化的社会保障公共服务体系。2012年，北京市城乡一体化的促进就业格局基本形成，城镇累计新增就业人口217.6万人，登记失业率始终控制在2%以内。全市全力推进"大民政"建设，实施居家养老助残政策和老年人优待办法，累计提供各类保障房80万套，实现了养老保障制度城乡一体化和医

---

① 《中国投资年鉴2012》。

疗保险制度城乡全覆盖，实现了"村村有书屋"，广播电视"户户通"，以及廉租房应保尽保。

天津的社会保障工作在 2012 年也取得了丰硕成果，新增就业 218 万人，应届高校毕业生就业率超过 90%，三类困难企业近 60 万职工得到妥善安置。天津率先建立了统筹城乡的基本养老和基本医疗保险制度，实现了社会保险制度全覆盖。医疗保险参保率超过了 95%，提高了城乡低保、优抚对象抚恤补助、特困救助、农村五保供养及残疾人生活的补助标准。在住房保障方面，建立了"三种住房、三种补贴"政策体系，建设保障性住房 4700 万米^2。新建扩建了一批老年日间照料服务中心和社区配餐服务中心。在一项有关社会保障的公众调查"天津城市幸福感大型公众调查"中，96.7% 的被调查群众表示"社会保障体系日益完善，让人幸福舒心"，他们在"社会保障幸福感"这一指标中选择了"强"或"满意"[①]。

2012 年，河北的就业规模持续扩大，城镇就业五年新增 316.5 万人，农村劳动力转移就业 489.6 万人，城镇登记失业率控制在 4% 以内。企业职工基本养老保险实现省级统筹，城乡居民社会养老保险和基本医疗保险制度实现全覆盖，保障性住房建设扎实推进，累计建设保障性住房和棚户区改造住房 110.9 万套，解决了 167.5 万户城镇中低收入家庭住房困难问题，改造农村危房 30 万户。同年，河北颁布了《河北省人力资源和社会保障事业发展"十二五"规划》，确立了社会保障事业的总体目标，即市场就业的机制比较健全，就业规模持续扩大；覆盖城乡的社会保障体系基本建立，待遇水平稳步提高；人力资源社会保障公共服务能力显著提升等。

（二）新型农村合作医疗

新型农村合作医疗指由政府组织、引导、支持，农民自愿参加，个人、集体和政府多方筹资，以大病统筹为主的农民医疗互助共济制度，该制度从 2003 年起在全国部分县（市）试点，到 2010 年逐步实现基本覆盖全国农村居民。2011 年，京津冀区域新型农村合作医疗稳定开展，各地区新型农村社会养老保险试点数据显示，北京基金收入、基金支出和累计结余分别为 22.5 亿元、10.2 亿元和 75.4 亿元，天津基金收入、基金支出和累计结余分别为 31 亿元、11.4 亿元和 56 亿元，河北基金收入、基金支出和累计结余分别为 52.5 亿元、25.6

---

① 马庚申 . 2012 - 12 - 31. 96.7% 被调查者称天津市"社会保障体系日益完善让人幸福舒心". 今晚报.

亿元和 47.8 亿元（图 2-39）。2012 年，北京提高新型农村合作医疗的筹资标准，人均筹资标准从去年的 520 元提高到 640 元，提高了恶性肿瘤、白血病、肾透析等九类重大疾病的新型农村合作医疗住院报销比例（从过去的 60% 提高到不低于 70%）。此外，2011 年中国人保健康北京分公司与平谷区政府签约"新型农村合作医疗共保联办合作项目"，承担 6000 万元的基本医疗赔款，标志着北京新型农村合作医疗与商业保险机构协同运作的开始。

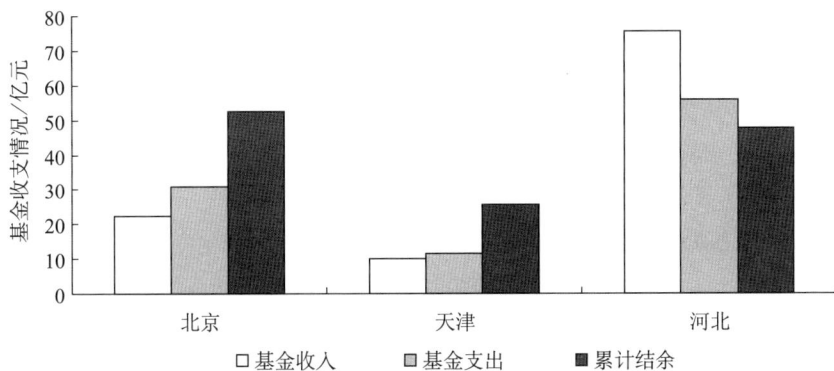

图 2-39　2011 年北京、天津、河北新型农村社会养老保险试点情况

资料来源：《中国劳动统计年鉴 2012》

　　京津冀区域的社会保障工作在取得诸多进展的同时，也存在一些尚待改进之处，尤其是在区域经济发展水平不均衡的情况下，社会保障的区际差异更为显著。在区域内统筹推进城乡社会保障体系建设方面，需要在保证全覆盖和基本社保的基础上，针对不同人群提供多层次的社保政策，并不断提高保障水平。此外，在社会保障的区域统筹协调方面，2011 年，北京、天津、河北三地签署了《京津冀区域人才合作框架协议书》，关于社会保障方面涉及的内容包括加快医疗保险制度衔接，实现北京、天津、河北三地企业职工基本养老保险关系转移接续，加强社会保险经办合作等，开展社会保障工作与引进人才工作进行对接等。但是，也要看到，京津冀区域社会保障的统筹发展、一体化规划方面尚处于探索阶段。

第三节　京津冀区域人口、资源与环境发展

　　2012 年，京津冀区域总人口达到 1.08 亿人，占全国的 8.0%，预计到 2015

年将达到 1.12 亿人，2020 年将达到 1.20 亿人①。京津冀区域土地面积占全国总面积的 2.3%。京津冀区域水资源量占全国总量的 1.1%，仅为全国平均水平的 1/7。能源消费量占全国总量的 12.4%，万元 GDP 能耗水平略高于全国。2013 年年初，我国大范围地区持续遭遇严重的雾霾天气，在遭受严重空气污染的地区中，京津冀区域情况最为严重。面对人口膨胀、资源紧缺、环境污染的三重压力，生态环境建设已经成为京津冀区域的重点工程。如何协调人口发展与资源、环境之间的关系，促进人口、资源和环境健康持续发展，成为摆在人们面前的重大问题。本节重点研究 2010～2012 年京津冀区域人口发展情况、资源利用及生态环境状况，分析京津冀区域在全国的地位及变化，并就北京、天津、河北三地进行比较②。

一、京津冀区域人口发展现状分析

本部分分析了 2010～2012 年京津冀区域人口发展情况，并对人口结构特征及其变化进行总结。京津冀区域人口规模增长、自然增长率均高于全国平均水平；北京、天津人口增长率高于河北，城镇化水平也大大高于河北，但河北人口自然增长率更高，年龄结构更年轻化③。

（一）人口规模状况

京津冀区域自 2009 年人口规模突破 1 亿人之后，人口持续增长，增长速度稳定在 1.5% 左右。2012 年，京津冀区域常住人口为 10 770 万人，比 2011 年增加 156 万人，增长了 1.5%；比 2010 增加 315 万人，增长 3.0%。与全国相比，2012 年，京津冀区域常住人口占全国的 8.0%，比 2011 年增加了 0.1%，比 2010 年增加了 0.2%。

分地区来看，河北常住人口数量最多，均超过 7000 万人（图 2-40）。2012 年河北的常住人口数达到了 7288 万人，占京津冀区域总人口的 67.7%。北京的常住人口于 2011 年超过 2000 万人，2012 年为 2069 万人，占京津冀区域总人口的 19.2%。2012 年，天津常住人口为 1413 万人，比北京常住人口

① 文魁，祝尔娟，等.2013.京津冀蓝皮书：京津冀发展报告（2013）——承载力测度与对策.北京：社会科学文献出版社.
② 本节内容源自北京市科技计划课题（Z131108001613021）的部分研究成果。
③ 人口部分数据没有特殊说明均来自《中国统计年鉴 2013》《北京统计年鉴 2013》《天津统计年鉴 2013》《河北经济年鉴 2013》。

少 600 多万人，占京津冀区域总人口的 13.1％。比较三个地区的人口增长率，北京、天津的人口增长率均高于河北。天津的人口增长率最高，2011 年和 2012 年天津人口增长率均达到了 4.3％。北京人口增长率呈现下降趋势，2012 年北京的人口增长率为 2.5％，比 2011 年减少了 0.4 个百分点。2011～2012 年河北的人口增长率都不足 1％，2011 年人口增长率为 0.7％，2012 年河北的人口增长率为 0.6％。

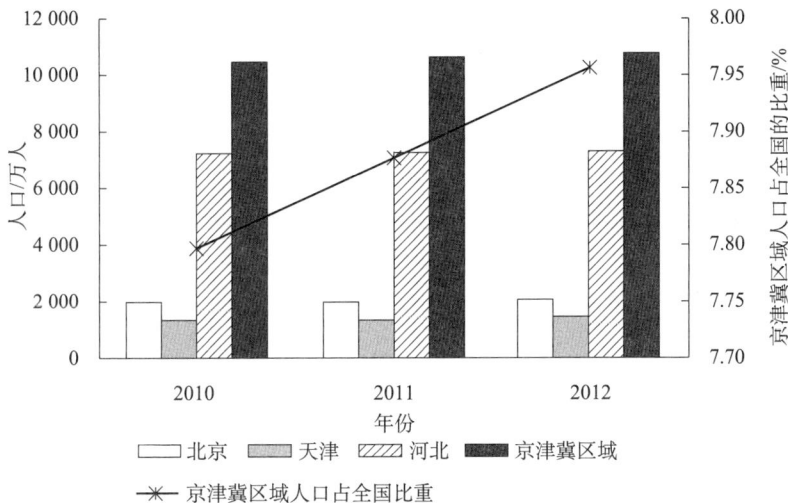

图 2-40　2010～2012 年京津冀区域常住人口情况

资料来源：《北京统计年鉴 2013》《天津统计年鉴 2013》《河北经济年鉴 2013》《中国统计年鉴 2013》

2012 年京津冀区域人口的自然增长率为 5.2‰，比全国人口自然增长率高 0.2 个千分点。从变化来看，2010～2012 年京津冀区域人口自然增长率呈现先增加后减少的趋势，2011 年京津冀区域的人口自然增长率为 5.5‰，比 2010 年增加 0.8‰，2012 年京津冀区域的人口自然增长率为 5.2‰，比 2011 年减少 0.3‰（图 2-41）。分地区看，2012 年北京、天津、河北的人口自然增长率，河北最大为 6.5‰，北京、天津比较接近，天津的人口自然增长率为 2.6‰，比北京的人口自然增长率多 0.1‰。三个地区的人口自然增长率均有变化。河北人口增长率呈下降的趋势，2011 年比 2010 年下降 0.3‰，2012 年又比 2011 年减少 0.3‰。天津人口增长率波动最小，基本保持在 2.6‰左右，2011 年略有减少。北京人口增长率呈现先增大后减小的趋势，2011 年比 2010 年增加 0.9‰，2012 年比 2011 年减少 1.5‰。

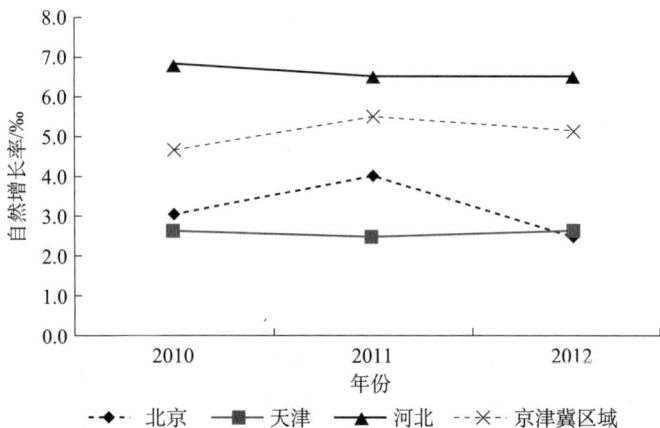

图 2-41　2010～2012 年京津冀区域人口自然增长率

资料来源：《北京统计年鉴 2013》《天津统计年鉴 2013》《河北经济年鉴 2013》

（二）人口结构特征

1. 年龄结构

按照美国人口普查局 1971 年出版的《人口学方法与资料》（*The Methods and Materials of Demography*）的划分标准，把 0～14 岁人口定义为少年儿童人口，15～64 岁人口定义为劳动适龄人口，65 岁及以上人口定义为老年人口。年龄构成是指少年儿童人口、劳动适龄人口和老年人口分别占总人口的比重。少年儿童人口比例和老年人口比重是判别人口年龄结构类型的重要指标。劳动适龄人口比重是分析一个地区人力资源状况的基本指标之一。

在京津冀区域常住人口中，15～64 岁的人口所占比重最大，0～14 岁的人口所占比重居中，65 岁及以上人口所占比重最小。2012 年京津冀区域 0～14 岁人口为 1636.9 万人，所占比重为 15.2%，15～64 岁人口为 8173.7 万人，所占比重为 75.9%，65 岁及以上人口为 929.6 万人，所占比重为 9.0%（表 2-15）。同 2011 年相比，0～14 岁人口的比重上升 0.1 个百分点，15～64 岁人口的比重下降 0.2 个百分点，65 岁及以上人口的比重上升了 0.2 个百分点。2011 年同 2010 年相比，0～14 岁人口的比重上升 0.7 个百分点，15～64 岁人口的比重下降 1.1 个百分点，65 岁及以上人口的比重上升 0.5 个百分点。2012 年，0～14 岁人口的比重，京津冀区域比全国水平低 1.3 个百分点；15～64 岁人口的比重，京津冀区域比全国高 1.8 个百分点；而 65 岁及以上人口的比重，京津冀区域较接近于全国，仅低 0.4 个百分点。

分地区看，河北 0～14 岁人口所占比重要大于北京、天津两地，15～64

岁人口所占比重小于北京、天津两地，65 岁及以上人口所占比重也小于北京、天津（表 2-15，图 2-42）。2012 年，河北 0～14 岁人口所占比重为 17.5％，15～64 岁人口所占比重为 73.9％，65 岁及以上人口所占比重为 8.7％。北京和天津的各年龄段人口所占的比重差距小些，2012 年北京和天津 0～14 岁人口所占比重分别为 9.4％和 11.7％，15～64 岁人口所占比重分别为 81.5％和 77.8％，65 岁及以上人口所占比重分别为 9.1％和 10.5％。与 2010 年、2011 年相比，北京和天津 0～14 岁人口所占比重、65 岁及以上人口所占比重呈升高趋势，15～64 岁人口所占比重呈降低趋势；河北 0～14 岁人口呈现先增加后减少的趋势，15～64 岁人口呈现先减少后增加的趋势，65 岁以上人口呈现稳定增加的趋势。

表 2-15　2010～2012 年京津冀区域各年龄组人口比例变化 （单位：％）

	2010 年			2011 年			2012 年		
	0～14 岁	15～64 岁	65 岁及以上	0～14 岁	15～64 岁	65 岁及以上	0～14 岁	15～64 岁	65 岁及以上
北京	8.6	82.7	8.7	9.0	82.0	9.0	9.4	81.5	9.1
天津	9.8	81.7	8.5	10.0	81.0	9.0	11.7	77.8	10.5
河北	16.8	74.9	8.2	17.8	73.5	8.7	17.5	73.9	8.7
京津冀区域	14.4	77.2	8.3	15.3	76.4	8.8	15.2	75.9	9.0
全国	16.6	74.5	8.9	16.5	74.4	9.1	16.5	74.1	9.4

资料来源：《北京统计年鉴 2013》《天津统计年鉴 2013》《河北经济年鉴 2013》《中国统计年鉴 2013》

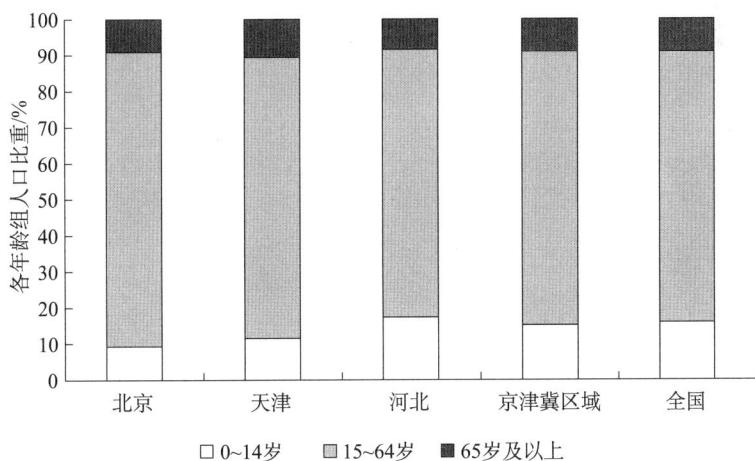

图 2-42　2012 年京津冀区域各年龄组人口比重与全国的比较

资料来源：《北京统计年鉴 2013》《天津统计年鉴 2013》《河北经济年鉴 2013》《中国统计年鉴 2013》

2. 城乡结构

近年来，京津冀区域城镇人口快速增加，2010 年京津冀区域城镇人口为 5921 万人，2011 年为 6133 万人，2012 年为 6347 万人，占京津冀区域常住人口总数的比重分别为 56.6%、57.8% 和 58.9%，城镇化率每年均增加 1 个百分点左右。与全国相比，京津冀区域的城镇人口所占比重要高于全国水平，但略有下降，2010 年和 2011 年比全国高出 7 个百分点，2012 年比全国高出 6 个百分点（图 2-43）。分地区看，北京、天津与河北城镇化水平明显处于两个层次，2010～2012 年北京和天津两地的城镇人口比重均在 80% 左右，河北的城镇化水平最低，在 45% 左右。2010～2012 年河北城镇人口比重呈现增加的趋势，分别为 44.5%、45.6% 和 46.8%。

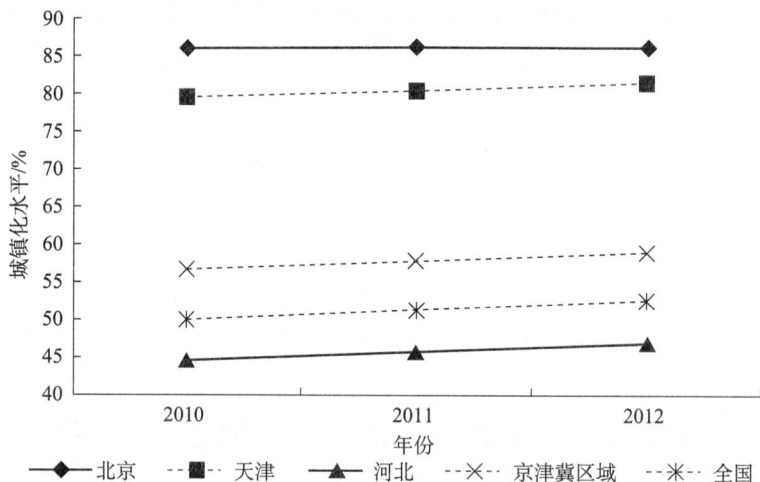

图 2-43　2010～2012 年京津冀区域城镇化水平与全国的比较

资料来源：《北京统计年鉴 2013》《天津统计年鉴 2013》《河北经济年鉴 2013》《中国统计年鉴 2013》

二、京津冀区域资源利用状况分析

本部分分析了 2010～2012 年京津冀区域土地资源利用状况、水资源供给与需求状况及能源生产与消费状况。京津冀区域属于"资源型"严重缺水地区，2012 年，京津冀区域人均水资源量为 295.6 米³/人，为全国水平的 1/7；能源消费量一直保持增长，人均生活消费能源量也在持续增加[1]。

---

[1]　土地资源、水资源、能源部分数据没有特殊说明均来自《中国环境统计年鉴 2012》《中国统计年鉴 2013》《北京统计年鉴 2013》《天津统计年鉴 2013》《河北经济年鉴 2013》。

（一）土地资源状况

1. 土地资源及构成

根据 2008 年国土资源部土地调查数据，京津冀区域土地调查总面积为 2167.6 万公顷，占全国总面积的 2.3%。从土地利用来看，京津冀区域农用地面积为 1487.1 万公顷，建设用地面积为 250 万公顷，未利用土地面积为 430.5 万公顷，分别占土地总面积的 68.6%、11.5% 和 19.9%。2010 年，农用地面积、建设用地面积、未利用土地面积占土地总面积的比重分别为 69.3%、12.8% 和 17.9%，农用地、建设用地比重分别增加了 0.7 和 1.3 个百分点，未利用土地比重下降了 2 个百分点（表 2-16）。

分地区来看，河北土地总面积最大，为 1884.3 万公顷，占京津冀区域土地总面积的 86.9%，北京、天津土地总面积分别为 164.1 万公顷、119.2 万公顷，分别占京津冀区域土地总面积的 7.6% 和 5.5%。2010 年，北京农用地面积所占比重最大为 70.9%，天津农用地面积所占比重最小为 60.0%；天津建设用地面积比重最大为 32.6%，河北建设用地面积比重最小为 10.9%；河北未利用土地面积比重最大为 19.4%，天津未利用土地面积比重最小为 7.4%（表 2-16）。

表 2-16 京津冀区域各地土地利用结构 （单位:%）

	2008 年			2010 年		
	农用地	建设用地	未利用土地	农用地	建设用地	未利用土地
北京	66.8	20.6	12.6	70.9	20.8	8.3
天津	58.1	30.9	11.0	60.0	32.6	7.4
河北	69.4	9.5	21.1	69.7	10.9	19.4
京津冀区域	68.6	11.5	19.9	69.3	12.8	17.9

资料来源：2008 年数据来自 2012 年《中国环境统计年鉴》，2010 年数据分别来自《北京市"十二五"时期土地资源保护与开发利用规划》《天津市土地资源开发利用"十二五"规划》《河北省土地整治规划（2011～2020 年）》

2. 农用地结构

京津冀区域农用地中，以耕地、林地为主。2008 年耕地面积为 699 万公顷，林地面积为 514.5 万公顷，分别占农用地总面积的 47% 和 34.6%，而园地面积、牧草地面积分别为 86.0 万公顷和 80.2 万公顷，均占农用地总面积的 5% 左右。与全国农用地结构相比，耕地所占比重多了 28.5 个百分点，而牧草地比重则少了 34.5 个百分点，园地、林地比重相差不大。分地区来看，天津耕地所占比重最大，达 63.6%，北京最小，为 21.2%；北京林地比重最大，达 62.7%，天津最小，仅为 5.2%；北京园地比重最大，为 10.9%，天津最小，仅为 5.1%；河北牧草地比重最大，为 6.1%，天津最小，仅为 0.1%（图 2-44）。

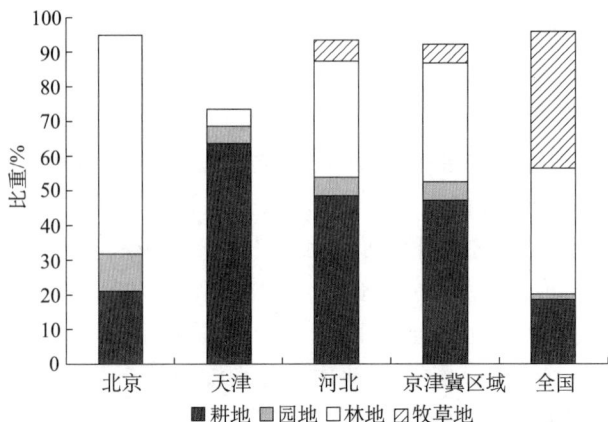

图 2-44　2008 年京津冀区域各地及全国农用地结构
资料来源：《中国环境统计年鉴 2012》

3. 城市建设用地结构

京津冀区域建设用地以居民点及工矿用地为主。2008 年居民点及工矿用地面积为 210.5 万公顷，占建设用地总面积的 84.2%；交通运输用地面积、水利设施用地面积分别为 17.5 万公顷和 22 万公顷，分别占建设用地总面积的 7.0%和 8.8%。与全国建设用地结构相比，居民点及工矿用地比重多了 2.8 个百分点，而水利设施用地比重少了 2.2 个百分点，交通运输用地比重相差不大。分地区来看，河北居民点及工矿用地比重最高，达 86.1%，天津最低，为 76.4%；北京交通运输用地比重最高，达 9.8%，天津最低，为 6.0%；天津水利设施用地比重最大，达 17.7%，河北最小，为 7.2%（图 2-45）。

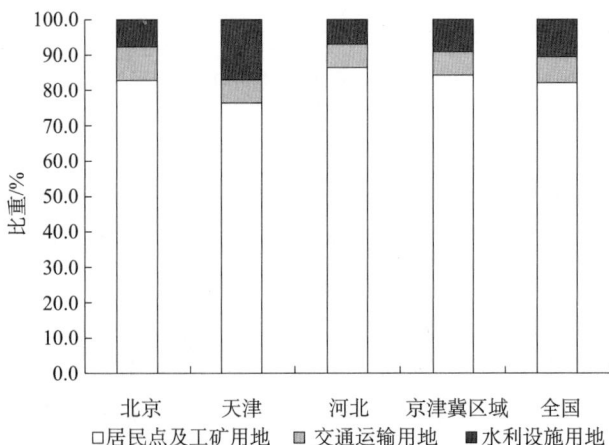

图 2-45　2008 年京津冀区域各地及全国建设用地结构

资料来源：《中国环境统计年鉴 2012》

2011 年，京津冀区域城市建设用地面积为 37.62 万公顷，占全国城市建设用地总面积的 9.0%。城市建设用地面积主要由居住用地、工业用地、公共设施用地、道路广场用地、绿地构成。2011 年，京津冀区域居住用地面积为 11.11 万公顷，占城市建设总用地面积的 29.55%；工业用地面积为 7.69 万公顷，占 20.44%；公共设施用地面积为 5.17 万公顷，占 13.74%；道路广场用地面积为 4.87 万公顷，占 12.94%；绿地面积为 3.97 万公顷，占 10.56%。与全国城市建设用地结构相比，居住用地、工业用地、绿地比重略小，公共设施用地、道路广场用地比重略大。分地区来看，河北居住用地比重最大，为 31.71%，天津最小，为 26.84%；天津工业用地比重最大，为 22.45%，河北最小，为 18.21%；北京公共设施用地比重最大，为 17.46%，河北最小，为 11.17%；河北道路广场用地比重最大，为 14.82%，天津最小，为 11.06%；天津绿地比重最大，为 12.13%，河北最小，为 10.12%（表 2-17）。

表 2-17　2011 年京津冀区域各地及全国城市建设用地结构

（单位：万公顷）

分类	北京	天津	河北	京津冀区域	全国
城市建设用地	14.26	7.11	16.25	37.62	418.61
居住用地	4.05	1.91	5.15	11.11	131.82
公共设施用地	2.49	0.87	1.82	5.17	50.87
工业用地	3.14	1.60	2.96	7.69	87.21
仓储用地	0.38	0.50	0.67	1.55	15.81
对外交通用地	0.51	0.29	0.72	1.53	18.61
道路广场用地	1.67	0.79	2.41	4.87	47.35
市政公用设施	0.40	0.19	0.49	1.08	14.83
绿地	1.47	0.86	1.64	3.97	44.56
特殊用地	0.15	0.11	0.39	0.65	7.00

资料来源：《中国环境统计年鉴 2012》

（二）水资源供给与需求状况

1. 水资源总量及人均拥有量

水资源总量是指当地降水形成的地表和地下产水总量，即地表产流量与降水入渗补给地下水量之和。2012 年，京津冀区域水资源总量为 307.9 亿米³，仅占全国的 1.1%，比 2011 年增加 108.6 亿米³。分地区看，北京、天津、河北三地的水资源总量均呈现上升趋势。天津水资源总量最少，增长幅度最大。2012 年天津水资源总量为 32.9 亿米³，比 2011 年增加 17.5 亿米³，增长了 113.6%；2012 年北京水资源总量为 39.5 亿米³，比 2011 年增加 12.7 亿米³，增长 47.4%；河北水资源总量最多，2012 年河北水资源总量为 245.88 亿米³，比多年平均值多 41.19 亿米^3。

从人均水资源看，京津冀区域人均水资源量呈现增长的趋势，2012 年京津冀区域人均水资源为 295.6 米^3/人，比 2011 年增加 107.8 米^3/人，增长 57.4%，比 2010 年增加了 131.8 米^3/人，增长 80.5%。与全国相比，京津冀区域的人均水资源量明显低于全国人均水资源量，2012 年京津冀人均水资源量为 295.6 米^3/人，为全国水平的 1/7。但增长速度高于全国水平，2012 年京津冀区域增长 57.4%，而全国增长 26.3%。分地区看，北京、天津、河北的人均水资源量均呈现上升趋势，河北人均水资源量相对较多，北京人均水资源量最少（图 2-46）。2012 年河北的人均水资源为 324.2 米^3/人，比 2011 年增加 106.5 米^3/人，增长 48.9%。2012 年天津的人均水资源为 232.8 米^3/人，比 2011 年增加了 116.8 米^3/人，增长 100%。2012 年北京的人均水资源量为 193.3 米^3/人，比 2011 年增加 58.6 米^3/人，增加了 43.5%。

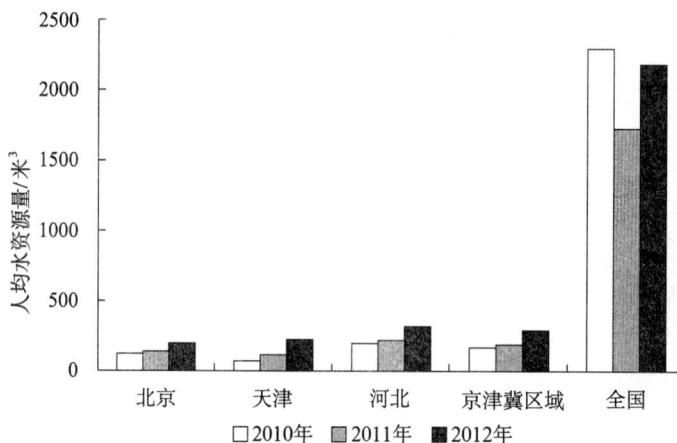

图 2-46　全国与京津冀区域人均水资源量及变化

资料来源：《北京统计年鉴 2013》《天津统计年鉴 2013》《河北经济年鉴 2013》《中国统计年鉴 2013》

2. 水资源供给来源

从水资源供给构成来看，2012 年京津冀区域地表水资源量为 61.7 亿米^3，占供水总量的 24.3%，比 2011 年增加 1.6 亿米^3，增长 2.7%；比 2010 年增加 5.5 亿米^3，增长 9.8%。2012 年地下水资源量为 175.1 亿米^3，占水资源总量的 67.4%，比 2011 年减少 4.4 亿米^3，降低 3.0%；比 2010 年减少 5.9 亿米^3，降低 3.3%。京津冀区域的供水来源以地下水为主，而全国的供水来源则以地表水为主，地表水所占的比重高达 80% 以上，地下水占的比重为 18.5% 左右。

分地区来看，北京、河北以地下水为主，2012 年地下水比重分别在 50%、80% 左右；天津则以地表水为主，2012 地表水比重接近 70%（图 2-47）。此外，北京水资源供给来源还包括再生水、南水北调和应急供水。2012 年，北京地表水、地下水、再生水、南水北调和应急供水五种供给水源占总供水量的比重分别为 12.24％、51.09％、21.00％、7.73％和 7.94％。

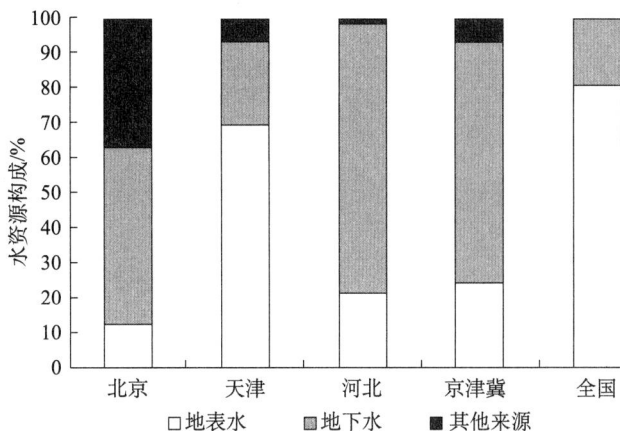

图 2-47　2012 年全国与京津冀区域水资源构成

资料来源：《北京统计年鉴 2013》《天津统计年鉴 2013》《河北经济年鉴 2013》《中国统计年鉴 2013》

3. 用水总量及构成

用水量是指分配给用户的包括输水损失在内的用水量。按用户特性分农业用水、工业用水、生活用水和生态环境用水四大类。2012 年，京津冀区域实际用水总量为 254.3 亿米^3，占全国总用水量的 4.14％，与 2011 年相比用水总量略有减少。从用水构成来看，京津冀区域以农业用水为主，2012 年京津冀农业用水总量为 163.9 亿米^3，占用水总量的 64.4％，比 2011 增加 0.82％，比 2010 年减少 1.42％。其次是生活用水和工业用水，2012 年京津冀的生活用水和工业用水分别为 43 亿米^3 和 35.5 亿米^3，分别占用水总量的 16.9％和 13.9％，比 2011 年分别减少 0.50％和 1.80％，生活用水比 2010 年减少 0.92％，工业用水比 2010 年增加 0.82％。环境用水最少，2012 年京津冀区域的环境用水量为 10.86 亿米^3，占用水总量的 4.3％，比 2011 年增加 0.67％，比 2010 年增加 0.11％。与全国相比，京津冀区域农业用水、生活用水、环境用水比重分别高出 7.3、5.1 和 2.4 个百分点，工业用水比重低于全国水平 9.2 个百分点。

分地区来看，河北的用水总量最多，天津的用水总量最少，北京的用水总量居中（表 2-18）。2012 年河北用水总量为 195.3 亿米^3，北京用水总量为 35.9 亿米^3，天津用水总量为 23.1 亿米^3。从用水构成来看（图 2-48），北京以生活用水、农业用水为主，2012 年北京的生活用水和农业用水分别占总用水量的 44.6％和 25.9％，而且近年来生活用水比重仍在增加，农业用水比重在减少。

天津的农业用水比重最大，2012 年天津农业用水占用水总量的 50.6%，而且近年来农业用水比重增加，生活用水比重减少，工业用水比重则出现波动变化。河北以农业用水为主，2012 年河北农业用水占用水总量的 73.2%，但近年来农业用水比重减少，工业用水和生活用水比重增加。

表 2-18　全国与京津冀区域用水总量　　　　　　（单位：亿米³）

	2010 年	2011 年	2012 年
北京	35.2	36.0	35.9
天津	22.5	23.1	23.1
河北	193.7	196.0	195.3
京津冀区域	251.4	255.1	254.3
全国	6022.0	6107.2	6141.8

资料来源：《北京统计年鉴 2013》《天津统计年鉴 2013》《河北经济年鉴 2013》《中国统计年鉴 2013》

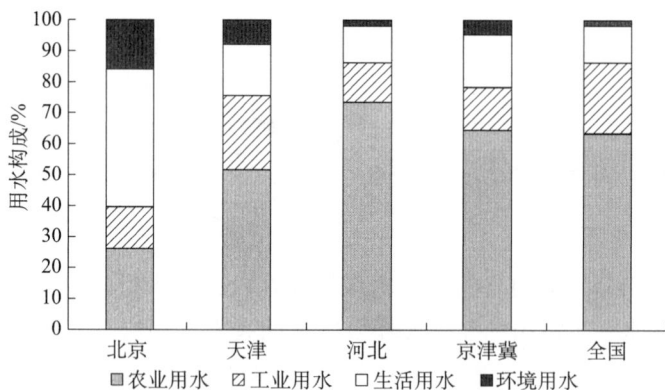

图 2-48　2012 年全国与京津冀区域用水构成情况

资料来源：《北京统计年鉴 2013》《天津统计年鉴 2013》《河北经济年鉴 2013》《中国统计年鉴 2013》

近年来京津冀区域万元 GDP 用水量呈现减少的趋势，2012 年京津冀区域万元 GDP 用水量为 44.4 米³，比 2011 年减少 4.6 米³，减少 9.4%，比 2010 年减少 13.0 米³，减少 22.6%（图 2-49）。分地区看，北京、天津和河北三地的万元 GDP 用水量均呈现减少的趋势，天津减少速度最快，北京减少速度最慢，河北居中。2012 年天津万元 GDP 用水量为 17.9 米³，比 2011 年减少 2.5 米³，减少 12.3%，比 2010 年减少了 6.5 米³，减少 26.6%。2012 年河北万元 GDP 用水量为 73.5 米³，比 2011 年减少 6.5 米³，减少 8.1%，比 2010 年减少 21.5 米³，减少 22.6%。2012 年北京万元 GDP 用水量为 20.1 米³，比 2011 年减少了 2.0 米³，减少 9.0%，比 2010 年减少 4.8 米³，减少 19.3%。

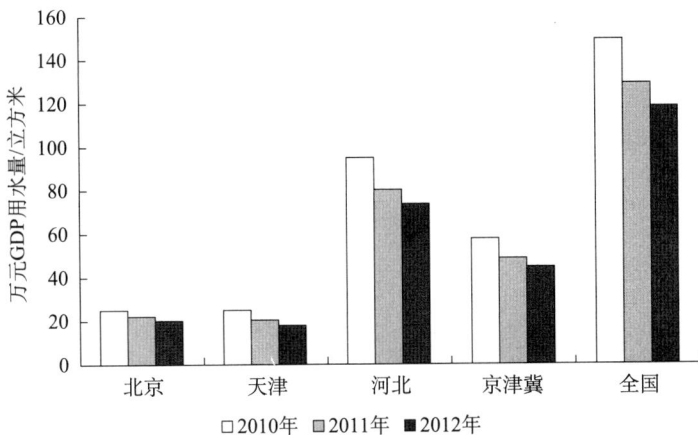

图 2-49 全国与京津冀区域万元 GDP 用水量及变化

资料来源：《北京统计年鉴 2013》《天津统计年鉴 2013》《河北经济年鉴 2013》《中国统计年鉴 2013》

(三) 能源生产与消费状况

1. 能源生产总量及构成

2012 年京津冀区域能源生产总量为 15 301 万吨，比 2011 年增加 1267 万吨，增长 9.0%；比 2010 年增加 1683 万吨，增长 12.4%。2012 年京津冀区域能源生产总量占全国的比重为 4.6%，比 2011 年增长 0.2 个百分点。从能源构成看，京津冀区域生产能源中原煤、原油两者比重较大，2012 年分别占区域总量的 59.5% 和 34.4%，而天然气仅占 2.8%，其他能源占 3.3%（表 2-19，图 2-50）。近两年原煤比重继续增加，2011 年比 2010 年增加 2.0 个百分点，2012 年又比 2011 年增加 3.3 个百分点；原油比重则持续下降，2011 年比 2000 年减少 2.7 个百分点，2012 年又比 2011 年减少 4.1 个百分点；而天然气比重变化很小。

分地区来看，河北能源生产总量最大，天津次之，北京最少。2012 年河北能源生产总量为 10 090 万吨，占京津冀区域的 65.9%，比 2011 年增加 1372 万吨，增长 15.7%。从构成来看，河北主要来源于原煤，2012 年原煤、原油、天然气和其他分别占总生产量的 85.3%、8.3%、1.7% 和 4.7%，其中原煤比重较 2011 年还有所上升。2012 年天津能源生产总量为 4709 万吨，占京津冀区域的 30.8%，比 2011 年减少 125 万吨，比重降低 2.6%；从构成来看，天津主要来源于原油，占总生产量的 94.0%，与 2011 年相比变化不大。2012 年北京能源生产总量为 502 万吨，仅占京津冀区域的 3.3%，比 2011 年增加 20 万吨，增长 4.3%。从构成来看，北京能源生产几乎全部来自于原煤。

表 2-19　全国与京津冀区域能源总量及构成情况及变化

年份	地区	能源生产总量/ 万吨标准煤	原煤/%	原油/%	天然气/%	其他/%
2010	北京	481	100.0	0.0	0.0	0.0
	天津	5 008	0.0	95.1	4.6	0.4
	河北	8 129	84.9	10.5	2.1	2.5
	京津冀区域	13 618	54.2	41.2	2.9	1.6
	全国	296 916	76.6	9.8	4.2	9.4
2011	北京	482	100.0	0.0	0.0	0.0
	天津	4 834	0.0	94.4	5.1	0.5
	河北	8 718	84.9	9.6	1.9	3.6
	京津冀区域	14 034	56.2	38.5	2.9	2.4
	全国	317 987	77.8	9.1	4.3	8.8
2012	北京	502	100.0	0.0	0.0	0.0
	天津	4 709	0.0	94.0	5.3	0.7
	河北	10 090	85.3	8.3	1.7	4.7
	京津冀区域	15 301	59.5	34.4	2.8	3.3
	全国	331 848	76.5	8.9	4.3	10.3

资料来源：《北京统计年鉴 2013》《天津统计年鉴 2013》《河北经济年鉴 2013》《中国统计年鉴 2013》

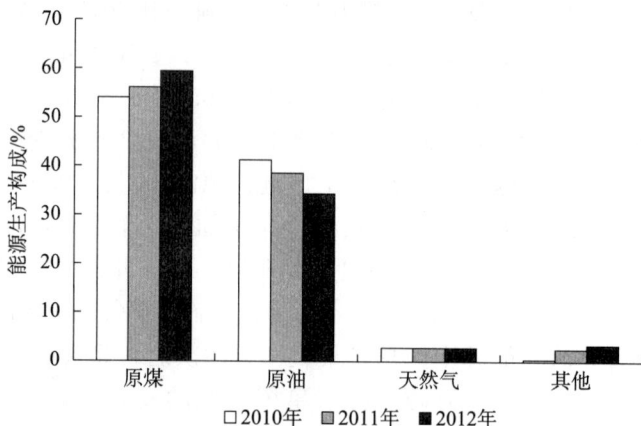

图 2-50　京津冀区域能源生产构成及变化

资料来源：《北京统计年鉴 2013》《天津统计年鉴 2013》《河北经济年鉴 2013》

2. 能源消费及结构

2010～2012 年京津冀区域能源消费总量呈现增长趋势，2012 年京津冀能源消费量为 4.5 亿吨标准煤，占全国总量的 12.4%，比 2011 年增加 0.1 亿吨标准煤，增长 2.3%（图 2-51）。分地区来看，近三年北京的能源消费量基本不变，消费量均保持在 0.7 亿吨标准煤左右，占区域总消费量的 15.5%。天津的能源

消费量呈现增长趋势，从 2010 年的 0.7 亿吨增加到 2012 年的 0.8 亿吨，2012
年占京津冀区域总消费量的 17.8％。河北能源消费量最多，近三年均在 3 亿吨
标准煤左右，占区域总消费量的 66.7％。

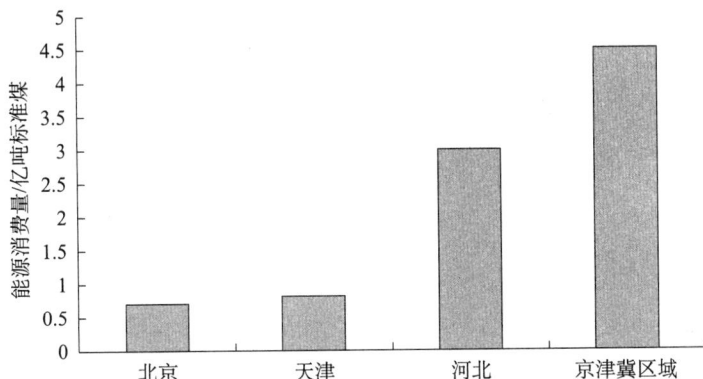

图 2-51　2012 年京津冀区域能源消费总量

资料来源：《北京统计年鉴 2013》《天津统计年鉴 2013》《河北经济年鉴 2013》

　　近三年，京津冀区域万元 GDP 能耗整体呈现出下降趋势，从 2010 年的
0.94 吨标准煤下降到了 2012 年的 0.78 吨标准煤。京津冀区域万元 GDP 能耗略
高于全国水平，2012 年比全国水平高出 0.08 吨标准煤（图 2-52）。分地区看，
北京万元 GDP 能耗最低，河北最高，天津居中；其中北京、天津均低于全国水
平，而河北远高于全国水平，高出 36.4％。2012 年北京万元 GDP 能耗为 0.44
吨标准煤，比 2011 年减少 0.02 吨标准煤，比 2010 年减少 0.16 吨标准煤。2012
年天津万元 GDP 能耗为 0.67 吨标准煤，比 2011 年减少 0.04 吨标准煤。2012
年河北万元 GDP 能耗为 1.1 吨标准煤，比 2011 年减少 0.1 吨标准煤，比 2010
年减少 0.3 吨标准煤。

　　能源消费基本用于终端能源消费，近三年京津冀区域终端能源消费一直保
持增长态势。2012 年，京津冀区域终端能源消费量为 4.54 亿吨标准煤，比 2011
年增加 0.24 亿吨标准煤，增长 5.4％；比 2010 年增加 0.65 亿吨标准煤，增长
16.6％。从地区分布来看，河北所占比重最大、北京最小，2012 年北京、天津、
河北三地所占比重分别为 15.9％、17.4％和 66.7％。

　　从终端能源消费构成来看，2012 年京津冀区域第一产业、第二产业、第三
产业和生活消费分别占终端能源消费的 2.0％、72.0％、15.1％和 10.9％（表
2-20）。其中第二产业终端能源消费比重较 2011 年下降 1.2％，而生活消费上升
了 0.3％，第一产业和第三产业消费所占比重变化不大。分地区看，2010～2012

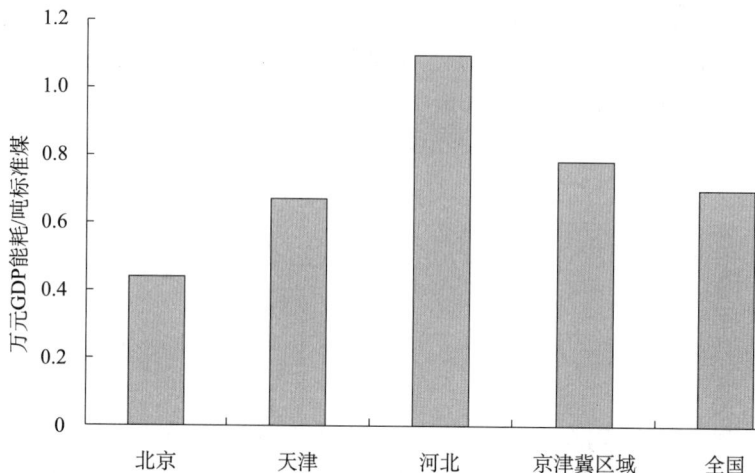

图 2-52　2012 年全国与京津冀区域万元 GDP 能耗情况

资料来源：《北京统计年鉴 2013》《天津统计年鉴 2013》《河北经济年鉴 2013》《中国统计年鉴 2013》

年，三地的终端能源消费量均呈现增长的趋势。2012 年北京终端能源消费量为 0.72 亿吨标准煤，第一产业、第二产业、第三产业和生活消费分别占终端能源消费量的 1.4%、33.8%、45.3% 和 19.5%。北京终端能源消费主要来自于第三产业和第二产业。天津终端能源消费量从 2010 年的 0.66 亿吨标准煤增加到 2012 年的 0.79 亿吨标准煤，增长 20.5%。从构成来看，2012 年第一产业、第二产业、第三产业和生活消费分别占终端能源消费量的 1.4%、72.5%、15.4% 和 10.8%。河北终端能源消费量从 2010 年的 2.54 亿吨标准煤增加到 2012 年的 3.03 亿吨标准煤，增长 19.2%。2012 年河北第一产业、第二产业、第三产业和生活消费分别占终端能源消费量的 2.3%、80.9%、7.9% 和 8.8%，其中第一产业、第二产业的消费比重均呈现下降趋势，第三产业、生活消费比重呈现上升趋势。天津和河北的终端能源消费主要还是来自于第二产业。

表 2-20　全国京津冀区域终端能源消费量及变化

年份	地区	总消费量/亿吨标准煤	第一产业/%	第二产业/%	第三产业/%	生活消费/%
2010	北京	0.70	1.44	39.21	41.66	17.68
	天津	0.66	1.36	71.52	16.09	11.02
	河北	2.54	2.71	80.18	7.97	9.07
	京津冀区域	3.89	2.25	71.39	15.37	8.97
	全国	32.49	1.99	73.04	14.33	10.64

续表

年份	地区	总消费量/亿吨标准煤	第一产业/%	第二产业/%	第三产业/%	生活消费/%
	北京	0.70	1.43	35.58	44.32	18.67
	天津	0.73	1.36	73.07	15.28	10.29
2011	河北	2.91	2.42	81.34	7.65	8.59
	京津冀区域	4.30	2.10	73.24	14.99	10.60
	全国	34.80	1.94	72.50	14.80	10.75
	北京	0.72	1.40	33.80	45.31	19.49
	天津	0.79	1.35	72.49	15.39	10.75
2012	河北	3.03	2.34	80.94	7.88	8.84
	京津冀区域	4.54	2.02	72.00	15.12	10.86
	全国	—	—	—	—	—

资料来源:《北京统计年鉴 2013》《天津统计年鉴 2013》《河北经济年鉴 2013》《中国统计年鉴 2013》

三、京津冀区域生态环境状况分析

本部分分析了 2010～2012 年京津冀区域废水、废气、固废排放及处理状况,并对声环境、生态环境状况进行了分析。结果表明,近年来京津冀区域废水排放总量持续增加,但单位 GDP 废水排放量在减少;空气污染物浓度主要呈下降趋势;生活垃圾无害化处理率不断提高,工业固体废物综合利用率却有所下降[①]。

(一) 水环境状况

从废水排放情况来看,2010～2012 年京津冀区域废水排放总量持续增加。2012 年京津冀区域废水排放量为 52.9 亿吨,比 2011 年增加了 3.8 亿吨,增长 7.7%,比 2010 年增加了 6.2 亿吨,增长 13.3%;区域废水排放占全国比重略有上升,从 2010 年占全国比重为 7.6% 上升到 2012 年的 7.7%(表2-21)。从化学需氧量排放来看,2012 年京津冀区域排放化学需氧量为 176.6 万吨,比 2011 年减少 5.2 万吨,减少 2.9%;但与 2010 年相比增加 99.6 万吨,增长了一倍多。2012 年京津冀区域化学需氧量排放量占全国的 7.3%,比 2010 年增加了 1.1 个百分点。从氨氮排放来看,2012 年京津冀区域氨氮排放量为 15.7 万吨,比 2011 年减少 0.5 万吨,降低 3.1%。京津冀区域氨氮排放量占全国比重有所降低,从 2010 年占全国比重为 7.2% 下降到 2012 年的 6.2%。

---

① 本部分数据没有特殊说明均来源于《中国统计年鉴 2013》《北京统计年鉴 2013》《天津统计年鉴 2013》《河北经济年鉴 2013》,以及《2012 年北京市环境状况公报》《2012 年天津市环境状况公报》《2012 年河北省环境状况公报》。

分地区来看，2012 年北京废水排放量、化学需氧量、氨氮排放量分别为 14.0 亿吨、18.7 万吨、2.0 万吨，分别占京津冀区域总量的 26.5%、10.6%、12.7%。2012 年天津废水排放量、化学需氧量、氨氮排放量分别为 8.3 亿吨、23.0 万吨、2.6 万吨，分别占京津冀区域总量的 15.7%、13.0%、16.6%。2012 年河北废水排放量、化学需氧量、氨氮排放量分别为 30.6 亿吨、134.9 万吨、11.1 万吨，分别占京津冀区域总量的 57.8%、76.4%、70.7%。总体来看，京津冀区域废水排放物主要来源于河北。

表 2-21　全国京津冀区域废水及水污染物排放情况及变化

年份	地区	废水/亿吨	化学需氧量/万吨	氨氮/万吨
2010	北京	13.6	9.2	1.2
	天津	6.8	13.2	2.0
	河北	26.3	54.6	5.5
	京津冀区域	46.7	77.0	8.7
	全国	617.3	1238.1	120.3
2011	北京	14.5	19.3	2.1
	天津	6.7	23.6	2.6
	河北	27.9	138.9	11.4
	京津冀区域	49.1	181.8	16.2
	全国	659.2	2499.9	260.4
2012	北京	14.0	18.7	2.0
	天津	8.3	23.0	2.6
	河北	30.6	134.9	11.1
	京津冀区域	52.9	176.6	15.7
	全国	684.8	2423.7	253.6

资料来源：《北京统计年鉴 2013》《天津统计年鉴 2013》《河北经济年鉴 2013》《中国统计年鉴 2013》

京津冀区域每创造 1 亿元 GDP 所排放的废水持续下降，从 2010 年的 10.7 万吨下降到 2012 年的 8.8 万吨，低于全国平均水平（图 2-53）。分地区而言，天津废水排放强度最低，而且持续下降，从 2010 年的 7.4 万吨下降到 2012 年的 4.4 万吨，相当于全国平均水平的 1/3 左右；北京废水排放强度也低于京津冀区域平均水平，并持续下降，从 2010 年的 9.7 万吨下降到 2012 年的 7.8 万吨；河北废水排放强度是该区域最高的，不过也呈现出下降趋势，同时也低于全国平均水平，从 2010 年的 12.9 万吨下降到 2012 年的 11.5 万吨。

京津冀区域每创造 1 亿元 GDP 排放的化学需氧量呈现波动变化，从 2010 年的 17.6 吨上升到 2011 年的 34.9 吨，2012 年略有下降为 30.8 吨，但均低于全国平均水平，2012 年相当于全国平均水平的 66%（图 2-54）。分地区而言，北京化学需氧量排放强度最低，呈现波动变化，从 2010 年的 6.5 吨上升到 2011 年的 11.7 吨又下降到 2012 年的 10.4 吨，仅相当于全国平均水平的 1/4；天津化学需氧量排放强度也低于京津冀区域平均水平，呈现波动变化，从 2010 年的 14.3 吨上

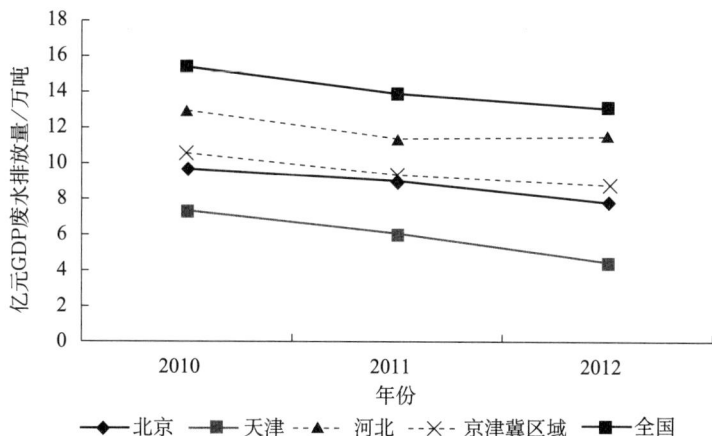

图 2-53 2010～2012 年全国与京津冀区域亿元 GDP 废水排放量及变化

资料来源：《北京统计年鉴 2013》《天津统计年鉴 2013》《河北经济年鉴 2013》《中国统计年鉴 2013》

升到 2011 年的 20.9 吨又下降到 2012 年的 17.8 吨，相当于全国平均水平的 2/5；河北化学需氧量排放强度是该区域最高的，从 2010 年的 26.8 吨上升到 2011 年的 56.6 吨又下降到 2012 年的 50.8 吨，2012 年略高于全国平均水平。

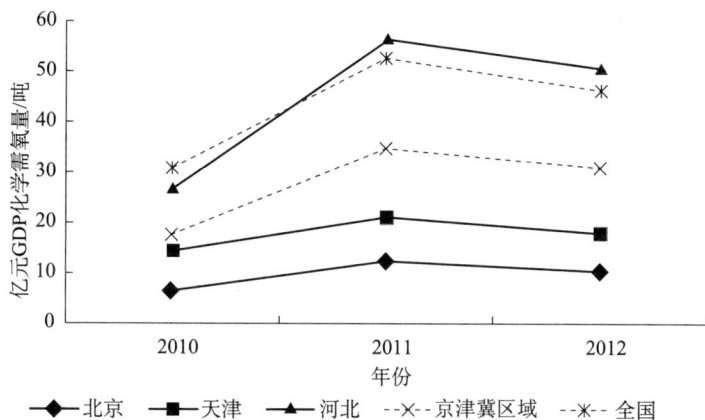

图 2-54 2010～2012 年全国与京津冀区域亿元 GDP 化学需氧量排放量及变化

资料来源：《北京统计年鉴 2013》《天津统计年鉴 2013》《河北经济年鉴 2013》《中国统计年鉴 2013》

京津冀区域每创造 1 亿元 GDP 排放的氨氮呈现波动变化，从 2010 年的 2.0 吨上升到 2011 年的 3.1 吨，之后又降为 2012 年的 2.8 吨，低于全国平均水平（图 2-55）。分地区而言，北京氨氮排放强度最低，从 2010 年的 0.9 吨增加到 2011 年的 1.3 吨又下降到 2012 年的 1.1 吨，相当于全国平均水平的 1/4；天津氨氮排放强度也低于京津冀区域平均水平，从 2010 年的 2.1 吨上升到 2011 年的 2.3 吨又下降到 2012 年的 2.0 吨，相当于全国平均水平的 2/5；河北氨氮排放强度是该区域最高的，呈现波动中上升趋势，从 2010 年的 2.7 吨增长到 2011 年的 4.7 吨，2012 年又下降到 4.2 吨，始终低于全国平均水平。

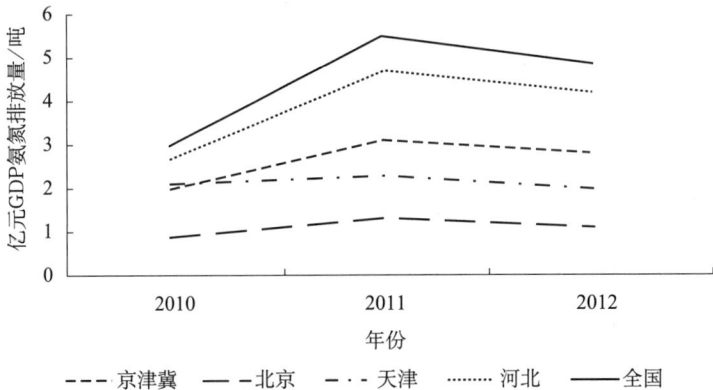

图 2-55　2010～2012 年全国与京津冀区域亿元 GDP 氨氮排放量及变化

资料来源：《北京统计年鉴 2013》《天津统计年鉴 2013》《河北经济年鉴 2013》《中国统计年鉴 2013》

（二）大气环境状况

按照空气污染指数（API）评价，总体来说，京津冀区域中河北的空气质量最优，天津次之，北京较差（图 2-56）。2012 年河北空气质量达到或优于二级良好水平天数为 340 天，比 2011 年增加 1 天，比 2010 年增加 3 天。天津空气质量有所下降，2012 年天津空气质量达到或优于二级良好水平天数为 305 天，比 2011 年减少 15 天，比 2010 年减少 3 天。北京环境空气质量也有所下降，2012 年北京环境空气质量达到或优于二级良好水平天数为 281 天，比 2011 年和 2010 年均减少了 5 天。

近三年京津冀区域空气污染物浓度主要呈下降趋势。从 2010 年到 2012 年的变化来看，京津冀区域二氧化硫、二氧化氮、可吸入颗粒物浓度均有所下降（表 2-22）。在区域内部又表现出一些差异。2012 年京津冀区域二氧化硫浓度最低的是北京，最高的是天津：2012 年北京二氧化硫浓度为 0.028 毫克/米³，比 2010 年下降 0.004 毫克/米³；河北二氧化硫浓度为 0.042 毫克/米³，比 2010 年下降 0.003 毫克/米³；天津二氧化硫浓度为 0.048 毫克/米³，比 2010 年下降 0.006 毫克/米³。2012 年京津冀区域二氧化氮浓度最低的是河北，最高的是北京：河北二氧化氮浓度为 0.028 毫克/米³，与 2010 年变化不大；天津二氧化氮浓度为 0.042 毫克/米³，比 2010 年下降 0.003 毫克/米³；北京二氧化氮浓度为 0.052 毫克/米³，比 2010 年减少 0.005 毫克/米³。2012 年可吸入颗粒物年浓度最低的是河北，最高的是北京：河北可吸入颗粒物浓度为 0.077 毫克/米³，与 2010 年一致；

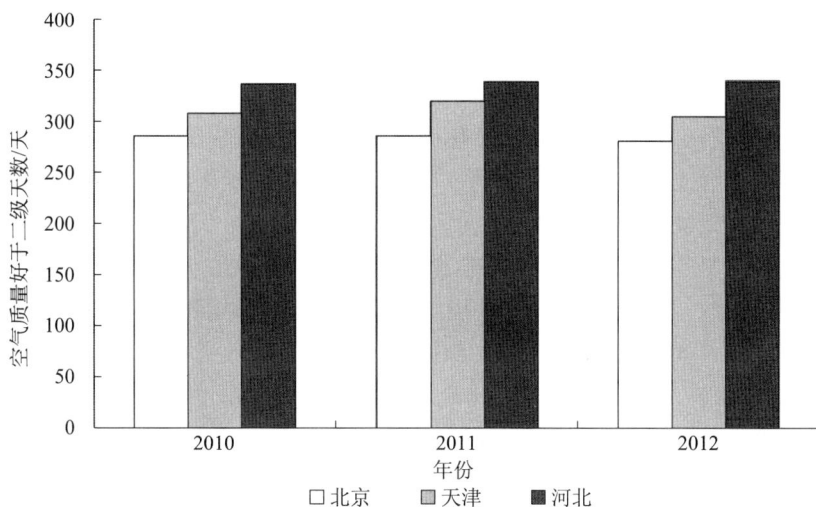

图 2-56　2010～2012 年北京、天津和河北空气质量好于二级的天数及变化

资料来源：2010～2012 年《北京市环境状况公报》《天津市环境状况公报》《河北省环境状况公报》

天津可吸入颗粒物浓度为 0.105 毫克/米^3，比 2010 年增加 0.009 毫克/米^3；北京可吸入颗粒物浓度为 0.109 毫克/米^3，比 2010 年减少 0.012 毫克/米^3。

表 2-22　北京、天津、河北三地污染物年平均浓度值

（单位：毫克/米^3）

年份	地区	二氧化硫	二氧化氮	可吸入颗粒物
	北京	0.032	0.057	0.121
2010	天津	0.054	0.045	0.096
	河北	0.045	0.029	0.077
	北京	0.028	0.055	0.114
2011	天津	0.042	0.038	0.093
	河北	0.042	0.028	0.076
	北京	0.028	0.052	0.109
2012	天津	0.048	0.042	0.105
	河北	0.042	0.028	0.077

资料来源：2010～2012 年《北京市环境状况公报》《天津市环境状况公报》《河北省环境状况公报》

　　近三年，京津冀区域空气污染物排放量呈波动变化趋势。从 2010～2012 年的变化来看，京津冀区域二氧化硫排放总量、烟尘排放总量均表现出先增加后减少的规律，且增加的幅度大于减少幅度（表 2-23）。京津冀区域二氧化硫排放总量、烟尘排放总量分别从 2010 年的 158.4 万吨、61.4 万吨增加到了 2012 年的 166.0 万吨、138.7 万吨，分别增加 7.6 万吨、77.3 万吨。2011～2012 年氮氧化物排放总量则呈现减少趋势，京津冀区域氮氧化物排放总量从 2011 年的

234.8 万吨减少到 2012 年的 227.3 万吨，减少了 7.5 万吨。2012 年京津冀区域二氧化硫排放总量、氮氧化物排放总量、烟尘排放总量分别占全国的 7.8%、9.7%、11.2%，与 2011 年相比这些比重均有所下降。

分地区来看，2012 年北京二氧化硫排放总量、氮氧化物排放总量、烟尘排放总量分别为 9.4 万吨、17.8 万吨、6.7 万吨，其中变化幅度较大的是二氧化硫排放总量、氮氧化物排放总量，分别比 2011 年减少 4.2%、5.7%。2012 年天津二氧化硫排放总量、氮氧化物排放总量、烟尘排放总量分别为 22.5 万吨、33.4 万吨、8.4 万吨，其中烟尘排放总量变化幅度较大，比 2011 年增长 10.8%。2012 年河北二氧化硫排放总量、氮氧化物排放总量、烟尘排放总量分别为 134.1 万吨、176.1 万吨、123.6 万吨，其中变化幅度较大的是二氧化硫排放总量、烟尘排放总量，分别比 2011 年减少 5.0%、6.5%。

表 2-23　京津冀区域二氧化硫、氮氧化物和烟尘排放总量（单位：万吨）

年份	地区	二氧化硫排放总量	氮氧化物排放总量	烟尘排放总量
2010	北京	11.5	—	4.9
	天津	23.5	24.0	6.5
	河北	123.4	—	50.0
	京津冀区域	158.4	—	61.4
	全国	2185.1	2273.6	829.1
2011	北京	9.8	18.8	6.6
	天津	23.1	35.9	7.6
	河北	141.2	180.1	132.3
	京津冀区域	174.1	234.8	146.5
	全国	2217.9	2404.3	1278.8
2012	北京	9.4	17.8	6.7
	天津	22.5	33.4	8.4
	河北	134.1	176.1	123.6
	京津冀区域	166.0	227.3	138.7
	全国	2117.6	2337.8	1235.8

资料来源：《北京统计年鉴 2013》《天津统计年鉴 2013》《河北经济年鉴 2013》《中国统计年鉴 2013》、2010～2012 年《河北省环境状况公报》

京津冀区域每创造 1 亿元 GDP 排放的二氧化硫持续下降，从 2010 年的 36.0 吨下降到 2012 年的 29.0 吨，低于全国平均水平（图 2-57）。分地区而言，北京二氧化硫排放强度最低，且持续下降，从 2010 年的 7.4 吨下降到 2012 年的 5.3 吨，仅相当于全国平均水平的 1/8；天津二氧化硫排放强度也低于京津冀区域平均水平，并持续下降，从 2010 年的 25.5 吨下降到 2012 年的 17.4 吨，不到全国平均水平的 1/2；河北二氧化硫排放强度是该区域最高的，高于全国平均水平，不过下降趋势明显，从 2010 年的 60.5 吨下降到 2012 年的 50.5 吨，但仍高于全国平均水平。

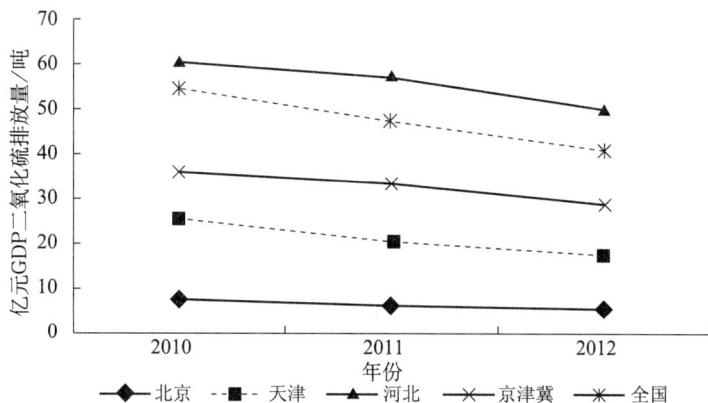

图 2-57　全国与京津冀区域亿元 GDP 二氧化硫排放量及变化

资料来源:《北京统计年鉴 2013》《天津统计年鉴 2013》《河北经济年鉴 2013》《中国统计年鉴 2013》、2010～2012 年《河北省环境状况公报》

　　京津冀区域每创造 1 亿元 GDP 排放烟尘呈波动变化,从 2010 年的 14.8 吨上升到 2011 年的 28.1 吨又下降到 2012 年的 24.1 吨,2012 年的排放水平略高于全国平均水平(图 2-58)。分地区而言,北京烟尘排放强度最低,并持续下降,从 2010 年的 5.5 吨下降到 2012 年的 3.7 吨,仅相当于全国平均水平的 15.4%;天津烟尘排放强度也低于京津冀区域平均水平,并持续下降,从 2010 年的 7.8 吨下降到 2012 年的 6.5 吨,不到全国平均水平的 1/3;河北烟尘排放强度是该区域最高的,高于全国平均水平,且呈现波动变化,从 2010 年的 24.5 吨上升到 2011 年的 53.9 吨又下降到 2012 年的 46.5 吨。

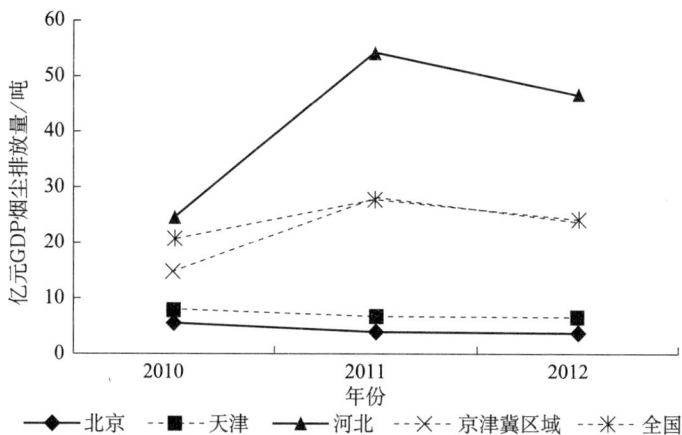

图 2-58　2010～2012 年全国与京津冀区域亿元 GDP 烟尘排放量及变化

资料来源:《北京统计年鉴 2013》《天津统计年鉴 2013》《河北经济年鉴 2013》《中国统计年鉴 2013》、2010～2012 年《河北省环境状况公报》

（三）固体废物产生及处理状况

2012 年京津冀区域的生活垃圾清运量为 1411.5 亿吨，占全国的 8.3%，较 2011 年、2010 年持续上升，2012 年比 2010 年增加 5.5 亿吨。2012 年京津冀区域生活垃圾无害化处理率为 92.0%，高于全国平均水平，较 2011 年、2010 年持续上升，2012 年比 2010 年增长 6.0%（图 2-59）。分地区来看，生活垃圾清运量最多的是北京，天津最少：2012 年北京、天津、河北三地生活垃圾清运量分别为 648. 亿吨、185.8 亿吨和 577.4 亿吨；与 2011 年相比，北京增加 13.9 亿吨，天津、河北分别减少 4.1 亿吨、7.2 亿吨。生活垃圾无害化处理率最高的是天津，最低的是河北：2012 年北京、天津、河北三地生活垃圾无害化处理率分别为 99.1%、99.8% 和 81.4%；其中河北低于全国平均水平。从变化来看，天津近三年基本保持生活垃圾无害化 100% 处理水平，北京、河北分别比 2010 年提高 2.1%、11.6%。

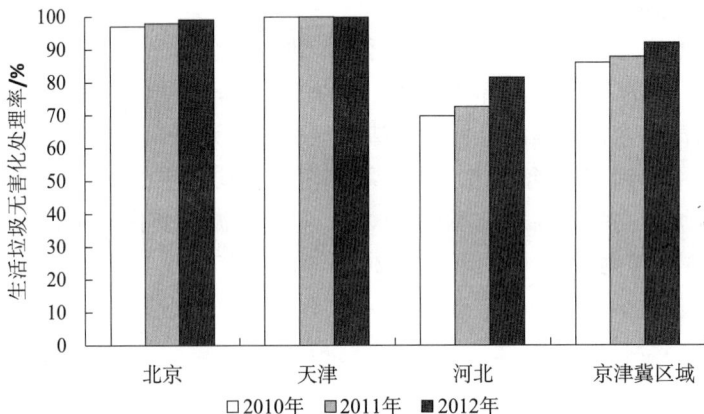

图 2-59　京津冀区域生活垃圾无害化处理情况及变化

资料来源：《北京统计年鉴 2013》《天津统计年鉴 2013》《河北经济年鉴 2013》《中国统计年鉴 2013》

2012 年京津冀区域的工业固体废物产生量为 4.85 亿吨，较 2011 年变化不大，较 2010 年明显增加，2012 年比 2010 年增加 1.26 亿吨，2012 年占全国的 14.4%。2012 年京津冀区域工业固体废物综合利用率为 42.3%，较 2011 年、2010 年呈下降趋势，2012 年比 2010 年降低 16.9%，2012 年低于全国平均水平近 20 个百分点（图 2-60）。分地区来看，2012 年北京、天津、河北三地工业固体废物产生量分别为 0.11 亿吨、0.18 亿吨、4.56 亿吨；与 2011 年相比，北京减少 21.5 万吨，天津、河北分别增加 58 万吨、435 万吨。工业固体废物综合利用率最高的是天津，最低的是河北。2012 年北京、天津、河北三地工业固体废物综合利用率分别为 79.0%、99.8%、38.0%，其中河北远低于全国平均水平。从变动程度来看，天津近三年均保持在 99% 以上，北京比 2011 年提高 12.5%，河北比 2011 年降低 3.7%。

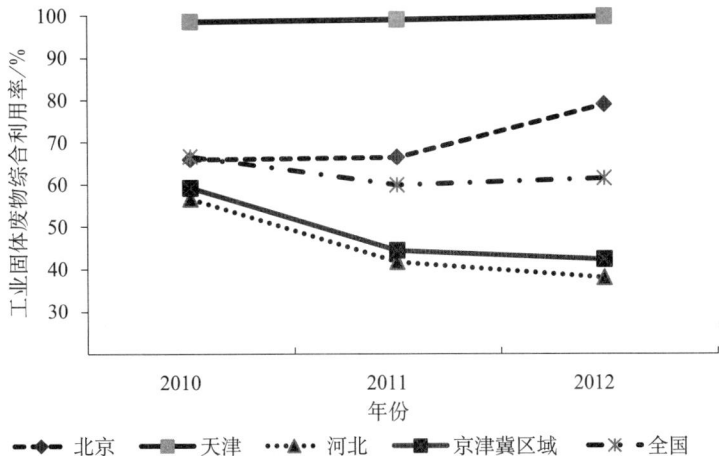

图 2-60　2010～2012 年全国与京津冀区域工业固体废物综合利用率情况及变化
资料来源：《北京统计年鉴 2013》《天津统计年鉴 2013》《河北经济年鉴 2013》《中国统计年鉴 2013》

(四) 声环境状况

生活噪声和道路交通噪声是影响城市声环境质量的主要噪声源。2012～2012 年，京津冀区域的道路交通噪声在 65～70 分贝，区域环境噪声在 51～55 分贝（表 2-24）。分地区看，北京的道路交通噪声近三年呈现减少的趋势，区域环境噪声呈现先减少后增加的趋势。2012 年北京的道路交通噪声为 69.2 分贝，比 2011 年减少了 0.4 分贝，2011 年又比比 2010 年减少了 0.4 分贝；区域环境噪声为 54.0 分贝，比 2011 年增加了 0.3 分贝，2011 年又比 2010 年减少了 0.4 分贝。天津 2012 年的道路交通噪声为 67.9 分贝，比 2011 年增加了 0.4 分贝，2011 年又比 2010 年减少了 0.2 分贝；区域环境噪声为 54.3 分贝，比 2011 年减少了 0.1 分贝，2011 年又比 2010 年减少了 0.2 分贝。河北近三年的道路交通噪声和区域环境噪声均呈现出先增加后减少的趋势。2012 年河北道路交通噪声为 66.2 分贝，比 2011 年减少了 1.1 分贝，2011 年又比 2010 年增加了 1.6 分贝；区域环境噪声为 52.2 分贝，比 2011 年减少了 0.4 分贝，2011 年又比 2010 年增加了 0.7 分贝。

表 2-24　北京、天津、河北三地国控区域环境与道路交通噪声监测情况

（单位：分贝）

	2010 年		2011 年		2012 年	
	道路交通噪声	区域环境噪声	道路交通噪声	区域环境噪声	道路交通噪声	区域环境噪声
北京	70.0	54.1	69.6	53.7	69.2	54.0
天津	67.7	54.6	67.5	54.4	67.9	54.3
河北	65.7	51.9	67.3	52.6	66.2	52.2

资料来源：《北京统计年鉴 2013》《天津统计年鉴 2013》、2010～2012 年《河北省环境状况公报》

（五）生态环境状况

京津冀区域生态环境质量总体变化不大，但地区内部呈现出一定差异。北京生态环境质量逐步提高，2012 年北京生态环境质量指数[①]（EI）为 67.5，较 2011 年略有改善，生态环境质量级别为良。位于北部、西北部的生态涵养发展区生态环境状况优于城市功能拓展区、城市发展新区和首都功能核心区。2012 年天津生态环境状况指数为 55.77，评价结果为良。各区县中，滨海新区、西青区、蓟县、宁河县评价结果为良，宝坻区、东丽区、津南区、静海县、武清区、北辰区和市内六区评价结果为一般[②]。2012 年河北生态环境质量总体一般，其中承德和秦皇岛两个市的生态环境质量为良，其余九个市生态环境质量为一般[③]。

2011 年京津冀区域森林面积为 479.7 万公顷，占全国森林总面积的 2.5%。分地区看，2011 年北京、天津、河北三地森林面积分别为 52.1 万公顷、9.3 万公顷、418.3 万公顷，其中河北占区域总量的 87.2%。2011 年京津冀区域森林覆盖率为 22.2%，高于全国 20.4% 的平均水平。分地区来看，北京的森林覆盖率最高，天津最低；2011 年北京、天津、河北三地森林覆盖率分别为 31.7%、8.2%、22.3%（表 2-25）。

2011 年京津冀区域公园绿地面积 4.83 万公顷，占全国公园绿地总面积的 10.0%。分地区看，2011 年北京、天津、河北三地公园绿地面积分别为 1.97 万公顷、0.63 万公顷、2.23 万公顷，其中北京、河北分别占京津冀区域的 40.8%、46.2%。从人均公园绿地面积来看，2011 年京津冀区域人均公园绿地面积为 12.3 米²/人，高于全国水平（表 2-25）。2011 年北京、天

---

① 北京市环境保护局.2013.2012 年北京市环境状况公报.
② 天津市环境保护局.2013.2012 年天津市环境状况公报.
③ 河北省环境保护厅.2013.2012 年河北省环境状况公报.

津、河北三地人均公园绿地面积分别为 11.3 米²/人、10.3 米²/人、14.3 米²/人。

表 2-25　2011 年全国与京津冀区域生态环境状况

	森林面积/ 万公顷	森林覆 盖率/%	公园绿地 面积/万公顷	人均公园绿地 面积/（米²/人）
北京	52.1	31.7	1.97	11.3
天津	9.3	8.2	0.63	10.3
河北	418.3	22.3	2.23	14.3
京津冀	479.7	22.2	4.83	12.3
全国	19545.2	20.4	48.26	11.8

资料来源：《中国环境统计年鉴 2012》

第四节　京津冀区域空间发展

京津冀区域作为我国三大社会经济活动密集区域、重要的经济增长极之一，改革开放以来，随着内部产业结构的不断优化调整、地区经济发展内生动力的激活，京津冀地区已经与珠江三角洲、长江三角洲三足鼎立，支撑起了当代中国经济的发展。京津冀区域是与首都城市有密切职能联系的、一体化倾向的协调发展区域，即首都圈辐射的主要区域。随着首都圈概念范围的不断变化，京津冀区域的空间结构也处在不断发展变化的过程中。

一、京津冀区域空间总体格局

（一）首都圈空间范围界定的变迁

首都圈空间范围的界定以职能联系为标准，从首都城市职能出发确定其影响和联系范围。这种联系并不仅限于经济联系，还包括资源供给、生态环境、文化休憩等方面的联系。在不同职能联系上，首都圈的空间范围可以包含多种地域尺度，并根据职能联系的强弱和功能组织的不同，划分不同圈层。

目前对我国首都圈空间范围的界定主要有"2+5"、"2+7"、"2+8"、"2+11"等不同方案（表 2-26）。

表 2-26　首都圈空间划分方案综述

首都圈方案	主要依据	具体范围	来源
"2+5"	北京与周边城市的社会经济联系的历史成因	北京、保定、天津、唐山、秦皇岛、承德、张家口和已经消失的元上都开平府	王玲①（1986）和范爱文②（1999）
"2+7"	北京与周边地区的社会经济联系强度	北京、天津、廊坊、保定、沧州、承德、张家口、唐山、秦皇岛	谭成文等③（2000）和李国平等④（2004）
"2+8"	加入石家庄，主要考虑到其作为河北省会的中心地位，方便京津冀区域间协调	北京、天津、石家庄、廊坊、保定、沧州、承德、张家口、唐山、秦皇岛	国家发展和改革委员会组织编制的《京津冀都市圈区域规划》
"2+11"	行政区划的完整性	北京、天津和河北 11 市（石家庄、保定、廊坊、沧州、唐山、秦皇岛、张家口、承德、邯郸、邢台、衡水）	河北曾提出的京津冀都市圈⑤

　　以上首都圈划分方案都有其合理性，政治、经济、历史、区域协调等因素都可作为空间划分依据。但是，首都圈不仅是首都的影响圈，更是首都的支撑圈。因此，首都圈的空间范围不应只有固定的圈层，而应有空间动态性，即根据空间距离、经济联系强度等因素划分出不同职能、联系与大小的首都圈空间范围。在首都圈的发展过程中，其范围会随着首都及周边地区的发展及相互关系而改变，不同范围职能有所不同，要解决的问题亦有所不同。我国首都圈的建设尚处于初始阶段，应借鉴以往的国际经验，从规划入手，完备首都圈建设体系。无论首都圈的划分依据如何，北京、天津、河北三地都是首都圈不可或缺的组成部分，京津冀区域发展格局都将随着首都圈划分的变化而调整。

（二）京津冀区域发展格局现状

　　目前京津冀区域形成了以北京为核心，唐山、保定等城市为节点，由网络化的交通基础设施为支撑，分工明确、职能互补的"多中心、网络化"空间格局。京津冀区域空间结构可概括为"一核、一圈、两翼、四区、多中心、网络化"，其中"一核"指北京，"一圈"为环首都经济圈，"两翼"为右翼的京唐秦发展轴和京津塘发展轴，以及左翼的京石发展轴串联的首都经济合作拓展区域，"四区"分别指首都创新发展区、秦唐临港型发展区、保石现代产业发展区和张承生态涵养发展区。京津冀区域的网络化结构具有如下特点：第一，不同中心城市专业化职能可以相同也可以不同，如唐山、张家口在职能上有重叠，但京津冀区域面向更广阔的国内与国际市场，因此并不十分强调区域内部各中心城市

---

　　① 王玲.1986.略论北京"首都圈"的形成和作用.北京社会科学，（1）：108－113.

　　② 范爱文.1999.首都圈城市协调发展问题的分析.徐州师范大学学报（自然科学版），（1）：45－48.

　　③ 谭成文，杨开忠，谭遂.2000.中国首都圈的概念与划分.地理学与国土研究，（4）：1－7.

　　④ 李国平，等.2004.首都圈：结构、分工与营建战略.北京：中国城市出版社.

　　⑤ 河北省召开加快推进环首都经济圈建设工作会议.http://www.gov.cn/gzdt/2010－10/23/content_1728661.htm［2010－10－23］.

之间都要有贸易往来；第二，彼此之间多向、网络化联系，而非中心城市与腹地的关系，即该结构弱化了各城市之间的等级关系，更加注重城市间的合作与互补；第三，通过交通联系、共享劳动力市场和商品市场、投资往来、相互贸易等构建网络通道，如北京是交通网络枢纽，通过交通与其他节点城市建立联系。

1. 北京

北京为京津冀区域的门户和枢纽城市。北京是全国的国际交往中心，表现出国际机构数目众多、国际交流活动频繁、国际交往人口规模大、城市魅力强、国际交往设施发达、接待服务系统完善等特点，北京首都国际机场的旅客吞吐量位居全球第二位，成为北京乃至全国对外交往和联系的窗口。北京是全国重要的铁路和公路枢纽，依托其门户与枢纽地位，组织和协调区域资源配置，使区域优势得到更好的发挥。

北京的各个职能中心实力雄厚，北京应构建网络化的空间结构，以支撑其门户与枢纽职能，使各职能中心更好地参与到区域合作中。北京的网络化大都市结构为"一核两带多中心多节点"："一核"指以东西城为中心，包括海淀、石景山、丰台、朝阳四区的区域，是北京各项城市职能得以发挥的城市核心区域。"两带"指东西发展带，分别为京石发展轴和京津塘发展轴起点。"多中心"指多个产业职能中心，包括以中关村国家自主创新示范区引领区域自主创新发展，以中关村为核心区；以大兴的北京经济技术开发区构建高端产业功能区；以金融街为主体，提升区域金融总部资源配置能力；以朝阳商务中心区为核心，提升区域商务服务和国际化水平；以朝阳奥林匹克中心区，推动区域国际文化文化体育和旅游会展服务职能；以顺义临空经济区为依托，增强国际交往能力；培育通州高端商务服务区、新首钢高端产业服务区、丽泽金融商务区、怀柔文化科技高端产业新区、昌平未来科技城，以满足北京产业拓展、优化配置的发展要求，通过上述职能中心的建设来摆脱城市中心区的单中心无序蔓延弊端。"多节点"指顺义、通州、大兴、房山、昌平等五区，为上述产业职能中心的空间依托，是协调城市发展，配置人口、资源的重要节点。

2. 环首都经济圈

环首都经济圈包括河北涿州市、涞水县、涿鹿县、怀来县、赤城县、丰宁县、滦平县、三河市、大厂县、香河县、广阳区、安次区、固安县等 13 个市（区）县，与北京接壤，为首都功能的近域辐射和紧密合作区。环首都经济圈以新兴产业为主导，依托高层次人才创业园区、科技成果孵化园区、新兴产业示范园区、现代物流园区的建设，将环首都经济圈打造成为首都养老、健身、休闲度假、观光旅游、有机蔬菜、宜居生活基地。

以京唐秦、京津塘和京石发展轴两侧产业翼为首都经济合作的拓展区域，借助京津塘经济发展轴的内外向联系，将各节点、枢纽联系在一起，以促进京津冀区域的网络组织与要素流动。

右翼——京唐秦发展轴：京唐秦轴线是北京往东北方向发挥辐射效应的最主要通道，也是北京最重要的连海通道之一。京唐秦轴线从北京出发，沿东北方向连接北京、唐山和秦皇岛，旨在打造京唐秦高技术产业带，促进三市高新技术产业、临港产业和传统产业的战略重组和相互协调。三市竞争与合作并存，同质现象显著，具有合理分工、优势互补提升区域竞争力的潜力：北京拥有知识经济等优势；唐山则拥有重化工业和资源，以及港口等优势；秦皇岛传统工业基础好、旅游资源丰富。

右翼——京津塘经济发展轴：京津塘轴线是北京向东南方向以京津交通通道为依托，连接廊坊、天津及滨海新区（塘沽）的重要发展轴线，是打造京津同城化，以及未来发展电子信息、生物医药等战略新兴产业及先进制造业的重要区域，形成京津冀区域未来发展主轴及城镇集聚带。

左翼——京石发展轴：京石发展轴是连接北京和保定，并向西南方向辐射延伸至石家庄的重要发展轴线，该产业轴是京津冀区域向西南方向延伸和发展的重要轴线。未来京石发展轴应当从承接北京产业和功能转移，推进京津冀区域向西南方向和广域地区辐射延伸的角度出发，依托北京的技术辐射，不断调整产业结构，积极发展以现代制造业和现代农业为代表的现代产业，吸引人口和产业集聚，形成较为突出的人口、产业集聚轴线。

3. 首都创新发展区

该区域是京津冀区域发展的核心区域，包括北京和天津的蓟县、武清区、宝坻区。该区域未来主要发展高端、高效、高辐射的总部经济、现代服务业、高新技术产业，对产业结构进行优化升级，将传统产业逐渐向外转移。未来要继续保持服务业为主的优势，严格限制高耗能、高耗水、高污染、占地大的企业，鼓励发展高新技术产业，发展都市型农业，拓展农业生产以外的其他功能。优化产业用地结构，并严格控制建设用地在该功能区内的无序扩张。

4. 秦唐临港型发展区

秦唐临港型发展区包括京津冀区域的秦皇岛和唐山二市。依托曹妃甸新区、唐山港、秦皇岛港等港口资源，一方面，建立各港口的分工协作机制，加强合作，避免内耗，更要注重港城的同步建设；另一方面，城市作为海港的经济腹地，对海港的发展起着至关重要的作用，港城的建设要求从交通建设、港工联动机制的建设和临港工业发展、发展极建设四个方面同步进行，以加强同腹地的联系。

5. 保石现代产业发展区

保石现代产业发展区包括京石沿线的保定、石家庄、衡水、邢台、邯郸以及沧州。该区域旨在完善现代制造业和现代农业体系，形成与北京互补的产业结构，围绕北京电子信息、生物医药等成熟性技术，结合生态、旅游资源开发，发展卫星式产业化基地。以连接北京高新技术产业为主，形成以北京为龙头的高新技术产业化基地，打造高新技术产业隆起带，承接核心区的产业转移，为京津提供互补性服务。

6. 张承生态涵养发展区

张承生态涵养发展区包括张家口和承德两市，北与内蒙古、辽宁接壤，西与山西为邻，南与北京、天津相连，由于特殊的区位特征和历史因素，该地区经济发展落后。因此，解决张承地区经济发展与生态建设之间的矛盾，已经成为京津冀区域特别是张承自身发展首先要解决的问题，而建立张承生态涵养发展区则是解决张承地区区域性贫困、控制生态恶化的有效途径。应加快体制与机制创新，建立和完善区域支持政策和生态补偿机制，加大财政转移支付力度，加强生态修复和环境保护，转变经济增长方式。

二、京津冀分区空间发展格局

（一）区域人口空间格局

京津冀区域人口总量较大，是我国人口较稠密的地区之一。但在区域内部，人口分布并不均衡，人口主要集中在北京、天津、石家庄及保定这四个相对规模较大的城市，2012 年北京常住人口达到 2069.3 万人，天津达到 1413.2 万人，保定为 1135 万人，石家庄为 1038.6 万人，而张家口、承德及秦皇岛为主的北部地区人口总量较小，其中承德、秦皇岛的常住人口规模在 2012 年刚超过 400 万人（图 2-61）。基本上体现出了北部山区人口规模较小，而中南部平原地区集中了大量人口的基本空间分布格局。

（二）区域经济空间格局

经济发展在京津冀区域内各市之间呈现出一定的不平衡性。2012 年，以京津冀区域内各市的 GDP 总量来看，核心区域的北京、天津两地 GDP 分别达到 17 879.4 亿元和 12 893.9 亿元，与经济发展最差的河北衡水（GDP 为 1011.0 亿元）相比，是其 GDP 总量的十倍以上，而河北经济最为发达的唐山，GDP 也仅为 5861.6 亿元（图 2-62）。从分布上看，河北中南部地区衡水、邢台及河北北部地区张家口、承德等是经济相对落后的区域，经济相对发达地区也集中在了北京、天津周边的京津冀区域中部平原区。

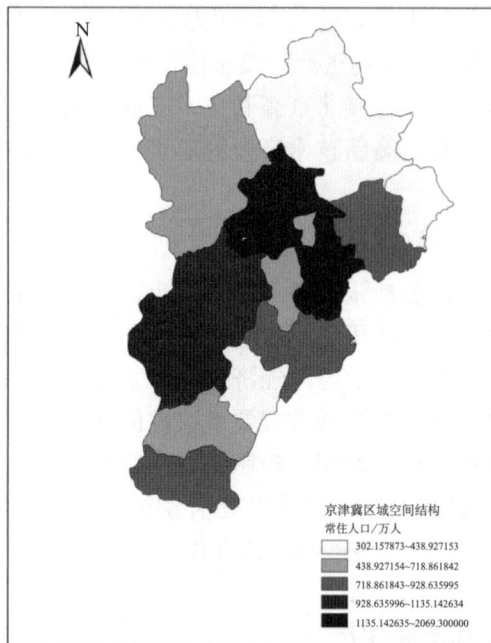

图 2-61　2012 年京津冀区域人口空间分布示意图

资料来源：《北京统计年鉴 2013》《天津统计年鉴 2013》《河北经济年鉴 2013》

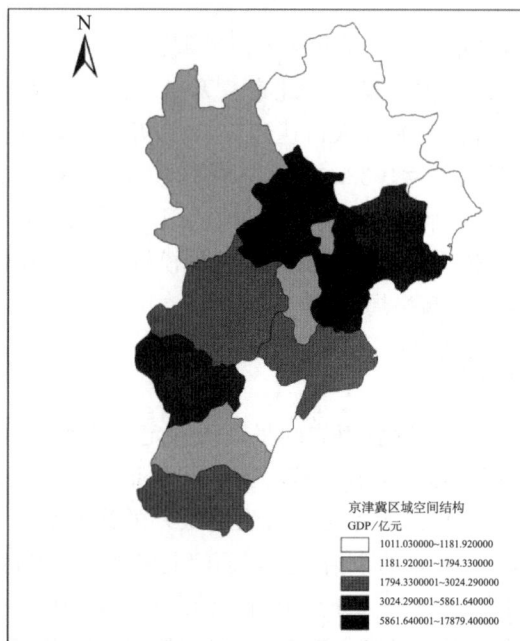

图 2-62　京津冀区域 GDP 空间分布示意图

资料来源：《北京统计年鉴 2013》《天津统计年鉴 2013》《河北经济年鉴 2013》

就人均 GDP 来看，北京、天津两地依旧是核心区域，北京 2012 年的人均 GDP 为 87 475 元，而天津在 2012 年实现人均 GDP 93 173 元，自 2011 年起连续两年超过北京。除北京、天津外，京津冀区域人均 GDP 相对发达地区为唐山及石家庄，分别达到了 76 438 元和 43 330 元，京津冀区域的第二及第三产业大多集中在了上述四个城市，北京、天津及唐山随着产业结构调整的不断深化及港口经济的发展，建立起了紧密的经济联系，而石家庄作为省会城市本身就具备一定的高级产业集聚能力，所以京津冀区域的人均 GDP 也呈现出了上述的空间分布情况（图 2-63）。

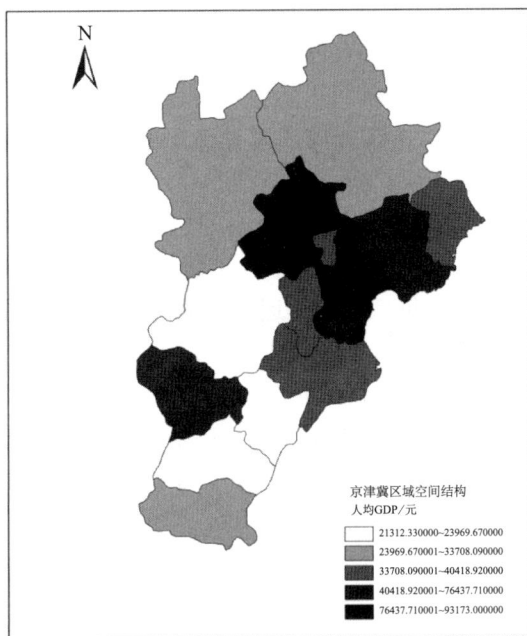

图 2-63　2012 年京津冀区域人均 GDP 空间分布示意图

资料来源：《北京统计年鉴 2013》《天津统计年鉴 2013》《河北经济年鉴 2013》

三、京津冀区域基础设施建设

（一）公路路网规模及构成

京津冀区域形成了以北京及其他各大城市为中心节点的高等级公路（指高速公路和国道）路网格局，其中北部山区以北京伸出的放射状路网为主，南部平原地区路网既有北京、天津伸出的放射状路网，各主要城市之间普遍也有高等级公路相连，南部平原地区路网密度较北部密集。

截至 2012 年年底，京津冀区域通车总里程达到 20.0 万公里，其中高速公路

7094 公里。目前京津冀区域高速公路基本格局为"九放射、一滨海、四纵、八横"。"九放射"指九条以北京为中心的放射状公路，其中京沪和京台两条高速公路在京津冀区域内共道；"一滨海"指河北的沿海高速公路与天津的滨海高速公路；"四纵"有北京东翼的长深、唐曹、津蓟高速，西翼的张石高速；"八横"全部在北京以南，另外，除唐港高速外又全部在天津以南，主要连接河北南部地区主要城市。

（二）铁路路网格局

京津冀区域内主要铁路以"十放射、一纵、五横"为基本格局。十放射是指以北京为中心的十条放射状铁路，其中京哈、京沪、京广均在京津冀区域内建成高速铁路并通车；一纵指东翼的唐遵铁路；五横包括北部山区的大秦、沙蔚线，南部的朔黄、石德石太、邗济邯长线。

2012 年 7 月 25 日，京石客运专线全线铺轨完成，初期运行最高速度为 310 公里/小时，2012 年 12 月 26 日正式通车，北京至石家庄最快只需 1 小时 07 分。京石客运专线，是中国"四纵四横"客运专线网络中京广客运专线的组成部分，正线全长 281 公里，设计速度 350 公里/小时，初期运营最高速度 310 公里/小时，投资估算总额为 438.7 亿元，共设北京西、新涿州、新高碑店、新保定、新定州、正定国际机场、石家庄新客站 7 个车站。京石铁路客运专线的建成缓解了京广铁路北段运输能力的紧张状况，提高了京津冀区域内铁路运输服务质量，有效地促进了区域经济协调发展。

2012 年年末，京津冀区域内高铁及动车互开班次大幅上升，有效地加强了区域内各城市之间的联系。城市间的高铁及动车联系主要集中在东部、南部平原地区，这里除京九沿线的衡水外，京沪和京广沿线地级以上城市均已实现动车通车，北部山区张家口、承德两市目前均尚未实现高铁及动车通车（表2-27）。从动车班次看，主要集中在北京与周边城市，如北京与石家庄、天津、秦皇岛、沧州和唐山的高铁及动车班次较多，与南部邢台、邯郸两座城市的班次随着京石客运专线的竣工，较 2012 年年初有了大幅增加，加强了京津冀南部区域的联系。

表 2-27　京津冀区域城际动车（D 字头、G 字头）班次

	北京	天津	石家庄	唐山	北戴河	邯郸	邢台	保定	张家口	承德	沧州	廊坊	衡水
北京	×	111	74	19	13	35	22	55	0	0	33	25	0
天津	105	×	0	17	8	0	0	0	0	0	51	9	0
石家庄	72	0	×	1	1	40	24	47	0	0	0	0	0
唐山	15	18	1	×	12	0	0	1	0	0	0	0	0
北戴河	11	6	1	10	×	0	0	0	0	0	0	0	0

续表

	北京	天津	石家庄	唐山	北戴河	邯郸	邢台	保定	张家口	承德	沧州	廊坊	衡水
邯郸	27	0	29	0	0	×	11	14	0	0	0	0	0
邢台	22	0	25	0	0	14	×	14	0	0	0	0	0
保定	48	0	55	1	0	28	17	×	0	0	0	0	0
张家口	0	0	0	0	0	0	0	0	×	0	0	0	0
承德	0	0	0	0	0	0	0	0	0	×	0	0	0
沧州	28	22	0	0	0	0	0	0	0	0	×	0	0
廊坊	21	11	0	0	0	0	0	0	0	0	0	×	0
衡水	0	0	0	0	0	0	0	0	0	0	0	0	×

资料来源：www.12306.com

(三) 公路和铁路运输能力

京津冀区域客运量北京最大，河北次之，天津居第三，货运量则河北最大，天津次之，北京居第三。这在一定程度上体现了三省（市）在交通运输领域的区域分工。截至 2012 年，京津冀区域内年铁路客运量 2.1 亿人，北京占 48.8%，河北占 37.1%，天津仅占 14.1%；公路客运量 25.4 亿人，北京占 52.1%，河北占 38.3%，天津仅占 9.6%；铁路货运量 5.3 亿吨，河北占 82.6%，天津占 15.0%，北京仅占 2.3%；公路货运量 24.9 亿吨，河北占 78.6%，天津占 11.4%，北京占 10.0%（表 2-28）。

2010~2012 年，京津冀区域内客运及货运量均有所增加，总的来看，京津冀区域内公路货运量增幅较大，年均增幅达 18.5%。北京铁路货运量明显下降，年均降幅降达 11.5%。

表 2-28　京津冀区域公路、铁路客运量和货运量（2010 年、2012 年）

年份	指标	单位	北京	天津	河北	京津冀区域
	铁路客运量	万人	8 903	2 654	7 558	19 115
2010	公路客运量	万人	126 130	21 822	83 289	231 241
	铁路货运量	万吨	1 572	7 597	37 964	47 132
	公路货运量	万吨	20 184	20 855	135 938	176 977
	铁路客运量	万人	10 315	2 970	7 846	21 131
2012	公路客运量	万人	132 333	24 483	97218	254 034
	铁路货运量	万吨	1 232	7 909	43 429	52 570
	公路货运量	万吨	24 925	28 228	195 530	248 683
	铁路客运量	%	7.6	5.8	1.9	5.1
2010~2012	公路客运量	%	2.4	5.9	8.0	4.8
年均增速	铁路货运量	%	−11.5	2.0	7.0	5.6
	公路货运量	%	11.1	16.3	19.9	18.5

资料来源：《北京统计年鉴 2011》《天津统计年鉴 2011》《河北经济年鉴 2011》《北京统计年鉴 2013》《天津统计年鉴 2013》《河北经济年鉴 2013》

（四）港口、空港分布及规模

多年来，京津冀区域已形成集公路、铁路、航空、港口于一体的综合性交通体系，与公路、铁路兼具区内交通和对外交通不同，京津冀区域的各大港口、空港主要担负对外交通功能。

区域内海港集中在临海的天津及河北的秦皇岛、唐山、沧州三个地级市中（表2-29）。

表2-29　京津冀区域海港基本数据（2010年、2012年）

年份	指标	单位	天津港	秦皇岛港	黄骅港	唐山港
2010	码头长度	米	31 915	13 469	4 711	11 212
	港口泊位	个	151	72	31	46
	万吨级泊位	个	96	42	10	41
	吞吐能力	万吨	4.13	22 641	7 760	18 165
2012	码头长度	米	32 630	13 469	6 077	16 939
	港口泊位	个	159	72	36	65
	万吨级泊位	个	102	42	19	60
	吞吐能力	万吨	4.77	22 641	10 060	35 335

资料来源：《天津统计年鉴2011》《河北经济年鉴2011》《天津统计年鉴2013》《河北经济年鉴2013》

天津港目前仍是区域内最大港口，至2012年，万吨级泊位已达102个，天津港定位于国家级沿海主枢纽港，北方地区的集装箱干线港，华北、西北地区能源物资和原材料运输的主要中转港，京津冀区域现代化综合交通网络的重要节点和对外贸易的主要口岸。除此以外，唐山港在两年间也有了较快的发展，码头长度及泊位较2010年均有所增长。唐山港由两大港区组成，即京唐港区和曹妃甸港区，未来还将规划建设丰南港区，其中京唐港区是主要服务于腹地各类物资转运服务的综合性港区，曹妃甸主要承担工业区大宗、散货转运功能。秦皇岛港是目前中国最大的能源输出港，以输出煤炭、石油为主。黄骅港近年来逐步由煤炭专业港向区域综合性港口转型，主要服务区域为河北中南部、山西、济南北部、山东西北部等地区。

区域内空港以北京首都国际机场为主，2011年北京首都国际机场占据了区域84.2%的客运量和87.2%的货运量（表2-30）。其他承担民航业务的机场包括天津滨海机场、石家庄正定机场、北京南苑机场、秦皇岛山海关机场及唐山三女河机场。邯郸机场于2007年8月8日通航，目前拥有8条航线。唐山三女河机场于2010年7月13日通航，开通7条远距离航线，4条近距离航线。邢台褡裢机场已于2009年全面恢复民航业务，张家口机场也已于2013年建成并投入使用，而承德也计划兴建民用机场。2014年，北京将全面启动新机场建设，新机场的建设地点为大兴区礼贤镇、榆垡镇，将建设4条跑道和约70万米^{2}的航站楼，主体工程占地多在北京境内，计划建成日期为 2018 年年底。平谷通航机场改扩建工程 2014 年也将启动。

表 2-30　京津冀区域部分空港基本数据

年份	指标	单位	北京首都国际机场	天津滨海机场	石家庄正定机场	北京南苑机场	秦皇岛山海关机场	邯郸机场	唐山三女河机场
2008	客运量	人	55 938 136	4 637 299	1 043 688	1 357 038	55 793	70 779	—
	货运量	吨	1 367 710	166 558	15 344	13 243	153	112	—
	起降架次	次	429 646	70 279	28 953	12 245	840	29 262	—
2011	客运量	人	78 674 513	7 554 172	4 021 167	2 644 598	191 378	154 176	151 051
	货运量	吨	1 640 232	182 857	33 229	23 557	349	11	1 005
	起降架次	次	533 166	84 831	54 903	21 642	3 046	2 879	2 537
2008～2011 年平均增速	客运量	%	12.04	17.66	56.77	24.91	50.81	29.63	
	货运量	%	6.24	3.16	29.38	21.17	31.58	—53.90	
	起降架次	%	7.46	6.47	23.78	20.91	53.63	—53.84	

资料来源：《中国交通年鉴 2009》《中国交通年鉴 2012》

第五节　京津冀区域合作进展

区域合作是协调区域经济发展的重要措施，是资源约束条件下区域经济发展的必然选择。建立在平等互信互利基础上的区域合作，能够充分发挥地区的比较优势，实现产业互补、资源共享，从而形成互惠共赢的区域一体化格局。目前，京津冀区域在产业经济、资源环境、基础设施、科技资源共享等方面开展了广泛合作，合作的深度和广度不断拓展，对区域经济发展的带动作用逐步增强，区域综合竞争力得到进一步提升。京津冀区域合作的特点主要体现在以下三个方面。

第一，产业转移取得实质性进展。京津冀区域跨行政区产业链逐步形成，北京首钢和一批老机械工业企业向河北各地市迁移，发挥了区域中心对周边地区的带动作用，产业配套、产业对接及产业链分工等逐步完善，不适合北京和天津发展的重型、资源密集型产业，随着产业结构调整向其他城市转移，河北承接产业转移的能力也逐步提升，区域产业合作不断深化。

第二，区域贸易关系日趋紧密。天津和北京作为京津冀区域的两个增长极，处于极化效应和扩散效应都非常强烈的阶段，大量生产要素向北京和天津聚集的同时，河北也承接了大量的生产要素扩散，区域增长极对生产要素的吸纳和扩散作用较为显著。京津冀区域内产业互为依托，分布逐步合理，区域贸易关系日渐紧密。

第三，区域合作条件逐步完善。京津冀区域以基础设施为代表的区域合作条件逐步完善，为区域创新合作奠定了基础。以交通运输为例，几大城市承担着不同的交通运输职能，北京为全国性的空陆型运输枢纽，天津是以货运为主的海陆空一体化综合运输枢纽，石家庄则定位为大众化低成本枢纽机场，着重于大众便捷、经济、舒适出行。此外，区域内高速路网不断扩容，交通流量也不断增大，铁路交通网络快速发展，北京和天津两地的港口合作也大幅提高了区域合作的紧密程度。

一、区域产业合作

经济全球化加速了产业结构调整和产业空间转移的步伐，区域经济的一体化使地域相连或相近的两个或多个独立经济单元之间的合作日趋紧密，以产业、生产要素等互动为基础的经济一体化区域竞争格局正在形成，合作领域不断拓展，内涵不断深化。产业合作是区域经济合作的重要方面，京津冀区域产业合作对优化资源配置、推动产业转型升级、提升区域经济整体实力等具有积极的作用，有利于促进区域经济协调发展与共同繁荣。

（一）区域产业定位

城市规划在地方产业发展中起着重要引导作用，可对城市未来产业发展进行定位，明确在一定时期内重点发展的产业。京津冀区域内各城市的产业定位存在相似性，尤其是各城区都强调高附加值产业的发展，各城市在规划过程中对区域协调与合作关注不足，在一定程度上影响了区域产业合作发展。

从京津冀区域城市总体规划的产业定位来看，北京、天津、石家庄、唐山、保定、廊坊、秦皇岛等在规划中均要发展高新技术产业，尤其是电子信息、生物技术等，石家庄、唐山、邯郸、邢台等规划发展钢铁机械工业及相关下游产业，天津、石家庄、衡水等规划发展石化工业，北京、天津、唐山、秦皇岛、张家口规划发展装备制造业，北京、天津、廊坊、保定、沧州、邢台、衡水等规划发展汽车产业或汽车配件产业（表2-31），各城市规划中的产业定位存在较多雷同现象，但是仍然可以发挥各自优势，进行产业链分工合作，实现区域产业经济合作发展。

表 2-31　京津冀区域各城市总体规划的产业定位

城市	功能定位	产业定位	
		第二产业	第三产业
北京	中华人民共和国首都、全国政治中心、文化中心、世界著名古都、现代国际城市	电子信息、光机电、生物医药、新材料等高新技术产业和现代制造业	金融、保险、商贸、物流、文化、会展、旅游等现代服务业与文化产业
天津	北方国际航运中心和国际物流中心，区域性综合交通枢纽和现代服务中心，现代制造和研发转化基地，国家历史文化名城和旅游城市，宜居城市	电子信息、石油和海洋化工、汽车和装备制造、现代冶金、生物技术与现代医药等高新技术产业和现代制造业	金融、商贸、物流、科技研发、文化、教育、旅游、中介等现代服务业
石家庄	河北省会，华北南部的中心城市，服务全省、辐射华北的现代物流中心和重要商埠，区域性高新技术产业中心，经济强市、生态城市和现代文明城市	医药、纺织服业、电子信息、装备制造业、石油化工、食品、建材业	现代物流、服务外包、总部经济、金融保险、旅游会展业
唐山	河北经济中心城市，环渤海地区以能源原材料工业和新兴工业为主的制造业基地，河北东部地区重要的新型临港工业基地，生态宜居港口城市	钢铁、化工、机械制造、装备制造、电子信息、生物医药	现代物流
保定	河北中部中心城市，京津冀区域重要的现代制造业及高新技术产业基地	汽车及零部件、新能源装备制造、电子电力设备、纺织服装、食品、电子信息等	现代物流、特色旅游、教育业
秦皇岛	重要的食品、建材、重型装备业和高新技术产业基地，物流中心和旅游城市	食品、建材、重型装备业、电子信息、生物医药、新材料	旅游业
廊坊	京津腹地的科技教育城、生态环保城、会展旅游城，京津都市圈高新技术产业和制造业基地	电子信息、汽车零部件制造、金属制品、木材加工及家具制造、食品加工与制造	教育产业、会展旅游业
沧州	河北、山西、山东、河南接壤地区中心城市，历史文化名城	精细加工、电力、建材、汽车磨具及零部件、机械制造	物流业
邯郸	河北、山西、山东、河南接壤地区中心城市，历史文化名城	钢铁、煤炭、电力、建材、纺织服装、食品、陶瓷、装备制造、化工	现代物流、旅游业
邢台	区域中心城市	钢铁、机械、建材、冶金、电子信息、煤炭、纺织	旅游业
衡水	河北东南区域性中心城市，重要的交通枢纽和物流中心，北方滨湖生态园林城市	金属制品及机械加工、精细化工、汽车零部件、食品、纺织服装、林板林纸	物流、旅游、商贸服务业
承德	历史文化名城，山水型生态旅游城市	冶金矿山、建筑材料、食品医药、可再生能源、纺织、造纸、机械、电子等	旅游业

续表

城市	功能定位	产业定位	
		第二产业	第三产业
张家口	河北、山西、内蒙古边界地区的中心城市，北京的产业延伸腹地	煤、铁、有色金属、非金属四大矿业，电力、信息产品制造业	生态旅游业、现代商贸物流业

资料来源：《北京城市总体规划（2004～2020年）》《天津城市总体规划（2005～2020年）》《石家庄城市总体规划（2006～2020年）》《唐山市城市总体规划（2003～2020年）》《保定市城市总体规划（2008～2020年）》《秦皇岛市城市总体规划（2008～2020年）》《廊坊市城市总体规划（2012～2030年）》《沧州市城市总体规划（2008～2020年）》《邯郸市城市总体规划（2011～2020年）》《邢台市城市总体规划（2008～2020年）》《衡水市城市总体规划（2008～2020年）》《承德市城市总体规划（2008～2020年）》《张家口市城市总体规划（2001～2020年）》

此外，在区域定位中各城市都争做中心城市，对与其他城市进行产业分工与合作计划不足，如石家庄定位为华北南部中心城市，唐山定位为河北经济中心城市，保定定位为冀中中心城市，沧州定位为河北、山西、山东、河南接壤地区中心城市等，仅有廊坊定位为京津腹地，难免会出现城市间的竞争。而对于区域中处于工业化初期的城市，产业发展层次较低，需要通过与其他城市的分工合作促进产业发展。综上所述，京津冀区域各地的产业规划中虽然均提到应加强区域合作，但合作的战略、方式、内容等均未详细提及，各城市的产业规划更多考虑自身利益，规划思路上竞争大于合作，产业定位存在相似性，有较大的产业合作发展空间。

（二）区域产业合作

随着京津冀区域经济合作的展开，产业合作的范围逐步扩大并不断深化，呈现出"政府推动、市场主导、企业参与"的特点，各地对产业合作均表示了较强的意愿，尤其唐山、廊坊与北京，沧州、石家庄与天津等更加迫切。

1. 第一产业合作

在第一产业方面，北京、天津两地与河北相比处于劣势，河北是我国较重要的农产品生产基地之一，京津冀区域产业合作在第一产业方面有较为广泛的现实基础，北京、天津两地人多地少，土地和劳动力等要素价格较高，而河北农业资源丰富，劳动力价格低廉，尤其在特色农业方面具有较好的基础和条件，因此，北京、天津两地的第一产业已经开始向生态、社会和文化功能为主的观光和休闲型都市现代农业转型，京津冀区域第一产业合作主要体现为政府推动下的"农业企业＋基地＋科研机构"的合作模式，企业、生产基地和科研机构之间按比较优势进行产业链分工协作。目前，北京、天津两地一些食品、饮料等企业在河北建立原材料生产基地，并出现了以科技为纽带的区域合作新形式，如科研院所与企业共建研究中心或试验基地等，提升产品创新力和市场服务水平。河北与北京签署协议共同推动河北蔬菜专业合作社在首都社区建设蔬菜直营店取得显著成效，截至 2012 年 7 月，河北已有永清、肃宁、高阳、高碑店和安次等县区的 7 个合作社，分别在北京海淀、西城、朝阳、东城等区开设蔬菜直营店 50 家，日销蔬菜 80 多吨，售价比超市和菜市场分别低 25％和 30％，带动了河北 3 万多农户近 5 万多亩蔬菜订单生产[①]。

2. 第二产业合作

京津冀区域的第二产业合作主要表现在工业生产领域。工业发展方面，北京的工业主要以汽车、电子、机械等行业为支柱，在全国具有一定的竞争力。天津的汽车、电子信息、生物工程等在全国具有较高竞争力，其中高新技术产业已经成为天津新的经济增长点。河北则以煤炭、冶金、化工、电子、石油及纺织等为主导产业。北京、天津、河北三地工业基础的差异性为区域内的产业合作奠定了重要基础。

第二产业合作方面，京津冀区域合作主要体现在产业梯度转移与跨行政区产业链正在形成两个方面。产业转移主要发生在北京、天津与河北之间，北京的部分重型、资源密集型企业向河北各地市迁移，发挥了区域中心对周边地区的带动作用。在产业链分工方面，企业根据地区资源和特点，将不同功能分布于京津冀区域内不同城市，通常将生产功能定位于河北或天津，将总部、研发机构及市场销售等功能定位于北京，区域内存在产业链双向延伸现象（表2-32）。在产业配套方面，出现了市场导向的产业分工，即围绕北京、天津的汽车、电子信息等产业发展的零部件跨行政区供应配套。

表 2-32　河北企业在北京设置监理研发机构情况

研发机构名称	母公司名称	地点
海湾集团电子技术事业部	河北海湾科技集团有限公司	海淀区
北京金利普生物技术开发有限公司	河北北方电力开发股份有限公司	海淀区
北京海波尔生物医药研究所	河北万岁制药集团	海淀区
基因工程与资源药物工程研究中心	石家庄制药集团公司	海淀区
中药制药与新药开发关键技术工程研究中心	石家庄科迪药业有限公司	海淀区
乐凯-化大联合实验室	中国乐凯胶片集团有限公司	朝阳区
河北宏业机械股份有限公司研发中心	河北宏业机械股份有限公司	朝阳区
北京华戈建业科贸有限公司	河北华戈化学集团有限公司	朝阳区
中油龙慧北京科技公司	河北中油龙慧自动化工程有限公司	朝阳区
信达铁塔制造有限公司销售中心	河北信达铁塔制造有限公司	海淀区
博艾安生物科技（北京）有限公司	艾科精细化工有限责任公司	海淀区
阳光本草药物研究院	保定冀中药业有限公司	海淀区

资料来源：贺灿飞，王俊松 . 2010. 京津冀都市圈产业合作研究 . 内部资料

① 河北省多家蔬菜合作社进京开设 50 家直销店. http://news.hexun.com/2012－07－27/144054091.html［2012－7－27］.

3. 第三产业合作

在第一、第二产业合作的同时，随着北京、天津两地产业结构的调整，京津冀区域第三产业合作逐渐活跃，并已经成为区域产业合作的重要领域。同时，各地政府职能部门在产业合作中发挥了在重要作用，市场力量在政府引导下进一步促进了区域产业分工与合作发展，第三产业企业间的合作也不断深化。

在旅游业合作方面，北京、天津、河北三地地缘相近，旅游资源相互联系又各具特色，在区域旅游合作方面有着较大的先天优势，有效实施区域旅游合作、发挥联合优势，是北京、天津、河北三地共同的愿望。北京的自然、人文、历史等景观优势明显，天津拥有独特的历史文化旅游资源，河北拥有丰富的自然山水、森林草原、海滨海岛、冰雪温泉、湿地湖泊等资源。2010 年 7 月，保定与天津两地旅游部门签署了发展旅游合作协议，根据协议，天津将把距天津1.5 小时车程内的保定景区列入天津旅游线路进行开发，共建"京津冀大旅游区"①。2011 年 5 月，在河北廊坊举行的京津冀旅游合作恳谈会上，北京、天津、河北三地签署了规划、交通、旅游一体化合作协议，京津冀区域相互依存、资源共享、一体化发展取得实质性进展。2011 年 5 月，在国家旅游局的支持下，河北旅游局联合北京、天津两地旅游局与中国建设银行合作，面向全国发行（京津冀）旅游一卡通，成为国内首家跨区域银旅创新产品，目前，京津冀旅游一卡通已融入三地景区旅游企业 2000 多家，涵盖了免票景区、优惠景区、优惠企业。2013 年 11 月召开的第五届"9＋10"区域旅游合作会议将首推"9＋10"区域旅游合作"九大行动"，并将全面构建"首都旅游经济圈"②。

在商业贸易合作方面，商业贸易企业跨地区建立连锁店，实现跨区域经营，如总部设在北京的国内最大的家电零售连锁企业国美电器有限公司，已经跨地区把直销点开设到包括天津、廊坊和石家庄在内的 25 个城市。

在金融业合作方面，北京、天津、河北三地之间主动进行的金融合作不断加强，"京津冀票据自动清分系统"自 2005 年 6 月起正式运行，实现了京津冀区域票据清算中心同步清分区域交换票据、资金清算信息网络化传输，开创了我国跨区域票据交换的先例。京津冀区域支付清算资金交易量不断增加，截至2010 年年末，天津金融机构通过大额支付系统与北京、河北金融机构的资金往来分别达到 19 100 亿元、909 亿元。天津与北京、河北的跨区域票据清算资金

---

① 金鑫 . 2010 - 07 - 01. 津保签署旅游合作协议，共建京津冀旅游区 . 天津日报 .
② 赵彤 . 2013. 构建"首都旅游经济圈"旅游，旅游一卡通引领区域旅游合作新潮流 . http：//travel. hebnews. cn/2013 - 10/17/content _ 3545963. htm ［2013 - 10 - 17］.

占到区域票据清算资金总量的 50% 以上①。"十二五"时期亟待谋求发展转型的河北，希望通过加强与北京的合作实现共赢，北京在确立建设国际金融中心、中国特色世界城市的目标中，也更加注重京津冀区域合作，北京、河北两地在金融领域合作的互动性不断加强。京津区域金融机构与企业的合作也逐步展开，2011 年 9 月 2 日，建行保定分行开始发行"京津冀旅游一卡通"联名卡，为消费者旅游休闲提供服务优惠。此外，京津冀区域金融监管机构的合作也进入起步阶段，2011 年 10 月，北京、天津、河北三地的银监局于廊坊签署银行业监管合作备忘录，标志着三地银行业监管部门之间正式建立合作机制，总体看来，京津冀区域金融合作初显成效，为下一步开展深入合作奠定了基础。

二、区域资源环境合作

资源环境合作是区域可持续发展的基本保障，为地区之间的经济和社会合作提供了有力支撑。京津冀区域内部地区之间资源环境差异较大，面对工业化、城市化快速发展过程中出现的地区性资源短缺、环境恶化等问题，区域内部地区间的资源环境合作意识逐渐增强。近年来，在水资源的综合利用和保护、环境保护、资源合作开采等领域，京津冀区域开展了较为深入的合作。

（一）资源环境承载

京津冀区域资源环境承载能力存在差异，竞争和优势互补关系并存。例如，水资源、生态、土地已经成为制约北京和天津发展的关键因素，共同的资源弱势使得两地很难进行双赢的合作，相比而言，河北的土地和交通资源略有优势（表 2-33），因此，可以依托河北的相关优势发掘区域资源环境合作的发展空间，更好地规划京津冀区域环境、资源、经济、社会发展蓝图，加快区域经济一体化过程，推进区域经济协调发展。

在大气环境方面，2013 年年初，在我国大范围地区持续遭遇严重的雾霾天气进而造成严重空气污染的地区中，京津冀区域情况最为严重，北京、石家庄、保定、邯郸、天津、沧州、廊坊、唐山等城市都发布了大雾橙色预警。

在水资源方面，京津冀区域属于"资源型"严重缺水区域，人均水资源远低于国际公认的严重缺水标准。京津冀区域一方面淡水资源不足，另一方面水质在恶化。主要表现在城市地表水和地下水源均受到不同程度的污染；部分水库出现富营养化现象并呈加剧趋势；各大流域水生动物数量明显减少。

---

① 樊晓乐. 2012. 京津冀区域金融合作发展研究. 天津师范大学硕士学位论文.

在生态系统方面，京津冀区域垃圾污染严重、生态超载。随着近年来人口膨胀速度加快，京津冀区域自然环境急剧恶化。水土流失主要发生在西部和北部的太行山东坡、燕山山地，河北北部地区对北京、天津风沙天气影响比较大，自然环境陷入恶性循环。天津、唐山、石家庄、邯郸、保定、邢台 6 个城市"生态超载"，即生态压力指数＞生态支撑力指数。

表 2-33 京津冀区域综合承载力对比

地区	综合承载力分值	主要制约因素
北京	1.38＞1（1 为警戒线）	水资源、生态、土地、交通设施
天津	略大于 1（1 为警戒线）	土地、生态、水资源
河北	0.96＜1（1 为警戒线）	除土地和交通略有优势外，水资源、环境容量、能源等都居后

资料来源：文魁，祝尔娟 . 2013. 京津冀发展报告（2013）——承载力测度与对策 . 北京：社会科学文献出版社：42-43

（二）资源开发

京津冀区域是典型的良好发展机遇与严峻资源环境约束条件并存的地区。近年来，京津冀区域经济快速发展，而资源的短缺、分布不均衡和生态环境的恶化等问题也逐渐凸显。为实现区域内资源一体化，建立资源环境可持续发展的区域合作平台，北京、天津、河北三地积极探索资源优势互补、提高资源利用率、开发清洁能源及资源节约等方面的合作路径。

1. 资源现状

丰富的资源是京津冀区域的可持续发展，以及区域内地区间的资源优势互补和紧密合作的重要保障。

在区域能源优势方面：天津滨海新区有 1214 公里^2 的滩涂，曹妃甸有 310 多公里^2 的可开发空间[①]；大港有丰富的油气资源和海盐资源；京津冀区域旅游资源十分丰富。此外，河北在土地资源、海岸线、劳动力资源、生态旅游资源等方面有明显优势；铁矿、黄金等资源在全国占有一定优势；农业优势突出，是全国重要的粮、棉、油、蔬、果、畜、禽、鱼等生产基地。

在能源产业基地建设方面：北京已经明确提出，要重点建设北京八达岭新能源产业基地；天津则重点建设滨海新区，发展绿色能源产业；河北现已经形成规模、发展势头强劲的有保定国家新能源与能源设备产业基地、张家口华北新能源供应基地和邢台新能源产业基地（表 2-34）。

---

① 中国三大都市经济圈所具优势与不足分析 . http：//cq.qq.com/a/20090311/000578. htm ［2009-03-11］.

表 2-34 京津冀区域重点建设能源产业基地

地区	重点产业基地	所属区域	优势产业
北京	八达岭新能源产业基地	延庆八达岭经济开发区	风能、太阳能
天津	绿色能源产业基地	滨海新区	太阳能、风电、热电
河北	保定国家新能源与能源设备产业基地	保定国家高新区	太阳能光伏发电、风力发电设备、新型储能材料、电力电子与电力自动化设备、输变电设备和高效节能设备
	华北新能源供应基地	张家口	风电、太阳能、环保火电
	邢台新能源产业基地	邢台开发区	太阳能、风能和生物质能

资料来源：罗振洲.2010.京津冀新能源发展战略一体化研究——基于公共政策分析视角，京津冀区域协作论坛论文集：168－169.

在清洁能源分布方面，与河北相比，北京、天津风能资源并不丰富，风电开发以分散式为主，并网容量有限。除风能之外，京津冀区域的清洁能源占比也较低。其中，水能资源相对缺乏，水电开发以小型水电为主。北京、天津、河北西北部属于我国二等太阳能资源地区，太阳能利用多以综合利用项目为主。近几年来光伏发电等可再生能源保持了强劲发展势头，光伏发电装机主要分布在河北境内。

在外受电量方面，京津冀区域是我国接受外来电力比重比较大的区域，其中北京的外受电量比例最大，其次是国网冀北电力管理范围内的唐山、张家口、秦皇岛、承德、廊坊5个地区（表2-35）。

表 2-35 2012年京津冀区域外受电量比例 （单位：％）

指标	北京	天津	石家庄、保定、沧州、衡水、邢台、邯郸	唐山、张家口、秦皇岛、承德、廊坊
外受电量比例	66.3	18.7	16.7	50.0

注：石家庄、保定、沧州、衡水、邢台、邯郸为1～7月数据
资料来源：根据国家电网北京市电力公司、天津市电力公司、河北省电力公司、冀北电力公司相关数据整理

2. 资源开发

在资源开发方面，以抽水蓄能电站建设项目和天然气引入项目为主，京津冀区域能源开发与合作正在逐步深入。

2013年5月29日，河北丰宁抽水蓄能电站项目开工建设，规划总装机容量为360万千瓦，设计年发电量为34.24亿度，相应抽水电量45.65亿度。项目拟分两期开发，一期工程装机容量为180万千瓦，相当于目前北京、天津、冀北电网调峰能力的60％以上，建成后将成为目前世界装机容量最大的抽水蓄能电站。根据预测，到2020年，北京、天津和冀北电网日最大峰谷差将超过2520万

千瓦。丰宁抽水蓄能电站建成后，将有效平衡用电峰谷，缓解北京、天津和冀北电网夏季用电"吃不饱"的现状。

目前，河北天然气公司与中国石油天然气集团公司（简称中石油）、北京控股集团合作的曹妃甸 LNG（液化天然气）项目正在加紧建设，2013 年年底可将海外 LNG 引入河北。该项目对优化河北能源结构、增强资源供应保障能力具有十分重要的意义。曹妃甸 LNG 项目整个工程分期建设，一期工程建设规模为每年 350 万吨，设计供气能力为每年 48 亿米^3，计划 2013 年年底建成投产。二期工程建设规模为每年 650 万吨。项目建成后，将为华北地区增加一个新的可靠供气气源，用以补充京津冀区域的天然气需求，并可满足天津、唐山、秦皇岛等地季节性天然气调峰需求。

3. 清洁能源和资源节约

近年来，京津冀区域开始实施一系列改善生态环境、加大资源利用效率、减少能源消耗的措施，各地区为改善京津冀区域内生态环境所出台的政策和降耗计划，充分体现了京津冀区域内部资源环境合作的潜力。

《京津冀及周边地区落实大气污染防治行动计划实施细则》中控制煤炭消费总量目标被细化，北京、天津、河北分别净削减原煤 1300 万吨、1000 万吨和4000 万吨。面对减少燃煤消耗的指标，北京、天津、河北三地纷纷宣布要淘汰燃煤发电，改用清洁能源天然气。2013 年 9 月 4 日，河北出台了"大气污染专项管理十条办法"，其间包含撤除一批燃煤锅炉，全省要完成约 3.5 万台燃煤小锅炉、茶炉、炉窑的撤除，1765 台燃煤锅炉动力置换和 48 台燃煤锅炉烟尘管理。2013 年，北京将完成 4.4 万户中心区平房居民采暖"煤改电"工程。自2014 年起，北京将通过人口疏解、清洁能源替代等综合措施，逐步消除剩余的2.1 万户居民采暖燃煤，到 2015 年年末，完成中心区无煤化。2016 年，北京将停用全部燃煤发电机组。到时，北京减少燃煤总量将到达 920 万吨。天津提出，到 2016 年，一次能源消费中煤炭比例降至 50% 以下，煤炭新增量控制在 1500万吨以内。2015 年前全面供应国 V 车用汽、柴油，实施国 V 机动车排放标准，推广使用燃料乙醇汽油，全部淘汰"黄标车"。到 2020 年，中心城区、滨海新区和环城四区建成基本无燃煤区[1]。

（三）环境保护

随着京津冀区域经济的快速发展，各种制约因素逐步凸显，目前该区域的

---

[1] 北京市 2013～2017 年清洁空气行动方案要点使命分化. http：//www.bj. xinhuanet.com/bjyw/2013 - 09/13/c_117351459. htm [2013－09－13] .

资源环境负荷已处于过载状态，水资源严重不足，环境污染和生态破坏已成为该区域经济可持续发展的主要制约因素。在国家的高度重视和引导下，北京、天津、河北三地在扩大京津冀区域资源环境合作领域、推进资源环境合作的务实化方面取得了重大突破。

1. 水资源

淡水资源一直是京津冀区域承载力的最大"短板"，为解决地区性水资源短缺、水质恶化等问题，京津冀区域开展了较为深入的合作活动。

2012 年 10 月，水利部、北京市政府、天津市政府、河北省政府联合批复了《北运河干流综合治理规划》（以下简称《规划》）。北运河是海河流域主要行洪排涝河流之一，干流是著名的京杭大运河的一部分，跨北京、天津、河北三地，具有行洪排涝、蓄水、生态、旅游、文化传承等多种功能。针对北运河存在河道淤积、堤防失修、行洪能力低、水资源紧缺、水污染严重、水生态环境恶化等突出问题，批复指出，北运河干流综合治理要强化防洪减灾、水资源合理利用、水生态环境保护，实行最严格的水资源管理制度，把北运河建设成为防洪安全、环境友好、人水和谐的生态河道。批复要求，要不断完善防洪除涝减灾体系、落实最严格的水资源管理制度；进一步强化河道管理；加快推进水生态保护与修复。批复强调，《规划》提出的各类建设项目，由地方政府负责组织实施，海河水利委员会和北京、天津、河北三地水利（水务）厅（局）要加强指导和监督检查，各有关部门和单位充分发扬团结治水精神，密切合作，共同推进《规划》的实施。

2013 年 5 月 20 日，天津与河北在石家庄签署《深化经济与社会发展合作框架协议》，协议指出双方共同支持南水北调中线天津干渠工程建设，争取南水北调东线二期工程尽早开工。天津对河北实施的引黄入冀补淀工作给予支持，河北采取积极有效措施，保障天津潘庄引黄工程的顺利实施。继续加强滦河水源保护，加大综合治理力度，天津在资金、技术、就业培训等方面给予积极支持。争取国家有关部门建立国家及天津、河北三方水资源补偿机制和跨界断面水质联合监测机制，将天津、河北两地作为滦河流域跨界水环境生态补偿试点区域。在滦河、州河流域承德、唐山等重点地区，合作实施生态水源保护林建设项目。共同推进海河流域水污染防治规划的实施，做好入海尾闾整治，确保流域防洪安全。积极争取国家建立大气污染联防联控机制，设立重点控制区大气污染防治专项资金。

2013 年 5 月 22 日，北京、河北两地签署《北京市-河北省 2013 至 2015 年合作框架协议》和十一个专项协议，在水资源利用方面，双方将在曹妃甸开展大型海水淡化制水和向北京输水工程的前期工作，力争早日开工建设。在南水北调江水进京前，继续开展从河北岗南、黄壁庄、王快、西大洋、安格庄水库应急调水工作。同时，加快建立北京、河北两地防汛抗洪工作机制，实现信息共享。双方将积极协调和充分利用北京用于开展与周边地区水资源环境治理合作项目的专项资金，建立水质改善目标管理制度，共同加大对跨界河流、湖库的水环境监测、管理和治理力度。

2. 大气污染治理

近两年来，京津冀区域持续遭遇严重的雾霾天气，为加强对大气污染的治理，在国家出台的一系列环境控制指标和相关治理政策的引导下，京津冀区域展开了积极的合作。

国家层面在促进京津冀区域开展环境保护合作方面出台了一系列引导政策。《国家环境保护"十二五"规划》提出，地级以上城市空气质量达到二级标准以上的比例要达到80％以上。此外，该规划还首次增加了氨氮和氮氧化物两项指标，并提出将在京津冀等重点区域开展臭氧和$PM_{2.5}$的监测。2013年9月18日，环保部等6部委发布《京津冀及周边地区落实大气污染防治行动计划实施细则》（简称《细则》）。这是继国务院发布《大气污染防治行动计划》以后的首个区域实施细则。《细则》提出，经过五年努力，京津冀及周边地区空气质量明显好转，重污染天气较大幅度减少。2013年10月16日，中国气象局京津冀环境气象预报预警中心成立，揭牌仪式在北京市气象局举行。中国气象局京津冀环境气象中心是我国第一个区域性环境气象中心，主要负责京津冀及华北区域环境气象预报预警技术研究、制定京津冀及华北区域环境气象业务发展规划、指导京津冀及华北区域各省（市、区）环境气象业务、制定环境气象业务标准及业务规范、研发预报数值模式、建立工作平台等工作。

为推进大气污染联防联控，京津冀区域将加大产业结构调整力度，转变经济发展方式，实施大气污染物排放特别限值标准。进一步加强区域大气污染防治的科学研究，设立区域大气污染的科技专项，为有效改善环境质量提供有力的科技支撑。2013年3月，北京先后与天津、河北签署区域合作协议，共同推进区域协调发展，促进空气质量改善、加强生态环境建设便是重要内容之一。在天津与北京签署的合作协议中，将建立区域大气环境联合执法监管机制、环境信息共享机制和区域大气污染预警应急机制。对于极端不利气象条件下的大气污染建立预警体系，加强区域大气环境质量预报，实现风险信息研判和预警，并建立区域重污染天气应急预案，构建区域、省、市联动一体的应急响应体系。除了加强重点污染物治理技术的合作以外，北京、天津两地还将加强区域环境执法监管，确定并公布区域重点企业名单，开展区域大气环境联合执法检查，对经过限期治理仍达不到排放要求的重污染企业予以关停。加强对区域和重点城市大气污染防治工作的监督检查和考核，协调处理跨省区域重大污染纠纷。在北京与河北签订的合作框架协议中，北京市环保局和河北省环保厅双方达成共识：探索建立协商、通报、预警、联动机制，推进京冀区域大气污染防控合作，落实国家大气污染防治规划实施细则要求，并开展跨区域大气环境污染综合整治。

（四）生态补偿与综合治理

在环境执法监管方面，河北和北京将建立区域环境质量联合监测预警网络和重污染事件应急区域联动机制，加强环境保护科研和监测能力建设合作。积极探索和建立北京、河北两地间大气、水、危险废物环境执法联动机制。

在环境保护科研合作与环境信息共享方面，河北和北京将联合开展 $PM_{2.5}$ 的污染成因、传输规律、源解析及治理技术，以及空气质量中长期预报预警技术等研究工作。研究建立并定期更新区域大气主要污染源清单，开展相关污染物排放标准研究，探索排污权交易机制，建立大气、水等环境要素质量信息共享机制。

在生态补偿机制建设方面，河北和北京将围绕京津冀区域大气环境、水环境和生态保护与建设等，推动建立国家层面的生态补偿机制；积极争取国家对海河流域水环境综合治理和北京、河北两地大气联防联控项目给予资金和政策支持；共同推进北京、河北两地风沙源治理、"三北"防护林、燕山和太行山绿化等生态工程建设；争取国家有关部委将密云水库、官厅水库水源保护作为跨省流域生态补偿试点，建立国家和省、市间对生态保护地区的长效补偿机制。

北京、天津两地加强重点污染物治理技术的合作，探索主要污染物排放总量指标的置换、交易方法，建立基于水质目标改善的管理制度和生态保护、生态建设合作机制，进一步改善京津区域的水环境。加强北京、天津两地 $PM_{2.5}$ 污染治理合作，加大节能减排力度，大力压减燃煤，减少工业排放，提升车用燃油标准、发展清洁能源汽车，促进京津区域空气质量持续改善。建立北京、天津两地环境监测数据及空气质量预测预警信息共享机制，开展环境监测能力项目合作，探索建立重污染天气的应急联动预案。

目前，北京、天津、河北三地已签订合作协议，研究成立大气污染防控合作工作机构，在区域排放总量控制、煤炭消费总量控制、联合执法监管、重大项目环评会商、环境信息共享、$PM_{2.5}$污染成因分析和治理技术等方面全面加强合作。不过，京津冀区域仍需继续加强管理，敦促协议尽快落地。

三、区域基础设施合作

在区域经济一体化的发展进程中，基础设施的互联互通发挥着重要作用。

经济合作首先以基础设施协调发展为基础，经过多年的发展，京津冀区域已经初步建立起运输方式齐全的综合运输网络。在国家政策的大力支持下，三地加强协调、通力合作，以交通为代表的基础设施建设步伐明显加快，取得了显著成效。

（一）铁路

快速发达的京津冀交通铁路网络，对满足京津冀城际间客流出行需求，加强区域经济协作，加速京津冀都市圈的融合，缩短地区间"时空距离"，实现都市圈经济一体化具有重要作用。近年来，三地在京津冀区域铁路规划和建设上，取得了实质性的进展。

2012年12月26日京广高铁开通，高铁正定机场站当日启用，并于2013年3月6日正式投入运营。来自北京、太原、郑州、阳泉、安阳、涿州、高碑店、邯郸等八个城市的旅客享受乘飞机免费坐高铁和中转免费过夜服务。通过高铁与飞机的无缝隙"空地对接"，周边地区旅客可以迅速、便捷、经济地从石家庄飞往国内外各大城市。民航和高铁在石家庄机场的联合，不但催生了北京与石家庄的"同城化效应"，更为旅客提供了便利的综合交通衔接。

2012年年底，由铁道部和北京、河北共同投资建设的京石客运专线正式开通，其中河北境内233公里，途径保定、涿州、徐水、定州等10个县（市、区）。继京津城际客运铁路专线开通之后，京石高速客运专线的开通，意味着京津冀一体化的再次提速。

2013年，北京与河北签署的《北京市—河北省2013至2015年合作框架协议》提到，双方在未来3年内开展京九客运专线前期工作。京九客运专线的提出，是京津冀城际铁路规划修编的信号。协议中提到，北京和河北在3年内要尽快完成京张铁路、京沈客运专线可研批复等相关工作，在重大基础设施共建共享等领域加强合作。双方将开展轻轨合作项目前期论证研究，综合考虑、积极推进利用轻轨、城际铁路和市郊铁路等多种形式逐步解决北京与三河燕郊等地的轨道交通问题。

2013年8月3日，京秦铁路客运专线开始联调联试，预计3个月后开通运营。这意味着，天津与廊坊、沧州、唐山、秦皇岛、保定等河北近一半的地级市将有高铁相连，且1小时内均能通达。津秦铁路客运专线建成后不仅能够进一步完善环渤海地区的交通基础设施，推动河北沿线地区的工业化、城市化进程，优化河北产业结构和生产力布局。而且对进一步密切河北、天津两地的联系，推动京津冀区域一体化发展，加速环渤海地区崛起，具有重大的社会价值。该线建成后将与京津城际、哈大客专、京沪高铁、京广铁路客运专线相衔接，构成联结东北、华北、华东、华南和广大中部地区的快速客运网，实现我国中东部地区铁路客运的网络化、集成化，对京津冀区域经济、文化、社会发展具有深远的战略意义。

便捷的铁路交通体系使京津冀区域的产业布局调整、项目合作和企业交流将更加通畅，在此基础上三地间将更广泛地开展合作，从而使京津冀区域实现真正意义上的一体化。

（二）公路

随着京津冀区域一体化进程加速，地区经济能级不断提升，近年来区域内高速路网不断扩容，交通流量也不断增大。跨省区域高速公路网，对于区域经济发展的带动作用显著增强。

为打好"大力培育环京津地区新的发展增长极"攻坚战，河北突出抓好与北京、天津两地的路网对接。目前，河北有京港澳、京沪、京哈、大广等高速公路通达北京，河北将继续加快环北京高速大外环建设，完善进出北京、天津两地高速大通道。到2020年年底，河北高速公路通车里程达到8000公里，其中直接连通北京、天津两地的高速公路将达到18条段。河北还将加快环首都经济圈的13个县（市、区）交通建设，对产业聚集开发区加强干线公路对接。打通断头路、瓶颈路，建设产业路、园区路，到2020年年底，所有县（市、区）与北京、天津两地实现干线出口一级公路对接，提升与北京干线公路、农村公路对接水平。同时，重点推进京津冀区域客、货运一体化建设。

天津与北京在合作协议中指出双方将推动京港高速公路建设，连通京津高速公路，构筑北京直通东疆保税港区快速通道；推动京津三通道（京台高速）北京段建设，连通津晋高速公路，构建北京与天津港南部港区快速运输通道。北京和河北2013年6月签订交通合作框架协议，指出将加快推进北京至张北公路、张定公路、国道107、国道109升级改造项目前期方案研究，尽早启动工程建设。天津和河北之间，将共同推进唐廊高速、京秦高速、滨（津）石高速和国道205等一批高等级公路对接路段，以及环渤海城际铁路、天津至承德铁路等项目的前期和建设工作。

（三）机场

近年来，三地政府高度重视民航业发展对京津冀区域经济一体化的引领和促进作用，积极研究谋划京津冀区域民航运输协同发展布局，促进京津冀区域航运协同发展，在机场资源整合、加强功能互补方面的跨区域合作取得了实质性的突破。

在机场定位方面，北京首都国际机场定位为国际大型复合航空枢纽，侧重于发展国际航线；天津机场定位为中国北方国际航空物流中心和大型门户枢纽机场，发展货运的潜力较大；而石家庄机场定位为大众化低成本枢纽机场，着重于大众便捷、经济、舒适出行。

从2012年开始，京津冀区域民航运输将实现协同发展。国家民航局明确将石家庄机场定为首都机场的主要分流机场，以缓解容量饱和的首都机场面临的航班拥挤困境，分流以客运为主。河北已相继出台支持石家庄机场、河北航空发展的多项政策，如对机场基础设施建设、航线开发所需银行贷款给予全额政府贴息，设立石家庄机场建设发展专项资金等。2012年年底，京石客运专线专门为航空旅客换乘设立的高铁石家庄机场站开始启用，其中包括面积为1500米^{2}的"空铁联运"服务区，并针对空铁联运专门制定了高铁站、候机楼换乘服务区功能建设方案及换乘服务流程，将高铁站作为虚拟候机楼，旅客可以在高铁站完成值机、安检、候机等全部流程，方便旅客无缝隙换乘。

北京、天津两地签署的加强经济和社会发展合作协议专门提到要"共同配合国家有关部门开展从规划的武清北部新城引出京津城际铁路联络线直通北京新机场的可行性研究，争取天津滨海国际机场与北京新机场实现连通"。为了承接首都机场客货流溢出，天津市政府从政策、体制、运营、资金投入等方面出台了支持民航发展的一揽子政策措施。这些政策客观上为京津冀区域民航运输协同发展提供了有利条件。在北京、天津两地政府部门积极作为的时候，作为行业主管部门，中国民用航空局（简称民航局）及中国民用航空华北地区管理局（简称华北局）也在积极推动京津冀区域民航协同发展。民航局与天津市政府签订的《关于加快推进天津民航发展的会谈纪要》及华北局专门成立的京津冀区域民航运输协同发展工作组等，都是具体的体现。在天津当地政府的支持和机场的积极努力下，天津航空、天津机场、津京城际铁路联合推出的"经津进京"空铁联运产品，正为北京、天津两地百姓的航空服务搭建一条快速通道。目前，已有上万名旅客体验了"经津进京"服务。

（四）出海通道

在出海通道方面，北京和天津两地通过港口合作大幅提高了区域合作的紧密程度，进一步加强了京津冀区域的交通联系，对带动区域经济快速发展产生了积极的影响。

"加快推进平谷国际陆港、通州口岸建设"被列为2013年北京市重点工作之一，前者意在打造为北京地区一条全新的无障碍"出海"通道，并实现天津港口功能向内陆经济腹地的扩大和延伸；而后者则从一开始就定位为天津港码头在北京的延伸。

2010 年 3 月，平谷国际陆港在京津冀交界处的马坊正式通关运行，成为继朝阳口岸之后的第二条海运货物进出口通道。平谷陆港是天津港口岸功能向马坊物流基地的延伸。18 000 米² 的现代化海关联检大楼内，北京海关、天津海关、北京出入境检验检疫局、天津出入境检验检疫局、北京口岸办、天津口岸办、天津港集团等口岸相关单位全部入驻，海陆联运的模式让企业通关手续一站式办理，免去了在北京、天津之间往返两次报关的奔波之苦，大大提高了通关效率。办妥通关手续的集装箱，通过京平—津蓟—京津高速公路全程封闭直达天津港区监管卡口，实现与天津港的无缝对接。此前，朝阳口岸是北京地区仅有的海运内陆口岸，一直是北京与天津港海陆联运唯一的"咽喉要道"。平谷陆港的运营，将使北京形成东南、东北方向各有一个"出海通道"的口岸格局。

天津则围绕将天津港打造成为北京的便捷出海通道，提出了一系列具体措施。2013 年 3 月 23 日，北京、天津两地签署加强经济与社会发展合作协议，提出进一步加强交通基础设施体系建设，构筑北京直通天津东疆保税港区及北京与天津港南部港区的快速通道，深化陆海空航运物流合作，将天津港打造成为北京的便捷出海通道。具体而言，天津将支持北京朝阳口岸外移至通州马驹桥物流基地，支持北京平谷国际陆港实施海关卡口联网工程、"口岸直放"转检模式和"抵港退税、商封直转"的保税港"港区联动"政策，给予港口使用费优惠，实现港口手续、码头场地、装卸作业"三优先"。

港口合作充分体现了北京、天津两地的优势互补。一方面，将天津港打造成北京的便捷出海口将进一步提升北京的对外开放程度，加强进出口贸易的便利化程度；另一方面，给天津当地的物流、运输等多个产业带来利好，促进双方商品经济的繁荣。2013 年，河北与北京签署《北京市-河北省 2013 至 2015 年合作框架协议》，在物流、港口口岸方面，双方支持北京企业参与河北环首都现代物流园区建设，支持北京企业在河北省级物流产业聚集区建设物流电子信息平台，把曹妃甸港口、京唐港作为北京重要的出海口。

四、区域人才合作

近年来，京津冀区域人才合作稳步推进，尤其是进入"十二五"时期，三地人才合作发展的意识和内生动力明显增强。目前，京津冀区域已在战略层面达成了人才一体化发展共识，建立起京津冀区域人才工作联席会议制度，并已在人才市场开发开放、人才信息交流共享等领域开展了实质性合作。

回顾京津冀区域人才开发合作的历程，可分为三个阶段①。

（一）民间自发阶段（20 世纪 80 年代初至 90 年代中期）

党的十一届三中全会做出了改革开放的重大决策，为乡镇企业的发展创造了良好的环境。这一阶段河北乡镇企业的迅猛发展，加大了对各类人才的需求，人才短缺成为制约企业发展的瓶颈。相对而言，北京技术领先、人才集中，天津的产业基础和人才储备也大大优于河北。为此，河北的企业主要通过聘请"京津师傅"，依托"星期日工程师"为企业提供技术指导和业务支持，自发地与北京、天津两地人才建立了临时松散的合作关系。这种民间自发的要素流动，对河北乡镇企业早期发展产生了重要作用。但总体来看人才合作的规模较小，人才共享形式单一，合作渠道和领域狭窄。

（二）部分地区先动阶段（20 世纪 90 年代中期至 2005 年）

该时期京津冀区域经济合作和人才合作进展较为缓慢，而廊坊、唐山、秦皇岛部分地区出于地缘优势和经济发展的需要，主动融入北京、天津两地，积极开展与两地的人才合作。廊坊借助京津区域人才技术优势，聘请国内知名经济、科技专家担任市政府高级顾问，大力发展高新技术产业，与教育部高校科技产业化促进中心、国家生产力促进中心、国家博士后管委会、首都科技集团等达成长期科技合作协议，引来了清华科技园等一批高科技群体项目。到 2005年，廊坊 90% 以上高新技术企业、科技型企业与北京、天津两地科研院所建立了长期稳固的协作关系，每年引进科技项目和成果总量都在 500 项以上，仅"十五"期间就从北京引入人才 11 533 名，占全市引进人才总数的 43%。唐山建立了清华大学与企业合作委员会服务工作站、北京大学研究生服务实践基地、中国农业大学博士假日唐山行社会实践服务基地，首创"假日博士"活动等系列品牌，为引进北京、天津两地人才服务唐山发展构筑交流平台，采取技术项目发布、聘用、兼职、技术入股等多种形式引进北京、天津两地高层次人才，一批技术含量较高的项目落户唐山，500 多名专家常年在唐山开展技术服务。秦皇岛与清华大学建立了研究生暑期社会实践基地，累计为 81 家企事业单位开发科研项目 213 项，其中 1 项达到国际先进水平，3 项填补国内空白，10 项填补省内空白，不仅节约了大量的科研资金，还带来了巨大的经济效益和社会效益。

---

① 杨君 . 2013. 京津冀区域人才开发合作的制度变迁模式与未来走向探究 . 中国城市经济，（23）：40.

(三) 政府职能部门推动阶段 (2005 年至今)

随着经济全球化和区域经济一体化步伐的加快，京津冀区域合作已成为三地党委、政府和有关部门的共识。2004 年 2 月，由国家发改委组织的"京津冀地区经济发展战略研讨会"在廊坊召开，达成了旨在推进京津冀经济一体化的"廊坊共识"，就统筹协调区域发展中的相关问题达成共识，决定建立京津冀省市长高层定期联席会议制度，定期协商有关问题，标志着京津冀区域合作已列入三地党委、政府的重要议事日程。在这个大背景下，三地之间人才开发的区域联动已是必然选择，大力推进人才开发一体化，已成为区域经济一体化和京津冀区域经济快速协调发展的迫切需要。三地人事部门充分发挥职能作用，积极推进三地人才开发合作，经过反复磋商，达成了相关共识，并进入实质性推进阶段 (表 2-36)。

表 2-36　京津冀区域人才合作重大事件回顾

时间	事件
2004 年 2 月	国家发改委在廊坊召开"京津冀区域经济发展战略研讨会"，达成"廊坊共识"，京津冀区域合作上升为政府关注层面，人事部门开始启动区域人才合作
2005 年 6 月	三地人事部门签署《京津冀人才开发一体化合作协议》，初步建立了京津冀区域人才合作的基本框架
2005 年 8 月	河北省人事厅起草《京津冀人才开发一体化联席会议章程》，京津冀区域人才开发一体化联席会议制度正式建立
2006 年 12 月	三地人事部门在天津召开"京津冀人才开发一体化联席会"，签署《京津冀人才交流合作协议书》《京津冀人事代理、人才派遣合作协议书》《京津冀人才网站合作协议书》，逐步建立起京津冀区域人才信息发布平台，加速了京津冀区域人才信息大市场的形成
2007 年 7 月	北京、北方、河北、唐山、沧州五家人才网站共同发起成立"环渤海人才网站联盟"，实现了各个网站之间的联网互通
2007 年 9 月	五家网站联合举行"首届环渤海网上人才招聘大会"，促进了三地人事人才业务的交流合作
2009 年 4 月	河北和北京的人力资源和社会保障厅 (局) 联合举办"2009 河北-北京人力资源洽谈会"，积极搭建人才交流合作平台，寻找合作的结合点
2011 年 4 月	京津冀区域人才合作推进工程启动仪式上，三地人社部门共同签署《京津冀区域人才合作框架协议书》，三方承诺在人才流动、人才智力资源共享、人才培养等方面紧密合作、加强联系
2011 年 6 月	"京津冀人才工作联席会议"召开，审核通过《京津冀人才工作联席会议章程》，联合发布《京津冀人才一体化发展宣言》
2011 年 9 月	《京津冀人才工作一体化发展 2011 年度工作计划》印发

此外，三地人事厅 (局) 每年举办多场京津冀区域人才招聘会、交流会等，切实推进人才资源共享、人才结构互补、人才智力自由流动、人才培养合作共融的机制建设。随着环渤海经济圈的加速崛起，京津冀区域经济一体化明显加快，初步形成三地联动、加速前进的态势。三地在人才合作方面已进入省市政府强力推动，多领域、多层次对接合作的新阶段。然而，与长江三角洲、珠江三角洲相比，京津冀区域人才一体化发展程度还较低，必须在现有基础上，充

分发挥政府的主导作用，创新区域人才合作新机制，探索区域人才服务的新模式，才能切实推进区域人才一体化快速发展。

五、区域合作机制

建立京津冀区域合作机制对推进三地区域合作一体化具有重要意义。在各地区之间，本身没有法理性和制度性的约束关系，建立对彼此都具有一定约束力的制度化的合作方式和方法，可以减少合作的随意性，不至于流于形式。另外，京津冀区域合作是一项复杂的系统工程，会涉及三地之间的很多领域和部门，建立京津冀区域合作机制有利于加强各部门间在研究、磋商、协调、决策、执行和监督落实方面的协同配合。

对于京津冀区域的发展，三地政府已经充分认识到区域合作机制的重要性，建立了京津冀区域发展和改革部门的长期协作制度，以加强信息沟通和提出相应的对策建议；启动了京津冀区域都市圈区域规划和重点专项规划编制工作，共同签署了若干项沟通协作意见；统筹协调了区域发展中城镇体系与基础设施建设，进而共同构建统一区域的市场体系①。随着京津冀区域合作一体化的发展，三地开始逐步探索优势互补、资源共享的区域合作机制，在公共安全、资源环境保护、交通、人才、科技、文化等领域已经逐步形成有效的合作机制（表2-37）。

表2-37　京津冀区域在各领域的部分合作机制

类别	机制	提出或启动时间
公共安全	食品安全监管机制	2009年4月13日，三地质检部门签署食品安全监管合作备忘录，将建立食品安全监管合作联席会议机制、地方标准化合作机制、食品检测机构技术合作与交流机制、食品安全监管信息和执法协调信息通报机制、食品安全联动机制
	餐饮协查联动机制	2011年8月17日，涉及跨北京、天津、河北三地的餐饮服务食品安全事故卫生应急处置协查联动机制正式启动
	打击传销合作机制	2012年11月23日，天津武清、北京通州、河北三河工商部门加强打击传销工作的交流合作，共同签订《京津冀通州、武清、三河工商局打击传销联防联动区域合作机制协议书》，共同构筑打击传销违法行为协作机制
	日常监管联动机制	2011年11月22日，北京、天津、河北三地公安机关启动日常监管联动机制，建立情况通报体系，加强跨省市烟花爆竹的查堵，联手打击跨省市非法烟花爆竹案件
	跨区域消费维权合作协议	2010年3月，北京东城，河北廊坊，天津武清、南开消费者协会在天津南开共同签署了三地四区市消费维权合作协议，建立起跨区域消费维权合作机制

① 李燕.2010.京津冀区域合作机制研究——基于政府制度创新视角.城市，(1)：22-23.

续表

类别	机制	提出或启动时间
资源环境保护	水权矛盾区域协调机制	2008 年 3 月，水利部部长陈雷在列席全国人大河南团讨论时表示，京津冀区域水资源协调机制已经建立。该协调机制将统筹考虑上下游，兼顾左右岸，考虑生产、生活、生态用水
	大气污染防治协作机制	2013 年 10 月 23 日，京津冀区域及周边地区大气污染防治协作机制在北京正式启动
信息共享	旅游信誉信息共享机制	2009 年 5 月 18 日，三地旅游主管部门签订旅游合作协议，将建立旅游信誉信息共享机制，相互及时发布旅游警示和不良旅游企业信息，联合解决旅游者与旅游业经营者之间的争议、纠纷
	都市圈统计资料交换机制	2006 年，天津统计局通过积极倡导，初步建立起京津冀区域都市圈统计资料交换机制
交通合作	异地扣车机制	2006 年，三地已建立"异地扣车"机制，即只要发现京津冀区域欠缴养路费车辆上路，路面稽查人员可以异地扣车。今后，京津冀区域将建立缴费信息共享平台，每月更新缴费信息，以便稽查逃费车辆
政府合作	省（市）城乡规划协调机制	2009 年 6 月，三地规划建设部门共同签署了《关于建立京津冀两市一省城乡规划协调机制框架协议》。该协议明确表示将建立城乡规划领域的协商对话、协作交流、重要信息沟通反馈、规划编制、单位合作和共同市场机制，实现区域规划"一张图"
	京冀区域合作经常性工作机制	2010 年 11 月，北京市政府与河北省政府建立常务副省（市）长层面的定期沟通机制，每季度将定期协调一次，并成立了专门的协作办公室，前线指挥部设在燕郊。这意味着京冀区域合作的经常性工作机制已经建立
人才交流	高层次人才柔性流动机制	2011 年 4 月，三地在"京津冀区域人才合作推进工程启动会"上签署了《京津冀区域人才合作框架协议书》，并提出，要建立高层次人才柔性流动机制
	高层次人才区域内自由流动的保障机制	2011 年 6 月，京津冀人才工作领导小组联合发布《京津冀人才一体化发展宣言》提出要鼓励三地高层次人才优惠政策互相开放，逐步形成高层次人才区域内自由流动的保障机制
文化协作	文化产业协作机制	2011 年 12 月，三地共同签署了《京津冀三地文化产业协同发展战略合作备忘录》，标志着京津冀区域文化产业协作机制的建立，为提升三地文化产业质量和水平奠定了基础
科技合作	知识产权保护合作机制	2009 年 4 月，天津和河北知识产权局共同签署《津冀知识产权保护合作协议》
		2009 年 9 月，河北省知识产权局与北京市知识产权局共同签署了《京冀知识产权保护合作协议》

目前，京津冀区域已开始探索并在多领域形成了合作机制，但系统性的整合和规划还有待于进一步完善。建立多层次的京津冀区域合作机制，应主要明确两大问题：一是合作的原因和动力；二是合作的内容和方式。对于前者，应该深入探讨区域合作的动因究竟来自何处；对于后者，如果目前的合作尚未全面、深入地进行，应理清其阻碍因素是什么。只有搞清楚这两个问题，才能真正找到解决问题的途径。因此，京津冀区域在实现区域经济一体化的过程中，还应不断进行体制机制创新，在合作中提升竞争力，在竞争中提升合作力，以优势互补求合作，以体制创新求共赢，推进京津冀区域经济协调发展。

第三篇 地区篇

第三章

北京篇

　　北京是京津冀区域发展的双核心之一，作为全国的政治、文化、科技中心，北京吸引着全球的投资目光，不仅是京津冀区域的经济发展引擎，更是区域的创新中心和文化中心；与此同时，京津冀区域发展作为北京建设世界城市的重要区域基础，更是北京战略发展的关键。因而北京的发展对京津冀区域起到至关重要的作用的同时，也极大程度受到区域发展的影响。面对着巨大的生态和人口压力，北京进一步调整功能定位，在经济、社会快速发展的同时，也经历着新一轮结构升级和发展调整，并逐步向"世界城市"的目标迈进。

第一节　北京的经济发展

　　新中国成立以来，北京的经济发展可以分为四个阶段，即第一阶段（1949～1978 年）：消费型城市向重化工业城市转型；第二阶段（1978 年～20 世纪 90 年代初）："退二进三"的结构调整；第三阶段（20 世纪 90 年代中后期）：服务业主导的经济格局基本形成；第四阶段（2000 年以后）：内部结构优化与总体经济的高端化（图 3-1）。2010 年以来，北京产业总体结构的调整速度进一步放缓，内部结构优化成为北京经济结构调整的核心内容①。

————————

① 本节数据如无特殊标注，均来自《北京统计年鉴 2013》。

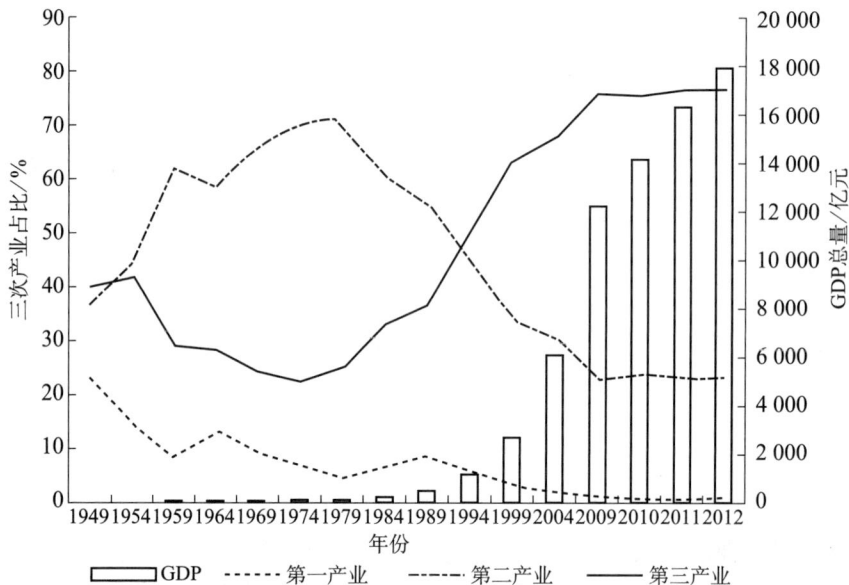

图 3-1　1949～2012 年北京经济发展趋势图

资料来源：《新中国六十年统计资料汇编》《北京统计年鉴2013》

一、北京经济发展的总体状况

（一）GDP 发展

进入 21 世纪以来，北京经济总量迅速增长，规模已超过 1 万亿元，人均 GDP 超过 10 000 美元；自 2008 年全球金融危机以来，北京 GDP 年均增速开始明显下降，尽管 2009～2010 年两年的 GDP 年均增速仍然保持在 10％以上，自 2011 年开始，北京 GDP（可比价）年均增速已下降至 10％以下，其中 2011 年为 8.1％，2012 年则仅为 7.7％（表 3-1）。与此同时，人均 GDP 增速自 2008 年开始出现明显的同步下降趋势，从 9％左右下降到 4％左右（图 3-2）。

表 3-1　2000～2012 年北京 GDP 及增速

年份	现价 GDP/亿元	可比价 GDP/亿元	增速/%	现价人均 GDP/元	可比价人均 GDP/元	增速/%
2000	3 161.7	885.2	11.8	24 127	6 747.6	6.8
2001	3 708.0	988.8	11.7	26 980	7 186.3	6.5
2002	4 315.0	1 102.5	11.5	30 730	7 842.4	9.1
2003	5 007.2	1 224.9	11.1	34 777	8 497.3	8.4
2004	6 033.2	1 397.5	14.1	40 916	9 466.5	11.4

续表

年份	现价 GDP/ 亿元	可比价 GDP/ 亿元	增速/ %	现价人均 GDP/ 元	可比价人均 GDP/ 元	增速/ %
2005	6 969.5	1567.0	12.1	45 993	10 326.3	9.1
2006	8 117.8	1 770.7	13.0	51 722	11 266.5	9.1
2007	9 846.8	2 027.3	14.5	60 096	12 358.8	9.7
2008	11 115.0	2 211.9	9.1	64 491	12 816.4	3.7
2009	12 153.0	2 437.6	10.2	66 940	13 405.9	4.6
2010	14 113.6	2 688.7	10.3	73 856	14 049.5	4.8
2011	16 251.9	2 906.5	8.1	81 658	14 583.7	3.8
2012	17 879.4	3 130.3	7.7	87 475	15 297.7	4.9

注：可比价 GDP 测算采用 1978 年为基准年，增速按照可比价计算

资料来源：《北京统计年鉴 2013》

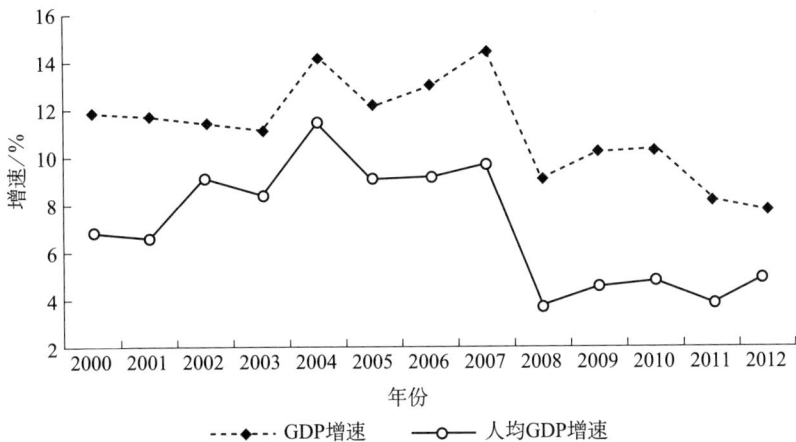

图 3-2　2000～2012 年北京 GDP 发展趋势

资料来源：《北京统计年鉴 2013》

可比价 GDP 测算采用 1978 年为基准年，增速按照可比价计算

　　北京人均 GDP 始终保持较为平稳的增长，就全国 31 个省（自治区、直辖市）的人均 GDP 排名情况来看，北京基本保持全国第二的位次，2011 年以前始终略低于上海，但 2012 年由于上海增速的下降，北京已超过上海。而与此同时，天津自 2009 年开始高速增长，2011 年起人均 GDP 水平已跃居全国第一（图 3-3）。

　　从经济驱动方式来看，2012 年最终消费支出对 GDP 的贡献率达到 73%，对 GDP 增长的拉动率达到 5.6%；资本形成总额对 GDP 的贡献率达到 43.8%，对 GDP 增长的拉动率达到 3.4%（表 3-2）。总体来看，消费和投资双轮驱动的

发展趋势已经十分明显①，这意味着北京在经济升级的动态进程中已经形成了投资与消费的良性互动，尤其是近年来消费驱动对经济的拉动作用更趋显著，长效的消费拉动将有利于北京经济的可持续发展（图3-4）。

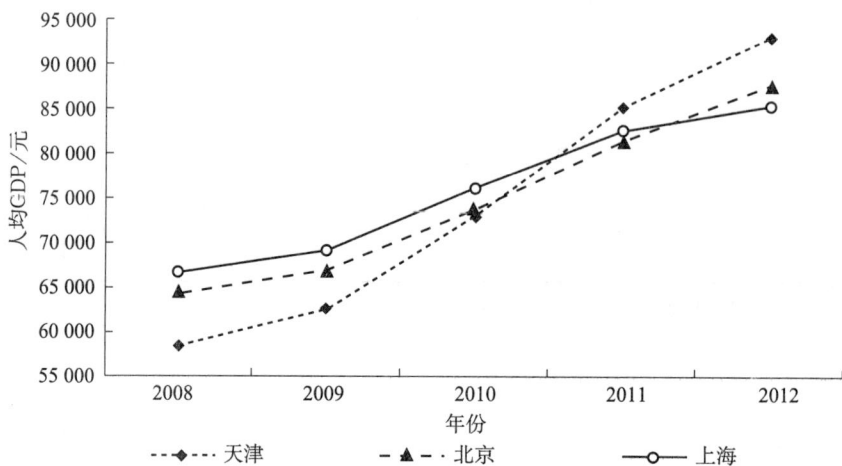

图 3-3　2008～2012 年全国人均 GDP 前三名城市

资料来源：《中国统计年鉴 2013》

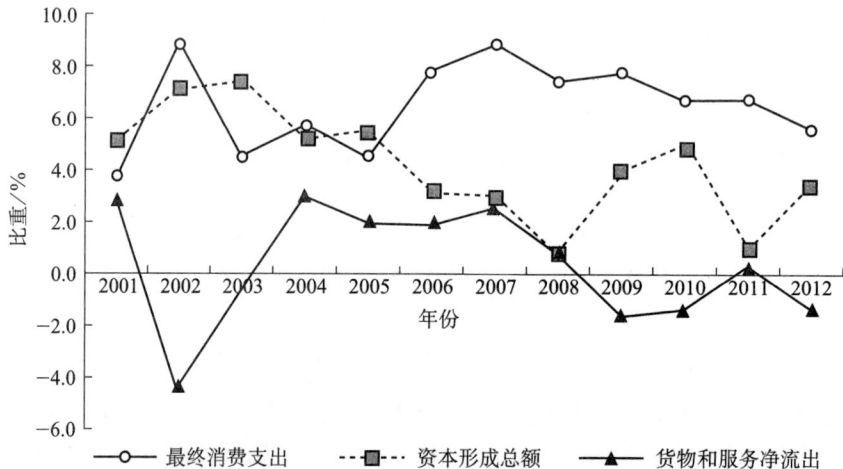

图 3-4　2001～2012 年三大需求对 GDP 的拉动作用

资料来源：《北京统计年鉴 2013》

---

① 崔述强．2009．如何看待当前北京经济形势．数据，(9)：8－10.

表 3-2　2001～2012 年三大需求对 GDP 的贡献率　（单位：%）

年份	最终消费支出	资本形成总额	货物和服务净流出
2001	32.4	43.2	24.4
2002	77.0	61.6	−38.6
2003	40.7	66.3	−7.0
2004	40.2	37.3	22.5
2005	37.2	45.7	17.1
2006	60.0	24.6	15.4
2007	61.1	21.0	17.9
2008	81.6	9.0	9.4
2009	76.4	39.0	−15.4
2010	65.8	47.7	−13.5
2011	83.4	12.7	3.9
2012	73.0	43.8	−16.8

资料来源：《北京统计年鉴 2013》

（二）经济结构

1978 年以来，北京产业结构的变动调整始终以第三产业比重不断上升、第二和第一产业比重逐步下降为主要特征。截至 2012 年，三次产业结构调整为 0.8：22.7：76.5（图 3-5）。根据西方发展经验和北京的主导发展战略，未来北京第三产业比重提升还有较大的空间。而从总体发展趋势来看，尽管在结构调整和升级过程中，由于面临着内在矛盾和经济波动，北京 GDP 增长的趋缓，但是伴随着第三产业比重的进一步提升，以及第三产业带动作用的持续加强，第三产业对北京经济的推动作用还会进一步加大。

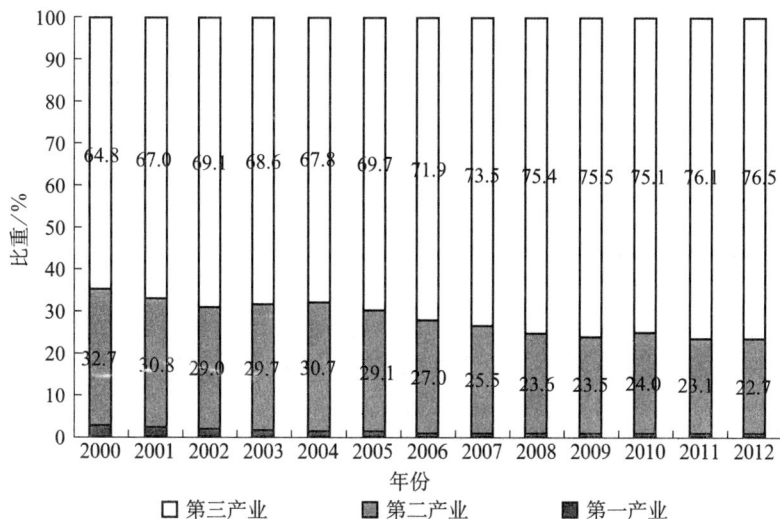

图 3-5　2000～2012 年北京三次产业结构变化图

资料来源：《北京统计年鉴 2013》

（三）财政收入

根据图 3-6、图 3-7，伴随着地方经济的持续增长，北京财政收入和支出也保持了较高的增长速度，2012 年分别达到 4512.86 亿元和 4803.8 亿元；2000～2010 年间，财政收入的历年增长率在 25％上下浮动，财政支出的历年增长率在 20％上下浮动；与此同时，财政收入和支出由于保持较高的增长率，在 GDP 中的比重也持续提高，从 2000 年的 15％提高到 2007 年的 20％，2010 年以后更超过了 25％，其中 2010 年最高时，财政收入占 GDP 达到 27％，财政支出占 GDP

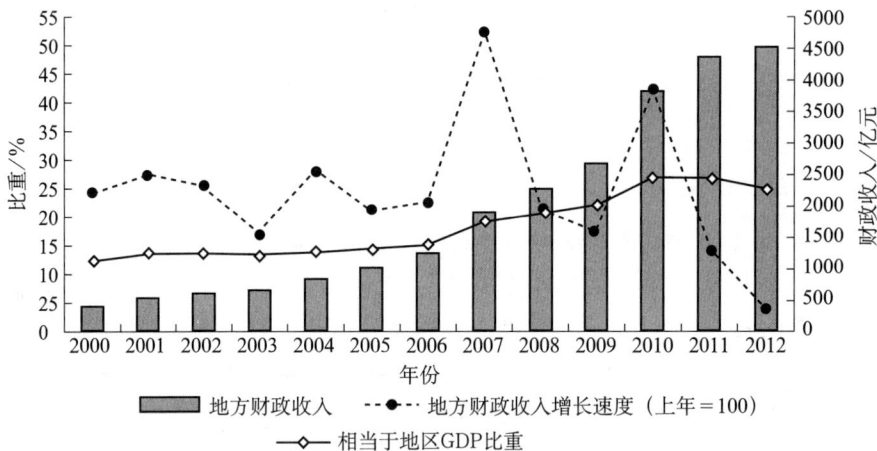

图 3-6　2000～2012 年北京财政收入变化趋势图

资料来源：《北京统计年鉴 2013》

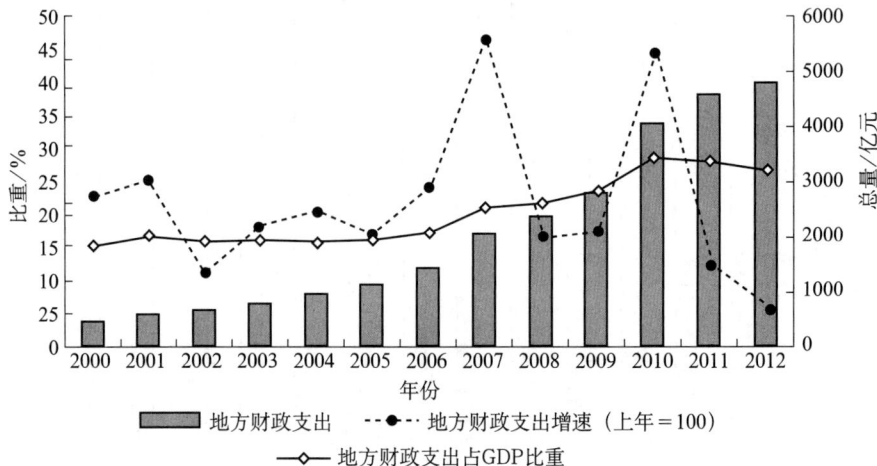

图 3-7　2000～2012 年北京财政支出变化趋势图

资料来源：《北京统计年鉴 2013》

的 28.8%。值得注意的是，2010 年后财政收入和支出的增长率大幅下降，2012 年财政收入的增长率仅 3.5%，财政支出的增长率仅 5%，而财政收入和支出占 GDP 的比重也有所下降。

（四）税收情况

近年来北京税收持续增长，2012 年已达到 9220.4 亿元，占 GDP 的比重也逐年升高，2012 年已达到 51.6%；但是就税收自身的情况来看，历年变化幅度较大。根据图 3-8，1995 年以后税收增长速度逐年加快，2002 年、2003 年两年增速明显放缓，2004 年以后又继续加快，2005 年达到 31.6%，之后持续放缓，到 2010 年增速达到近年来的最低，仅为 1.9%，而 2011 年、2012 年两年增速又恢复到 15% 以上。

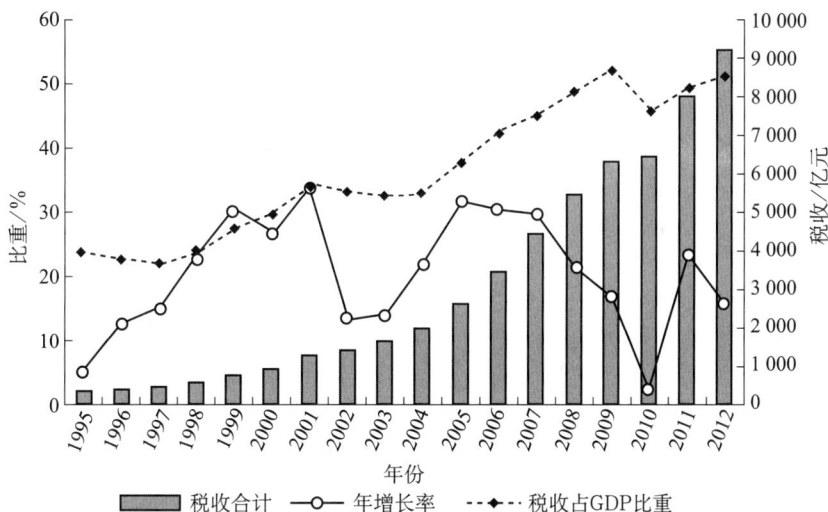

图 3-8　1995～2012 年北京税收变化趋势图

资料来源：《北京统计年鉴 2013》

就税收的组成来看，国税与地税总体上都保持上升的趋势，在税收中的占比关系保持相对稳定的结构，地税的占比始终保持在 30% 上下，但是就各年的发展来看，税收增长的幅度存在较大的变化（图 3-9）。除 2010 年国税出现明显的负增长外，2005 年以来大多数年份国税的年均增速都高于 20%，整体上呈现增速下降的趋势；而地税的年增长率则在 8%～36% 范围内波动（图 3-10）。

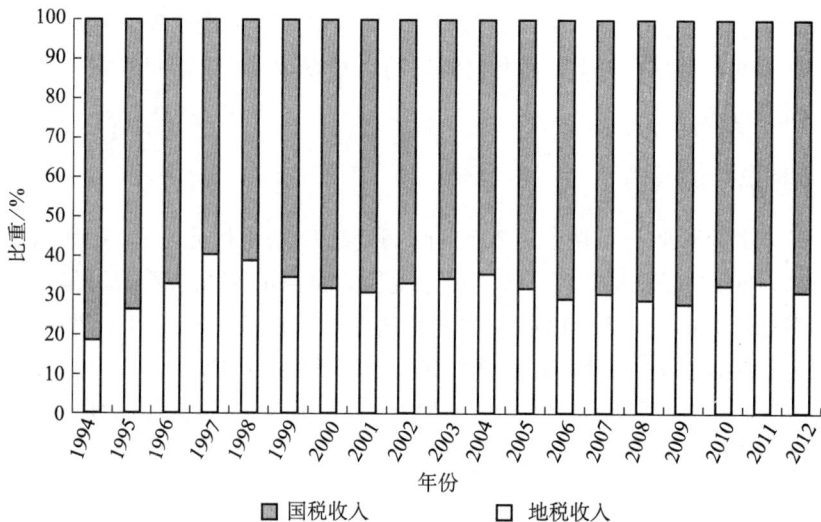

图 3-9　1994～2012 年北京税收组成变化趋势图

资料来源：《北京统计年鉴 2013》

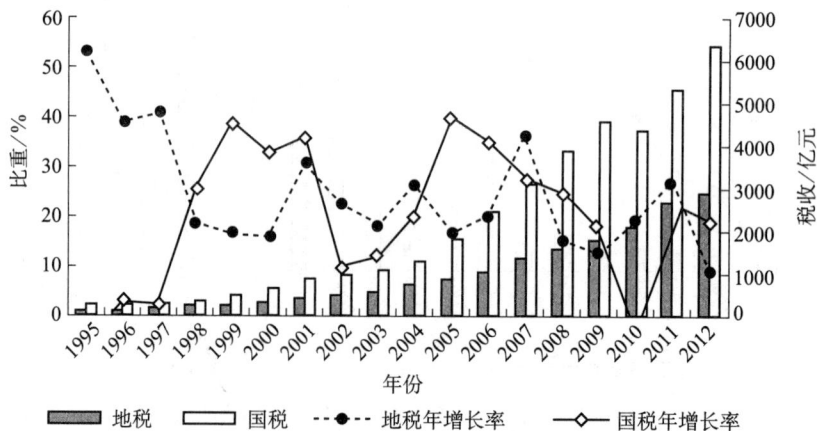

图 3-10　1995～2012 年北京地税、国税变化趋势图

资料来源：《北京统计年鉴 2013》

（五）外贸合作

就进出口总额的增长来看，北京在 2003～2008 年均保持 20％以上的年均增速，2009 年受到全球金融危机的影响出现了负增长，但 2010 年即全面恢复增长态势，然而 2010～2012 年年均增速大幅下降，2012 年的年均增速仅不足 5％，可见近年来的进出口贸易趋于稳定态势（图 3-11）。

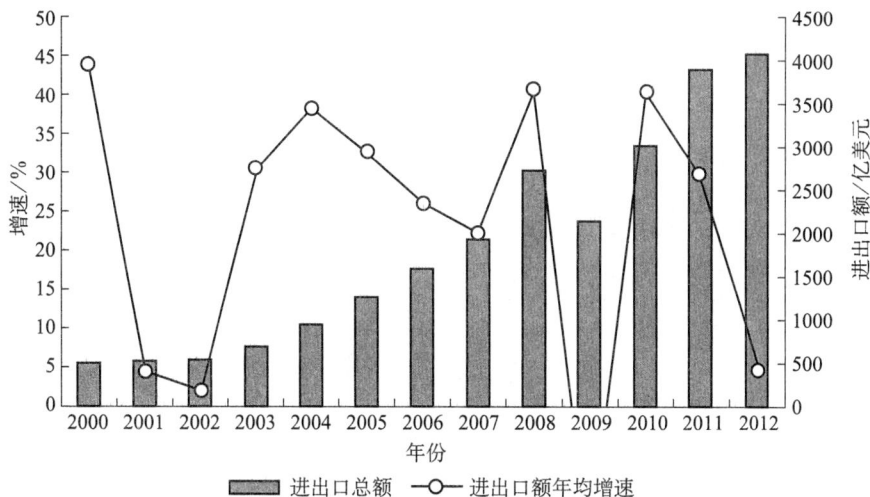

图 3-11 2000～2012 进出口总额及年均增速

资料来源:《北京统计年鉴 2013》

就北京进出口的结构比例来看,进口占比不断提升,由 2000 年的 75.77%
上升至 2012 年的 85.39%(图 3-12),可见在北京进出口贸易中,进口比重仍然
在不断增加。分别观察进口贸易和出口贸易的产品结构可以发现,进口贸易中
的高新技术产品和机电产品的比重在不断减少,可见两类产品的进口依赖度逐
年减少(图 3-13);与此相对,出口贸易中高新技术产品和机电产品的比重则不
断增加,两者已占到北京出口贸易额的 93% 以上,出口贸易的产品集中度正在
不断提升(图 3-14);结合高新技术产品和机电产品的进出口贸易结构,可以看
到两者的出口比重均表现出不断增加的趋势,可见尽管进口高新技术产品和

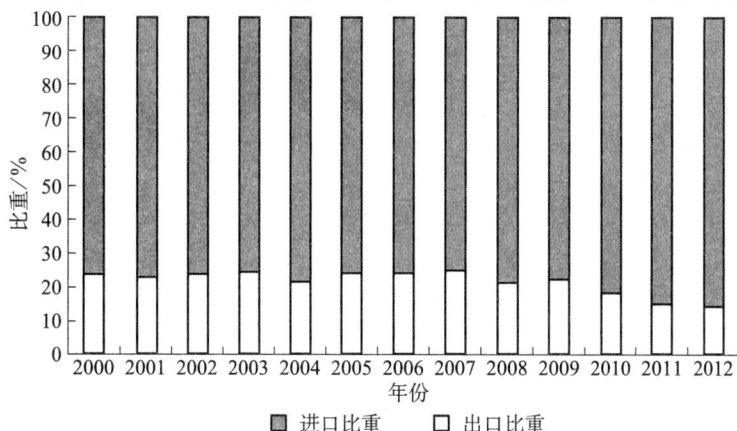

图 3-12 2000～2012 年北京进出口结构图

资料来源:《北京统计年鉴 2013》

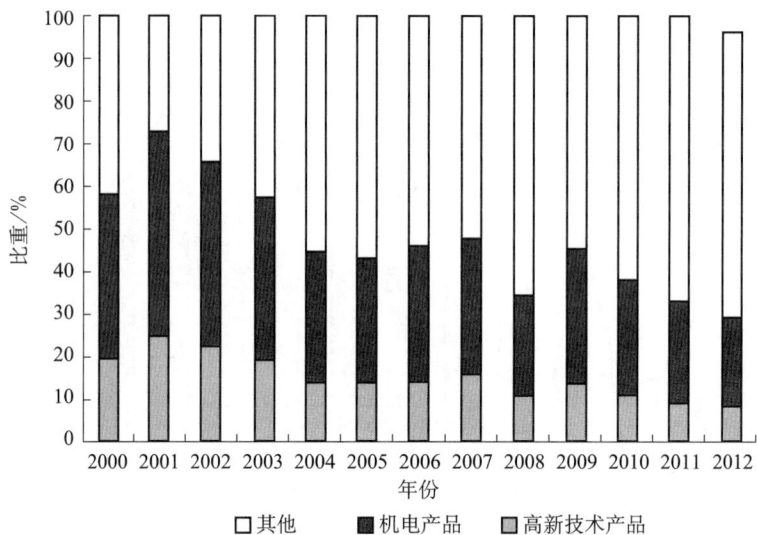

图 3-13　2000～2012 年北京进口贸易结构图

资料来源：《北京统计年鉴 2013》

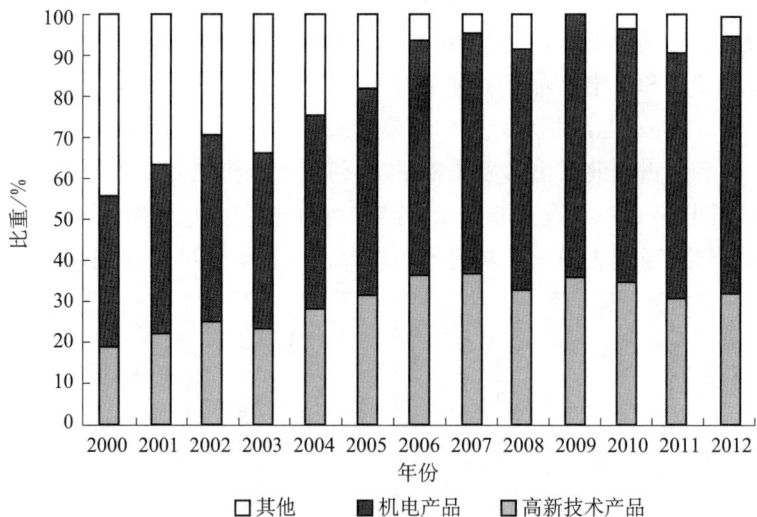

图 3-14　2000～2012 年北京出口贸易结构图

资料来源：《北京统计年鉴 2013》

机电产品仍然占有较大的比重，但是随着北京这两类产品生产和技术能力的不断提升，进口比重已有所下降，高新技术产品和机电产品方面的产品竞争力有所提升，并且已经成为北京出口贸易的主力产品（图 3-15 和图 3-16）。

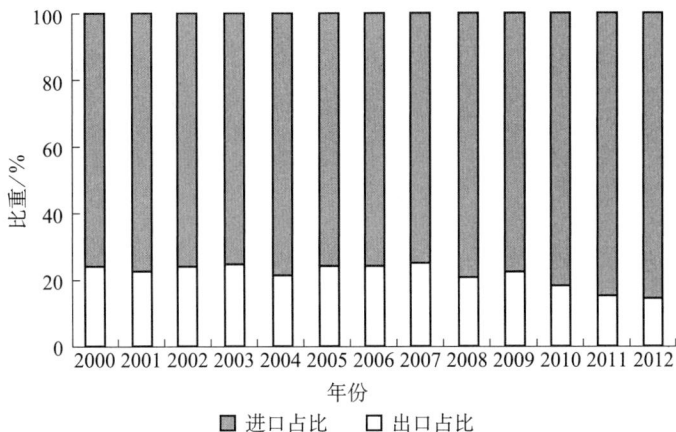

图 3-15　2000~2012 年北京高新技术产品的进出口贸易结构图

资料来源:《北京统计年鉴 2013》

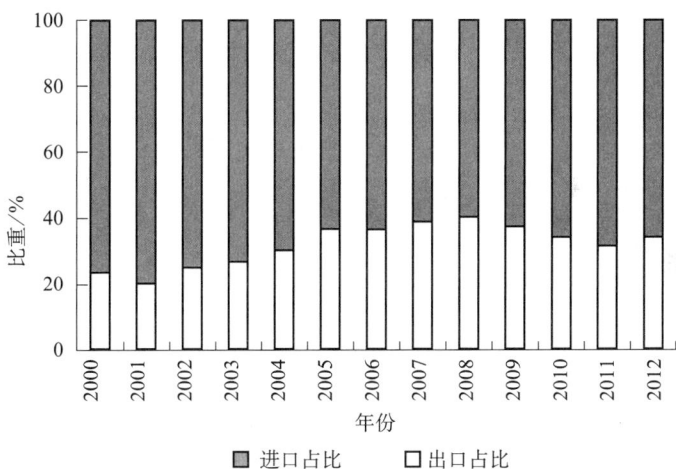

图 3-16　2000~2012 年北京机电产品的进出口贸易结构图

资料来源:《北京统计年鉴 2013》

(六) 外商直接投资

2012 年北京实际利用外商直接投资额达到 80.4 亿美元,尽管受到 2009 年金融危机的影响,2009 年增速几乎为零,但是 2010~2012 年增速又有所回升 (图 3-17)。根据投资额的来源国区分,北京的外商直接投资中 54.76% 来自于中国香港,其后依次为韩国、开曼群岛和日本,共占外商直接投资的 23.54%。而英属维尔京群岛 2006 年的投资额占到北京总体的 20% 左右,2012 年大幅下降,仅占总额的 3.6%。可见北京实际利用外商投资的集中度在不断提高 (图 3-18)。

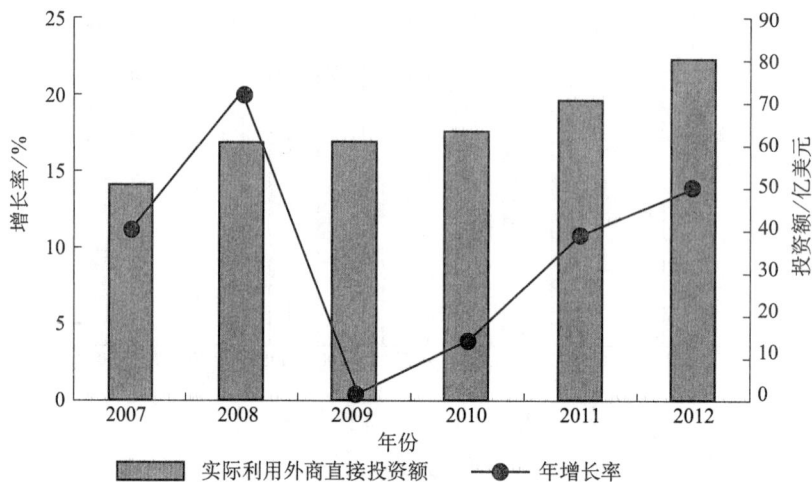

图 3-17　2007～2012 年北京实际利用外商投资情况

资料来源：《北京统计年鉴 2013》

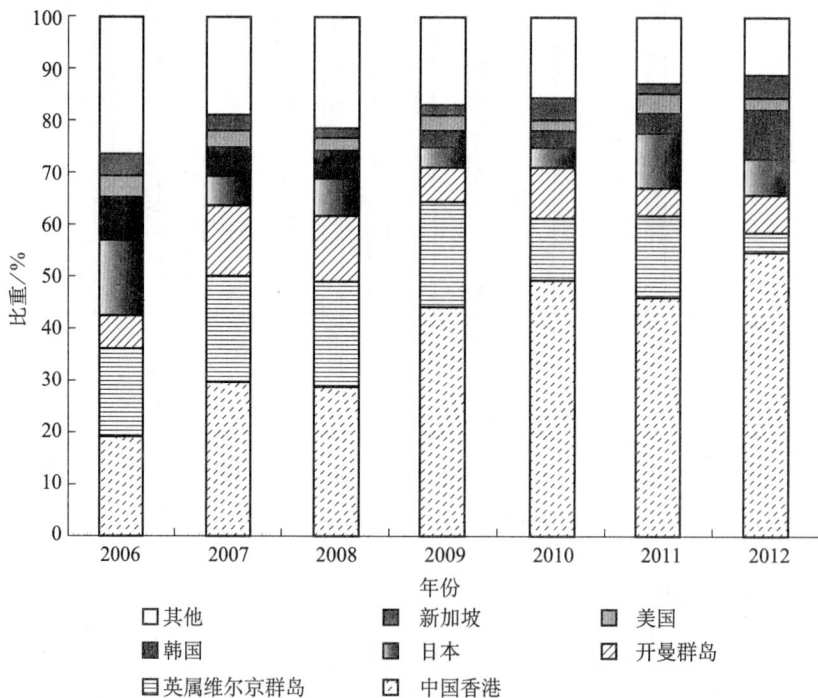

图 3-18　2006～2012 年北京实际利用外商投资来源结构图

资料来源：《北京统计年鉴 2013》

　　就北京实际利用外资的投资领域来看，85.94％投入到第三产业，与北京总体产业结构的发展方向十分吻合（图 3-19）。就具体行业门类来看，制造业领域的外商直接投资比重明显减少，第三产业服务业中所占比重较大的分别是租赁和商务服务业（20％），信息传输、计算机服务和软件业（16.8％），其他行业[①]所占比重也有明显增加（图 3-20）。这一趋势将会进一步推进北京的第三产业发展和经济结构优化，有利于北京经济由量的提升转化为质的提升。

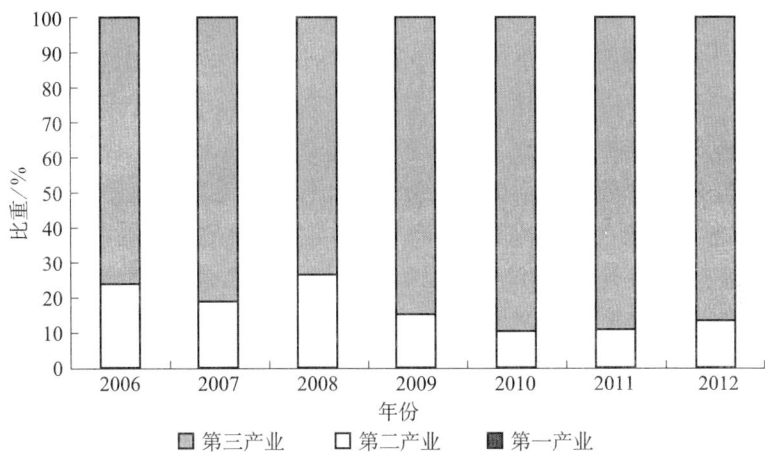

图 3-19　2006～2012 年北京三次产业实际利用外资结构图

资料来源：《北京统计年鉴 2013》

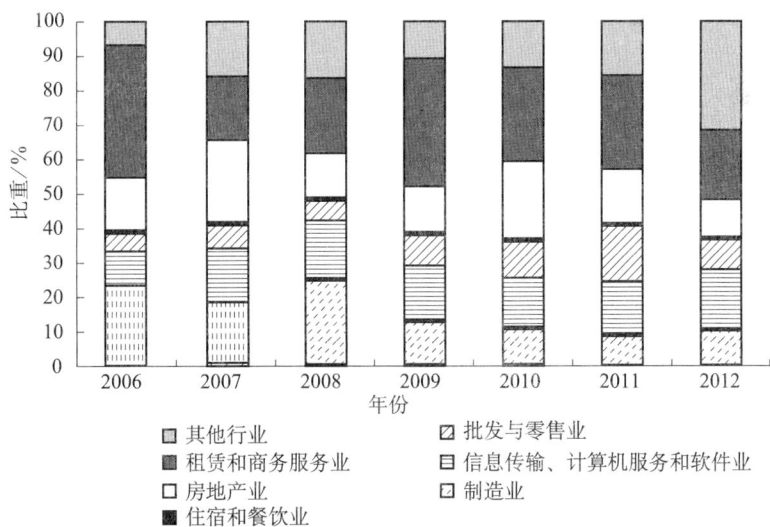

图 3-20　2006～2012 年北京按行业门类的外商投资领域结构图

资料来源：《北京统计年鉴 2013》

---

① 其他行业指除租赁和商务服务业，信息传输、计算机服务和软件业，批发和零售业，住宿和餐饮业，房地产业以外的第三产业服务业。

（七）人均收入

在北京市经济发展增速逐步减慢的同时，人均收入的增速也随之下降，但下降的幅度要低于 GDP 增速的下降幅度。2010～2012 年人均收入的增速仍然保持在 7%～8%。以 2008 年为转折点，2008 年之前城镇居民人均可支配收入的年均增速均高于农民纯收入的年均增速，而 2008 年以后，在城镇居民人均可支配收入年均增速明显下降的同时，农民人均纯收入的年均增速保持在 8% 上下，已略高于城镇居民人均可支配收入的增速（图 3-21 和图 3-22）。伴随着这一趋势，城镇居民和农村居民收入差距将逐步缩小。此外，伴随着北京经济的持续发展，北京居民恩格尔系数也在不断下降，其中 2008 年金融危机对经济的冲击也间接影响了居民收入，但是 2008 年以后已有所好转，2012 年北京农村恩格尔系数为 33.2%，城镇恩格尔系数仅为 31.3%，均已进入相对富裕阶段（图 3-23）。

从北京总体经济的发展特征来看，北京经济年均增速已经明显放缓，在经济结构调整深化的过程中面临着深层次的矛盾[①]，同时根据西方城市的发展经验，未来北京总体经济将很难再保持 2000～2008 年 12% 上下的高速增长，但是伴随着结构升级，创新引领的经济增长方式基本形成，北京经济总体会逐步由高速发展转向高品质发展，高端化和服务化发展的趋势也将日渐明显。

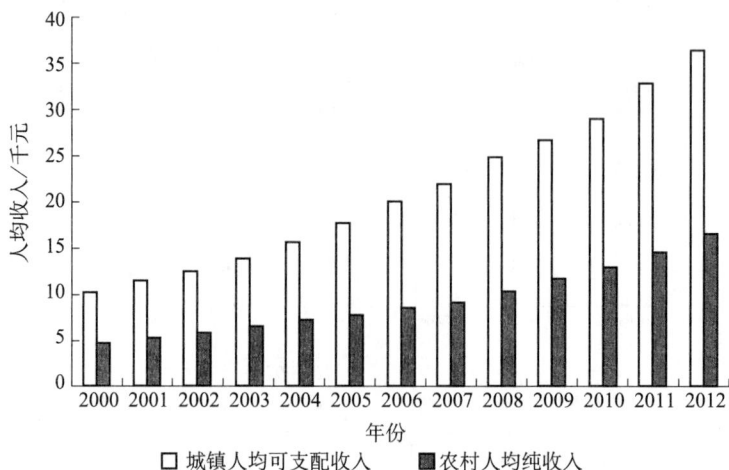

图 3-21　2000～2012 年北京城镇和农村人均收入水平

资料来源：《北京统计年鉴 2013》

---

① 刘立功，丁文斌. 2012. 探析北京经济周期中的"稳"与"进". 数据，（9）：58-61.

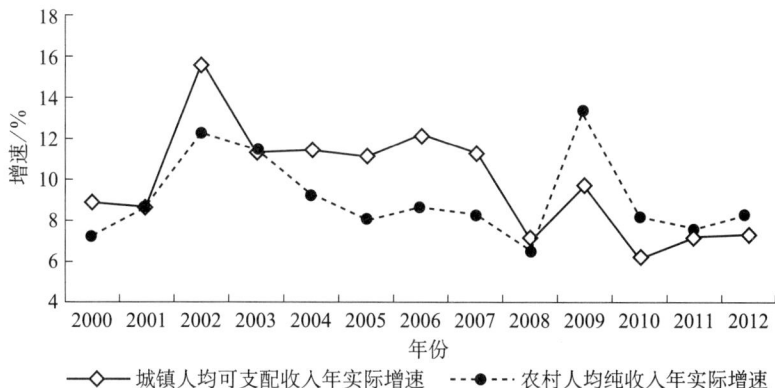

图 3-22　2000～2012 年北京城镇和农村人均收入增速情况

资料来源:《北京统计年鉴 2013》

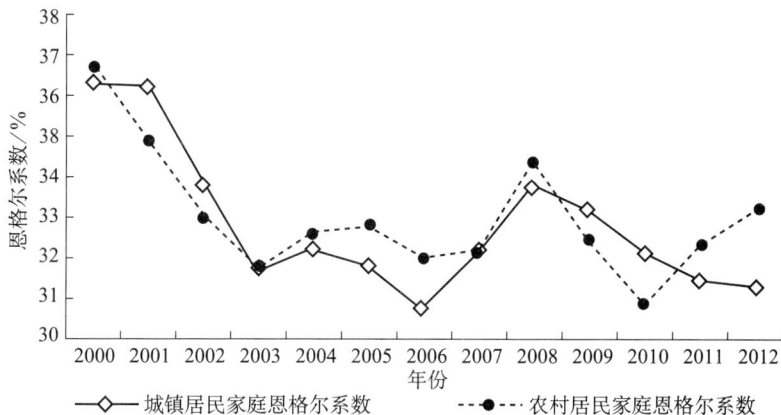

图 3-23　2000～2012 年北京城镇和农村恩格尔系数变化情况

资料来源:《北京统计年鉴 2013》

二、第二产业结构变动及重点产业发展

　　第二产业是地方经济发展和城市化过程中的重要推动力,在北京的经济发展中发挥了巨大的作用。自新中国成立以来,北京第二产业取得了大幅度增长,增加值由 1949 年的 1.02 亿元,增长到 2012 年的 4059.3 亿元。就第二产业占经济总量的比重来看,以 1978 年为转折点,1978 年达到最高值 71.14%,此后尽管第二产业增加值持续增长,但是比重不断下降,至 2012 年仅为 GDP 的 22.7%(图 3-24)。

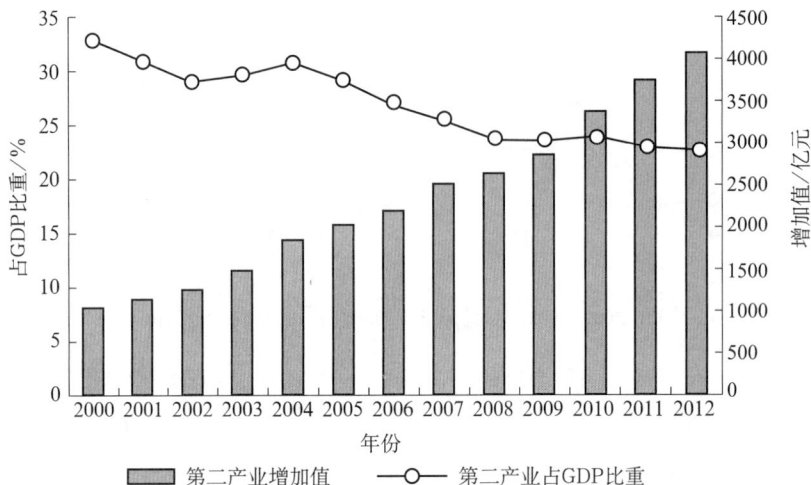

图 3-24　2000～2012 年北京第二产业增加值及占 GDP 比重

资料来源：《北京统计年鉴 2013》

就第二产业的内部结构来看（图 3-25），2010～2012 年，现代制造业和高技术产业的占比呈上升趋势，2012 年占第二产业比重分别达到 34.49％ 和 17.22％，尽管在第二产业中的比重仍然偏低，但是其增长趋势体现了北京产业内部结构调整升级的良好结果。

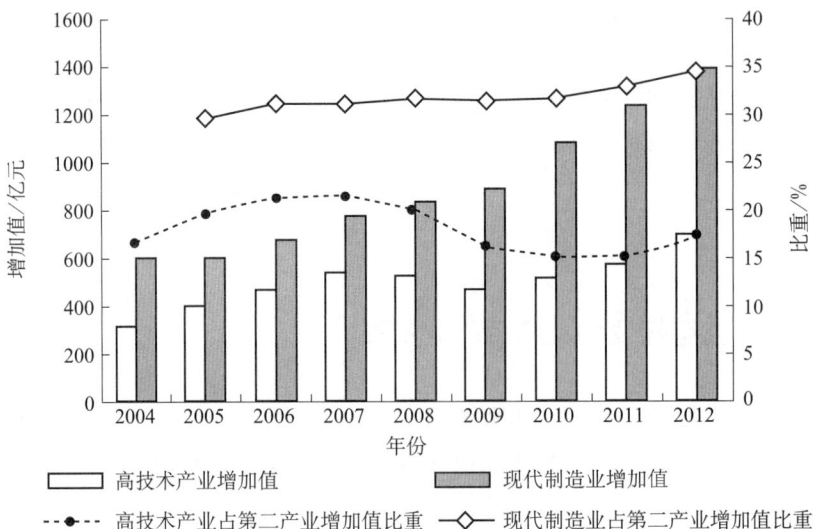

图 3-25　2004～2012 年北京现代制造业、高技术产业增加值及其占第二产业增加值的比重

资料来源：《北京统计年鉴 2013》

高技术产业去除公共软件服务业，包括核燃料加工，信息化学品制造，医药制造业，航空航天器制造，电子及通信设备制造业，电子计算机及办公设备制造业，医疗设备及仪器仪表制造业

就工业内部结构来看，近年来产业集群化和高端化的特征日趋明显。根据2008～2012 年的第二产业结构变化来看，伴随着首钢、石化等企业的搬迁，化学原料和化学制品制造业、黑色金属冶炼和压延加工业的比重进一步下降，2012 年占第二产业增加值比重仅分别为 0.24％和 1.85％；而汽车制造业[①]、医药制造业的比重有明显增加，其中汽车制造业从 2008 年的 10.36％增加到 2012 年的 16.9％，一举成为除电力、热力生产和供应业以外的首位产业（图 3-26）；医药制造业从 2008 年的 5.66％增加到 2012 年的 7.32％，在北京第二产业中的地位明显提升；2000 年初曾占第二产业增加值 25％的计算机、通信和其他电子设备制造业[②]近年来发展缓慢，占比大幅下降，2012 年占比下降到 8.03％。总体来看，以汽车制造业、计算机、通信和其他电子设备制造业和医药制造业为代表的现代制造业是北京第二产业的主导产业（图 3-27）。

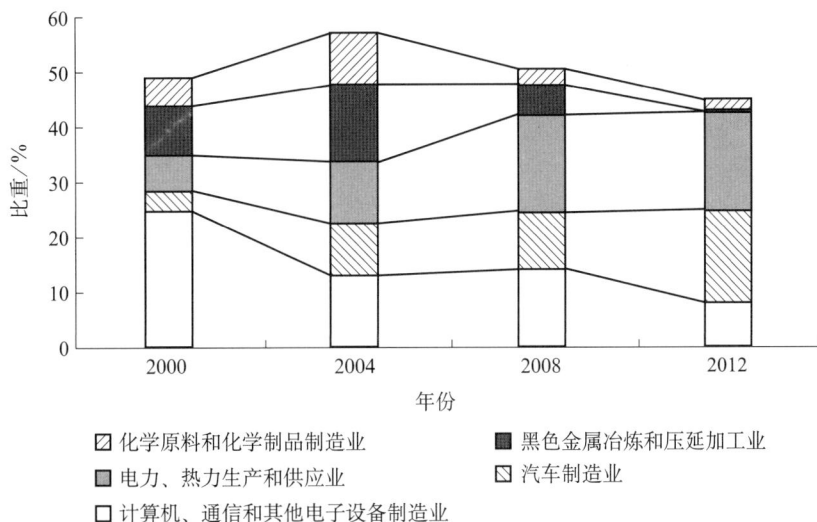

图 3-26　2000～2012 年北京主要行业增加值占规模以上工业增加值比重（1）

资料来源：《北京统计年鉴 2013》

---

① 行业数据依照 2012 年开始执行的新国民经济行业分类标准（GB/T 4754－2011），2012 年以前的"汽车制造业"为"交通运输设备制造业"数据。

② 行业数据依照 2012 年开始执行的新国民经济行业分类标准（GB/T 4754－2011），2012 年以前的"计算机、通信和其他电子设备制造业"为"通信设备、计算机及其他电子设备制造业"数据。

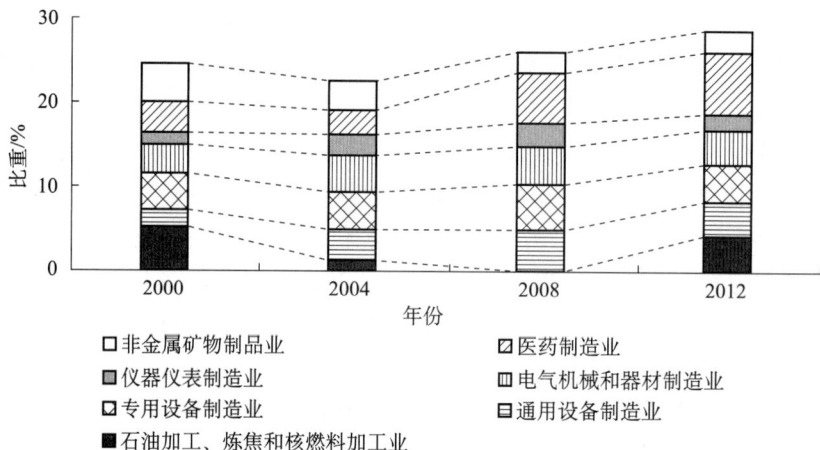

图 3-27　2000～2012 年北京主要行业增加值占规模以上工业增加值比重（2）

资料来源：《北京统计年鉴 2013》

三、第三产业结构变动及重点产业发展

2000 年以来，北京第三产业保持 12％左右的年均增速，到 2008 年第三产业比重已超过 75％。2008 年以来尽管第三产业比重增加的速度大幅下降，但是 2010～2012 年，伴随着第三产业内部结构的进一步优化升级，第三产业比重增加了 1.4％，2012 年第三产业比重达到 76.5％（图 3-28）。

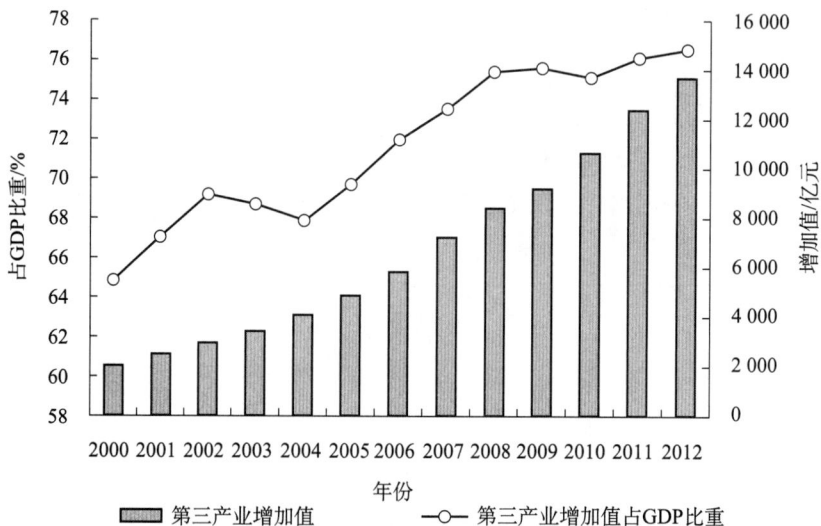

图 3-28　2000～2012 年北京第三产业增加值及其占 GDP 比重

资料来源：《北京统计年鉴 2013》

　　从第三产业的内部结构来看，现代服务业增加值已经在北京第三产业中占据较大比重。北京现代服务业主要形成于 20 世纪 80 年代，进入 20 世纪 90 年代以后，北京现代服务业获得了快速发展，2012 年现代服务业增加值占 GDP 比重达到 52.77％（图 3-29），占第三产业比重达到 69.02％，同时，生产性服务业增加值的比重也明显上升，2012 年占 GDP 比重达到 49.73％（图 3-29），占第三产业比重达到 65.04％。可见高端服务业在北京第三产业中的主导地位已经日趋明显。

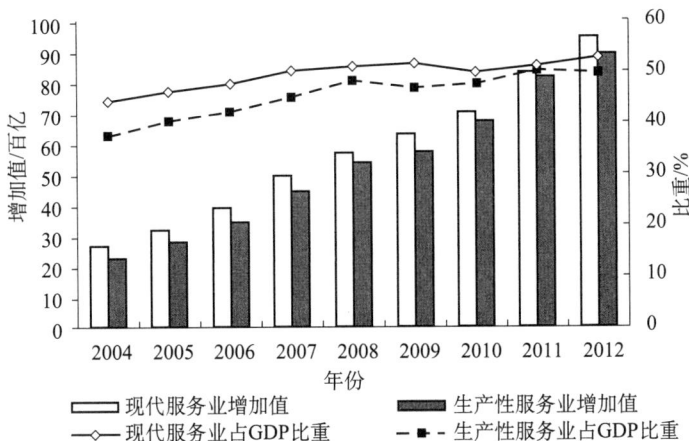

图 3-29　2004～2012 年北京现代服务业和生产性服务业增加值及两大服务业占 GDP 比重

资料来源：《北京统计年鉴 2013》

　　提取北京第三产业中具有明显专业化优势的行业（区位商大于等于 1.5），可以看到具有专业化优势的行业共有 6 个（图 3-30），这 6 个行业占第三产业增加值比重由 2008 年的 67.63％增加至 2012 年的 68.64％（表 3-3），可见优势行业同时也是第三产业的主导行业；观察其区位商，可以看到，区位商最高的是科学研究、技术服务和地质勘查业，而信息传输、计算机服务和软件业近年来呈现明显的上升趋势，体现出北京在科技研发服务及信息产业方面的突出优势（图 3-30）。

表 3-3　2008～2011 年北京具有专业化优势的行业占第三产业比重（单位：％）

行业	2008 年	2009 年	2010 年	2011 年
信息传输、计算机服务和软件业	11.93	11.60	11.45	12.08
金融业	18.14	17.44	17.58	17.92
租赁和商务服务业	9.14	8.80	8.99	9.40
科学研究、技术服务和地质勘查业	8.44	8.88	8.88	9.18
批发和零售业	17.03	16.58	17.81	17.31
文化、体育和娱乐业	2.95	2.82	2.78	2.75

资料来源：《北京统计年鉴 2013》

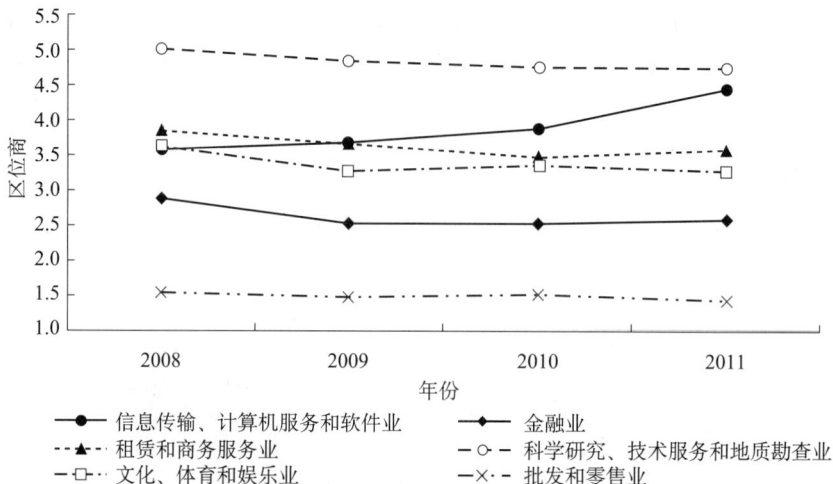

图 3-30　2008～2011 年北京具有专业化优势的行业区位商变化图

资料来源：《北京统计年鉴 2013》

因缺少全国分行业增加值数据，暂未测算 2012 年区位商

第二节　北京的社会发展

近年来，北京社会事业继续保持快速发展的良好态势，适应北京建设世界城市的发展目标和规划，北京在科技、文化、教育、卫生等方面取得了全面进步。基础教育、高等教育稳步发展，培养了大批各行业优秀的高层次人才，一批定位于"世界一流"水平的高等院校和科研院所，教育资源的空间布局更加合理；科学技术创新活动更加活跃，科研投入和产出逐年攀升，对经济发展的贡献增长迅速，规模以上工业企业的研发情况非常活跃，新产品产值和销售利润收入增幅很大，中关村国家自主创新示范区成为引领区域创新的"增长极"。近年来，北京"文化中心"的地位更加凸显，文化艺术事业的各个门类均呈现繁荣发展的趋势，在全球化和信息化的背景下，多种文化相互交融，传统文化和现代文化、本土文化和外来文化相互碰撞，呈现"百花齐放"状态。此外，北京医疗体制改革深入推进，社会保障覆盖率逐年增加[①]。

---

① 本部分内容如果没有特别说明，数据均来自于相应年度的《北京统计年鉴》及《中国统计年鉴》。

一、教育

(一) 总体情况

近年来，北京坚持教育优先发展、科学发展的原则，教育事业在保持京津冀区域绝对优势的基础上进一步推进，高等教育、职业教育、基础教育水平均有显著提高，教育空间布局更为优化，教育体制改革深入推进，不断加强教育的开放与合作，不断提升教师队伍的业务水平和教学能力，加强教育的信息化建设，并提出"建设与中国特色世界城市相适应的教育之都"的发展目标。

截至 2012 年年底，北京共有各类学校 3314 所，总数与 2010 年相比减少了16 所，共有高等教育院校（科研机构）179 所，其中普通高校 91 所，普通中等学校 760 所，小学 1081 所，与 2010 年相比，分别增加 2 所，减少 19 所，减少23 所，工读学校 6 所，特殊教育学校 22 所，学前教育学校 1266 所。各类学校（科研机构）在职教职工总人数为 346 555 人，其中，专任教师数为 204 812 人。尽管普通中学和小学的数量有所减少，但招生规模不断扩大。2012 年年底，全市各类学校在校学生数为 356.8 万人，比 2010 年在校生数增加 26.9 万人。其中，普通高等学校在校生数为 58.2 万人，普通中等学校在校生数为 73.2 万人，小学在校生数为 71.9 万人，与 2010 年相比，分别增加了 4016 人、4483 人和 65400 人。2011 年、2012 年北京各类学校发展的基本情况如表 3-4 所示。

表 3-4 2011 年、2012 年北京各类学校基本情况

项目	校数/所		教职工数/人		专任教师/人	
	2012 年	2011 年	2012 年	2011 年	2012 年	2011 年
高等教育	179	176	146 801	140 527	64 052	63 025
中等教育	760	769	94 433	94 351	66 537	65 838
小学教育	1 081	1 090	55 710	54 781	46 783	45 684
工读学校	6	6	300	328	212	210
特殊教育	22	21	1 231	1 159	898	862
学前教育	1 266	1 305	48 080	44 458	26 330	24 170
合计	3 314	3 367	346 555	335 604	204 812	199 789

资料来源：《北京统计年鉴2013》《北京市2011年国民经济和社会发展统计公报》

(二) 高等教育

2000～2012 年，北京高校快速发展，从最初的 59 个增加到 91 个，增长速度明显高于其他地区，随着高校数量的增加，北京高等教育的普及化程度也不断提高（图 3-31）。

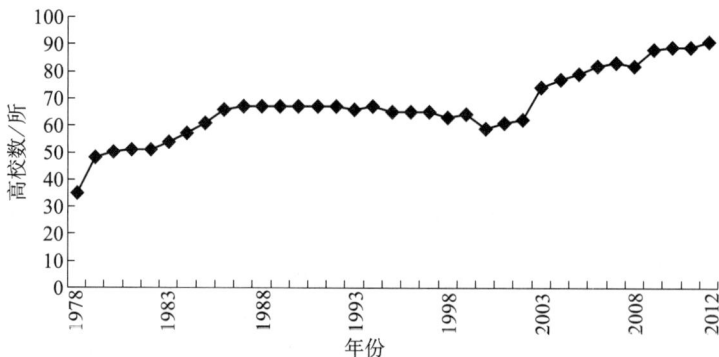

图 3-31 1978～2012 年北京高校数量

资料来源：《北京统计年鉴 2013》

在公立院校快速发展的同时，北京的民办院校也迅速发展，这不仅是深化高校办学机制与模式改革的尝试，还可以起到多渠道、多形式吸引社会资金，助力实现教育资源均等化的作用。截至 2012 年 4 月 24 日，北京民办高等教育院校达到 10 所，其中，具有本科办学资质的 1 所（表 3-5）。

表 3-5 北京民办高等教育一览表（截至 2012 年 4 月 24 日）

序号	学校名称	主管部门	所在地	办学层次
1	北京城市学院	北京市教委	北京	本科
2	北京科技经营管理学院	北京市教委	北京	专科
3	北京培黎职业学院	北京市教委	北京	专科
4	北京北大方正软件职业技术学院	北京市教委	北京	专科
5	北京科技职业学院	北京市教委	北京	专科
6	北京经贸职业学院	北京市教委	北京	专科
7	北京汇佳职业学院	北京市教委	北京	专科
8	北京经济技术职业学院	北京市教委	北京	专科
9	北京吉利大学	北京市教委	北京	专科
10	北京新圆明职业学院	北京市教委	北京	专科

资料来源：http://www.moe.gov.cn/publicfiles/business/htmlfiles/moe/moe_634/201205/13-5137.html

2012 年年底，北京普通本科、专科在校学生数达到 58.2 万人，研究生达到 25.2 万人，进修及培训人数突破 38.1 万人。北京高等教育的快速发展、硬件条件的不断提升、教学质量的不断提高，也吸引了越来越多的外国留学生，2012 年年底，北京高校共有留学生数量超过 4 万人。

（三）基础教育

2011～2012 年度，北京基础教育稳步发展，普通中学毕业生数达到 15.59 万人，其中初中和高中分别达到 9.76 万人和 5.83 万人。从北京市域内部看，海淀区占据绝对优势（图 3-32），其中，初中和高中毕业生数分别达到 1.74 万人和 1.29 万人，分别占北京总数的 17.8% 和 22.1%。2011～2012 年度，北京小学招生数和毕业生数分别达到 13.27 万人和 10.17 万人，从北京市域内部看，区县之间不平衡性特征显著，海淀区和朝阳区基础教育资源较为集中，毕业生数分别达到 1.89 万人和 1.18 万人（图 3-33）。

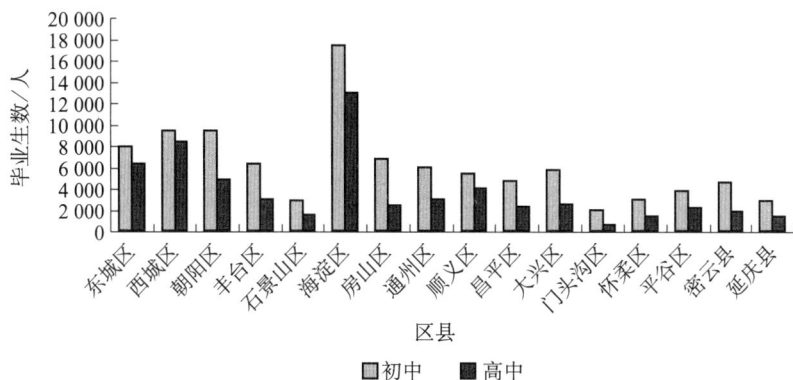

图 3-32　2011～2012 年度北京普通中学毕业生数

资料来源：2011—2012 学年度北京教育事业发展统计概况 . http://zfxxgk.beijing.gov.cn/columns/63/3/297567.html ［2013－10－8］

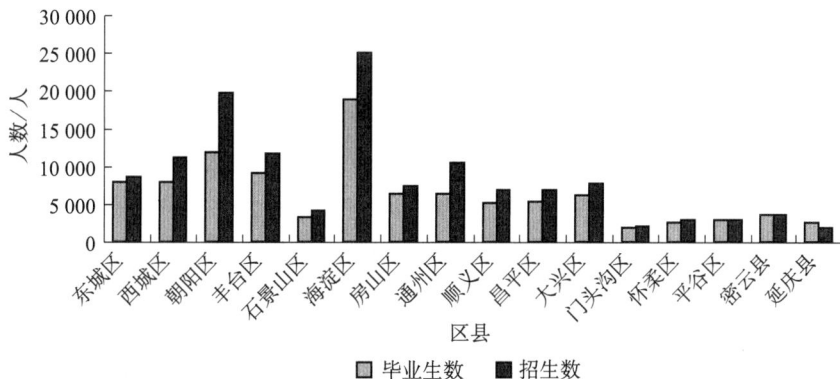

图 3-33　2011～2012 年度北京小学招生和毕业生人数

资料来源：2011—2012 学年度北京教育事业发展统计概况 . http://zfxxgk.beijing.gov.cn/columns/63/3/297567.html ［2013－10－8］

学前教育是北京教育事业近几年发展中的热点问题，在 2011 年年初召开的北京市第十三届人大四次会议上，怀柔区代表团和 235 名市人大代表提出了 13 件有关发展学前教育的议案，集中反映了北京学前教育中的突出问题，包括"入园难、入园贵"、幼教师资培养。随着学前教育问题引起的关注越来越多，北京各级主管部门也正逐步推进实施各类切实有效的政策。2011 年，北京颁布并实施了《北京市学前教育三年行动计划（2011—2013 年）》（以下简称《行动计划》），提出 3 年投入 50 亿元，规划建设并改扩建 769 所幼儿园，增加学位 7.5 万个的发展目标，明确将落实三项工程和六项措施，力争在《行动计划》期满之前，使北京学前教学的学位提供总量从 27.8 万个增加到 35.3 万个，《行动计划》实施的第一年，北京市级财政共计投入 6 亿多元，成效显著，学前教育师资力量和办学能力得到明显改善，新增学位总计 3.3 万个。2012 年年底，北京共建有幼儿园 1266 所，总计 11 882 个班级，在园幼儿数达到 33.1 万人，教职工人数达到 4.8 万人（表 3-6）。

表 3-6　2012 年北京幼儿园基本情况

	总计	城区	镇区	乡村
园数/所	1 266	922	179	165
班数/个	11 882	9 821	1 272	789
在园幼儿数/人	331 524	275 250	37 044	19 230
教职工数/人	48 080	42 041	4 321	1 718

资料来源：2011—2012 学年度北京教育事业发展统计概况 . http：//zfxxgk. beijing. gov. cn/columns/63/3/297567. html［2013—10—8］

二、科技

（一）总体情况

受经济全球化和快速城市化的影响，近年来，北京工业化和信息化深度融合的趋势明显，在资源、环境的双重压力下，北京经济社会发展加快了创新驱动的步伐。2012 年 9 月，北京市科技创新大会召开，对深化本市科技体制改革、加快首都创新体系建设进行动员部署。北京实施科技创新、文化创新"双轮驱动"战略，努力建设成为具有世界影响力的科技文化创新之城的战略目标更为明确。

近年来，北京从事科技活动人员持续增长（图 3-35），2012 年，总规模达到 65.1 万人，R&D（研究与试验发展）经费内部支出共计 1063.4 亿元，R&D 经费内部支出占 GDP 比重比 2011 年提高了近 2 个百分点，占同年 GDP 比重的 6%左右，科技进步对经济增长的贡献率已超过 50%[①]，标志着创新驱动已经成为北京经济发展的主要动力，经济增长的整体品质将持续优化（图 3-34）。与 2010 年相比较，主要指标增长幅度较大，其中，从事 R&D 的人员增加超过了 12.1 万人，R&D 经费内部支出增加了共计 241.5 亿元，R&D 经费内部支出占

---

① 汪先永，刘冬，胡雪峰 . 2006. 北京经济发展阶段与未来选择 . 经济理论与经济管理，1：63 - 65.

GDP 比重增长了 0.13%。单位内部兴办的研发机构数 2011 年和 2012 年分别为
2297 个和 2482 个；两个年度机构从事 R&D 人员数分别为 17.57 万人和 17.53
万人，机构 R&D 的经费支出在 2011 年和 2012 年分别达到 660.6 万元和 746 万
元，主要指标的增长幅度都很大。

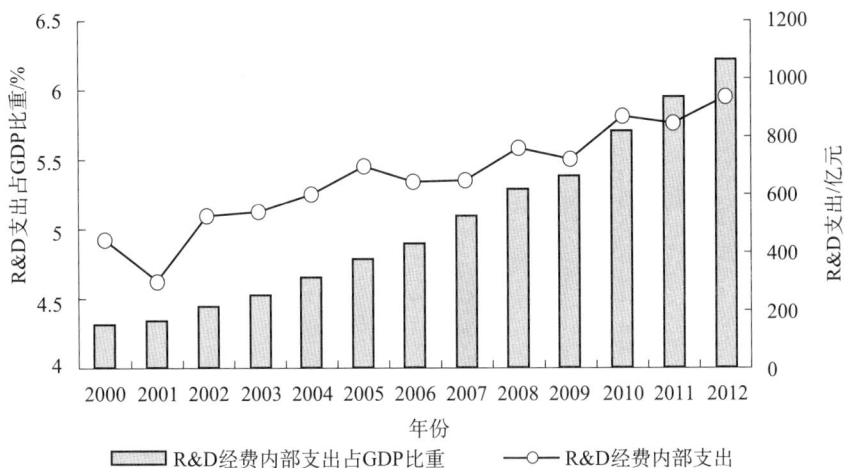

图 3-34 2000～2012 年北京 R&D 内部支出及其占 GDP 比重变化
资料来源：《北京统计年鉴 2013》

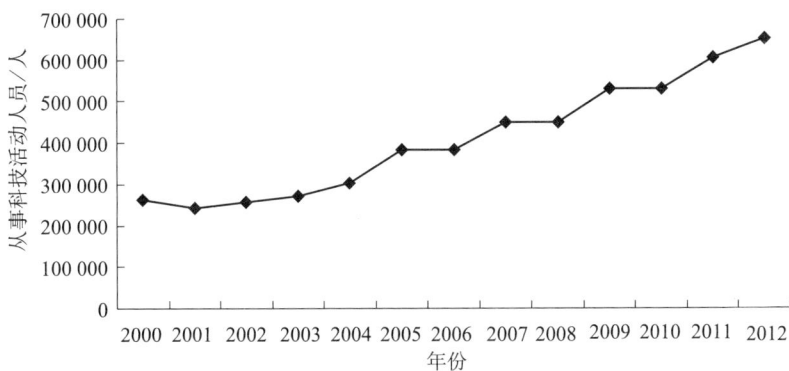

图 3-35 2000～2012 年北京从事科技活动人员增长情况
资料来源：《北京统计年鉴 2013》

从北京 R&D 经费的结构来看，政府资金和企业资金是北京 R&D 经费的主
要来源，且 2012 年两项资金都有不同程度的增长（图 3-36）。R&D 经费 54%的
支出在科学研究和技术服务业领域，其次依次是制造业 17.7%，教育 12.9%；
信息传输、软件和信息技术服务业 10.5%。而不同资金的支出领域也是存在差
异的，其中政府资金的支出领域主要是科学研究和技术服务业，以及教育业；

企业资金则仍然以制造业，信息传输、软件和信息技术服务业为主；国外资金主要支出在信息传输、软件和信息技术服务业，科学研究和技术服务业两个领域；其他资金则主要集中投入在科学研究和技术服务业这两个领域。总体来看，企业的 R&D 资金大多与产品直接相关，而政府资金和其他资金则主要投入在科技研究的基础领域，在这一趋势下，必然对北京经济向高端化发展起到重要的推动作用（图 3-37）。

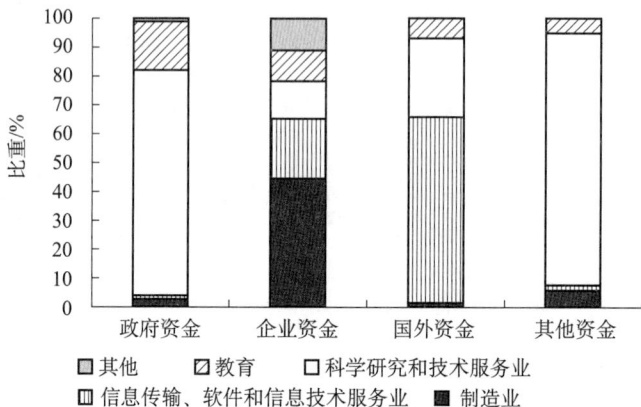

图 3-36　2012 年北京不同来源 R&D 经费的支出结构

资料来源：《北京统计年鉴 2013》

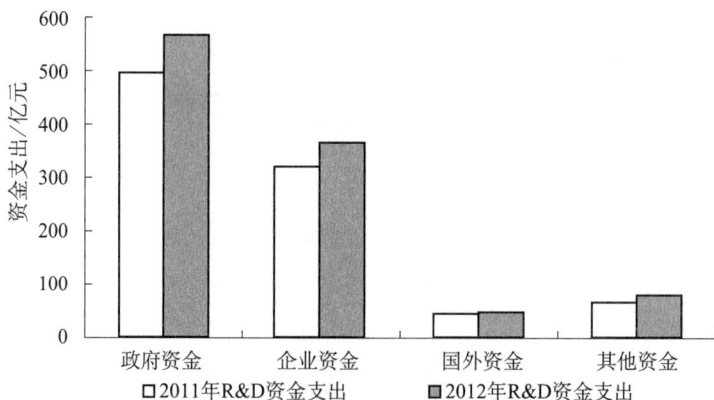

图 3-37　2011～2012 年不同来源 R&D 资金支出变化图

资料来源：《北京统计年鉴 2013》

　　观察 R&D 各项指标，在 R&D 人员数、R&D 内部支出、专利申请数上内资企业占比都高于 70%，在新产品产值和新产品销售收入两项指标上内资企业占比也达到 60%（图 3-38），可见北京内资企业的创新投入和创新能力是支撑北京产业高端化的核心动力，但是在新产品转化能力方面仍然存在一定差距，需要进一步提升。

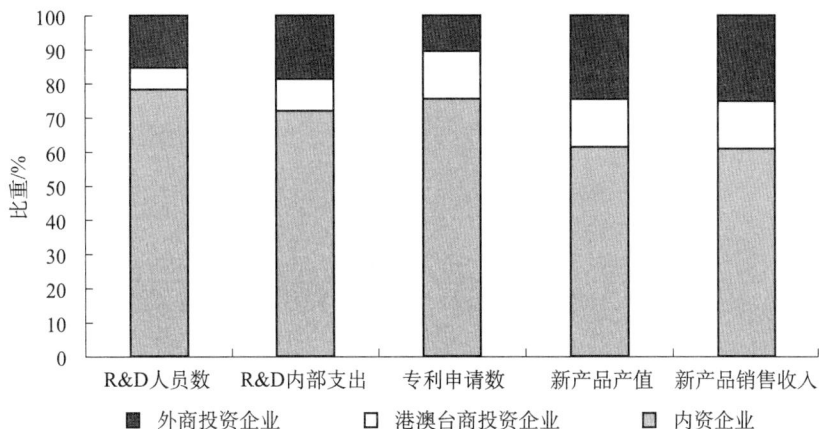

图 3-38 2012 年北京 R&D 相关指标结构图

资料来源：《北京统计年鉴 2013》

从区际比较情况看，2011 年，北京科技资源优势继续保持，专利申请数、发明专利数和有效发明专利数位居京津冀区域首位，分别为 13 041 件、6997 件和 7342 件，分别占京津冀区域总量的 42.5%、53.2% 和 48.5%，位居最后位的河北，三项统计指标分别为 5771 件、1756 件和 2601 件，分别占京津冀区域总数的 18.8%、13.3% 和 17.2%，与北京的差距明显。

从各地区技术市场成交额来看，2011 年，北京技术市场成交额最大，达到 1890.3 亿元，占京津冀区域的 90.6%，远超过天津、河北。

（二）规模以上工业企业研发情况

2012 年，北京从事 R&D 规模以上工业企业数量达到 984 个，从事 R&D 人员共计 75 543 人，R&D 经费内部支出共计 197.3 万元，其中政府资金 17.8 万元，企业资金 173.6 万元，国外资金 8983 万元，其他资金 49 977 万元，共计申请专利数达到 20 189 件，新产品产值达到 3360.7 亿元，新产品销售收入达到 3317.6 亿元，主要指标均有大幅增长，在京津冀区域具有一定优势。

从分行业的规模以上工业企业 R&D 活动情况看（表 3-7），截至 2012 年，北京采矿业，制造业，电力、热力、燃气及水的生产和供应业 R&D 人员数分别为 4344 人、70 458 人和 741 人，分别占全部规模以上工业企业 R&D 活动人员总数的 5.8%、93.3% 和 1%，三个行业门类的 R&D 经费内部支出分别占总支出的 4.2%、95.3% 和 0.4%。

表 3-7　2012 年北京规模以上工业企业 R&D 活动基本情况（按行业分）

项目	R&D 人员		R&D 经费内部支出		专利申请数		新产品产值		新产品销售收入	
	人数/人	比重/%	金额/亿元	比重/%	比重/%	数量/件	金额/亿元	比重/1%	金额/亿元	比重/%
采矿业	4344	5.8%	8.37	4.2%	552	2.7%	463.63	13.8%	463.63	14.0%
制造业	70 458	93.3%	188.1	95.3%	17 596	87.2%	2 893.91	86.1%	2 851.16	85.9%
电力、热力、燃气及水的生产和供应业	741	1.0%	0.88	0.4%	2041	10.1%	3.13	0.1%	2.83	0.1%
总计	75 543	100%	197.34	100%	20 189	100%	3 360.68	100%	3 317.63	100%

资料来源：根据《北京统计年鉴 2013》整理，斜体部门为相应指标占总指标的比重

（三）中关村国家自主创新示范区

中关村国家自主创新示范区是中国高科技产业中心，它不仅是中国第一个国家级高新技术产业开发区、第一个国家自主创新示范区，也是第一个"国家级"人才特区，其发展状况和发展趋势不仅决定了北京创新的整体水平，还对京津冀区域起到引领和示范作用，乃至对我国自主创新的整体水平均具有重要意义。近年来，在各级政府的长远规划和政策引导下，中关村国家自主创新示范区发展迅速。2011 年 1 月，国务院批复同意了《中关村国家自主创新示范区发展规划纲要（2011—2020 年）》，明确了中关村示范区今后十年的战略定位和发展思路；同年在国家"十二五"规划中明确提出"把北京中关村建设成为具有全球影响力的科技创新中心"；2012 年，国务院批复同意调整中关村国家自主创新示范区空间规模和布局，由原来的"一区十园"增加为"一区十六园"。

近年来中关村国家自主创新示范区企业发展速度很快，企业经营收入已经由 2008 年的 10 222.4 亿元增长到 2012 年的 25 025 亿元，受国际金融危机的影响，国内大部门行业的出口受到不同程度的影响，但中关村示范区企业的出口总额仍不断攀升，由 2008 年的 207.4 亿美元增长到 261.7 亿美元。2012 年年底，实缴税费总额达到 1445.8 亿元，利润总额 1788.6 亿元，拥有 R&D 人员超过 12.5 万人，R&D 经费内部支出共计 381.3 亿元，申请专利数为 34 192 件，拥有有效发明专利 23 198 件，主要指标均保持持续增长的发展态势。2008～2012 年中关村国家自主创新示范区企业经营及科技活动情况如表 3-8 所示。经过多年的积累，中关村示范区已成为北京乃至全国技术创新的源头和高新技术产业的重要支撑。

表 3-8　2008～2012 年中关村国家自主创新示范区企业经营及科技活动情况

项目	2008 年	2009 年	2010 年	2011 年	2012 年
总收入/亿元	10 222.4	13 004.6	15 940.2	19 646.0	25 025.0
出口总额/亿美元	207.4	208.2	227.4	237.3	261.7
实缴税费总额/亿元	504.0	658.7	767.2	925.8	1 445.8
利润总额/亿元	726.3	1 122.4	1 298.9	1 533.9	1 788.6
R&D 人员/人	174 797	152 168	96 699	111 685	125 429
R&D 经费内部支出/亿元	324.5	235.4	260.4	313.5	381.3
专利申请数/件	17 219	17 226	18 515	24 894	34 192
拥有有效发明专利/件	9 836	11 611	13 988	15 232	23 198
专利授权数/件	9 050	10 512	13 151	12 951	17 969

三、文化艺术

（一）文化艺术概况

北京文化基础设施总量在全国处于前列，截至 2012 年年底，北京共有 165 家博物馆，其中文物局系统内的博物馆及其他文物保护机构共有 78 个，完成累计参观 1887.9 万人次，许多特色博物馆实现了免费对公众开放①。2012 年，共建有公共图书馆 25 个，建筑面积 47.6 万米²，从业人员总计 2684 人，总藏书达到 5556 万册（件），全年总流通人次 1243 万人次。截至 2012 年年底，共建有群众艺术馆、文化馆和文化站 343 个，从业人员总计 2321 人，共举办展览 2144 个，组织文艺活动 29 076 次，极大程度地丰富了人民群众的业余文化生活，许多有特色的文艺活动在社会上引起了较大反响。2012 年年底，北京的电视综合覆盖率、农村电视综合覆盖率、广播综合覆盖率均达到 100%。

从历年的增长情况看，2010～2012 年北京图书馆、文化馆发展速度很快，公共图书馆建筑面积增加了 5.2 万米²，总藏书数增加了 943 万册（件），群众艺术馆、文化馆组织的文艺活动增加了 284 次。此外，近年来，文物局系统内的博物馆及其他文物保护机构累计参观人次也持续增加（具体情况如图 3-39，图 3-40 所示）。

---

① 截至 2008 年，免费对公众开放的博物馆包括首都博物馆、中国人民抗日战争纪念馆、焦庄户地道战遗址纪念馆、北京自然博物馆、徐悲鸿纪念馆、李大钊烈士陵园、北京市团城演武厅管理处、北京西周燕都遗址博物馆、北京大葆台西汉墓博物馆、北京辽金城垣博物馆、老舍纪念馆、北京南海子麋鹿苑博物馆、北京服装学院民族服饰博物馆。

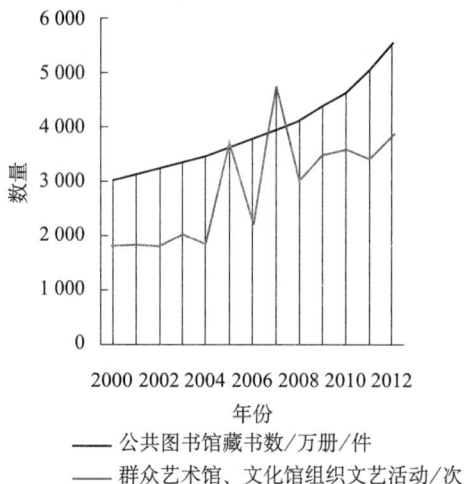

图 3-39 2000～2012 年北京公共图书馆藏书、文化馆组织文艺活动情况

资料来源：《北京统计年鉴 2013》

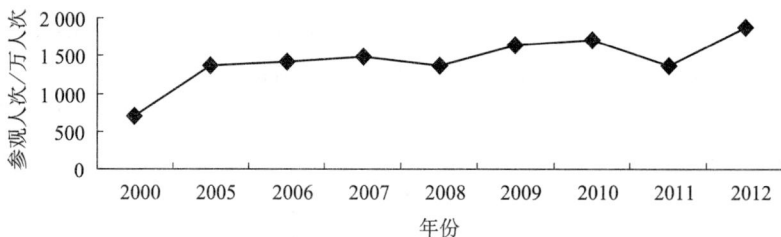

图 3-40 北京市文物局系统内的博物馆及其他文物保护机构累计参观人次

资料来源：《北京统计年鉴 2013》

（二）文艺表演及电影事业

截至 2012 年年底，北京共有专业艺术剧团 35 个，与 2010 年相比，数量不变。专业艺术剧团经过多年发展，剧种门类齐全，涵盖了话剧团，儿童剧团，滑稽剧团，歌剧团，舞剧团，歌舞剧团，歌舞团，轻音乐团，乐团，合唱团，戏曲剧团，曲、杂、木、皮影剧团等。这些专业剧团表现形式多样，演出收入也不断增加，2012 年的演出收入达到 5.38 亿元。剧团从业人员达到 7826 人，演出场次共计 12 672 场，其中国内演出场次为 11 675 场，与 2010 年相比，分别增加了 411 人、1689 场和 1192 场。2012 年，专业艺术剧团吸引的国内观众人数突破了 1200 万人次。从艺术表演场所指标看，截至 2011 年年底，北京共设有艺术表演场所 68 个，从业人员超过 2900 人，完成演出场次 54 905 场，其中，艺术演出场次为 16 625 场，观众人数达到 931 万人次。

　　2012 年，北京共放映电影 120 万场次，累计观众 3954.6 万人次，票款收入 16.23
亿元，电影放映场次、观众人次、票款收入的年均增长率分别为 23.2％、22.2％、
20.1％，电影、电视、广播电台情况的广告收入年均增长率为 35.9％（图 3-41）。

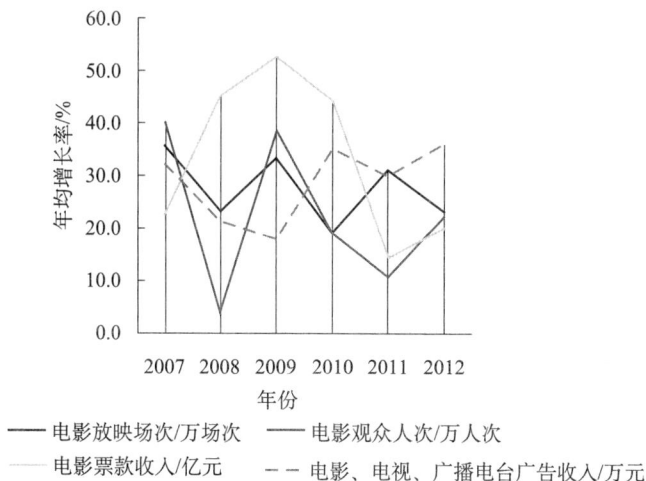

图 3-41　北京电影及电视、广播电台的各项指标年均增长率

资料来源：《北京统计年鉴 2013》

（三）报刊、图书发展情况

　　2012 年，北京报刊、图书发展情况良好，报纸种数共计 257 种，平均期印
数达到 3725 万份，总印数 89.49 亿份，总印张数达到 300.17 亿印张。从期刊出
版情况看，2012 年北京出版期刊种类达到 3064 种，平均印期数达到 5940 万册，
总印数达到 10.31 亿册，总印张达到 76.68 亿印张。2012 年，出版图书种类接
近 18 万种，总印数 22.54 亿册，总印张 250.70 亿印张。主要指标均较 2010 年
相比均有大幅提升（表 3-9）。

表 3-9　2010～2012 年北京报刊、图书发展情况

	报纸出版			期刊出版			图书出版		
	平均期印数/万份	总印数/亿份	总印张/亿印张	平均期印数/万册	总印数/亿册	总印张/亿印张	种数/种	总印数/亿册	总印张/亿印张
2010 年	3 406	77.54	275.62	5 519	10.03	69.61	155 209	21.45	251.18
2011 年	3 453	83.07	293.72	5 991	10.19	76.74	167 942	22.60	243.05
2012 年	3 725	89.49	300.17	5 940	10.31	76.68	179 634	22.54	250.70
三年增长量/%	319.2	12.0	24.5	421.9	0.3	7.1	24 425.0	1.1	−0.5

资料来源：《北京统计年鉴 2011》《北京统计年鉴 2012》《北京统计年鉴 2013》

四、医疗卫生

北京医疗资源丰富，截至 2012 年年底，北京共有卫生机构 9974 个，医院总数达到 608 个，疾病预防控制中心 32 个，妇幼保健站（所）19 个，社区卫生服务中心（站）1897 个，与 2010 年比较，除妇幼保健站（所）数量不变外，其他指标均有增长，尤其是社区卫生服务中心（站）数量，在 2010 年 1587 个的基础上增加了310 个。卫生机构共设有床位超过 10 万张，卫生技术人员达到219 714人。

从医院类型看，目前，北京医院的门类齐全，许多专科医院拥有国际同领域领先的技术和设备，在国内外享有很高声誉。医院门类涵盖了综合医院、中医医院、中西医结合医院、民族医院、口腔医院、眼科医院、肿瘤医院、心血管病医院、胸科医院、妇（产）科医院、儿童医院、精神病医院、传染病医院、骨科医院、整形外科医院、其他专科医院、护理院等。其中，从隶属关系来看，市属医院数量达到 28 个，拥有床位数 20 632 张，职工人数达到 42 867 人，区县医院数达到 98 个，拥有床位数达到 28 716 张，职工人数达到 48 879 人。

从卫生总费用情况看，卫生总费用从 2000 年年底的 166.72 亿元，增长到2011 年的 977.26 亿元，其中政府卫生支出占卫生总费用的 28.19%，与 2000 年相比增长 7.38 个百分点。社会卫生支出占卫生总费用的比重达到 46.37%，与 2000年相比，增长 9.32 个百分点；个人现金卫生支出占卫生总费用的比重为 25.44%，与 2000 年相比，降低 16.69 个百分点。其中，个人支付的比重逐年降低，政府和社会支付的比重逐年增加，卫生总费用占 GDP 的比重为 6.01%（图 3-42）。随着医院数量和规模的不断扩大，北京医院的服务能力也逐渐增强，截至 2012 年年底，共完成诊疗 132 787.2 千人次，门诊量超过 11 万人次，健康检查人数 3020.4 千人次。

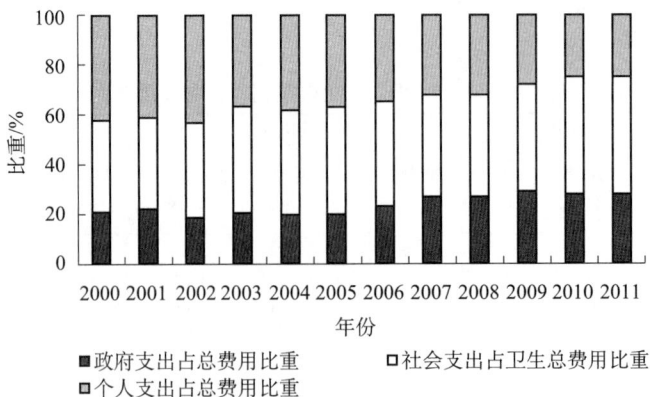

图 3-42　2000～2011 年北京卫生总费用结构图

资料来源：《北京统计年鉴 2013》

五、社会保障

从北京历年参加社会保障人数统计看（图 3-43），参加基本养老保险、基本医疗保险、失业保险、工伤保险和生育保险的人数每年都有不同程度的增长，说明北京社会保障的覆盖面越来越广。2012 年，北京参加基本养老保险人数为1206.4 万人，参加基本医疗保险人数为 1279.7 万人，参加失业保险职工人数为1006.7 万人，参加工伤保险职工人数为 897.2 万人，参加生育保险职工人数为844.7 万人。以上五项指标较 2010 年相比均有大幅增加，分别增加了 223.9 万人、216 万人、232.5 万人、73.4 万人和 472.5 万人。截至 2012 年年底，农村居民参加城乡居民养老保险人数为 167.0 万人，参加新型农村合作医疗人数为267.5 万人，城市居民最低生活保障人数为 11.0 万人，农村最低生活保障人数为 6.3 万人。

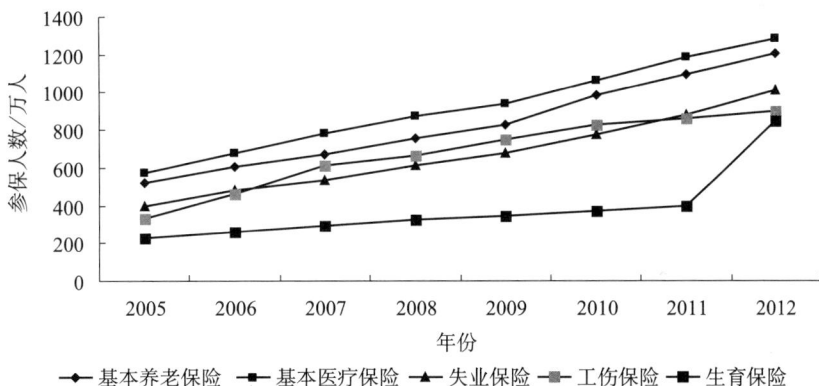

图 3-43　2005～2012 年北京参加社会保障情况

资料来源：《北京统计年鉴 2013》

2010～2012 年，北京社会保障的相关待遇标准也逐年提升，2012 年，北京职工最低工资为 1260 元/月，失业保险金最低标准为 842 元/月，城市居民最低生活保障标准为 520 元/月，企业退休人员基本养老金最低标准为 1210 元/月，企业退职人员基本养老金最低标准为 1100 元/月，企业退养人员基本养老金最低标准为 1000 元/月。三年间，六项指标均有增长，增长量分别为 300 元/月、210 元/月、90 元/月、210 元/月、200 元/月和 200 元/月。

近年来，北京的社会福利事业也得到快速发展，截至 2012 年年底，城市社区服务设施数达到 6244 个，社区服务设施从业人员数达到 31 921 人，社区服务志愿者组织数达到 9751 个，比 2011 年增长了 1700 多个，城镇便民利民服务网点数为 11 169 个，社会福利企业单位数为 664 个，社会福利企业年末职工人数为 31 260 人。

通过以上内容的梳理可以看到，近年来，北京经济在快速发展的同时，经济发展的成果更为惠及民生，社会事业的各个层面都取得了可喜成绩。但是也要看到，北京社会事业的发展尚存在一些亟待解决的问题。一是社会事业的区际差异问题，尤其是长期以来传统的二元经济体制及管理模式的发展，导致北京城乡经济社会发展不平衡，以致社会事业的发展水平存在显著的城乡差异。其中，优质社会资源主要集中在中心城区，郊区在义务教育、医疗卫生、文化艺术事业等方面与城区之间差距明显，更好地解决城乡差异，以及中心城区和郊区的差异是社会事业未来需要解决的重点问题之一。二是社会事业的"公平"问题。近年来，北京人口持续增长，给城市公共服务供给带来巨大压力，其中，外来人口对北京基础教育和医疗设施等公共服务设施的需求不断增加。如何在统筹安排下解决外来人口这一特殊群体的教育、医疗卫生、社会保障等关乎切身利益的问题，是北京未来社会工作的难点之一。

第三节　北京的人口、资源与环境发展

人口与资源、环境的均衡发展是一个地区发展的重要前提。北京的人口资源环境矛盾由来已久，发展到当前阶段越发突出。科学地认识与分析人口与资源环境之间的矛盾，是破解难点问题、促进可持续发展的重要前提。本节对北京的人口、资源与环境的现状与发展进行了较为综合的描述和分析[1]。

一、北京人口状况

自 2000 年以来，北京的常住人口规模持续快速增长并始终保持在高位，2011 年北京人口已经突破了 2000 万人。巨大的人口规模给城市建设和发展带来了诸多问题，如何合理地控制人口规模使之与资源环境协调发展成为研究的焦点。本部分介绍了北京人口规模的发展历程，并分析了人口的年龄结构、性别结构、文化结构和城乡结构的构成情况，以期全面认识北京人口状况[2]。

---

[1]　本节内容为北京市科技计划课题（Z131108001713004）的部分研究成果。

[2]　人口部分数据没有特殊说明均来自 2002～2013 年《北京统计年鉴》。

（一）人口规模状况

2012 年北京常住人口共 2069.3 万人，比 2011 年增长 50.7 万，增长率为 2.5％，与 2010 年（第六次全国人口普查）相比，增长了 107.4 万。自改革开放以来，北京人口规模逐年扩大，从 1980 年到 2012 年大抵可以分为两个阶段：缓慢增长阶段（1980～1999 年）和快速增长阶段（2000 年至今）（图 3-44）。

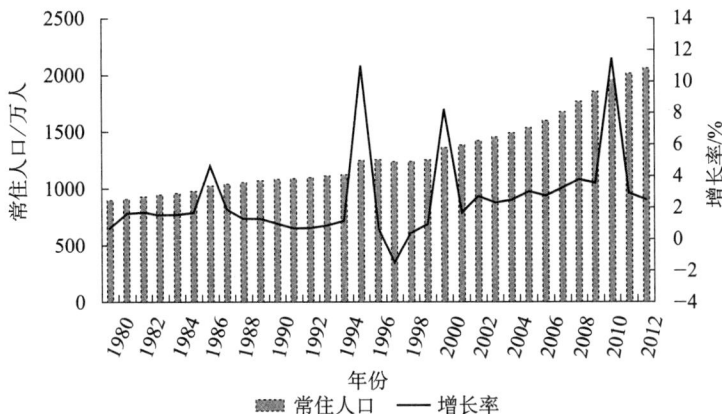

图 3-44　北京常住人口及增长率情况

资料来源：《北京统计年鉴 2013》

第一个阶段为缓慢增长阶段，从 1980 年到 1999 年，北京人口从 904.3 万人增长到 1257.2 万人。在这 20 年间，净增加 352.9 万人，平均每年增长 18.6 万人，年均增长率为 1.8％。其中，1986 年北京人口增长较为明显，增长率达 4.8％，人口首次超过 1000 万人；1995 年，北京市人口增长率为 11.2％，人口净增长 126.1 万人，出现了明显增长现象。从人口增长的类别来看，1980～1990 年北京人口自然变动和迁移变动几乎各占变动总量的一半。1991～1999 年，北京人口自然变动比重逐渐减小，迁移变动比重不断增加。

从 2000 年至今为北京人口快速增长阶段，北京人口从 2000 年的 1363.6 万人增长到了 2012 年的 2069.3 万人，净增 684.2 万人，平均每年增长 57.01 万人，年均增长速度为 3.5％，是全国人口年均增长速度 0.51％的 6.9 倍。这段时间北京人口增长主要是迁移变动的结果。2011 年总人口数量首次超过 2000 万，达到 2018.6 万人，2012 年为 2069.3 万人。这几乎相当于目前一个澳大利亚的全国人口，相当于两个捷克的人口，三个以色列的人口，或四个新加坡的人口。

（二）人口结构特征

1.年龄结构

北京少年儿童比例在20世纪八九十年代，基本保持在20％上下。2000年之后，这个比重不断减少，2003年减到1990年的一半，为10.6％，到2010年进一步减少到8.6％，2012年增加了一点，增加到了9.4％。换言之，在北京10个人中，1964年时有4个少年儿童，1990年时只有2个，到2012年时已不到1个，少年儿童的比重在快速减少（图3-45）。

北京市劳动适龄人口比重基本呈现增加态势，从1982年的72％增加到了2012年的81.5％，增加了9.5个百分点，与全国劳动适龄人口比重（74.1％）相比，高出7.4个百分点。这反映了北京劳动力资源丰富，且处于全国领先地位。

《人口学方法与资料》一书认为老年人口比重在5％以下的人口是年轻型人口，10％以上的人口是老年型人口，介于二者之间的是成年型人口。由于划分老年型人口10％的标准偏高，研究者常选用联合国7％的标准。北京常住人口中老年人口的比重在1982～1990年是5％～7％，是成年型人口社会；1991年北京老年人口比重达到7.1％，步入老年型人口社会，全国在1997年时老年人口比重才达到此值。1991～1999年，北京老年人口比重不断上升，处于人口老龄化过程中。2000年、2001年和2010年略有小幅回降，2002～2009年基本保持在10.1％～11.2％。2010年降为8.7％，随后逐渐升高为2012年的9.1％。

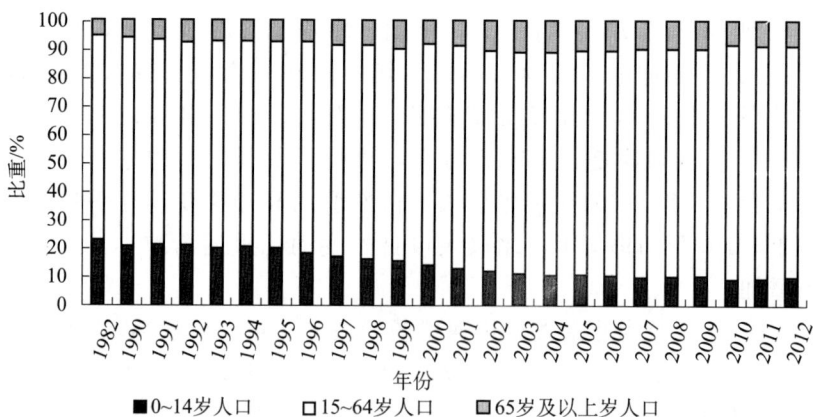

图3-45　北京常住人口年龄结构状况

资料来源：1982年、1990年数据引自范菁菁编《中国人口年龄性别结构》；1991～1999年数据引自庄亚儿、张丽萍编著《1990年以来中国常用人口数据集》；2000年数据引自北京市第五次人口普查办公室《北京市2000年人口普查资料》；2001～2012年数据分别引自北京市统计局编《北京统计年鉴（2002～2013）》

2. 性别结构

2012年，北京总人口性别比为106.7，比2011年升高0.3，变化较小。从历史发展来看（图3-46），1980～1997年，北京总人口性别比总体较为平稳，大多在102～104浮动。1998～2007年，北京总人口性别比变化幅度较大，2002年达到112.3，为近30年的最高比例，之后又逐渐降低到2006年的97.9。2007年至今，北京总人口性别比逐渐上升，由99.1上升到了106.7。

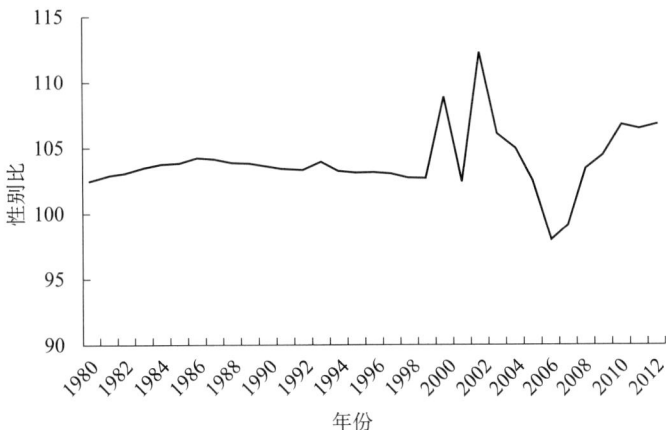

图3-46　北京常住人口性别比变化情况

资料来源：1982年、1990年数据引自范菁菁编《中国人口年龄性别结构》；1991～1999年数据引自庄亚儿、张丽萍编著《1990年以来中国常用人口数据集》；2000年数据引自北京市第五次人口普查办公室《北京市2000年人口普查资料》；2001～2012年数据分别引自北京市统计局编《北京统计年鉴（2002～2013）》

3. 文化结构

历次人口普查数据显示，北京人口受教育水平呈现全面提升的态势。从每十万人拥有的各种受教育程度的人口变化趋势来看，小学人口数呈现快速下降的趋势，由1964年的31 883人减少到9956人，减少了2/3还多（表3-10）。而初中、高中和中专在1964～2000年呈增加态势，分别由1964年的11 768人和4513人增加到2000年的34 380人和23 165人，初中人口数增长了2倍，高中和中专人口数增长了4倍。2010年这两种受教育程度的人口数均有不同程度的减少，初中人口数为31 396人，比2000年减少了2984人，高中和中专人口数也减少了1945人降至21 220人。大专及以上人口数一直保持迅猛增长，特别是2000～2010年增长迅速，由16 839人增加到31 499人，10年里几乎翻了一番，在国内属于领先水平，是全国平均水平8930人的3.5倍。

与此相应，小学人口比重不断下降，由1964年的60.7%减少到1982年的33.7%，到2010年减少至10.6%；初中、高中和中专人口比重先增加后减少，分别由 1964 年的 22.4％和 8.6％增加到 2000 年的 37.6％和 25.4％，然后减少到 2010 年的 33.4％和 22.6％；大专及以上比重不断增加，从 1964 年的 8.3％增加到 2000 年的 18.4％，之后快速增加，到 2010 年达到 33.5％，此时，3 个人中就有 1 人接受过大专及以上教育（表 3-10）。

表 3-10　北京人口受教育程度人口及构成变化情况

年份	每十万人口拥有的各种受教育程度人口/人				受教育程度构成/％			
	大专及以上	高中和中专	初中	小学	大专及以上	高中和中专	初中	小学
1964	4 359	4 513	11 768	31 883	8.3	8.6	22.4	60.7
1982	4 866	17 646	29 086	26 197	6.3	22.7	37.4	33.7
1990	9 300	18 978	30 551	22 579	11.4	23.3	37.5	27.7
2000	16 839	23 165	34 380	16 963	18.4	25.4	37.6	18.6
2010	31 499	21 220	31 396	9 956	33.5	22.6	33.4	10.6

资料来源：《北京统计年鉴 2013》

4. 城乡结构

2012 年，北京常住人口为 2069.3 万人，其中城镇人口为 1783.7 万人，较上年增长 33.0 万人；农村人口为 285.0 万人，较上年增长 7.7 万人。2012 年北京城镇化率达到 86.19％，与全国城镇化率 52.57％相比，高出 33.62％，居全国城镇化率排名第二位。

从历史变化来看，北京城镇人口从 1982 年的 597.0 万人增长到了 2012 年的 1783.7 万人，增长了 1186.7 万人，年均增长 39.6 万人；与此同时，北京乡村人口从 1982 年的 326.1 万人减少到了 2012 年的 285.6 万人，减少 40.5 万人。由此可见，近 30 年北京人口规模的扩大，几乎全来自于城镇人口。城镇化率从 1982 的 64.67％升高到了 2012 年的 86.19％，提高了 21.52％（图 3-47）。

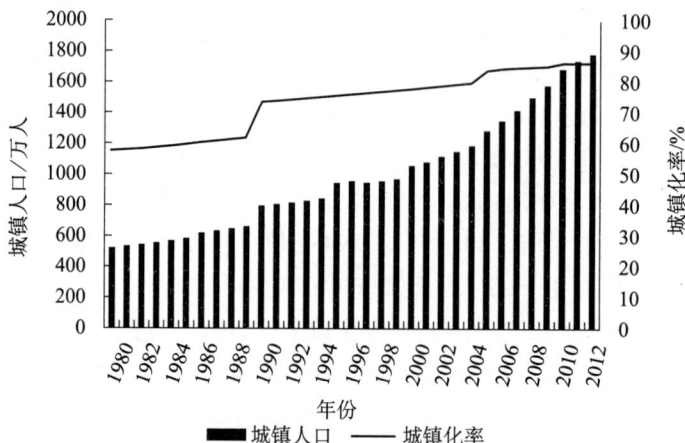

图 3-47　北京城镇人口与城镇化率变化情况

资料来源：《北京统计年鉴 2013》

二、北京资源状况

资源是一个地区发展的先决条件，而资源匮乏一直是制约北京发展的瓶颈。本节从土地资源、水资源和能源三个方面展开，进而从土地的构成——农业用地、城市建设用地对土地资源进行了分析；从总量与人均拥有量、供给来源和需求结构对水资源进行了分析；从生产和消费两方面对能源进行了分析[①]。

（一）土地资源状况

1. 土地资源及构成

根据 2008 年国土资源部土地调查数据，北京土地调查总面积为 164.1 万公顷。从土地利用来看，2010 年农业用地 116.3 万公顷，占土地总面积的 70.86%；建设用地 34.1 万公顷，占土地总面积的 20.80%；未利用地 13.7 万公顷，占土地总面积的 8.34%。与 2003 年相比，土地利用结构有所变化，农业用地面积从 2003 年的 111.8 万公顷减少为 2008 年的 109.6 万公顷，同时占土地总面积比重从 68.13% 减少到了 66.79%，但 2010 年农业用地面积较 2008 年增加了 6.7 万公顷，比重也增加了 4.07 个百分点（表 3-11）。建设用地面积逐年扩大，从 2003 年的 30.9 万公顷增长到了 2010 年的 34.1 万公顷，同时占土地总面积比重从 18.83% 减少到了 20.80%。未利用地面积逐年减少，尤其是 2010 年减少明显，2008 年与 2003 年相比减少 0.7 万公顷，2010 年与 2008 年相比减少 7.0 万公顷，所占比重减少了 4.27 个百分点。

表 3-11 北京历年土地利用结构变化情况

用地类型	单位	2003 年	2004 年	2005 年	2006 年	2007 年	2008 年	2010 年
农业用地	万公顷	111.8	110.8	110.6	110.4	110.0	109.6	116.3
	%	68.13	67.51	67.40	67.28	67.03	66.79	70.86
建设用地	万公顷	30.9	32.0	32.3	32.7	33.3	33.8	34.1
	%	18.83	19.48	19.68	19.93	20.29	20.60	20.80
未利用地	万公顷	21.4	21.4	21.2	21.0	20.8	20.7	13.7
	%	13.04	13.02	12.92	12.80	12.68	12.61	8.34

资料来源：2003～2008 年数据来自《中国环境统计年鉴（2004～2012）》，2010 年数据来自《北京市"十二五"时期土地资源保护与开发利用规划》

---

① 土地部分数据没有特殊说明均来自《北京统计年鉴（2002～2013）》、《中国环境统计年鉴（2004～2012）》。

2. 农用地结构

在北京农业用地中，以耕地、林地为主，2008 年耕地面积为 23.2 万公顷，林地面积为 68.7 万公顷，分别占农用地总面积的 21.17％和 62.68％，而园地和牧草地面积分别为 12.0 和 0.2 万公顷，合计占农用地总面积的 11.13％，其他农业用地占 5.02％（图 3-48）。

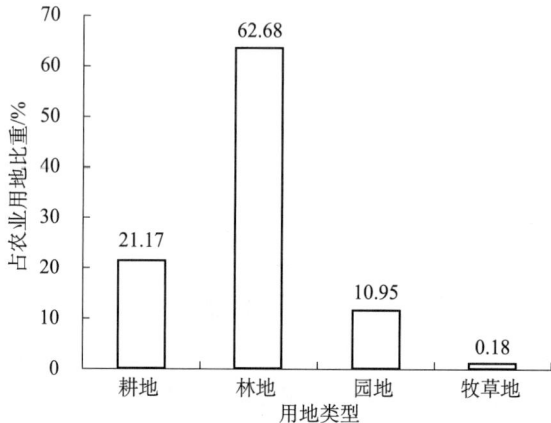

图 3-48　2008 年北京农业用地结构

资料来源：《北京统计年鉴 2009》

从耕地来看，北京年末实有耕地面积呈现下降趋势，尤其是在 2000～2004 年期间，从 32.9 万公顷下降到 23.6 万公顷，下降了 9.3 万公顷，2005 年以后则比较稳定，基本在 23 万公顷左右，2008 年为 23.2 万公顷，2010 年为 22.4 万公顷[①]。从人均水平看，北京年末人均实有耕地面积一直呈现下降趋势，从 2000 年的 0.36 亩下降到 2010 年的 0.17 亩，一直大大低于联合国确定的人均耕地警戒线 0.8 亩的水平[②]（图 3-49）。与全国水平相比，北京人均耕地面积也远远低于全国平均水平，2000 年全国人均耕地面积为 1.52 亩，北京不到全国平均水平的 1/4；2010 年北京更只有全国平均水平的 1/8，差距进一步扩大。

3. 城市建设用地结构

北京城市建设用地面积逐年扩大，从 2003 年的 12.39 万公顷扩大到了 2011 年的 14.26 万公顷，增长了 1.87 万公顷，年均增长 1.77 个百分点。城市建设用

[①] 北京市国土资源局.2011. 北京市"十二五"时期土地资源保护与开发利用规划.

[②] 石忆邵，尹昌应，王贺封，等.2013. 城市综合承载力的研究进展及展望. 地理研究.32（1）：133-145.

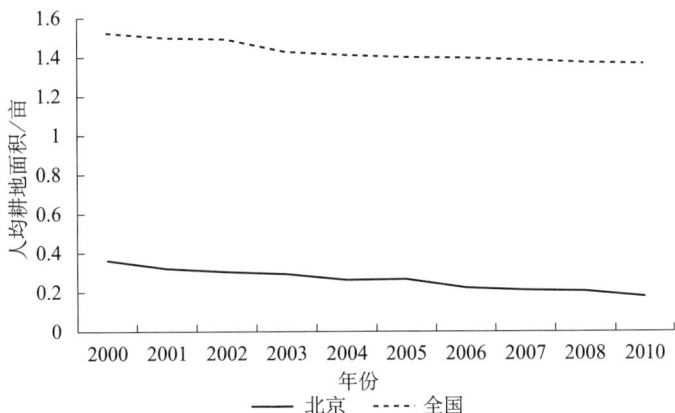

图 3-49　2000～2010 年北京人均耕地面积状况及与全国的比较

资料来源：2000～2008 年数据来自《北京统计年鉴 2012》《中国统计年鉴 2012》，北京 2010 年数据来自《北京市"十二五"时期土地资源保护与开发利用规划》，全国 2010 年数据来自 http：//finance. qq. com/a/20110225/002263. htm

地面积主要由居住用地、工业用地、公共设施用地、道路广场用地、绿地、对外交通用地、仓储用地、市政公用设施用地、特殊用地构成。2011 年，居住用地面积为 4.05 万公顷，占城市建设用地面积的 28.40%；工业用地面积为 3.14 万公顷，占 22.02%；公共设施用地面积为 2.49 万公顷，占 17.46%；道路广场用地面积为 1.67 万公顷，占 11.71%；绿地面积为 1.47 万公顷，占 10.31%；对外交通用地面积为 0.51 万公顷，占 3.58%；仓储用地面积为 0.38 万公顷，占 2.66%；市政公用设施用地面积为 0.40 万公顷，占 2.81%；特殊用地的面积为 0.15 万公顷，占 1.05%（表 3-12）。

从历年变化情况看，工业用地面积增幅最大，与 2003 年相比增长 1.36 万公顷，年均增长 7.35 个百分点。与 2003 年相比，居住用地面积、公共设施用地面积、仓储用地面积、市政公用设施用地面积分别增长 0.53、0.45、0.10、0.09 万公顷，年均增长 1.77%、2.52%、3.89%、3.24%。与 2003 年相比，绿地面积和特殊用地面积均有所减少，分别减少了 0.28、0.40 万公顷，年均分别降低 2.16%、14.99%。随着城镇人口的增长，北京人均城市建设用地面积基本表现出不断减少的趋势，从 2003 年的人均 107.6 米² 下降到了 2010 年的 78.5 米²，2011 年略有上升达到 81.9 米²，大大低于《城市用地分类与规划建设用地标准》（GB50137－2011）规定的首都规划人均城市建设用地指标应在 105.1～115.0 米² 的水平。

表 3-12　北京历年城市建设用地结构　　　　　（单位：万公顷）

	2003 年	2004 年	2006 年	2007 年	2008 年	2009 年	2011 年
居住用地	3.52	3.66	3.64	3.72	3.73	3.83	4.05
公共设施用地	2.04	1.85	2.25	2.29	2.3	2.33	2.49
工业用地	1.78	1.97	2.82	2.88	2.9	2.91	3.14
仓储用地	0.28	0.29	0.39	0.39	0.38	0.38	0.38
对外交通用地	0.51	0.55	0.37	0.46	0.51	0.51	0.51
道路广场用地	1.65	1.70	1.34	1.35	1.45	1.59	1.67
市政公用设施用地	0.31	0.32	0.38	0.41	0.38	0.39	0.40
绿地	1.75	1.66	1.20	1.24	1.31	1.40	1.47
特殊用地	0.55	0.55	0.15	0.15	0.15	0.15	0.15
城市建设用地	12.39	12.54	12.54	12.89	13.11	13.50	14.26

资料来源：《中国环境统计年鉴（2004～2012）》

（二）水资源供给与需求状况

1. 水资源总量及人均拥有量

北京水资源由入境地表水、境内地表水和地下水组成，地表水和地下水主要靠降雨补给。北京属温带半干旱、半湿润季风气候区，多年平均降水量585 毫米，时空分布极不均匀，降水年际间丰枯交替，连丰、连枯时有发生。由于总体降水量不高，且不稳定，北京自产水资源量较低，且年际变化大。2012 年北京水资源总量为 39.6 亿米^3，比 2011 年增长了 12.7 亿米^3。从近十年变化来看，2002 年水资源总量仅为 16.1 亿米^3，较 2001 年下降了3.1 亿米^3，而后水资源量逐步上升，2008 年突然上升到 34.2 亿米^3，2009年又急剧降低为 21.8 亿米^3，之后又逐步升高，2012 年达到近十年最高值。

从水资源构成来看，2012 年北京地表水资源量 18 亿米^3，占水资源总量的 45.5％；地下水资源量为 21.6 亿米^3，占水资源总量的 54.5％。从占水资源总量的比重变化来看，2001 年到 2011 年地表水资源比重呈现出波动中减少的趋势，从 2001 年的 40.6％减少到了 2011 年的 34.3％，减少了 6.3％，平均每年减少 0.6 个百分点，但 2012 年比重突然增加到了 45.6％；地下水资源比重减少则更为明显，从 2001 年的 81.8％减少到了 2012 年的 54.4％，减少了 27.4％，平均每年减少 3.8 个百分点（图 3-50）。尽管如此，北京仍旧有一半以上的用水来自于地下水，是世界上少有的以地下水为主要水源的城市之一。

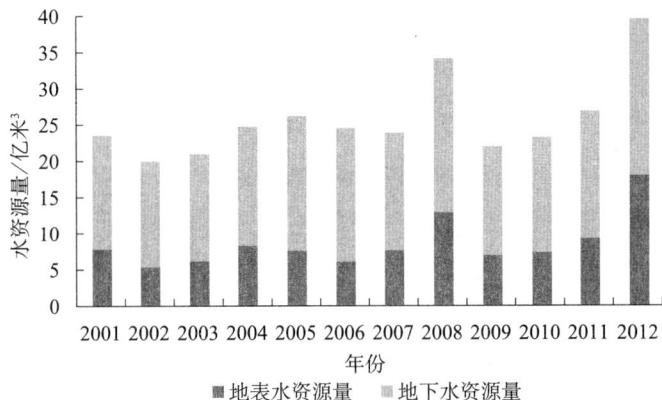

图 3-50　北京历年水资源量及结构

资料来源：《北京统计年鉴 2013》

2012 年北京人均水资源量为 193.3 米³，比 2011 年增长 58.6 米³。从变化趋势看，2001～2008 年人均水资源量基本呈上升趋势，从 2001 年的 139.7 米³ 上升到 2008 年的 198.5 米³，但 2002 年、2006 年出现过明显的下降，2009 年急剧降低为 120.3 米³，之后又不断上升至 2012 年的 193.3 米³（图 3-51）。与全国水平相比，北京人均水资源量远低于全国平均水平，2001 年北京不到全国的 1/15，2002 年更不到 1/19，2008 年最高是 1/10 左右，2012 年为 1/11 左右。

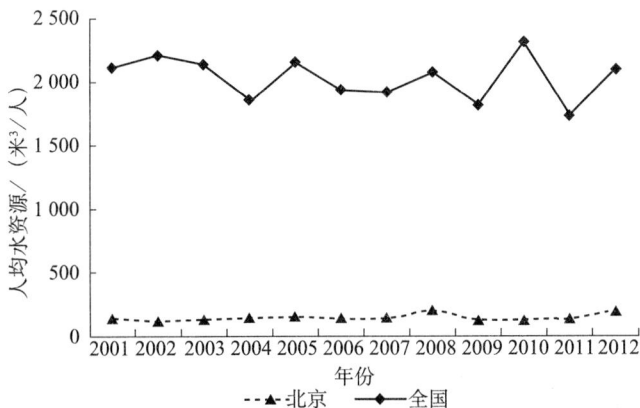

图 3-51　北京及全国人均水资源历年变化情况

资料来源：《北京统计年鉴 2013》《中国统计年鉴 2013》

2. 水资源供给来源

2012 年北京供水总量为 35.9 亿米³，比 2011 减少 0.1 亿米³。北京水资源的供给来源于地表水、地下水、再生水、南水北调和应急用水五种供给水源。2012年，五种供给水源占总供水量的比重分别为12.4%、51.9%、21.0%、7.7%和7.9%。从历年五种水源的比重变化看，地表水与地下水的比重均呈现出不断减少的趋势，分别从2001年的30.05%和69.95%减少到2012年的12.24%和51.09%（图3-52）。北京从2003年开始供给来源结构中增加了再生水，之后呈现出逐年增加的趋势，从2003年占总供水总量的5.73%增加到2012年的21%。2005年北京启动了应急供水来源，当年占到总供水量的7.23%，从历年变化看，应急供水所占比重较为稳定，均保持在7%~10%。2008年南水北调工程开通，并开始向北京地区供水，供水量占当年供水总量的2%，2009年之后供水比重保持稳定，均在7%~8%。

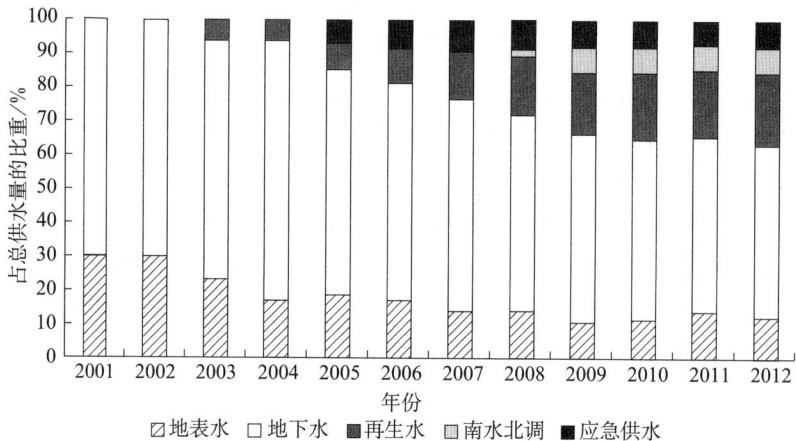

图3-52　北京历年供水来源比例

资料来源：《北京统计年鉴2013》

3. 水资源需求结构

北京水资源消费主要由农业用水、工业用水、生活用水和环境用水构成。2012年，四种用水占总消费用水的比重分别为25.9%、13.6%、44.6%和15.8%。从历年的变化来看，2001~2012年北京用水总量变化不大，用水结构变动却较大，农业用水和工业用水总量和比重呈下降趋势，生活用水量和环境用水量及其比重呈现出上升趋势。农业用水量从2001年的17.4亿米³下降为2012年的9.3亿米³，占总用水量比例从44.7%下降到了25.9%；工业用水从2001年的9.2亿米³下降为2012年的4.9亿米³，占总用水量的比重从23.7%减少到了13.6%；生活用水量从2001年的12.0亿米³上升到了2012年的16亿米³，占总用水量比重从30.8%增加到了44.6%；环境用水量从2001年的0.3亿米³上升到2012年的5.7亿米³，占总用水量比重从0.8%增加到了15.8%

（图 3-53）。从 2005 年开始，生活用水替代农业用水成为北京用水最大的部分。与全国相比，到 2012 年，全国用水仍以农业用水为主，占到 61.3%，其次是工业用水，占 24.0%，生活用水占 12.7%，环境用水占 2.0%。

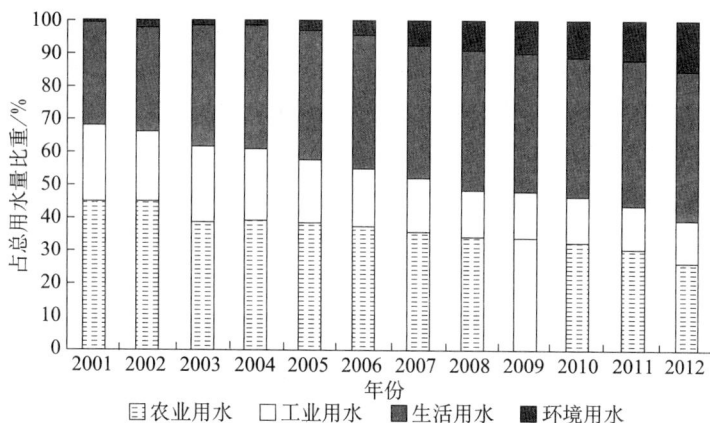

图 3-53 北京市历年用水结构

资料来源：《北京统计年鉴 2013》

随着产业结构的升级，北京经济结构逐步从第二产业向第三产业转化，与此同时万元 GDP 用水量也发生了明显变化。2012 年北京万元 GDP 用水量为 20.1 米^3，与 2011 年相比，同比下降 2.0 米^3。从历年变化来看，北京万元 GDP 用水量呈现出逐年降低的态势，从 2001 年的 104.9 米^3 下降到 2012 年的 20.1 米^3，减少 84.8 米^3，年均减低 16.2%（图 3-54）。由此可见，近几年北京在水资源利用效率和效益上取得明显成效，实现了节水与经济社会发展双赢。

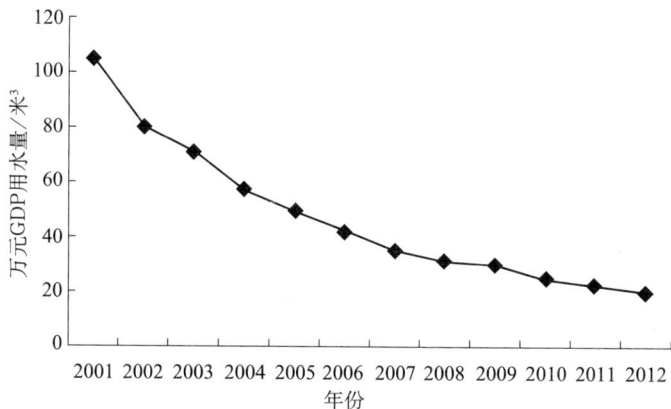

图 3-54 北京历年万元 GDP 用水量变化情况

资料来源：《北京统计年鉴 2013》

（三）能源生产与消费状况

1. 能源生产总量及构成

北京煤炭资源主要分布在北京西山，自万寿山以西，八宝山逆断层经北，斋堂桑峪北山至妙峰山以南地方，称为京西矿区。部分在城东顺义区至河北三河一带燕山南麓前平原，以及城东南大兴区牛房凤河管一带，称为京东矿区。两矿区面积约达 1500 公里^2。

北京最大煤炭年产量曾经达到 1000 万吨，其中 97％为无烟煤。因热稳定性差、灰分高等原因，只有少量用于烧结、炼焦配煤、高炉喷吹等工业生产。全市的一次能源资源极为有限，但拥有一定规模的能源加工转换工业，能源加工转换种类主要有火力发电、供热、炼焦及炼油。

就能源生产来看，2011 年北京能源生产总量（包括一次能源和二次能源）为 3691.1 万吨标准煤，比 2010 年的 3938.4 万吨减少了 6.3％，与 2004 年相比，仅增加 75.3 万吨；2011 年北京一次能源生产量为 482.0 万吨标准煤，与 2010 年相比，变化不大，比 2004 年的 765 万吨减少了 37％；2011 年北京二次能源生产量为 3209.1 万吨标准煤，比 2010 年减少了 7.2％，与 2004 年相比增加了 12.5 个百分点（表 3-13）。

表 3-13　北京能源生产总量情况　　　　（单位：万吨标准煤）

	2004 年	2005 年	2006 年	2007 年	2008 年	2009 年	2010 年	2011 年
一次能源	765.0	679.5	460.6	466.1	414.2	475.7	481.1	482.0
二次能源	2850.8	2832.1	2714.4	2895.2	3213.3	3346.7	3457.3	3209.1
能源生产总量	3615.8	3511.6	3175.0	3361.3	3627.5	3822.4	3938.4	3691.1

资料来源：《北京统计年鉴 2013》

从具体构成来看，北京一次能源主要来自于原煤，2011 年原煤产量为 500.1 万吨，与 2010 年的产量基本持平。从发展趋势来看，北京原煤产量呈现出逐年降低的态势，从 2004 年的 1067.9 万吨降低到了 2011 年的 500.1 万吨，年均下降 11.4％。在二次能源中，汽油、煤油、柴油产量相对较大，2011 年三者分别生产了 251.22 万吨、126.35 万吨和 355.7 万吨，与 2004 年相比，分别增长了 32.4％、93.6％和 49.2％（图 3-55）。

2. 能源消费及结构

2012 年北京能源消费总量为 7177.7 万吨标准煤，同比增长 2.6％。从发展来看，21 世纪以来，北京能源消费总量一直保持增长态势，从 2004 年的 5139.6 万吨标准煤逐年增长到了 2012 年的 7177.7 万吨标准煤，年均增长 4.3％。

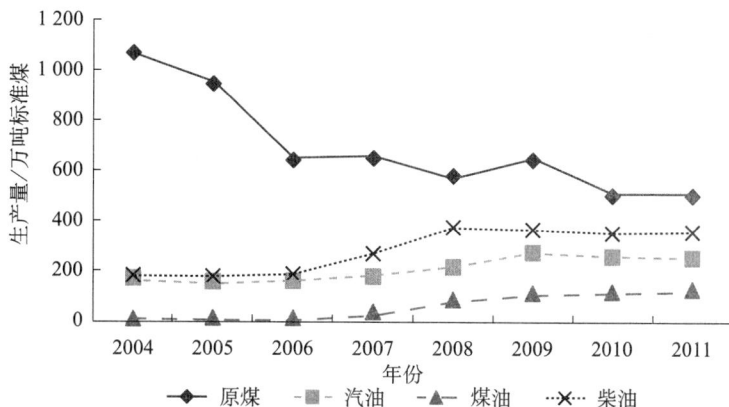

图 3-55 北京历年能源生产构成变化情况

资料来源：《北京统计年鉴 2013》

进一步分析终端能源消费构成发现，2012 年北京终端能源消费用于第一产业、第二产业、第三产业和生活消费分别为 100.8、2426.1、3252.1 和 1398.7 万吨标准煤，分别占能源总消费的 1.4％、33.8％、45.3％和 19.5％（图3-56）。可以看出现今北京终端能源消费主要来自于第二产业和第三产业。从发展来看，终端消费中仅第二产业呈现下降的趋势，从 2004 年的 2664.2 万吨标准煤逐年下降到了 2012 年的 2426.1 万吨标准煤；其余三种均呈现了不同程度的上升趋势，其中第一产业变化最小，仅上升了 15.2 万吨标准煤，第三产业上升幅度最大，从 2004 年到 2012 年增长了 1614.1 万吨标准煤，年均增长 9 个百分点，生活消费也增长迅速，从 2004 年到 2012 年增长了 646.9 万吨标准煤，年均增长 8 个百分点。终端能源消费构成的变化从侧面反映了北京产业结构变化情况，北京正在加快步伐发展第三产业。

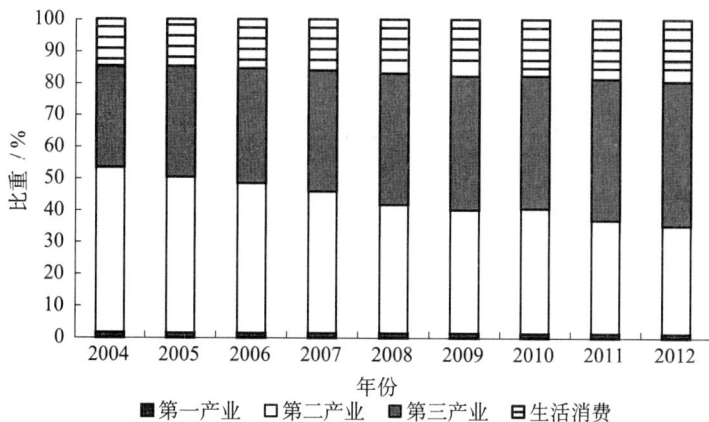

图 3-56 北京历年终端消费构成与变化情况

资料来源：《北京统计年鉴 2013》

按照万元 GDP 计算，2012 年北京万元 GDP 能耗为 0.44 吨标准煤，同比下降 0.02 吨标准煤，明显低于全国平均万元 GDP 综合耗能。从历年变化来看，北京万元 GDP 能耗呈现不断下降的趋势，从 2004 年的 1.03 吨标准煤下降到了 2012 点的 0.44 吨标准煤，年均下降 11.3%。从平均每万元 GDP 消耗的煤炭、电力、石油变化来看，三者均呈现不断下降的趋势。比较来看煤炭下降程度最大，从 2004 年的 0.59 吨下降到了 2012 年的 0.14 吨，年均下降 19.9%；电力从 1021.6 千瓦时下降到 554.6 千瓦时；石油从 0.2 吨下降到 0.09 吨。由此可见北京能源效率正在逐渐提高。

三、北京生态环境状况

可持续发展的标志是资源的永续利用、良好的生态环境，以及经济和社会的发展不能超越资源和环境的承载能力。本部分对水环境状况、大气环境状况、声环境状况、生态环境状况的现状及其变化进行了分析，发现北京当前的生态环境依然很严峻，需要在社会经济决策中全面系统地将环境影响考虑进去[①]。

（一）水环境状况

2012 年北京共监测地表水五大水系包括河流 88 条段，长 2048.2 公里。其中：II 类、III 类水质河长占监测总长度的 53.6%；IV 类、V 类水质河长占监测总长度的 4.3%；劣 V 类水质河长占监测总长度的 42.1%。2012 年北京共监测水湖泊 22 个，水面面积 720 万米²，其中：II、III 类水质湖泊占监测水面面积的 44.9%，IV 类、V 类水质湖泊占监测水面面积的 40.5%；劣 V 类水质湖泊占监测水面面积的 14.6%。2012 年北京共监测水库 16 座，平均总蓄水量为 14.9 亿米³，其中：II 类、III 类水质水库占监测总库容的 90.8%；IV 类水质水库占监测总库容的 9.2%。

从废水排放来看，2012 年北京废水排放总量为 14.03 亿吨，与 2011 年相比增长 0.52 亿吨；其中工业废水为 0.92 亿吨，仅占 6.6%。从污染物排放来看，2012 北京化学需氧量排放量为 18.65 万吨，同比下降 3.46%；氨氮排放量为 2.05 万吨，比 2011 年削减 0.08 万吨，同比下降 3.95%。北京污染物排放强度总体呈现减弱趋势。2012 年北京亿元 GDP 排放的化学需氧量为 10.43 吨，较 2011 年减少 1.45 吨，与 2005 年的 15.1 吨相比减少 6.21 吨，年均下降 6 个百

---

① 生态环境部分数据没有特殊说明均来自《北京统计年鉴（2002～2013）》《中国环境统计年鉴（2004～2012）》《北京市环境状况公报（2000～2012）》。

分点，污染强度减弱趋势明显（图 3-57）。

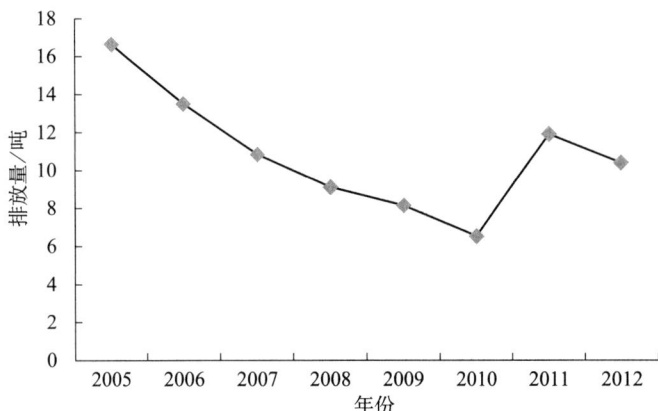

图 3-57　北京历年亿元 GDP 排放的化学需氧量变化情况

资料来源：《北京统计年鉴 2013》《中国环境统计年鉴（2005～2011）》

　　为改善水环境，促进污水资源化，北京加快污水处理设施建设，污水收集和处理率在全国处于领先水平，2012 年北京污水处理率为 83％，提高 1.3 个百分点；比 2003 年的 50.1％提高了 32.9 个百分点（图 3-58），污水处理率的提高为污水资源化创造了条件。2012 年北京污水再生利用量为 7.5 亿米³，增长 0.4 亿米³。污水再生利用率从 2003 年的 7.7％上升到 2012 年的 49.34％，上升了 41.6 个百分点。而且从 2004 年开始，北京把再生水纳入全市水资源平衡之中，逐步加大再生水使用力度，应用范围也越来越广。到 2012 年年底，再生水利用量已达 7.5 亿米³，占北京全市用水总量的 1/5，再生水已成为北京的"第二水源"。

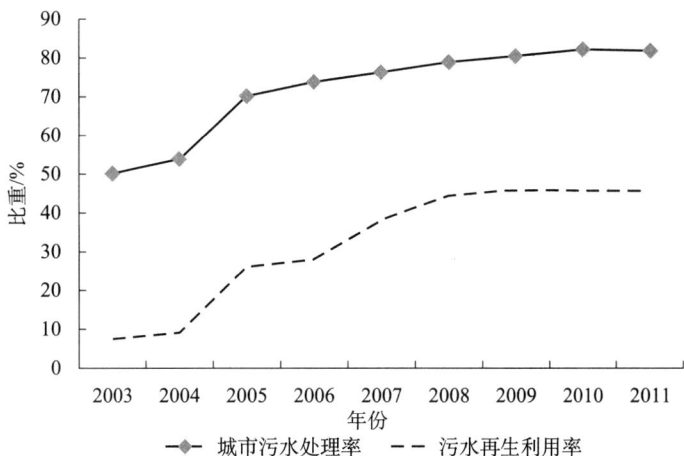

图 3-58　北京历年城市污水处理率和再生利用率变化情况

资料来源：《北京统计年鉴（2004～2013）》

（二）大气环境状况

相比 2011 年，2012 年北京 GDP 持续增长，常住人口不断增加，能源消费总量继续加大，机动车保有量接近 520 万辆，城市建设开复工面积超过 1.5 亿米^2。在经济社会平稳较快发展的同时，北京不断加大大气污染防治力度，空气质量进一步改善。大气中主要污染物浓度全面下降，可吸入颗粒物（PM$_{10}$）、二氧化硫（SO$_2$）、二氧化氮（NO$_2$）年均浓度比 2011 年同期平均下降超过 4%。空气质量的改善是污染物总量（存量和新增量）减排的具体体现，这意味着污染物减排速度"跑赢"了城市快速发展带来的污染物增加的速度[1]。

2012 年，北京全市空气质量二级和好于二级天数达到 281 天，占全年总天数的 77.0%，其中一级天数 74 天，同比增加 21 天；二级天数 212 天，三级天数 74 天，四级、五级天数 5 天。

2012 年，北京空气中二氧化硫年平均浓度值为 0.028 毫克/米^3，按照《环境空气质量标准》（GB 3095—2012）达到国家二级标准；二氧化氮、可吸入颗粒物（粒径在 10 微米以下的颗粒物，通常称为 PM$_{10}$）分别为 0.052 毫克/米^3、0.109 毫克/米^3，均超过国家二级标准，一氧化碳年平均浓度值为 1.4 毫克/米^3。从历年变化趋势来看，四种主要污染物的年平均浓度均呈下降趋势，表明北京的空气质量正逐年改善。二氧化硫年平均浓度值从 2000 年的 0.071 毫克/米^3 下降到 2012 年的 0.028 毫克/米^3，年均降低 8.8 个百分点；二氧化氮年平均浓度值从 2000 年的 0.071 毫克/米^3 降低到 2012 年的 0.052 毫克/米^3，年均降低 2.9 个百分点；可吸入颗粒物年平均浓度值从 2000 年的 0.162 毫克/米^3 下降到 2012 年的 0.109 毫克/米^3，年均降低 3.7 个百分点；一氧化碳年平均浓度值从 2000 年的 2.7 毫克/米^3 下降到 2012 年的 1.4 毫克/米^3，年均降低 6.2 个百分点（图 3-59）。

2012 年，北京二氧化硫排放总量为 9.4 万吨，比 2011 年下降 4.2 个百分点。特别指出的是 2010 年，北京二氧化硫排放总量为 11.5 万吨，比 2005 年下降 39.8%，超额完成国家下达的 20.4% 的减排指标，削减幅度居全国首位[2]。2012 年，生活二氧化硫排放总量为 3.5 万吨，占全部二氧化硫排放总量的 36.7%，该比例与 2011 年相比有所下降，下降了近 0.6 个百分点。2012 年，北京氮氧化物排放总量为 17.7 万吨，比 2011 年减少 1.1 万吨。2012 年，北京烟

---

① 北京市环境保护局迎难而上：我市空气质量 14 年持续改善 . http：//www. bjepb. gov. cn/bjepb/323474/331443/331785/331802/451769/index. html［2012 - 12 - 31］.

② 北京市环境保护局，北京市发展和改革委员会 . 2011. 北京市"十二五"时期环境保护和建设规划 .

尘排放总量为 6.68 万吨，比 2011 年增长 1.5%，其中生活烟尘排放总量为 3.6 万吨，占全部烟尘排放总量的 46.2%，该比重呈下降趋势。从污染物排放强度来看，2012 年北京万元 GDP 排放的二氧化硫为 5.25 吨，比 2011 年增加 0.77 吨，从历年变化来看，万元 GDP 排放的二氧化硫量呈现快速下降的趋势，由 2005 年的 27.41 吨下降到了 2012 年的 5.25 吨，年均降低 27 个百分点。2012 年北京每万元 GDP 排放的烟尘量为 3.74 吨，基本与 2011 年持平，从历年变化来看，每万元 GDP 排放的烟尘量呈现下降趋势，从 2005 年的 8.32 吨下降到 2012 年的 3.74 吨，年均降低 12 个百分点。

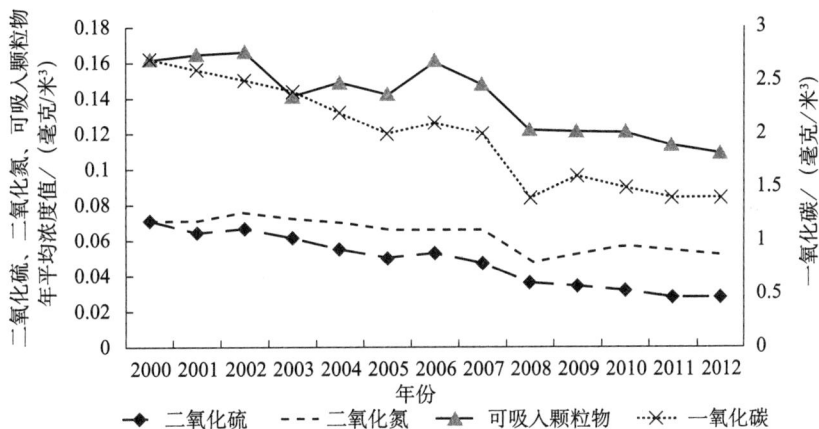

图 3-59 北京空气中主要污染物年平均浓度值变化趋势

资料来源：《北京市环境状况公报（2000~2012）》

《北京市 2013—2017 年清洁空气行动计划》[①]

为贯彻落实国家《大气污染防治行动计划》，进一步加快改善首都空气质量，9 月 11 日，北京正式印发了《北京市 2013—2017 年清洁空气行动计划》（京政发〔2013〕27 号，以下简称"行动计划"）。"行动计划"明确了北京空气质量改善的目标，提出了八大污染减排工程、六大实施保障措施和三大全民参与行动，并将各项任务措施分解落实到了各年份、各区县政府和市相关部门等。

---

① 北京市环境保护局 . 2013. 本市印发《北京市 2013—2017 年清洁空气行动计划》. http：//www.bjepb. gov. cn/bjepb/323474/330026/324900/440807/index. html〔2013 - 09 - 13〕.

空气质量改善目标：经过五年努力，本市空气质量明显改善，重污染天数较大幅度减少。到 2017 年，全市空气中的 $PM_{2.5}$ 年均浓度比 2012 年下降 25％以上，控制在 60 微克/米^3 左右。

八大污染减排工程：一是源头控制减排工程。优化城市功能和空间布局，合理控制人口规模，确保 2017 年底将全市机动车保有量控制在 600 万辆以内。强化资源环保准入约束，严格执行建设项目环境保护管理条例等。二是能源结构调整减排工程。大幅压减燃煤总量，城六区逐步推进无煤化、城乡结合部和农村地区"减煤换煤"、远郊区县燃煤减量化，同时加强清洁能源供应保障、提高能源效率等。到 2017 年，全市燃煤总量比 2012 年削减 1300 万吨，控制在 1000 万吨以内。三是机动车结构调整减排工程。坚持"先公交、严标准、促淘汰"，到 2015 年全市轨道交通运营里程力争达到 660 公里，2016 年力争实施第六阶段机动车排放标准，到 2017 年累计淘汰老旧机动车100 万辆，积极推广新能源和清洁能源汽车。同时制定完善小客车分区域、分时段限行政策和外埠车辆管理政策等。四是产业结构优化减排工程。加快淘汰落后产能，有序发展高新技术产业和战略性新兴产业，推行清洁生产，建设生态工业园区。到 2017 年，全市水泥产能压缩到 400 万吨左右、炼油规模控制在 1000 万吨，累计调整退出 1200 家小型污染企业等。五是末端污染治理减排工程。加快制修订低硫煤及制品、建材、石化和汽车制造等行业大气污染物排放标准。深化燃煤燃气锅炉脱硝治理。到 2017 年，全市工业重点行业挥发性有机物排放量与 2012 年相比累计减少 50％左右。六是城市精细化管理减排工程。集中整治点多、量大、面广的施工扬尘、道路遗撒、露天烧烤、经营性燃煤、机动车排放等污染，督促排污单位完善污染防治设施，切实发挥管理减排效益。到 2017 年，全市降尘量比 2012 年下降 20％左右。七是生态环境建设减排工程。完成平原地区百万亩造林工程，继续推进京津风沙源治理、太行山绿化、森林健康经营等工程建设，增加水域面积 1000 公顷，建设生态清洁小流域 170 条等。八是空气重污染应急减排工程。将空气重污染应急纳入全市应急管理体系，修订《北京市空气重污染日应急方案（暂行）》。在国家有关部门的协调支持下，会同周边省区市建立空气重污染应急响应联动机制，开展区域联防联控等。

六大实施保障措施：一是完善法规体系。积极推进《北京市大气污染防治条例》立法，进一步健全完善本市大气污染防治的法规体系。二是创新经济政策。发挥资源价格的杠杆作用，积极推行激励与约束并举的节能减排新机制。全面落实"合同能源管理"的财税优惠政策，研究推行污染治理设施投资、建设、运行一体化特许经营。推进排污权交易、绿色信贷和绿色证券等。三是强化科技支撑。深入开展大气污染成因、传输规律、污染源来源解析及治理技术、细颗粒物对人体健康的影响，以及空气质量中长期预报预警技术等研究。加快先进适用技术的示范推广等。四是加强组织领导。成立北京市大气污染综合治理领导小组，组织研究大气污染防治的政策措施，加强与周边省区市的合作，推进区域大气污染联防联控、联动应急等。五是分解落实责任。市政府与各区县政府、市有关部门和企业签订目标责任书，每年制订年度清洁空气行动计划，2015 年对"行动计划"进行中期评估。六是严格考核问责。将 $PM_{2.5}$ 作为经济社会发展的约束性指标，构建以环境质量改善为核心的目标责任考核体系，将行动计划目标、任务完成情况纳入绩效考核体系。

三大全民参与行动：一是企业自律的治污行动。对工业、建筑、运输、环卫、餐饮和其他服务业企业，推动自觉遵守环保法律法规，确保污染物稳定达标排放，并鼓励企业主动减少污染排放。二是公众自觉的减污行动。以"同呼吸、共责任、齐努力"为导向，鼓励公众从自身做起、从现在做起、从身边做起、从点滴做起，共同营造绿色生活、减少污染、保护环境的良好氛围。三是社会监督的防污行动。引导媒体、公众等社会力量依法、有序地监督各项大气污染防治措施的落实，督促加快解决大气污染问题等。

(三) 声环境状况

北京的声环境可以分成道路交通噪声和区域环境噪声两个方面来分析。2012 年全市声环境质量基本保持稳定，建成区区域环境噪声平均值为 54.0 分贝；建成区道路交通噪声平均值为 69.2 分贝。从整体上看，在区域环境噪声方面，北京的噪声平均值近十年基本在 53.8 分贝上下波动，变化不大；在道路交通噪声情况方面，2007 年以来有大幅下降，平均值保持在 64～73 分贝范围内（表 3-14），但城区与郊区呈现截然相反的变化趋势，即近郊交通噪声在不断下降，但城区道路交通噪声问题在加剧。

表 3-14　2000～2012 年北京建成区噪声均值统计

年份	道路交通噪声/分贝			区域环境噪声/分贝		
	平均值	城区	近郊	平均值	城区	远郊
2000	71.0	68.1	72.6	53.9	55.5	
2001	69.6	67.9	70.5	53.9	54.5	

续表

年份	道路交通噪声/分贝			区域环境噪声/分贝		
	平均值	城区	近郊	平均值	城区	远郊
2002	69.5	68.1	70.1	53.5	54.1	
2003	69.7	68.2	70.3	53.6	54.1	54.0
2004	69.6	68.1	70.3	53.8	54.2	54.4
2005	69.4～72.7	69.5	68.4	51.9～56.8	53.2	53.7
2006	69.4～73.0	69.7	69.0	50.8～57.7	53.9	53.9
2007	62.3～74.0	69.9	68.9	51.0～55.5	54.0	53.7
2008	65.2～74.4	69.6	68.9	50.9～55.7	53.6	53.7
2009	63.6～73.2	69.7	68.4	51.1～55.7	54.1	53.6
2010	65.9～74.2	70.0	68.0	51.2～55.7	54.1	53.5
2011	64.5～72.5	69.6	67.9	51.0～55.7	53.7	53.4
2012	64.2～72.0	69.7	67.7	49.3～55.5	53.6	53.1

资料来源：《北京市环境状况公报（2003～2013）》

（四）生态环境状况

北京生态环境质量逐步提高。依据《生态环境状况评价技术规范（试行）2006》，2012 年北京生态环境质量指数（EI）为 67.5，较 2011 年略有改善，但仍低于 2008 年的指数，生态环境质量级别为良[①]（表 3-15）。其中，位于北部、西北部的生态涵养发展区生态环境状况优于城市功能拓展区、城市发展新区和首都功能核心区。

表 3-15 北京历年生态环境质量指数（EI）情况

	2006 年	2007 年	2008 年	2009 年	2010 年	2011 年	2012 年
EI	59.7	64.7	67.8	65.9	66.1	66.4	67.5
级别	良	良	良	良	良	良	良

资料来源：《北京市环境状况公报（2006～2012）》

2011 年，北京水土流失治理面积为 57.98 万公顷，比 2010 年增加 3.70 万公顷，而且自 2005 年以来一直增加。2011 年，北京造林面积 6.51 万公顷，比 2010 年减少 1.26 万公顷；2012 年，北京森林面积达到 69.13 万公顷，自 2005 年以来持续增加，森林覆盖率也由 2005 年的 35.9％增加到 2012 年的 38.6％；北京市林木绿化率也从 2003 年的 47.5％增长到了 2012 年的 55.5％。

北京城市绿化不断改善。2012 年，北京城市绿化覆盖率为 46.2％，比上年增长 0.6 个百分点；人均公园绿地面积为 15.5 米²，比上年增加 0.2 米²。从历年的变化来看，北京城市绿化覆盖率、人均公园绿地面积呈不断上升趋势。城

---

① 北京市环境保护局 . 2013. 2012 北京市环境状况公报 .

市绿化覆盖率从 2000 年的 36.5% 增长到了 2012 年的 45.6%，年均增长 1.9 个百分点，均高出全国平均水平；人均公园绿地面积从 2000 年的 9.7 米^2 增长到 2012 年的 15.5 米^2，年均增长 3.9 个百分点，也均高出全国平均水平（图 3-60）。

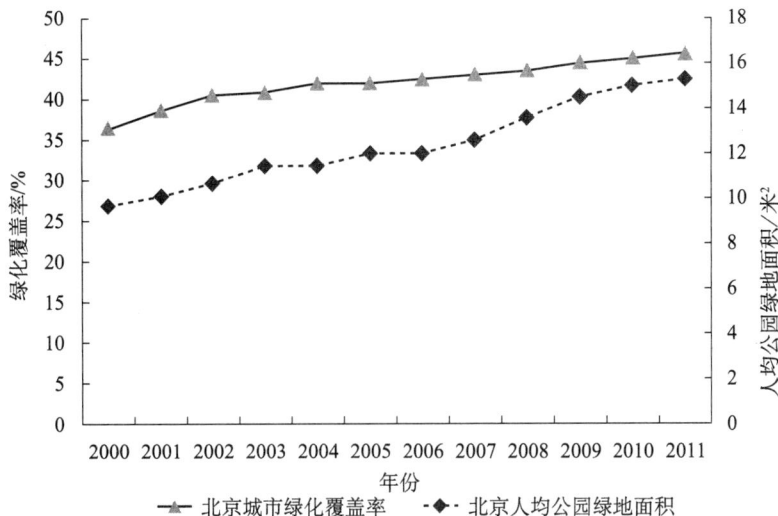

图 3-60　历年北京城市绿化情况

资料来源：《北京统计年鉴 2013》

第四节　北京的城市空间发展

新中国成立以来，随着城市经济社会发展水平的快速提升，北京的城市空间布局逐步扩张，空间结构也日趋复杂化。本节将从北京历次城市规划和空间战略的梳理入手，对北京市当前的城市规划和主体功能区进行初步整理，进而利用数据对北京 2012 年的经济社会发展格局和基础设施建设情况进行详尽分析，力求对当前的北京城市空间发展做一较为系统的总结。

一、北京总体空间发展与功能分区

（一）区域空间发展战略沿革

北京作为首都，城市扩张的速度始终高于全国平均水平，特别是近 20 年来的城市空间结构发展日渐迅速和复杂。为了应对城市的空间发展，自新中国成立以来，北京已先后编制了多次渐进式的市域城市总体规划，并不断出台指导性意见以改善和解决北京面临的空间性问题。

1953 年 11 月的《改建扩建城市规划草案的要点》中提出，首都应该建设成为我国政治经济文化中心，对古代遗留下来的古建筑要区别对待，有步骤地改变自然条件，为工业发展创造条件。1957 年的《北京城市建设总体规划初步方案》提出，为避免市区的人口过分集中，城市布局准备采取"子母城"的形式，在发展市区的同时，有计划地发展一批卫星城镇。1958 年 11 月，《北京市总体规划说明》第一次颁布"分散组团式"布局原则和规划方案，建议将城市分割为超过 20 个相对独立的建设区，形成由城市中心地区和边缘建设区及两者之间的绿色空间地带有机组成的布局形势。在工业发展上提出了控制市区、发展远郊区的设想。1973 年《北京城市建设总体规划方案》提出，新建工厂移至远郊，市区现有工厂挖潜，逐步建设一批小城镇。1983 年《北京城市建设总体规划方案》第一次明确北京的城市性质为"全国的政治中心和文化中心"，强调经济发展要适应和服从城市性质的要求，调整经济结构，不再提"经济中心"和"现代化工业基地"；并且第一次提出"严格控制人口规模"。

直至 1993 年，北京正式出台面向 1991～2010 年的《北京城市总体规划》（以下简称《规划》），进一步明确了首都政治中心和文化中心的城市性质，提出全方位对外开放现代化国际城市的目标，并指出城市发展要实行"两个战略转移"的方针，即努力改善人口和产业过分集中在市区的状况，建设重点要逐步从市区向远郊区进行战略转移，市区建设要从外延扩展向调整改造转移；大力发展远郊城镇，实现人口和产业的合理布局，进一步加强与首都周围的城市和地区的协调发展。《规划》明确了市区是城市的主体，整体布局原则仍为"分散集团式"，由市区中心地区和环绕其周围的北苑、酒仙桥、东坝、定福庄、垡头、南苑、丰台、石景山、西苑、清河 10 个边缘集团组成，规划城市建设用地 610 公里^2 左右。本次规划最重要的目标在于缓解北京市内城区人口和产业快速增长所造成的过度集聚现象，解决其为城市的进一步发展带来的诸多问题和困境。但是，随着城市规模的不断扩大，大城市所存在的交通、环境、资源问题日趋激化。由于城市中心区过分拥挤，建成区不断蔓延，原有的单中心规划布局思想、"分散组团式"的结构模式及"环形加放射"的路网格局已经难以解决新的城市问题。

（二）当前北京城市总体规划

1993 年国务院批准的《北京城市总体规划》中所确定的基本方针和主要原

则是正确的。但在新的形势下，经济社会迅猛发展，北京面临新机遇期，迫切需要新的发展空间。总体规划所确定的部分目标提前实现，规划空间容量趋于饱和，难以容纳新的城市功能。大城市问题日益显现，面对发展中的新问题，原有规划思想需要及时调整和补充。2005 年，北京市颁布《北京城市总体规划（2004—2020）》，将未来北京的发展目标定位于国家首都、世界城市、文化名城，并首次提出"宜居城市"概念。

此次规划针对 21 世纪以来北京的快速扩张和随之而来的大城市问题，对城市空间结构提出了新的规划建议，即在北京市域范围内，构建"两轴—两带—多中心"的城市空间结构。其中，"两轴"指沿长安街的东西轴和传统中轴线的南北轴，是北京城市的精髓，应结合传统中轴线和长安街的延伸，全面实现保护和发展，从空间布局上体现首都政治、文化、经济职能的发挥。"两带"指"东部发展带"和"西部发展带"，前者北起怀柔、密云，重点发展顺义、通州、亦庄，东南指向廊坊、天津，与区域发展的大方向一致，应主要承接新时期的人口产业需求；后者与北京的西部山区相联系，既是北京的生态屏障，又联系延庆、昌平、沙河、门城、良乡、黄村等，坚持以生态保护为前提的调整改造，各级城镇主要发展高新技术、高教园区等环保型产业，为北京建成最适宜人居住的城市奠定基础。"多中心"指在市域范围内建设多个服务全国、面向世界的城市职能中心，提高城市的核心功能和综合竞争力，包括中关村高科技园区核心区、奥林匹克中心区、中央商务区（CBD）、海淀山后地区科技创新中心、顺义现代制造业基地、通州综合服务中心、亦庄高新技术产业发展中心和石景山综合服务中心等。在市域范围内的"两带"上建设若干新城，以吸纳城市新的产业和人口，以及分流中心区的功能。

在"两轴—两带—多中心"城市空间结构的基础上，逐步建设形成中心城—新城—镇的市域城镇结构（图 3-61）。其中，中心城是北京政治、文化等核心职能和重要经济功能集中体现的地区。其范围是上版总体规划市区范围加上回龙观与北苑北地区，面积约 1085 公里^2。新城是在原有卫星城基础上，承担疏解中心城人口和功能、集聚新的产业，带动区域发展的规模化城市地区，具有相对独立性。规划新城 11 个，分别为通州、顺义、亦庄、大兴、房山、昌平、怀柔、密云、平谷、延庆、门头沟。镇是建制镇的简称，是推动北京城镇化的重要组成部分，包括重点镇和一般镇。

该规划的重点目标为打破城乡二元结构，有效引导城镇化健康发展，构筑城乡一体、统筹协调发展的格局。这是北京全面建设小康社会，率先基本实现现代化的必然要求；是促进"三农"问题解决，农村繁荣、农业发达、农民富裕的根本出路；是改善生态环境，集约利用土地资源，拓展城市发展空间的客

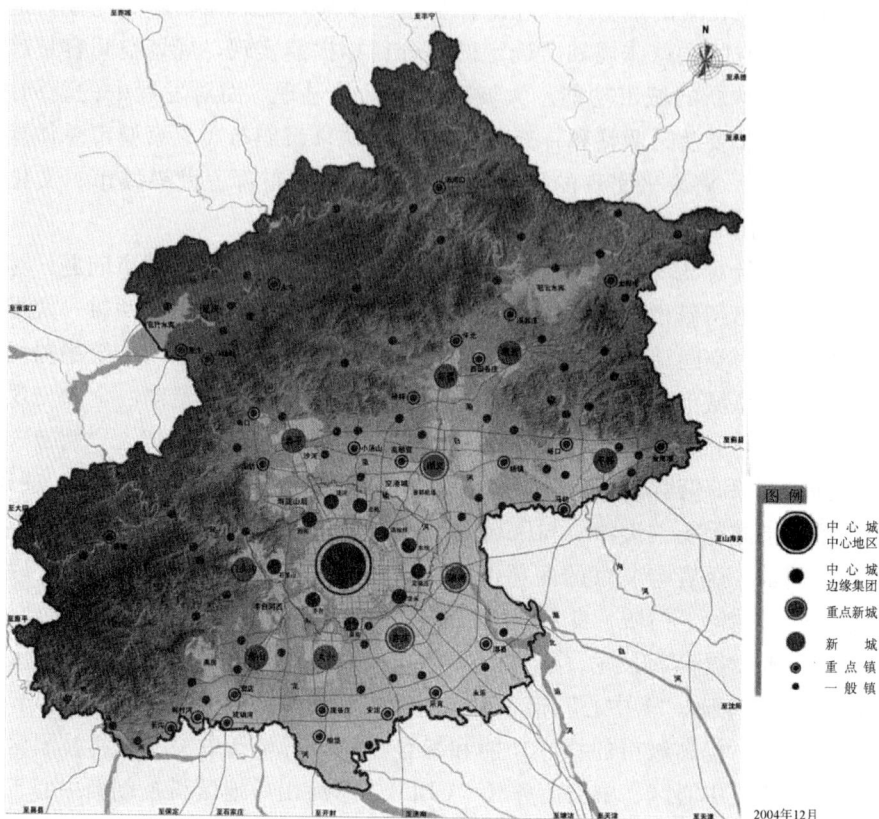

图 3-61　北京市市域城镇体系规划示意图
资料来源：《北京市城市总体规划（2004—2020）》

观需要。实施以新城、重点镇为中心的城市化战略，与城市空间布局和产业结构调整相适应，逐步形成分工合理、高效有序的网络状城镇空间结构。加强农村居民点的整合，改善生态环境，提高公共设施和基础设施服务水平，推动产业向规模经营集中、工业向园区集中、农民向城镇集中。

（三）主体功能分区

城市发展的协调取决于功能配置的协调，特别是不同服务功能在空间上的合理配置。按照国家主体功能区规划的战略要求，《北京市国民经济和社会发展第十二个五年规划纲要》在《北京市城市总体规划（2004—2020）》的空间架构基础上，着眼于提升首都功能，坚持区县功能定位，引导城市功能统筹布局，推进区域差异化、特色化发展和整体效能最大化。其中明确提出四个功能分区建议，进一步强化功能区域的主体功能，加快城市空间格局由功能过度集中在中心城向多功能区域共同支撑转变，推动城市发展建设重心向发展新区转移，加快新城建设和薄弱地区崛起，建设现代化新农村，促进城乡区域协调发展，构建城乡一体、多点支撑、均衡协调的城市发展格局。

首都功能核心区，包括东城区和西城区，是首都"四个服务"职能的主要承载区、历史文化名城保护和集中展示区，应坚持风貌特征鲜明、管理服务优质、功能优化疏解、南北融合协调、产业发展高端的定位。把历史文化名城保护与传承作为重要任务，全面落实城市规划，推进旧城区整体保护和渐进式小规模有机更新，加大重点街区和重点院落风貌修缮保护力度，探索开发利用地下空间解决公共设施配置不足问题，既要保护外部历史风貌，又要推进内部生活居住条件的现代化，实现民生改善和旧城保护发展的有机统一。优化提升主导产业，重点发展金融保险、商务会议、文化旅游等高端服务业。深化网络化、精细化管理，推进街道服务标准化、便利化，全面提升城市运行保障能力和服务水平。加快南北城服务资源、产业要素、发展空间的优化整合，有效保护南部历史文化风貌，注入高端发展要素，提升南部地区发展水平。积极推进功能和人口疏解，严格控制旧城区新建住宅开发项目，严格控制大型公建项目，严格限制医疗、行政办公、商业等大型服务设施的新建和扩建，严格禁止疏解搬迁区域的人口再聚集。

城市功能拓展区，包括朝阳区、海淀区、丰台区、石景山区，是首都面向全国和世界的服务功能的重要承载区，是首都经济辐射力和控制力的主要支撑区，要坚持产业高端化、发展国际化、城乡一体化。强化科技创新、商务服务和国际交往功能，进一步集聚各类高端产业要素特别是国际要素，集中力量建设高端产业功能区。扩大和巩固生产性服务业、高技术产业发展优势，提升整体影响力和竞争力。加快城乡结合部改造，统筹解决好产业升级、环境提升、人口管理、集体产权改革等问题，推进城市基础设施、公共服务在区域内的全覆盖。

城市发展新区，包括通州区、顺义区、大兴区（北京经济技术开发区），以及昌平区和房山区的平原地区，是首都战略发展的新空间和推进新型城市化的重要着力区，要坚持加快发展、完善功能、壮大实力。围绕新城和重点镇建设，高标准配置区域基础设施和公共服务设施，高水平建设生态环境，有效承接产业、人口和城市功能转移。围绕重点产业功能区，推进集中连片开发，吸引集聚央企、外企、大型民企等发展要素，着力发展先进制造业、战略性新兴产业和生产性服务业，壮大经济实力，将发展新区培育成为未来增长极和发展新空间。在有效保证农民利益的基础上，多途径稳步推进区域人口向城镇集聚，提高郊区城市化水平。加强生态控制，节约利用资源，合理控制土地开发强度。

生态涵养发展区，包括门头沟区、平谷区、怀柔区、密云县、延庆县，以及昌平区和房山区的山区部分，是"绿色北京"秀美自然风貌的展示区和生态友好型发展建设的示范区，是首都最为宝贵的生态资源和水资源涵养保障区，也是市民休闲度假、户外运动的主体区域，要持续加大保护力度、培育生态型产业。深度系统加强生态资源、水资源保护，实施宜林荒山绿化、矿区生态恢复、水源保护和小流域综合治理等重点工程，大幅提升生态涵养保障能力。探索多种途径将生态资源优势转化为生态发展优势，积极鼓励央企、外企的后台资源、总部配套服务资源的集聚，引导高端会议、研发设计等到生态涵养区发展。充分发挥生态环境优势，重点培育健康休闲、体育健身、文化创意等产业。积极推进古北水镇、龙湾水乡、房车营地及云蒙山风景区等重大项目，建设密云国际绿色休闲旅游产业综合示范区。建设延庆"绿色北京"示范区。打造中瑞生态谷、中芬生态谷、司马台—雾灵山、延庆百里山水画廊等一批品牌沟谷，促进沟域经济发展。完善门头沟区、房山区等交通条件和旅游设施，使西部地区与北部山区一样成为市民旅游休闲集中地。建设平谷京东文化旅游区，继续完善生态补偿机制，健全区县合作帮扶长效机制，完成泥石流易发区、采空区农民搬迁，坚决退出资源开采型产业。

二、北京经济社会发展基本格局

2012年，北京全市辖16个区县、143个街道、144个建制镇和38个建制乡。其中，首都功能核心区共辖2区32个街道，城市功能拓展区共辖4区70个街道、9个建制镇和22个建制乡，城市发展新区共辖5区28个街道、72个建制镇和7个建制乡，生态涵养发展区共辖5区13个街道、63个建制镇和9个建制乡①。

（一）经济发展格局

从经济实力看，2012年北京GDP达到17 879.40亿元，比2011年增长7.7%。从各区县单元来看，GDP排在前五位的依次为朝阳区、海淀区、西城区、东城区和顺义区，占据了全市GDP的68.76%，而平谷区、门头沟区和延庆县分列最后三位；同时，首都功能核心区和城市功能拓展区所占的GDP比重达到69.65%。全市常住人口已超过2000万人，其中城市功能拓展区占据了近

---

① 如无特殊说明，本部分的数据来源均为北京市统计局2012年分区县数据查询网。

半壁江山。2012 年，全市人均 GDP 为 87 475 元，其中人均 GDP 排在前三位的依次为西城区、东城区和顺义区，而昌平区、大兴区和延庆县则分列最后三位。全市固定资产投资总额为 6462.8 亿元，城市功能拓展区达到了全市该指标的 41.6%，其中，朝阳区、海淀区和丰台区的固定资产投资总额属于第一梯队，且朝阳区的固定资产投资额显著高于其他区县。在地方财政收入指标中，朝阳区、西城区和海淀区依次位列前三，共占全市财政收入的四分之一，明显领先于其他区县（表 3-16）。

从人民生活水平来看，海淀区、西城区、东城区和朝阳区的城镇居民人均可支配收入均超过全市平均水平，并远高于其他各区县水平；而海淀区、朝阳区和丰台区的农村居民家庭人均纯收入也明显领先。从分产业的基本情况来看，全市规模以上工业企业总产值明显集中在城市发展新区和城市功能拓展区，而顺义区和北京经济技术开发区的表现最为突出，均超过了 2000 亿元的产值，分别达到全市 50.52% 和 21.92% 的份额；同时，社会消费品零售总额仍以朝阳区和海淀区为优势区域，均超过了 1500 亿元，共计占全市的 43.29%，遥遥领先于其他各区县。

表 3-16　2012 年北京及 16 个区县经济发展基本情况

地区	地区 GDP/亿元	常住人口/万人	人均 GDP/元	固定资产投资/亿元	地方财政收入/亿元	城镇居民人均可支配收入/元	农村居民家庭人均纯收入/元	规模以上工业企业工业总产值/亿元	社会消费品零售总额/亿元
全市	17 879.4	2 069.3	87 475.0	6 462.8	4 512.9	36 469	16 476	15 596.2	7 702.8
首都功能核心区	4 043.6	219.5	184 219.8	381.0	509.3	39 265		942.7	1559.0
东城区	1 450.1	90.8	159 706.0	182.5	146.0	38 559		109.6	794.6
西城区	2 593.5	128.7	201 514.7	198.4	363.3	39 772		833.1	764.3
城市功能拓展区	8 408.8	1 008.2	83 404.5	2 689.3	934.9	3 8342	21 175	3 418.4	4 345.6
朝阳区	3 632.1	374.5	96 985.0	1 195.5	472.5	37 883	22 152	1 239.2	1 829.5
丰台区	923.8	221.4	41 724.4	660.1	153.8	34 200	18 502	386.4	826.6
石景山区	338.2	63.9	52 928.6	144.8	25.9	35 420		303.5	184.5
海淀区	3 514.8	348.4	100 883.0	688.9	282.7	41 841	22 364	1 489.3	1 504.8
城市发展新区	3 728.8	653.0	57 101.9	2 725.3	550.0	30 337	15 473	7 879.3	1 409.1
房山区	449.3	98.6	45 567.4	490.1	74.8	30 025	15 192	1 019.9	182.5
通州区	450.5	129.1	34 897.4	506.1	110.5	30 476	15 936	610.0	239.3
顺义区	1 103.2	95.3	115 760.5	418.6	130.0	30 437	15 960	2 299.0	254.1
昌平区	506.3	183.0	27 666.7	490.1	81.4	29 950	14 971	1 191.7	280.4
大兴区	391.7	147.0	26 648.0	480.5	153.2	31 004	15 329	570.9	200.9

续表

地区	地区 GDP/亿元	常住人口/万人	人均GDP/元	固定资产投资/亿元	地方财政收入/亿元	城镇居民人均可支配收入/元	农村居民家庭人均纯收入/元	规模以上工业企业工业总产值/亿元	社会消费品零售总额/亿元
北京经济技术开发区	827.7			339.9				2 187.9	251.9
生态涵养发展区	714.7	188.6	37 893.6	667.2	133.5	30 354	14 764	1 091.5	389.0
门头沟区	117.0	29.8	39 275.1	190.7	33.7	32 369	15 715	104.6	43.7
怀柔区	182.0	37.7	48 287.9	138.3	33.0	29 562	14 585	440.4	89.8
平谷区	153.2	42.0	36 473.6	122.5	26.8	29 850	15 067	216.8	66.9
密云县	178.6	47.4	37 671.1	145.3	29.6	29 551	14 590	262.0	105.6
延庆县	83.8	31.7	26 447.6	70.4	10.4	28 644	14 078	67.7	83.0

资料来源：北京市统计局 2012 年分区县数据查询网

　　总的来看，北京当前的经济空间构架仍然表现为以东城区、西城区、朝阳区和海淀区为中心，逐步向外围渐次递减的态势。但是，在北京城市总体规划和主体功能区划分的指导下，全市经济发展的核心优势区域范围正在沿着"两轴—两带"逐渐向外围区县扩散或转移。从 2012 年的基本数据分析可以看到，首都功能核心区和城市功能拓展区仍然是全市经济的中坚力量，是各区县发展的领头羊。同时，城市发展新区在大力承接和发展工业产业的基础上，已经占据了全市工业总产值超过一半的份额，说明城市发展新区已在新型功能定位下实现了跨越式的增长，但目前新区的人民生活水平仍然相对落后。

　　（二）社会发展格局

　　第一，从科技和公共服务来看，朝阳区和海淀区的专利申请授权量遥遥领先，共占到全市的 59.11%，属于专业技术聚集区域；而公共图书馆图书藏量中，海淀区一枝独秀，占到全市的 64.38%。第二，从生态环境来看，生态涵养发展功能区的林木绿化率显著高于其他区县，而朝阳区、丰台区和海淀区的生活垃圾无害化处理量位列前三。第三，从卫生和社会保障水平来看，朝阳区、房山区和海淀区的卫生机构数量较大，在参加基本养老和医疗保险的人数方面，朝阳区、海淀区、西城区和东城区均依次位列前四位，并且优势明显（表 3-17）。

表 3-17　2012 年北京及 16 个区县社会发展格局现状

地区	专利申请授权量/件	公共图书馆图书藏量/万册	林木绿化率/%	生活垃圾无害化处理量/万吨	卫生机构/个	参加基本养老保险人数/万人	参加基本医疗保险人数/万人
全市	50 511	5 556	55.5	642.60	9 974	1 206.4	1 279.7
首都功能核心区	7 302	272		105.26	1 144	295.9	345.2
东城区	3 989	114	19.1	46.57	537	120.4	148.5
西城区	3 313	158	14.6	58.69	607	175.5	196.7
城市功能拓展区	34 019	4 556		335.56	2 938	562.0	614.7
朝阳区	9 993	800	23.3	142.44	1 239	248.1	264.3
丰台区	2 979	78	39.7	90.43	516	72.5	82.8
石景山区	1 185	101	40.4	14.20	197	36.5	38.8
海淀区	19 862	3 577	42.6	88.49	986	204.9	228.8
城市发展新区	8 414	350		158.91	3 777	215.3	229.9
房山区	520	97	56.5	19.69	1 009	29.0	31.4
通州区	1 202	40	27.2	28.86	604	35.6	37.8
顺义区	777	69	28.3	19.32	606	46.0	49.0
昌平区	3 149	63	64.1	44.77	843	35.8	39.0
大兴区	2 766	81	26.7	46.28	715	40.1	44.0
北京经济技术开发区						28.8	28.7
生态涵养发展区	768	378		42.87	2 100	72.1	81.8
门头沟区	134	64	60.1	8.12	261	18.3	19.6
怀柔区	287	81	76.4	10.73	479	16.0	17.2
平谷区	159	141	68.1	7.85	431	14.9	16.8
密云县	145	60	66.7	10.46	662	15.2	18.3
延庆县	43	32	66.1	5.71	267	7.7	9.9
其他	8					61.0	8.2

资料来源：北京市统计局 2012 年分区县数据查询网

因此，从社会发展水平来看，朝阳区和海淀区是全市的知识型区域，具有高密度的人才分布，因而也是创新型产业和科学研发机构的集聚地。由于北京各区县所承担的主体功能不同，其发展侧重点因而也存在差异。生态涵养发展区作为全市的"肺"，必须限制产业发展，尽可能保留其生态优势，而其他区县的生态环境质量水平则显著偏低，特别是首都功能核心区，其属于内城区，基础设施落后并且治理困难，导致环境质量尤为堪忧。卫生和社会保障水平较高的区域与经济发展发展水平高的空间布局重合，集中在首都功能核心区和城市功能拓展区，其他区县有待进一步发展。

三、基础设施建设

北京基础设施在近十年来实现了跨越式发展。《北京市国民经济和社会发展第十二个五年规划纲要》明确提出，要从推动城市可持续发展的战略高度，在"十二五"时期更加注重城市运行管理，突出抓好交通疏堵、资源供应和垃圾处理等市民关心的重大问题，推进城市建设由设施建设向功能建设转变，统筹处理好局部与全局、地上与地下、生产与排放的关系，大幅度提高基础设施的系统性、安全性和可靠性，更好地适应经济社会发展要求和服务市民生活。

（一）交通基础设施

1. 城市道路

改革开放的前十年为北京城市道路的初步建设时期，借鉴国际经验，引进了快速路的概念，按照城市快速路的标准逐步改造二环路，并开始规划城市快速道路系统；此外立交道路建设在形式、数量上都有较快的发展。这段时间，北京的城市道路长度从改革开放之初的 2078 公里增长到 1990 年的 3276 公里，年均增速为 3.87%，道路面积从 1611 万米^2 增加到 1990 年的 2905 万米^2，年均增速为 5.04%（图 3-62）。其中，道路面积的增长速度快于道路长度的增长速度，表明这段时期的交通建设，道路的宽度在不断增大。

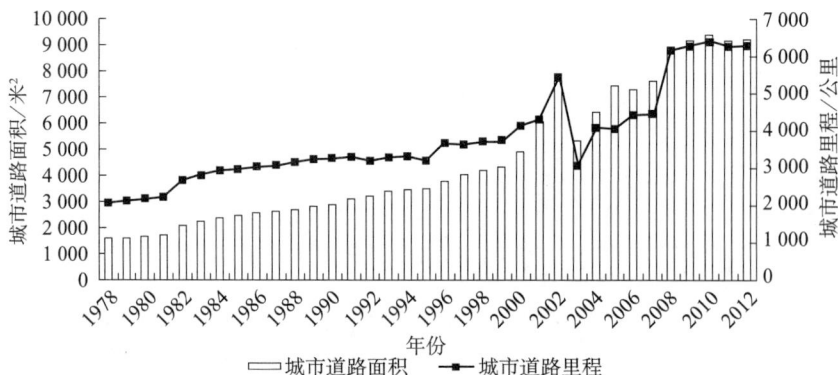

图 3-62　改革开放以来北京道路基本情况

资料来源：《北京统计年鉴 2013》

境内公路、道路总里程为全市道路和公路里程之和（剔除道路、公路交叉重复部分）；道路及桥梁 1978~1981 年统计范围为城八区及通州；1982~2002 年统计范围为城八区及 14 个县城；2003 年及以后统计范围为城八区和北京经济技术开发区；2008 年道路数据为北京市城市道路普查数据

1990 年以后，北京进入了城市道路建设的高潮期，以承办亚运会为契机，提出了"打通两厢，缓解中央"的战略目标，加速道路建设，1993 年完成了二环路，1999 年完成了三环路的建设工作，在此期间标准最高、承载能力最强的四环快速路东四环部分建成通车；另外，打通了如平安大街、宣武门外大街南延等一批断头路，显著增强了路网的系统性。到 2002 年，道路总长度已经达到 5444 公里，道路总面积已经达到 7645 万米^2，1990~2002 年年均增速分别为 4.32% 和 8.40%，增速远高于之前的时期；同时，道路面积增长速度几乎相当于道路长度增长速度的两倍。可以看出，为了解决日益严重的交通拥堵问题，

道路宽度及道路建设标准也在不断提高。

从 20 世纪 90 年代开始，随着机动车保有量迅速增长，且增长速度远远超过城市道路的建设速度，北京开始进入了城市道路系统的改造升级期，在城市道路系统规划；以及建设城市快速路系统、主干路系统、中心区路网加密系统三大系统战略目标的指导下，对二环路进行了两次全面系统的改造，建成了南西北四环路，建设并完善了一批城市快速放射道路，改造了城市立交系统。仅仅从北京城八区和北京经济技术开发区来看，道路长度从 2003 年的 3055 公里增长到 2012 年的 6271 公里，道路面积则从 5345 万米^2 增长到 9236 万米^2，年均增速分别为 8.32％和 6.27％，达到了前所未有的增长速度。

2. 轨道交通

改革开放后到 20 世纪 90 年代末，北京轨道交通建设发展缓慢。2000 年以来，北京地铁建设进入快速发展阶段。轨道交通长度由 2001 年的 54 公里迅速增加到 2012 年的 442 公里，年均增速超过 21％（图 3-63）。地铁线路条数也迅速增加，由 2003 年的 4 条增加到 2009 年的 9 条，至 2010 年已经达到 14 条。2009年，北京地铁开通运营的线路包括 1 号线、2 号线、4 号线、5 号线、10 号线、13 号线、机场快轨、八通线；2010 年，北京地铁又开通了亦庄线、大兴线、房山线（苏庄至大葆台）、15 号线（顺义线，一期首开段望京西到后沙峪）和昌平线（一期西二旗到南邵）。在 2005 年《北京市轨道交通建设规划（2004—2015）调整方案》中，提出了北京将在 2015 年新建 15 条线路（19 个项目），线路总长将达到 447.4 公里，实现线网总长为 561.5 公里。可以看出，未来一段时间内，北京轨道交通建设仍将快速发展。

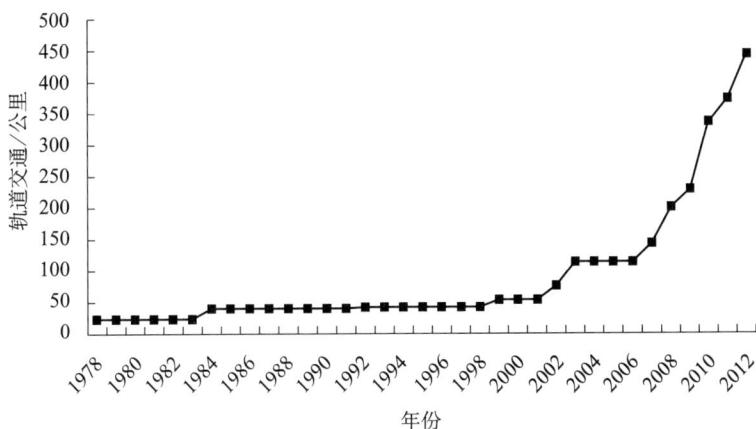

图 3-63　改革开放以来北京轨道交通发展状况
资料来源：《北京统计年鉴 2013》

3. 公共汽（电）车交通

20 世纪 90 年代中期至今，北京公共汽（电）车交通进入了发展高潮期。这段时间，北京交通拥堵问题尤其严重，开始寻求通过大力发展公共交通来解决这一问题。从图 3-64 可以看出，1995 年以后，北京公共汽（电）车交通运营线路的发展速度远超过去。1995 年，公交运营线路长度为 4497 公里，到 2012 年达到 19 547 公里，年均增速达到 9.03%。2005 年，《北京交通发展纲要（2004—2020）》提出"公交优先"发展战略，此后北京一直将"公交优先"作为缓解城市交通拥堵的治本之策。因此，在未来一段时期，北京公共汽（电）车交通仍将保持快速发展。

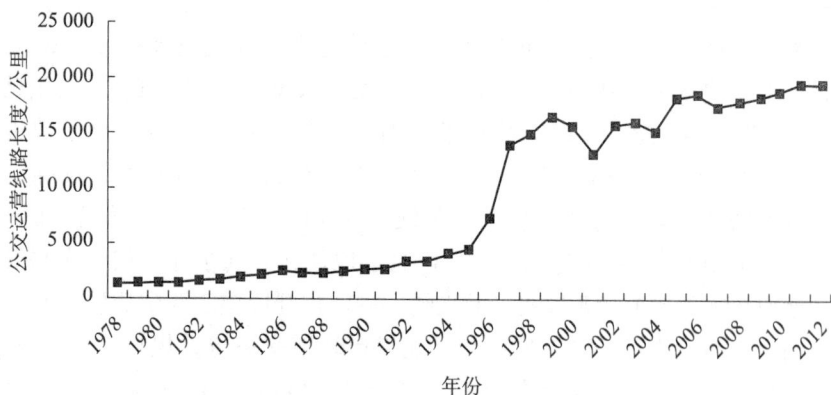

图 3-64　改革开放以来北京公交线路长度变化情况

资料来源：《北京统计年鉴 2013》

总的来说，北京的交通基础设施建设在近 20 年来发展迅速，城市道路和公共交通网密度显著增大，取得了有目共睹的成绩。但是，北京交通基础设施仍然需要紧追城市空间不断扩张、结构不断复杂化的趋势。目前，交通拥堵仍是北京城市运行管理中的突出矛盾之一，而未来的交通将面临越来越大的压力。北京市"十二五"规划进一步强调，要坚持公交优先发展战略，引导小客车合理使用，加快交通基础设施建设，提升交通综合管理与服务水平，积极倡导文明出行，努力缓解中心城特别是核心区的交通拥堵，确保首都交通整体安全顺畅。因此，为了适应北京快速的经济增长和日渐复杂的空间结构需求，当前北京的交通路网结构在多中心、多层次的基础上，仍有待进一步的发展和完善。

（二）信息基础设施

北京市"十二五"规划提出，要进一步加强信息通信高速网络和枢纽建设，促进资源共享和互联互通，构建城乡一体、全面覆盖的现代化信息基础设施网络，推动首都全面迈进信息高速时代，创建信息安全城市。其中，具体落实的措施包括四点。

第一，推进信息通信管线集约化建设，实现 100 兆光纤到楼入户，1G 宽带服务覆盖社区。推动 10 兆无线网络覆盖全部平原城乡和大部分山区，使用户能够方便快捷访问互联网。推进"三网融合"试点，促进移动多媒体、互联网电视等融合发展，实现交互式高清电视传输覆盖全市 70％以上家庭。完善 800 兆数字集群通信网，保证政务通信需要。

第二，建设面向公众和产业服务的城市基础空间地理信息服务平台，推进数据交换中心、数据中心和信息处理中心建设。利用云服务等技术推进信息资源的开发和共享，让社会公众享受到更方便快捷、更多样化的信息服务。提升政务网络信息化水平，推进跨部门、跨区县信息采集、交换、管理和应用。

第三，建设一流的安全测评、容灾备份、电子认证等城市信息安全基础设施。提高信息安全保障水平，重点加强公共网络、政务网络和无线电的信息安全建设。强化对信息网络、信息产品和网上交易行为的监管。

第四，整合邮政设施资源，优化网络结构，着力打造布局合理、分类设置、功能完善、城乡覆盖的现代化邮政设施网络，服务能力与水平达到国内领先、国际先进，为市民提供便利。

根据 2000～2012 年北京邮电、电话和网络基本数据可以发现，各项指标均出现了显著的增长，其中，邮电业务总量 2012 年达到 546.47 亿元，较 2000 年增长了 154.47％。2012 年的固定电话主线普及率和移动电话普及率分别达到 42.7％和 153.1％，分别较 2000 年上升了 9.6 个和 127.6 个百分点，增长极其显著；尤其是后者，随着移动信息技术的成熟和普及，移动电话行业发生了翻天覆地的跨越式增长。同时，北京互联网宽带计入用户数由 2005 年 228.9 万户增至 2012 年的 572.0 万户，年均增速达到 13.98％，充分体现了北京不断推进高速信息网络覆盖城乡所取得的成绩（表 3-18）。

表 3-18　2000～2012 年北京邮电业务、电话普及率及互联网接入用户数

年份	邮电业务 总量/亿元	固定电话主线普 及率/（线/百人）	移动电话普及率/ （户/百人）	互联网宽带接入 用户数/万户
2000	214.7	33.1	25.5	
2001	218.3	38.0	45.4	
2002	254.0	41.1	64.6	
2003	304.0	46.9	76.1	
2004	343.8	56.8	89.8	
2005	413.0	61.3	94.9	228.9
2006	504.6	56.5	98.1	281.2
2007	672.6	54.6	95.4	347.2

续表

年份	邮电业务总量/亿元	固定电话主线普及率/（线/百人）	移动电话普及率/（户/百人）	互联网宽带接入用户数/万户
2008	800.8	50.0	91.3	382.7
2009	917.5	48.0	98.1	451.7
2010	1108.9	45.1	108.6	545.6
2011	487.9	43.8	127.6	523.4
2012	546.5	42.7	153.1	572.0

资料来源：《北京统计年鉴2013》

北京作为首都，是全国的政治中心、经济中心和文化中心，是世界著名古都和现代国际城市，因而北京承担着包括首都职能在内的多元化职能。目前的北京建设以世界城市为努力目标，要求北京不断提高在世界城市体系中的地位和作用，充分发挥首都在国家经济管理、科技创新、信息、交通、旅游等方面的优势，进一步发展首都经济，不断增强城市的综合辐射带动能力，创建以人为本、和谐发展、经济繁荣、社会安定的首善之区。

总的来看，为了实现上述目标，北京对城市空间结构战略进行了多次审慎的调整。当前北京的空间发展格局以"两轴—两带—多中心"为指导思想和发展趋势，并且基本态势保持良好；社会发展格局与经济发展的总体构架相似，相得益彰，并且均在近十年来取得了有目共睹的巨大进步；同时，各项基础设施建设实现了跨越式的发展，为城市空间的快速扩张和多中心、多层次的结构演进提供了重要保障。

天津地处环渤海地区中心，是京津冀区域的核心城市之一。近年来，随着天津滨海新区、天津海洋经济科学发展示范区纳入国家发展战略，天津在京津冀区域整体发展中的战略地位更加重要。"十二五"以来，天津发挥雄厚的制造业基础和临海依港的区位优势，经济保持平稳较快增长，各项社会事业协调发展，城市建设协调有序，正在向国际港口大都市的目标迈进，但发展过程中仍存在服务业比重偏低、资源环境约束日趋强化等突出问题。

第一节　天津的经济发展[①]

步入"十二五"以来，天津深入贯彻落实科学发展观，坚持稳中求进的发展工作模式，着力于"调结构、惠民生、上水平"活动，不仅经济结构调整取得重大进展，而且区县经济实力迅速壮大。但仍然面临着复杂严峻的国内外经济环境，存在综合实力增长动力与活力缺乏、服务功能不够完善等一系列问题。

一、经济总量

2010～2012 年，天津 GDP 迈上万亿台阶，并且处于不断增长状态，如表 4-1、

---

① 本部分内容如果没有特别说明，数据均来自于相应年度的《天津统计年鉴》及《天津市国民经济和社会发展统计公报》。

图4-1、图4-2所示。其中，2010年GDP完成9224.46亿元，比2009年增长17.4%；

表4-1 2010～2012年天津GDP及增长速度

年份	GDP		人均GDP	
	数量/万元	比上年增长/%	数量/万元	比上年增长1%
2008	6 719.01	16.5	5.86	28.0
2009	7 521.85	16.5	6.26	6.7
2010	9 224.46	17.4	7.30	16.6
2011	11 307.28	16.4	8.52	16.7
2012	12 893.88	13.8	9.32	9.3

注：表中增长率均为可比增长率

资料来源：《天津统计年鉴2013》

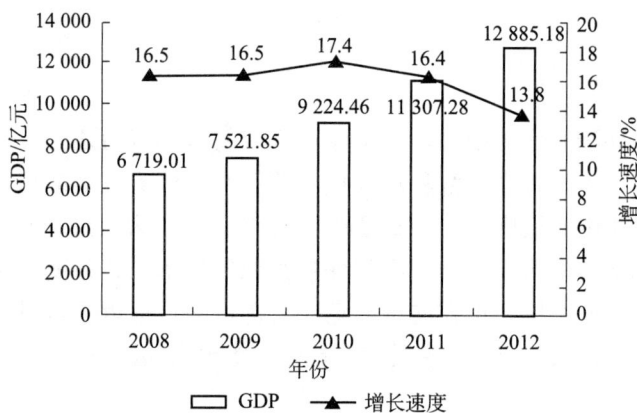

图4-1 2008～2012年天津GDP及增长速度

资料来源：（2010～2012年）《天津市国民经济和社会发展统计公报》

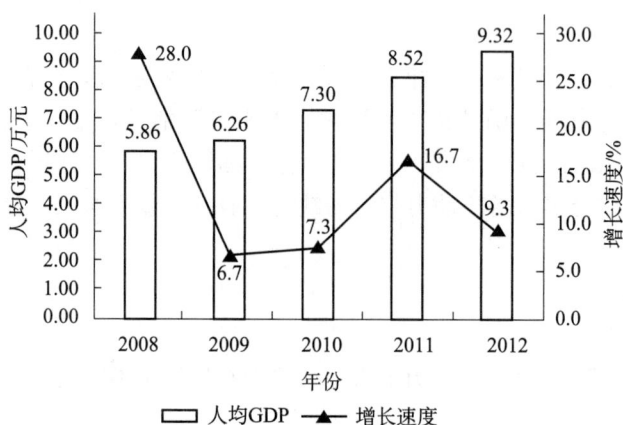

图4-2 2008～2012年天津人均GDP及增长速度

资料来源：《天津统计年鉴2013》

2011 年完成 11 307.28 亿元，比 2010 年增长 16.4%；2012 年完成12 893.88亿元，比 2011 年增长 13.8%。由此也发现，天津 GDP 的增长速度有下降的趋势，不过增速下降并不能说明经济发展出现问题，而是市委市政府在"调结构"过程中对全市经济发展中出现的结构不合理现象进行调整所产生的必然现象。

二、产业结构

分三次产业来看，2010～2012 年天津三次产业的产值都在不断增长（表 4-2），就其增加值而言，第二产业的增加值最大，第三产业次之，第一产业最小。而从增长速度来看，第一产业和第三产业增速都是先升后降，但第二产业增速都有下降的趋势。2012 年的三次产业结构具体为 1.3：51.7：47.0，这也是天津市委市政府调整经济发展结构的结果。

表 4-2　2010～2012 年天津三次产业增加值、年增速及三次产业结构

年份	第一产业		第二产业		第三产业		三次产业结构
	增加值/亿元	年增速/%	增加值/亿元	年增速/%	增加值/亿元	年增速/%	
2010	149.48	3.3	4837.57	20.2	4121.78	14.2	1.6：53.1：45.4
2011	159.09	3.8	5878.02	18.3	5153.88	14.6	1.4：52.5：46.1
2012	171.54	3.0	6663.68	15.2	6049.96	12.4	1.3：51.7：47.0

注：表中增长率均为可比增长率

资料来源：2010～2012 年《天津市国民经济和社会发展统计公报》

三、重点产业

（一）农业

2010～2012 年以来，天津农业一直稳步发展，有小幅增长。其中，2010 年农业总产值为 319.01 亿元，比 2009 年增长 3.5%；2011 年农业总产值为 349.43 亿元，比 2010 年增长 4.2%；2012 年农业总产值 375.60 亿元，比 2011 年增长 3.2%。各农业部门占农业总产值的比重大小依次是种植业、畜牧业、渔业、农林牧渔服务业和林业。其中，2012 年与 2010 年、2011 年差别较大，林业和畜牧业增幅较大，种植业、农林牧渔服务业增幅较小（表 4-3）。

表 4-3　2010～2012 年天津农业各部门产值及其增长

	2010 年	2011 年	2012 年
比上年产值/亿元	167.23	179.87	196.88
比上年增长/%	4.60	5.50	1.80

	2010 年	2011 年	2012 年
林业产值/亿元	2.18	2.45	2.79
比上年增长/%	3.10	4.10	8.20
畜牧业产值/亿元	89.94	98.49	105.20
比上年增长/%	2.40	1.60	6.60
渔业产值/亿元	50.21	58.59	60.40
比上年增长/%	2.20	2.90	2.30
农林牧渔服务业产值/亿元	9.46	10.03	10.33
比上年增长/%	2.80	9.00	0.40
总产值/亿元	319.01	349.43	375.60
比上年增长/%	3.50	4.20	3.20

注：表中增长率均为可比增长率

资料来源：2010～2012 年《天津市国民经济和社会发展统计公报》

2010～2012 年天津粮食产量保持稳定。其中，2010 年全市粮食种植面积达到 467.67 万亩，粮食总产量为 159.74 万吨，比 2009 年增长 2.2%；2011 年粮食总产量达到 161.83 万吨，比 2010 年增长 1.3%；2012 年粮食总产量 161.76 万吨，与 2011 年基本持平，农业龙头企业发展到 440 个，其中国家级和市级龙头企业达到 152 个，进入产业化体系的农户比重达到 90%。

2010～2012 年天津主要农副产品也基本处于稳中有升的状态，除粮食、水果和禽蛋类产品产量略有波动外，肉类、水产品和蔬菜的产品产量均保持了稳步增长态势（表 4-4）。

表 4-4　2010～2012 年天津主要农副产品产量

	2010 年	2011 年	2012 年
粮食/万吨	159.74	161.83	161.76
比上年增长/%	2.20	1.31	−0.04
肉类/万吨	42.60	42.92	45.80
比上年增长/%	7.80	0.75	6.71
牛奶/万吨	69.30	69.39	68.17
比上年增长/%	0.90	0.13	−1.76
水产品/万吨	34.49	35.21	36.50
比上年增长/%	0.90	2.09	3.66
禽蛋/万吨	19.92	19.26	19.05
比上年增长/%	1.60	−3.31	−1.09
水果/万吨	60.04	61.57	58.19
比上年增长/%	−10.50	2.55	−5.49
蔬菜/万吨	419.31	431.30	447.70
比上年增长/%	12.20	2.86	3.80

资料来源：2010～2012 年《天津市国民经济和社会发展统计公报》

（二）工业和建筑业

2010～2012 年天津工业生产保持较快增长。其中，2010 年全市工业增加值为 4410.7 亿元，比 2009 年增长 20.8%，工业总产值为 17 016.0 亿元，比 2009 年增加 31.4%；2011 年全市工业增加值为 5380.5 亿元，比 2010 年增加 19.3%，工业总产值为 21 523.3 亿元，比 2010 年增加 28.7%；2012 年全市工业增加值为 6122.9 亿元，比 2011 年增加 15.8%，工业总产值为 24 017.2 亿元，比 2011 年增加 14.8%（表 4-5）。虽然 2010～2012 年天津工业增加值和工业总产值都处于不断增长的状态，但是增长的速度却在下降，这也是"调结构"的表现之一。另外，天津的重工业在规模以上工业总产值中所占比重很大，重工业虽然也处于增长之中，但其增速却在下降；轻工业在规模以上工业总产值中所占比重较小，增长速度有升有降。

表 4-5　2010～2012 年天津工业产业及其增长情况

	2010 年	2011 年	2012 年
工业增加值/亿元	4 410.7	5 380.5	6 122.9
比上年增长/%	20.8	19.3	15.8
工业总产值/亿元	17 016.0	21 523.3	24 017.2
比上年增长/%	31.4	28.7	14.8
规模以上工业总产值/亿元	16 660.6	20 857.8	23 250.5
比上年增长/%	31.7	29.2	14.9
规模以上轻工业/亿元	2 712.4	3 524.5	4 507.5
比上年增长/%	23.6	40.0	29.3
规模以上重工业/亿元	13 948.2	17 333.3	18 743.0
比上年增长/%	33.4	27.2	11.9

注：表中增长率均为可比增长率

资料来源：2010～2012 年《天津市国民经济和社会发展统计公报》

2010～2012 年，天津建筑业总体处于不断增长的状态，但其增速基本都在减小。从 2011 和 2012 年度数据来看，除建筑业增加值增速基本持平外，建筑业总产量、房屋建筑施工面积和竣工面积都较上一年度有大幅回落（表 4-6）。

表 4-6　2010～2012 年天津建筑业产业及其增长情况

	2010 年	2011 年	2012 年
建筑业增加值/亿元	426.9	497.5	540.8
比上年增长/%	12.0	8.6	8.6
建筑业总产值/亿元	2 473.3	2 925.6	3 257.0
比上年增长/%	29.4	20.7	9.8
房屋建筑施工面积/万米²	7 420.1	10 008.0	11 732.1
比上年增长/%	12.9	32.3	16.6
房屋建筑竣工面积/万米²	2 166.3	2 527.7	2 726.0
比上年增长/%	−3.3	4.5	3.4

注：表中增长率均为可比增长率

资料来源：2010～2012 年《天津市国民经济和社会发展统计公报》

（三）交通邮电业

2010～2012 年，天津交通运输、仓储和邮政业稳定增长。其中，2010 年全市交通运输、仓储和邮政业增加值完成 585.2 亿元，比 2009 年增加 12.2%；2011 年完成 699.0 亿元，比 2010 年增长 10.6%。2012 年全年交通运输、仓储及邮政业增加值完成 721.0 亿元，比 2011 年增长 12.5%（表 4-7）。

1. 交通运输业务量全面增长

2010 年客运量完成 24 873.2 万人，增长 3.0%；货运量完成 41 611.2 万吨，增长 6.6%；旅客周转量完成 323.1 亿人·公里，增长 9.6%；货物周转量完成 9858.7 亿吨·公里，增长 5.5%。2011 年全年客运量完成 25 330.8 万人，增长 2.1%；货运量完成 44 651.3 万吨，增长 8.6%；旅客周转量完成 342.1 亿人·公里，增长 7.1%；货物周转量完成 10 121.4 亿吨·公里，增长 2.4%。2012 年客运量 28 462.2 万人，增长 10.4%；货运量 47 697.6 万吨；旅客周转量 432.5 亿人·公里，增长 12.6%；货物周转量 7634.9 亿吨·公里。可以看出，除了 2012 年的货物周转量，其他时候的客运量、货运量、旅客周转量、货物周转量都在增加。

2. 邮政电信规模进一步扩大

2010 年全市邮电业务总量完成 435.16 亿元，比 2009 年增长 13.5%；2011 年全市邮电业务总量完成 180.78 亿元，比 2010 年增长 13.2%；2012 年全市邮电业务总量 186.74 亿元，比 2011 年增长 6.6%。

表 4-7　2010～2012 年天津交通邮电产业及其增长情况

	2010 年	2011 年	2012 年
交通运输、仓储及邮政业增加值 /亿元	585.2	699.0	721.0
比上年增长 /%	12.2	10.6	12.5
客运量 /万人	24 873.2	25 330.8	28 462.2
比上年增长 /%	3.0	2.1	10.4
货运量 /万吨	41 611.2	44 651.3	47 697.6
比上年增长 /%	6.6	8.6	—
旅客周转量/（亿人·公里）	323.1	342.1	432.5
比上年增长 /%	9.6	7.1	12.6
货物周转量/（亿吨·公里）	9 858.7	10 121.4	7 634.9
比上年增长 /%	5.5	2.4	—

注：表中增长率均为可比增长率
资料来源：2010～2012 年《天津市国民经济和社会发展统计公报》

3. 北方国际航运中心和物流中心建设稳步推进

从 2010～2012 年天津北方国际航运中心港口客货流吞吐状况来看，天津全年港口货物吞吐量由 4.13 亿吨增长至 4.77 亿吨，年均增速为 7.47％，其中，2012 年的进港量和出港量分别为 2.53 亿吨和 2.24 亿吨，相较 2010 年的年均增速分别为 8.99％和 5.83％。同时，天津集装箱吞吐量和机场旅游吞吐量分别由 2010 年的 1008.6 万吨和 727.7 万人次，增长至 2012 年的 1230.3 万吨和 814 万人次，年均增幅分别为 10.45％和 5.76％，均有明显的提升。但是，天津货邮吞吐量在 2010～2012 年间发生小幅下降，年均降低速度为 2.05％（表 4-8）。同时，天津北方国际航运中心和物流中心建设在 2011 年取得积极进展。北方国际航运中心核心功能区建设方案获国务院批复，国际船舶登记、国际航运税收、航运金融和租赁业务等试点启动实施。外省市经由天津口岸进出口总额占比为 59.8％。2012 年实现了东疆保税港区 10 公里² 封关运作，内陆"无水港"发展到 23 个。

表 4-8　2010～2012 年天津北方国际航运中心客货流吞吐状况

	2010 年	2011 年	2012 年
全年港口货物吞吐量 /亿吨	4.13	4.53	4.77
比上年增长/％	8.4	9.7	5.3
进港 /亿吨	2.13	2.27	2.53
比上年增长 /％	−1.1	6.6	11.5
出港 /亿吨	2.00	2.26	2.24
比上年增长 /％	20.8	13.0	−0.9
集装箱吞吐量 /万吨	1008.6	1159.0	1230.3
比上年增长 /％	15.9	14.9	6.2
机场旅游吞吐量 /万人次	727.7	755.4	814.0
比上年增长 /％	25.9	3.8	7.8
货邮吞吐量 /万吨	20.25	18.29	19.43
比上年增长 /％	20.5	−9.7	6.2

资料来源：2010～2012 年《天津市国民经济和社会发展统计公报》

4. 公共交通服务体系更加完善

2010 年城市公交客运量完成 13.02 亿人次，比 2009 年增长 7.0％。其中公共汽车客运量 12.38 亿人次，比 2009 年增长 6.3％；地铁客运量 4181.15 万人次，比 2009 年增长 17.6％；轻轨客运量 2251 万人次，比 2009 年增长 30.1％。更新公共汽车 607 辆，总数达到 7985 辆；更新出租汽车 1900 辆，总数达到 31 940 辆。2011 年公交客运量达 13.01 亿人次，比 2010 年增长 5.1％；新辟公交线路 13 条，优化调整线路 25 条，更新车辆 791 辆；年末全市公交线路达 523 条，运营车辆 7686 辆。更新出租汽车 1020 辆，总数保持 31 940 辆。地铁客运量达 4853.61 万人次，比 2010 年增长 16.1％。轻轨客运量达 2585.48 万人次，比 2010 年增长 15.3％。2012 全年公共汽电车客运量达到 13.57 亿人次，比 2011 年增长 4.3％；新辟公交线路 17 条，年末全市公交线路 536 条，运营车辆 8351 辆。更新出租汽车 1028 辆，年末运营出租车 31706 辆。全年轨道交通客运量突破1亿人次，达到1.11亿人次。

5. 民用汽车拥有量持续增长

2010年全市民用汽车拥有量达到158.59万辆，比2009年末增长21.5%；2011年全市民用汽车拥有量达到206.56万辆，比2010年增长17.3%；2012年全市民用汽车拥有量233.94万辆，比2011年增长13.3%。

（四）商业和旅游业

2010～2012年，天津批发和零售业发展态势基本良好，全行业年度增加值保持了增长态势，但增幅逐年回落（表4-9）。其中，2010年批发和零售业增加值完成1044.1亿元，比2009年增加20.6%；2011年批发和零售业增加值完成1377.1亿元，比2010年增长18.1%；2012年批发和零售业增加值1678.8亿元，比2011年增长11.3%。住宿和餐饮业增加幅度在2010～2011年有所上升，在2011～2012年又有所下降。

表4-9　2010～2012年天津批发和零售业及其增长情况

	2010年	2011年	2012年
批发和零售业增加值/亿元	1044.1	1377.1	1678.8
比上年增长/%	20.6	18.1	11.3
住宿和餐饮业增加值/亿元	147.0	186.2	220.9
比上年增加/%	5.3	10.0	6.0
批发和零售业商品销售总额/亿元	15933.0	20831.4	25157.5
比上年增长/%	36.3	33.2	22.0
住宿和餐饮业/亿元	338.5	494.8	576.3
比上年增长%	15.0	27.1	17.3

注：表中增长率均为可比增长率

资料来源：2010～2012年《天津市国民经济和社会发展统计公报》

2010～2012年，天津入境旅游和国内旅游都处于增长但增速有升有降的状态，而出境旅游则处在不断增加的状态。2010年，旅游业发展势头良好。极地海洋馆、东疆港人工沙滩等建成开放，意式风情区二期改造完成，成为新的客源增长点。梅江会展中心一期投入使用，承办夏季达沃斯论坛、联合国气候变化国际谈判会议、津洽会等重大展会，带动了商贸旅游的发展。年末全市拥有星级宾馆110家，旅行社310家，A级景区56个，工农业旅游示范点14个。2011年，海河风光游等旅游线路持续升温，成为展示城市形象的重要窗口，邮轮母港接待来津旅游观光的国际豪华邮轮39艘，接待出入境游客7.2万人次，年末全市有星级宾馆112家，旅行社368家，其中国际旅行社20家，A级景区65个，工农业旅游示范点14个。2012年，北塘古镇开街纳客，凯旋王国主题公园、七里海湿地走廊等新的旅游景点建成，年末全市有星级宾馆 111 家，旅行社 388 家，其中国际旅行社 29 家，A 级景区 85 个，工农业旅游示范点 14 个。表 4-10 详细记述了天津 2010～2012 年在旅游出入境人数、旅游外汇收入与支出和国内旅游方面的变化情况。

表 4-10　2010～2012 年天津旅游人数和收入变化情况

	2010 年	2011 年	2012 年
入境旅游者 /万人次	166.07	200.44	234.11
比上年增长 /%	17.8	20.7	16.8
入境旅游者中的外国人 /万人次	153.05	183.67	213.66
比上年增长 /%	17.2	20.0	16.3
旅游外汇收入 /亿美元	14.2	17.56	21.47
比上年增长 /%	20.0	23.7	22.3
接待外省游客人数比上年增长 /%	10.0	12.4	10.6
国内旅游收入比上年增长 /%	21.2	20.2	20.1
出境旅游者 /万人次	24.10	25.80	27.68
比上年增长 /%	6.2	7.1	7.3
旅游支出 /亿元	35.01	40.50	46.14
比上年增长 /%	10.2	15.7	13.9

资料来源：2010～2012 年《天津市国民经济和社会发展统计公报》

（五）金融业和房地产业

2010～2012 年，天津金融业发展态势良好，行业增加值逐年升高，但增速有所波动。其中，2010 年全市金融业增加值为 560.73 亿元，比 2009 年增长 18.1%；2011 年全年金融业增加值完成 701.79 亿元，比 2010 年增长 16.3%；2012 年全市金融业增加值为 59.03 亿元，比 2011 年增长 25.1%，见表 4-11。

表 4-11　2010～2012 年天津金融业增加值及增长率变化情况

年份	金融业增加值 /亿元	比上年增长 /%
2010	560.73	18.1
2011	701.79	16.3
2012	959.03	25.1

注：表中增长率均为可比增长率

资料来源：2010～2012 年《天津市国民经济和社会发展统计公报》

1. 存贷款平稳增长

2010 年年末全市金融机构（含外资）本外币各项贷款余额 13 774 亿元，同比增长 23.5%（表 4-12）。在新增贷款中，中长期贷款占 73.8%，短期贷款占 11.9%。年末各项存款余额 16 499.3 亿元，同比增长 18.8%。2011 年末，全市金融机构（含外资）本外币各项贷款余额 15924.7 亿元，同比增长 15.6%。当年新增贷款 2163.0 亿元，同比少增 451.3 亿元。其中，新增短期贷款 980.0 亿元，新增中长期贷款 732.9 亿元，新增融资租赁 428.0 亿元，新增票据融资 68.2 亿元。年末全市各项存款余额为 17 586.9 亿元，同比增长 6.6%。当年新增存款 1094.4 亿元，同比少增 1508.2 亿元。2012 年末，全市金融机构（含外资）本外币各项贷款余额 18396.8 亿元，增长 15.5%。当年新增贷款 2466.3 亿元，同比多增 303.3 亿元。其中，新增短期贷款 950.4 亿元，新增中长期贷款 787.4 亿元，新增融资租赁 395.4 亿元，新增票据融资 306.5 亿元。年末全市各项存款余额为 20 293.8 亿元，增长 15.4%。当年新增存款 2725.6 亿元，同比多增 1631.2 亿元。

表 4-12 2010～2012 年天津存贷款余额及其增长情况

	2010 年	2011 年	2012 年
贷款余额 /亿元	13 774.1	15 924.7	18 396.8
同比增长 /%	23.5	15.6	15.5
存款余额 /亿元	16 499.3	17 586.9	20 293.8
同比增长 /%	18.8	6.6	15.4

资料来源：2010～2012 年《天津市国民经济和社会发展统计公报》

2. 证券市场略有波动

2012 年年末全市境内上市公司 38 家，其中 2010 年新上市 6 家，2011 年新上市 1 家，2012 年新上市 1 家。2010 年证券市场稳健运行，有 6 家新增上市公司。各类证券交易额有所下降，证券交易额由 2010 年的 15 754.5 亿元减少为 2012 年的 10 743.1 亿元，减少值达到了 5000 亿元以上。尤其是期货市场发展有较大的波动，期货市场成交量从 2010 年的 4524.5 万手，下降为 2011 年的 3412.6 万手，再到 2012 年稍有回升达到 4255.7 万手。2011 年和 2012 年的证券市场则较为惨淡，股票交易额大幅下降，期货市场也在 2011 年有所回落，而在 2012 年略有增长（表 4-13）。

表 4-13 2010～2012 年天津证券市场交易额及其增长情况

	2010 年	2011 年	2012 年
证券交易额 /亿元	15 754.5	12 839.4	10 743.1
比上年增长 /%	2.7	−16.9	−15.7
股票交易额 /亿元	15 100.7	1 1161.2	7 751.7
债券交易额 /亿元	233.7	25.5	90.76
基金交易额 /亿元	152.1	190.1	171.1
证券开户数 /万户	265.5	275.7	284.2
比上年增长 /%	1.0	3.9	1.6
期货市场成交量 /万手	4 524.5	3 412.6	4 255.7
比上年增长 /%	69.3	−27.8	24.7
期货市场成交额 /亿元	71 320.8	41 574.3	46 351.1
比上年增长 /%	330.0	4.2	11.5

注：表中增长率均为可比增长率

资料来源：2010～2012 年《天津市国民经济和社会发展统计公报》

3. 保险业稳健运行

保险费收入不断增加，随之而来赔付总额也有一定的增加。2010 年中宏人寿保险天津分公司、国华人寿保险天津分公司、国泰人寿保险天津分公司、中邮人寿保险天津分公司先后开业。年末全市共有保险总公司 4 家，分公司 42 家，各类保险支公司、营业部及营销服务部 488 家，专业中介机构 81 家，各级各类兼业代理机构 2694 家。2011 年年末全市共有保险总公司 4 家，分公司 46 家，各类保险支公司、营业部及营销服务部 527 家，专业中介机构 91 家，兼业代理机构 2800 余家。2012 年年末全市共有保险总公司 5 家，分公司 48 家，各类保险支公司、营业部和营销服务部 538 家，保险专业中介机构 95 家。表 4-14 反映了 2010～2012 年天津保险收入与赔付及其增长情况。

表 4-14　2010～2012 年天津保险收入和赔付及其增长情况

	2010 年	2011 年	2012 年
保险费收入 /亿元	214.01	211.74	238.16
比上年增长 /%	41.5	13.6	12.5
赔付总额 /亿元	54.19	66.17	81.02
比上年增长 /%	−9.6	27.5	22.4

注：表中增长率均为可比增长率

资料来源：2010～2012 年《天津市国民经济和社会发展统计公报》

2010～2012 年，天津房地产市场进入新一轮调整期。2010 年房地产增加值比上年有所回落，2011 年存量房交易面积和交易额比 2010 年有所下降，2012 年房地产市场基本保持稳定（表 4-15）。但 2010～2012 年无论房地产实际增加值如何，开发商对房地产投资的热度并没有受到影响，基本处在逐年增加的状态。

表 4-15　2010～2012 年天津房地产业发展情况

	2010 年	2011 年	2012 年
房地产增加值 /亿元	328.60	427.28	448.82
比上年增长 /%	−0.9	5.5	4.9
房地产开发投资 /亿元	866.64	1080.04	1260.00
比上年增长 /%	17.9	24.6	16.7
商品房销售面积 /万米²	1564.52	1643.11	1661.69
商品房销售额 /亿元	1282.43	1473.11	1365.53
存量房交易面积 /万米²	766.5	581.22	670.90
存量房交易额 /亿元	500.90	434.09	528.10

注：表中房地产增加值的增长率为可比增长率

资料来源：2010～2012 年《天津市国民经济和社会发展统计公报》

四、外资外贸

2010～2012 年，天津外贸进出口总额由 822.01 亿美元增长至 1156.23 亿美元，年均增速为 18.6%，基本发展态势良好。具体来看，进口和出口总额总体上保持平衡，同时，在 2010～2012 年，进口总额的增长速度显著高于出口总额；其中，前者由 446.84 亿美元增长至 673.09 亿美元，年均增速为 22.7%，后者由 375.17 亿美元增长至 483.14 亿美元，年均增速为 13.5%（表 4-16）。总的来看，2010～2012 年天津对外经济发展态势良好，进出口规模恢复增长并继续扩大。但值得注意的是，外贸进出口总额处在不断增加的状态，但增长速度在明显下降。

表 4-16　2010～2012 年天津外贸进出口情况

	2010 年	2011 年	2012 年
外贸进出口总额/亿美元	822.01	1033.91	1156.23
比上年增长 /%	28.8	25.9	11.8
进口总额 /亿美元	446.84	588.93	673.09
比上年增长 /%	31.7	32.0	14.3
出口总额 /亿美元	375.17	444.98	483.14
比上年增长 /%	25.5	18.7	8.6

注：表中增长率均为可比增长率

资料来源：2010～2012 年《天津市国民经济和社会发展统计公报》

就出口额来看，2012 年，一般贸易出口额为 186.04 亿美元，比 2011 年增长 4.8%；加工贸易出口额为 256.38 亿美元，比 2011 年增长 8.7%；租赁贸易、对外承包工程出口额分别增长 230.7 倍和 56.2%。从出口目的地来看，2012 年对美国、日本、韩国等传统市场出口额分别比 2010 年增长 9.5%、0.4% 和 1.4%；对东盟、拉美等新兴市场出口额分别比 2010 年增长 33.3% 和 30.4%。2012 年全年机电产品出口 341.09 亿美元，占全市出口额的 70.6%，比 2011 年提高 1.4 个百分点；高新技术产品出口 189.77 亿美元，占全市的 39.3%，比 2011 年提高 0.3 个百分点。

1. 招商引资增势良好

在外资方面，2012 年全年新批外商投资企业 632 家，比 2010 年增加 40 家，年均增速为 3.32%；合同外资额为 185.85 亿美元，相较 2010 年的 152.96 亿美元，其年均增速达到 10.22%；实际直接利用外资为 150.16 亿美元，相较 2010 年的 108.49 亿美元，其年均增速达到 17.65%。其中，制造业实际直接利用外资 76.23 亿美元，增长 33.7%，服务业实际直接利用外资 72.16 亿美元，与 2011 年基本持平。年末累计在津投资的国家和地区达到 134 个，在津投资世界

500 强企业达到 152 家，比 2010 年的 143 家增加了 9 家。总的来看，天津在招商引资方面发展显著，但仍然与进出口总体态势相似，即在 2010～2012 年间的增速普遍有下降的现象。

在内资方面，2010 年全市实际利用内资 1633.82 亿元，比 2009 年增长 31.5%。大项目继续保持引资主体地位，引进和增资超亿元大项目 234 个，到位资金 1293.18 亿元，占全市内资到位额的 79%。引进国内 500 强优势企业累计达 157 家。引资结构更趋优化，引进服务业到位资金 1162.45 亿元，占内资总额的 71%；外地民营企业在津投资 1060.83 亿元，占内资总额的 65%。2011 年全年实际利用内资首次突破 2000 亿元，达到 2085.87 亿元，增长 27.7%；其中，引进服务业到位资金 1487.5 亿元，占全市的 71.3%。新引进国内 500 强优势企业 43 家。2012 年全年实际利用内资 2600.67 亿元，增长 24.7%。

2. 对外经济合作开创新局面

第一，服务外包产业增势迅猛。2010 年签订服务外包合同 203 个，接包执行额 3.4 亿美元，其中离岸接包执行额 2.1 亿美元，分别增长 60.6% 和 64.6%。2011 服务外包合同额 9.33 亿美元，增长 120%；服务外包执行额 6.08 亿美元，增长 78.9%，其中，离岸执行额 3.94 亿美元，增长 91.4%。2012 年新签服务外包合同 3067 个，增长 62.8%；协议金额 15.31 亿美元，增长 64.1%；执行金额 12.27 亿美元，增长 100%，其中离岸服务外包执行额增长 90.1%。

第二，对外承包工程保持增长。2010 年对外承包工程和劳务合作项目 234 个，合同额 18.02 亿美元，完成营业额 24.89 亿美元，增长 15.7%。截至年末，对外承包工程和劳务合作涉及国家 35 个，境外劳务人员 1.27 万人。对外投资快速增长。当年境外投资中方实际投资额 2.6 亿美元，增长 1.2 倍。技术引进力度加大，签订技术引进合同 510 项，合同金额 12.2 亿美元，增长 40.6%。外资研发中心达到 27 个。埃及苏伊士经贸合作区建设加快推进，建成 1 公里^2 起步区，引进了西电集团等一批大项目。2011 年对外承包工程和劳务合作业务较快增长。全年对外承包工程合同额 19.44 亿美元，增长 11.9%；营业额 29.91 亿美元，增长 22.0%。截至年末，全市在境外劳务人员累计 1.61 万人，增长 26.8%。对外投资增势强劲。当年中方境外投资 18.36 亿美元，增长 7.8 倍。年末境外投资涉及的国家和地区达到 98 个。技术引进工作持续稳定开展。当年技术引进合同 489 项，合同金额 15.3 亿美元，增长 25.2%。全市外资研发中心达到 28 个。2012 年对外承包工程新签合同额 15.55 亿美元，实现营业额 31.02 亿美元，增长 3.7%。派出各类劳务 16553 人次，增长 49.4%。全年成交技术引进合同 507 项，技术引进合同金额 21.58 亿美元。全市外资研发中心达到 29 个。全年核准境外企业和机构 103 家，境外投资中方投资额 20.76 亿美元，增长 13.0%。

第三，对口支援工作成效显著。2010 年对口支援陕西震后重建三年任务两年完成，累计拨付援建资金 20.37 亿元。新一轮对口支援新疆和田地区取得良好开端，支援西藏昌都、重庆万州和帮扶甘肃工作扎实有序推进。2011 年新一轮援疆工作实现良好开局，全年财政资金投入 4.8 亿元，启动实施 63 个援疆项目，完工 60 个。对口支援西藏昌都、青海黄南藏族自治州、甘肃和重庆万州工作顺利推进。2012 年落实援疆资金 8.3 亿元，实施的 114 个项目全部开工，92 个项目已完成。对口支援西藏昌都、青海黄南藏族自治州、甘肃和重庆万州工作顺利推进。

五、滨海新区经济发展

天津滨海新区是全市经济增长的龙头带动区域，2010～2012 年，滨海新区 GDP 由 5030.11 亿元增长至 7205.17 亿元，占全市 GDP 的比重由 54.5% 上升到 58.9%，增长速度非常迅速（图 4-3）。具体来看，规模以上工业总产值由 10 653.55 亿元增长至 14 416.75 亿元，年均增速为 16.33%；全社会固定资产投资由 3352.71 亿元增长至 4453.30 亿元，年均增速为 15.25%；社会消费品零售总额增长最为显著，由 567.42 亿元增长至 1015.36 亿元，年均增速为 33.77%。另外，2012 年，滨海新区的一般预算收入达到 731.80 亿元，比 2011 年增长 22.9%；外贸进出口总额达到 812.38 亿美元，比 2011 年增长 14.2%，其中出口 308.64 亿美元，比 2011 年增长 11.6%。中际装备、钜宝电子、西子电梯等 71 个工业重大项目建成，长城汽车二期、大众变速箱、久益环球采矿机械、联合利华等项目开工建设。

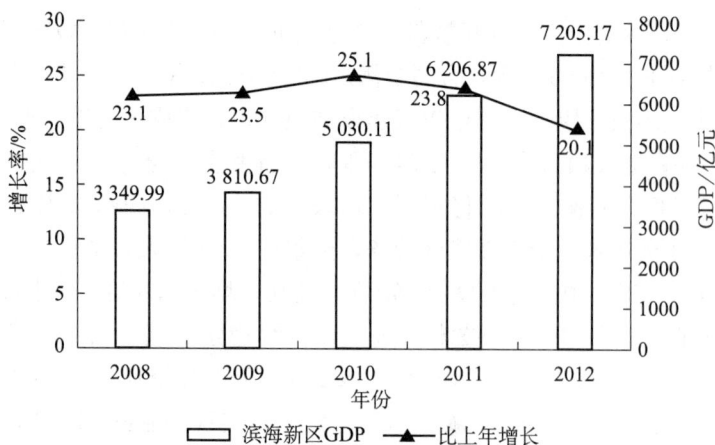

图 4-3 2008～2012 年滨海新区 GDP 及增长速度
资料来源：2010～2012 年《天津市国民经济和社会发展统计公报》
表中增长率均为可比增长率

　　"十二五"时期以来，滨海新区在综合配套改革第二个三年计划启动实施和"十大战役"全面推进的过程中，各功能区建设已见雏形。其中，东疆保税港区二期已具备封关条件。中新天津生态城起步区基础设施基本建成。中心商务区加快建设，铁狮门和罗斯洛克金融中心等项目启动，五矿大厦投入运营。南港工业区、临港经济区建港造陆 23 公里^2，北方重装基地、中石油原油储备库、粮油生物化工等项目建成投产，中船重工造修船基地建设加快推进。中航直升机、长城汽车一期、软件及服务外包产业基地一期建成，新一代运载火箭等项目顺利实施。

　　截至 2012 年，滨海新区已经进入全面实施综合配套改革第二个三年计划。探索实施用地预审、征转用地报批、农民自行开发耕地等改革措施，扩大用地指标"增减挂钩"试点，完善土地集中交易制度，加大闲置土地处置力度，保证重大项目用地需求。天津股权交易所挂牌企业 215 家，总市值超过 200 亿元。滨海高新区被批准为全国非上市公司场外交易市场首批扩容试点。融资租赁由飞机、船舶拓展到动车组、地铁车辆等领域。意愿结汇和离岸金融在东疆保税港区和中新天津生态城实现了双向拓展。航运物流企业免征营业税、融资租赁货物出口退税等政策试点实现突破，转口贸易快速发展。

第二节　天津的社会发展[①]

　　近年来，天津社会事业继续保持快速发展的良好态势，在科技、文化、教育、卫生等方面均取得了全面进步。教育事业优先发展，基础教育、高等教育、职业教育稳步发展，培养了各层次的大批人才，使得教育资源的空间布局更加合理；卫生事业快速发展，不仅各医院新建、改扩建项目投入使用，还建立基本药物制度，医疗卫生资源的完善使得全市人均期望寿命保持发达国家水平；文化体育事业繁荣发展，建成市民艺术欣赏的"城市客厅"——市文化中心；社会保障体系进一步完善，率先建立统筹城乡的基本养老和基本医疗保险制度，实现社会保险制度全覆盖。

一、教育

　　2010～2012 年，天津各类学校情况基本保持稳定状态，未发生明显的浮动。

---

　　①　本部分内容如果没有特别说明，数据均来自于相应年度的《天津统计年鉴》及《天津市国民经济和社会发展统计公报》。

其中，各类学校总数略有下降，由 2010 年的 1670 所降低至 2012 年的 1514 所，减少了 156 所。这主要是由职业中学、技工学校、普通中学和小学数量的减少所造成的，特别是普通中学和小学的数量分别由 2010 年的 546 所和 956 所下降至 2012 年的 519 所和 843 所，减少了 27 所和 113 所，下降相对较为明显。同时，2010～2012 年，天津在校学生总数稳中有升，由 152.94 万人增至 156.16 万人，年均增幅为 1.05%（表 4-17）。

表 4-17 2010～2012 年天津各类学校基本情况

	2010 年	2011 年	2012 年
各类学校总数 /所	1670	1554	1514
普通高等学校 /所	55	55	55
中等专业学校 /所	43	40	40
职业中学 /所	31	27	26
技工学校 /所	39	33	31
普通中学 /所	546	525	519
小学 /所	956	874	843
在校学生总数 /万人	152.94	154.32	156.16

资料来源：《天津统计年鉴 2013》

（一）基础教育

2010～2012 年，天津基础教育以均衡协调发展为主。其中，学前教育纳入民心工程，2011 年大力实施学前教育三年行动计划，新建、扩建和改造提升幼儿园 485 所，"入园难"问题得到一定缓解，年末全市幼儿园在园幼儿 22.61 万人，比 2010 年增加 0.8 万人。2012 年在校学生 2963 人，专任教师 575 人。年末全市幼儿园在园幼儿 22.85 万人，比 2011 年增加 0.24 万人。同时，2012 年，全市小学招生 10.25 万人，毕业 8.65 万人，年末在校 53.23 万人，专任教师 3.78 万人，相较 2010 年的小学招生 10.01 万人，毕业 8.46 万人，年末在校 51.85 万人，专任教师 3.75 万人，均保持基本稳定或略有增长。另外，中学教育发展特征同样以稳定为主，2012 年，天津普通中学招生 14.19 万人，毕业 14.63 万人，年末在校 43.78 万人，专任教师 4.15 万人，相较 2010 年的普通中学招生 14.60 万人，毕业 15.94 万人，年末在校 45.86 万人，专任教师 4.07 万人，同样保持稳定。

（二）高等教育

2010～2012 年，天津高等教育质量不断提升，高等教育综合实力不断增强。从本科生教育来看，2010 年，全市普通高校共招收本专科学生 13.31 万人，毕业 10.54 万人，年末在校 42.92 万人，专任教师 2.81 万人，至 2012 年，全市普通高校共招收本专科学生增至 14.19 万人，毕业 11.30 万人，年末在校 47.31 万人，专任教师 2.99 万人，年均增速分别为 3.25％、3.54％、4.99％和 3.15％，均有一定程度的提升（图 4-4）。从研究生教育来看，2010 年天津高等学校共招收研究生 1.52 万人，毕业 1.14 万人，年末在校 4.10 万人，指导教师 0.61 万人，至 2012 年，招收研究生 1.71 万人，毕业 1.45 万人，年末在校 4.85 万人，指导教师 0.71 万人，年均增速分别为 6.07％、12.78％、8.76％和 7.89％，增长较为迅速（图 4-5）。从成人教育来看，2012 年年末，天津在校成人本专科生 6.90 万人，相较 2010 年基本保持稳定。

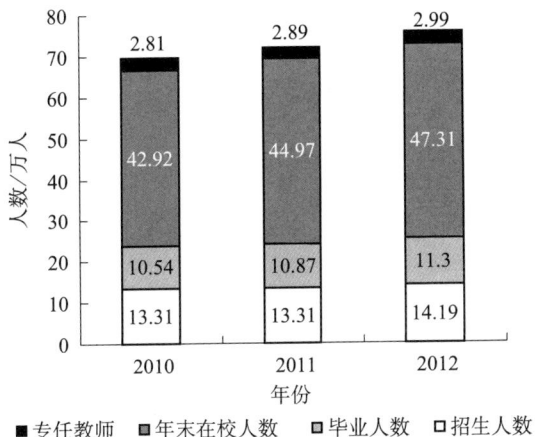

图 4-4　2010～2012 年天津高校本、专科学生培养情况

资料来源：《天津统计年鉴 2013》

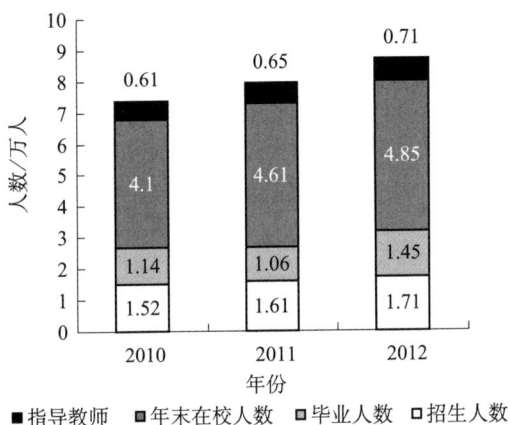

图 4-5　2010～2012 年天津高校研究生培养情况

资料来源：《天津统计年鉴 2013》

（三）职业教育

2010～2012年，天津职业教育改革不断加快推进，并取得新进展。2010年，天津全面完成职业教育改革试验区建设，与教育部签署共建国家职业教育改革创新示范区协议，实现由试验区到示范区的升级。海河教育园区一期建设工程完工。2011年，海河教育园区一期工程完成，7所职业院校6.5万名师生迁入新校区。国家职业教育改革创新示范区起步建设，职业教育资源共享平台建设加快，职业技能公共实训中心建成，13所中职学校进入国家中等职业教育改革发展示范校建设行列。2012年，天津成功举办2012年全国职业院校技能大赛。海河教育园区二期工程建设顺利实施。7所中职学校入选国家中职示范校立项建设单位。年末在校学生中，中等专业学校7.09万人，职业中学2.62万人，技工学校2.13万人，成人中专0.86万人。

二、科技

（一）综合科技进步水平

2010～2012年，天津综合科技进步水平保持全国前列，并且成果丰硕。2012年，全市16项科技成果获得国家科学技术奖。全年完成市级科技成果2030项，其中，基础理论成果221项，应用技术成果1786项，软科学成果23项，相较2010年的年均增速分别为0.50%、8.13%、0.42%和−32.18%，总体来看，除了软科学成果外均保持相对稳定。其中，属于国际领先水平的有66项，达到国际先进水平的有338项，与2010年相比均表现稳定。全年签订技术合同13 409项，合同额251.22亿元，比2011年增长46.4%；交易额172.11亿元，比2011年增长51.0%。全年专利申请4.15万件，比2011年增长14.5%；专利授权2万件，比2011年增长43.1%；年末有效专利52 338件，比2011年增长30.8%。

（二）创新体系建设

2010～2012年，天津创新体系建设取得积极进展，自主创新能力稳步提升。全社会R&D经费支出占GDP的比重由2.5%提升至2.7%，新认定高新技术企业由132家增长至257家，年均增速达到39.53%，获得国家级新产品认定项目由20项略降至16项。同时，2012年，全市140项自主创新产业化重大项目进展顺利，151个子项目实现了产业化，累计开发出新产品842项。

自启动实施科技"小巨人"成长计划以来，科技型中小企业达到 3.5 万家，小巨人企业 1828 家。截至年末，全市有国家级重点实验室 9 个，国家部委级重点实验室 45 个，国家级工程（技术）研究中心 33 个，国家级科技产业化基地 24 个，国家级企业技术开发中心 39 个，市级企业技术开发中心 410 个，国家技术创新示范企业 5 家。

（三）人才引进和培养机制

2010～2012 年，天津人才引进和培养机制更加健全，人才队伍建设进一步加强。其中，2010 年，天津制订并开始实施了中长期人才发展规划，全市当年引进各类人才 5348 人，新建博士后工作站 14 个，博士后流动站和工作站总数达到 198 个，在站博士后 860 余人。高级以上技术工人达到 29.4 万人，比 2009 年增长 9.3％，占全市技术工人队伍的 25.4％。2011 年人才队伍不断壮大。全年从外省市引进落户人才 3714 人，是 2010 年的 1.4 倍；引进海外留学人员 1800人，总数达到 1.7 万人。实施"三年引进千名高层次人才"计划，引进 332 名拥有自主知识产权、掌握关键技术的高端人才。启动新一轮"131"创新型人才培养工程。新建博士后流动站、工作站 12 个，总数达到 210 个，在站博士后 860余人。高级以上技术工人达到 31.60 万人，同比增长 6.0％。至 2012 年，天津年末全市人才总量达到 214 万人，其中专业技术人才 114 万人，312 人入选国家和本市"千人计划"，在津院士 37 人，国家突贡专家、特贴专家、百千万人才工程等高层次人才 4726 人。新建博士后工作站 11 个，年末博士后流动站、工作站 229 个，在站博士后 850 人。全市高级以上技术工人 36.7 万人，占全市技工队伍的比重为 27.5％。

三、文化

（一）公共文化服务体系

2010～2012 年，天津公共文化服务体系建设扎实推进，公共服务水平不断提高。期间，天津非物质文化遗产馆、数字电视大厦一期、电影艺术中心和天津文化中心建成等建成并投入使用，其中，天津文化中心 2012 年接待观众及读者近300 万人次；启动中小学公益电子阅览室工程试点建设，组织实施"新农村、新文化、新儿童"工程漂流图书角活动，近 6000 名儿童受益；杨柳青木板年画博物馆建成开馆，李叔同故居纪念馆对外开放，平津战役纪念馆提升改造完成；京剧《无旨钦差》、歌剧《原野》、电视剧《解放》等一批优秀文艺作品荣获大奖。

从具体数据来看，天津公共文化服务体系有长足发展，2012 年，全市有文化馆 18 个，博物馆 19 个，公共图书馆 31 个，相较 2010 年保持稳定；但年末全市艺术表演团体数量和摄制电影故事片数量分别由 2010 年的 16 个和 7 部增加至 2012 年的 43 个和 11 部，年均增长率达到 63.84％和 25.36％，发展态势均十分迅猛。同时，2012 年全市广播节目达到 22 套，市级电视节目 36 套，相较 2010 年的 21 套和 27 套，均稳中有升。2012 年，有线电视用户达到 284.5 万户，其中数字电视用户 244.5 万户，相较 2010 年，年均增长率分别为 5.58％和 6.58％。另外，截至 2012 年末，全市 256 个电影放映单位放映电影 50.30 万场次，观影人数 1716 万人次，实现票房收入 2.6 亿元，增长 13.0％。全年出版报纸 9.09 亿份，期刊 3799.36 万册，图书 4260 万册。

（二）文化产业

2010～2012 年，天津文化产业快速发展，并不断取得新突破。期间，国家动漫产业综合示范园主体建设完工，组建天津广播电视台、天津广播电视传媒集团。其中，2010 年，天津 3 家企业入选全国第四批国家文化产业示范基地；天津日报传媒集团、今晚传媒集团有限公司成立，实现宣传经营两分开；民营剧团产业孵化基地"今晚大舞台"挂牌运作，40 多家民营剧团落户。2011 年，天津全年文化产业增加值 392.73 亿元，现价增长 29.6％，占 GDP 的 3.5％。国家动漫产业综合示范园投入使用，动漫产业公共技术服务平台达到世界领先水平。成功举办 2011 年中国（天津）演艺产业博览会，观众近 5 万人次，现场成交额 2.3 亿元，协议成交额近 5 亿元。至 2012 年，天津国家动漫产业综合示范园注册文化创意类企业已接近 300 家，并建成了亚洲最大的动作捕捉室。国家影视网络动漫实验园和研究院内文化创意企业已接近 70 家。滨海高新区被认定为首批国家级文化和科技融合示范基地。美国卡梅隆·佩斯集团中国总部、美国好莱坞天堂影效公司等一批知名文化企业落户滨海新区。成功举办第三届中国（天津滨海）国际文化创意展交会。实施艺术精品战略，京剧《华子良》、河北梆子《晚雪》荣获全国性大奖，京剧《香莲案》、评剧《赵锦堂》入选"国家舞台艺术精品工程重点资助剧目"。

四、医疗

2010～2012 年，天津医药卫生体制改革全面推进，公共卫生资源进一步优化。期间，市中心妇产科医院、医大总医院二期、人民医院二期等建成使用，医大总医院、肿瘤医院、人民医院等改扩建项目投入运营，中医一附院、胸科医院等建设进展顺利。基层医疗机构基本药物零差率销售实现城乡全覆盖。同时，天津不断加强公立医院建设，健全基层医疗卫生服务体系，确保基本医疗卫生服务公平性。2011 年，天津社区卫生服务站覆盖率即已达到 100%，并继续提高社区公共卫生服务补助标准，扎实推动妇女儿童健康行动计划，加快区县疾病预防控制机构设施建设，全市公共卫生服务均等化水平进一步提高。2012 年，天津基本药物制度基本建立，537 种基本药物在政府办基层医疗机构全部实行网上集中招标采购系统和零差率销售。另外，第一中心医院移植楼、中心妇产科医院、总医院二期、南开医院等一批资源调整项目先后竣工启用，市第二儿童医院、天津医院、胸科医院等项目开工建设。

从具体数据来看，2012 年年末全市各类卫生机构由 2010 年的 2687 个增长至 4431 个，年均增速达到 28.42%，其中医院和卫生院、社区卫生服务中心、卫生防疫防治机构、妇幼保健机构分别由 2010 年的 438 个、101 个、24 个和 23 个增长至 2012 年的 461 个、95 个、24 个和 23 个。2012 年，卫生机构床位 49 423 张，其中医院、卫生院 44 661 张，社区卫生服务中心 2851 张，相较 2010 年总体上保持稳定；卫生技术人员 7.33 万人，其中执业医师及执业助理医师 2.98 万人，注册护士 2.58 万人，与 2010 年相比并未出现明显的变化。2012 年全市无偿献血 17.8 万人次，比 2011 年增长 26.8%。

五、社会保障

（一）社会保险

2010～2012 年天津覆盖城乡所有居民的养老、医疗保障制度全面实施并不断扩大。2010 年建立起覆盖城乡所有居民的养老、医疗保障制度，城乡居民基本养老保险显著增长。2011 年社会保险体系由制度全覆盖向人员全覆盖延伸，在全国率先实施全民医疗保险和意外伤害附加保险制度。参加各类保险人数持续上升，职工五项社会保险基金总收入 510.6 亿元，增长 18.1%；其中，养老保险基金收入 335.8 亿元，增长 20.4%。2012 年在全国率先建立起城乡一体化的居民基本养老、医疗保险制度和意外伤害附加保险制度，实现了从城镇到农村、从职工到居民的全覆盖。

从具体数据来看，2010～2012 年，天津各类社会保险参保人数均有不同程度的增长。其中，城镇基本医疗保险、城乡居民基本医疗保险、城镇基本养老保险和城乡居民基本养老保险的参保人数分别由 2010 年的 469.98 万人、486.00 万人、431.50 万人和 92.33 万人增长至 479.01 万人、502.23 万人、490.26 万人和102.55万人，年均增速分别为1.0%、1.7%、6.6%和5.4%，保持了稳步增长的态势，但年度增长率体现出逐步降低的趋势。同时，失业保险、工伤保险和生育保险的参保人数分别由246.10万人、304.50万人和212.02万人增长至268.69万人、330.06万人和242.70万人，年均增速分别为4.5%、4.1%和7.0%，且年度增长率表现相对稳定。

表4-18　2010～2012年天津各类社会保险参保人数及增长情况

指标	2010年		2011年		2012年	
	参保人数/万人	比上年增长/%	参保人数/万人	比上年增长/%	参保人数/万人	比上年增长/%
城镇基本医疗保险	469.98	5.8	474.52	1.0	479.07	1.0
城乡居民基本医疗保险	486.00	持平	498.30	2.5	502.23	0.8
城镇基本养老保险	431.50	7.5	458.70	6.3	490.26	6.9
城乡居民基本养老保险	92.33	16.7	97.80	6.0	102.55	4.6
失业保险	246.10	2.9	258.75	5.1	268.69	3.8
工伤保险	304.50	4.2	320.43	5.2	330.06	3.0
生育保险	212.02	3.6	234.60	10.6	242.70	3.5

资料来源：2010～2012年《天津市国民经济和社会发展统计公报》

（二）保障性住房

2010～2012年，天津保障性住房建设取得了进一步成果。其中，2010年，全市保障性住房投资完成230.6亿元，同比增长41%，占全市住宅投资的38.7%。全年开工建设保障性住房680万米^2，占全市住宅建设量的30%以上，为7.8万户低收入住房困难家庭发放租房补贴。2011年，保障性住房投资完成306.77亿元，占房地产开发投资的28.4%。全年开工建设保障性住房1600万米^2、23.9万套，发放租房补贴8.5万户。年末城市人均住宅建筑面积32.77米^2，同比增长4.8%。2012年，天津进入保障性住房的集中建设时期，在继续调整供应结构的同时，不断提高中小户型、中低价位普通商品房供应，加大保障房、商业地产和小城镇建设支持力度。全年保障房开工800万米^2、10.5万套。开工建设各类商业地产项目900万米^2，累计在施比重比2011年提高2个百分点。重点推进滨海新区中心商务区楼宇群、津湾广场二期、117组团、凯旋王国、华侨城欢乐岛、米立方水世界等项目建设，建成市民广场大型商业综合体、丽兹卡尔顿、帝旺凯越等10家五星级酒店和一批写字楼。

（三）社会福利与救助

2010～2012年，天津社会福利与救助体系进一步完善，整体水平进一步提高。期间，天津不断增加城乡低保、五保户、优抚对象、困难家庭补助和居委会成员生活补贴，落实保障供应稳定物价 8 项措施，健全基本生活必需品价格上涨与困难群众生活补助联动机制，实行 65 岁以上老年人免费乘坐公交车政策。完善价格补助联动机制，受益群众由 18.4 万人增加到 33.7 万人。同时，天津 2012 年率先在全国实行居家养老护理补贴，惠及 4 万余人。

从具体数据来看，2010～2012 年，天津已将城镇低保标准由 2010 的 430 元逐步调整为 2012 年的 520 元，农村低保标准由 2010 年的 230 元逐步调整为 2012 年的 320 元；年末全市各类福利院床位由 2010 年的 2.87 万张增长至 2012 年的 3.45 万张，年均增速为 9.64%，增长非常显著。就 2012 年来看，天津城乡低保对象达到 26.79 万人，其中城市 16.64 万人，农村 10.15 万人，城乡低保对象农村五保供养人数达到 1.28 万人，全年共发放物价补贴 1.4 亿元；全年新增养老机构床位 4853 张，总量达到 38 490 张；新建老年日间照料服务中心（站）106 个，总量达到 800 个；在院收养 2.22 万人，比 2011 年增长 7.4%；城镇残疾人新增就业 2564 人。

第三节　天津的人口、资源与环境

从目前天津人口、资源与环境的发展现状看，人口与资源环境的各个子系统中均存在一定的不协调现象。天津作为人口规模相对较大的地区，人口规模和结构的变动对资源和环境的承载力有较高要求。因此，科学正确地了解和认识目前人口和资源环境的具体矛盾为解决和突破难题提供了重要的前提条件。本节主要对近年来天津的人口、资源与环境的现状与发展进行了较为综合的描述和分析。

一、人口

通过图 4-6 可知，2010～2012 年天津常住人口数量由 1299.29 万人增长到 1413.15 万人，总共增长 113.86 万人，年均增长率为 4.29%，保持相对平稳的增长模式。其中，外来人口由 2010 年的 299.17 万人增长到 2012 年的 392.79 万人，增量达 93.62 万人，是三年间常住人口增量的 82.22%。由此可见，2010～2012 年天津常住人口数量的增长主要是外来人口数量的增加所导致的。截至 2012 年年末，天津全市户籍人口 993.20 万人，其中非农人口数量为农业人口的两倍左右（农业人口 376.84 万人，非农业人口 616.36 万人）。此外，2010～2012 年天津的自然增长率保持在相对较低的水平，均维持在 2.6‰左右。具体而言，出生率和死亡率均呈现出轻微的增长趋势，全市人口出生率由 8.18‰ 上升为 8.75‰，死亡率则由 5.58‰ 增长为 6.12‰。

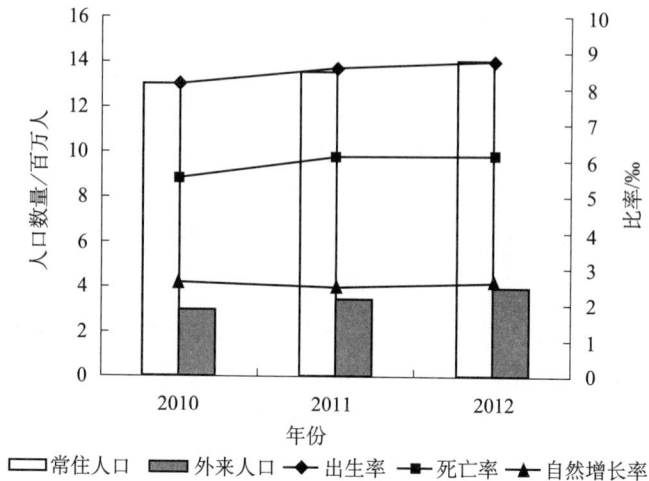

图 4-6　2010～2012 年天津城市人口基本状况

资料来源：《天津统计年鉴 2013》

二、资源和能源

（一）土地资源

据 2010 年天津土地变更调查数据，全市土地总面积为 119.17 万公顷，其中：农用地面积 71.53 万公顷，占土地总面积的 60.03%。农用地中耕地面积 44.37 万公顷。建设用地总面积 38.82 万公顷，占土地总面积的 32.57%。建设用地中居民点及工矿用地面积 31.11 万公顷；交通设施用地面积 23 804 公顷；水利设施用地面积 53 332 公顷。未利用地面积 88 165 公顷，占土地总面积的 7.40%。未利用地中未利用土地的面积为 83 726 公顷，其他土地的面积为 4439 公顷。

《天津市城市总体规划（2005—2020 年）》强调要节约、集约、合理用地，盘活存量，控制增量。规划到 2020 年，全市城镇建设用地规模控制在 1450 公里² 以内，规划期内，新增城镇建设用地 389 公里²。全市要提高土地资源的利用效率，实现土地资源的可持续利用；优化土地结构，合理配置土地资源；合理确定土地利用开发强度，提高土地节约集约利用水平。中心城区要利用好存量土地，合理开发和利用城市地下空间。滨海新区通过开发盐碱荒地、综合利用盐田和建港造陆保障发展。区县要科学确定新城和中心镇、一般建制镇的用地规模，积极整理农村建设用地，实施迁村并点，将城镇建设用地的增加与农村建设用地的减少挂钩,严格保护耕地。

(二)水资源

天津全年用水总需求量和可利用水资源量处于严重不平衡状态,属于严重的水资源缺乏地区。天津所在的海河流域,年人均水资源占有量只有 321 米^3,与其他几大流域相比是最少的。在海河流域中,天津的占有量最少,年人均只有 160 米^3。天津本地自产水、地下水资源总量多年平均值为 16.88 亿米^3。长期以来,天津的工农业用水主要依靠入境水,而入境水又是逐年减少的,曾多次发生供水危机。

据《2013 年天津水资源公报》显示,2010~2012 年全市平均降水量呈现出增长的趋势,由 470.4 毫米增长为 850.3 毫米,增幅达 80.8%。2010 年属于偏枯年份,全市水资源总量 9.20 亿米^3,其中地表水资源量 5.58 亿米^3,地下水资源量 4.45 亿米^3。2011 年天津全市平均降水量较多年平均值偏多 3.2%,全市水资源总量 15.38 亿米^3。2012 年,天津全市平均降水量是 850.3 毫米,比常年偏多 47.9%,属于丰水年份,全市水资源总量 32.92 亿米^3,其中,地表水资源总量为 26.54 亿米^3,地下水资源量 7.62 亿米^3。

从总供用水量的角度看,天津全市总供水量呈现出增长趋势,由 2010 年的 22.42 亿米^3 上升为 2012 年的 23.13 亿米^3,年均增长率达 1.57%。2012 年,全市地表水源供水 15.99 亿米^3,占总供水量的 69.1%;地下水源供水 5.49 亿米^3,占 23.8%;其他水源供水 1.65 亿米^3,占 7.1%。全市总用水量 23.13 亿米^3,按生产用水、生活用水、生态环境补水划分,全市生产用水量 18.17 亿米^3(其中,第一产业用水量 11.69 亿米^3,第二产业用水量 5.36 亿米^3,第三产业用水量 1.12 亿米^3);生活用水量 3.59 亿米^3(城镇居民 2.67 亿米^3,农村居民 0.92 亿米^3);生态环境补水量 1.36 亿米^3。全市人均综合用水量 164 米^3,万元工业增加值(当年价)用水量 8.3 米^3。全市用水消耗量 15.61 亿米^3,耗水率 67%。

据《天津市城市总体规划(2005-2020 年)》,天津城市水资源利用将坚持"节流、开源、保护水源并重"的方针,以本地水为主体,以外调水为补充,规划期内要完成南水北调中线、东线工程,引滦入津配套工程,引黄济津市内应急输水工程等供水水源工程,在王庆坨预留水库建设工程。到 2020 年,全市水资源可利用量为 49 亿米^3,满足城市水资源的需求。同时,按照建设节水型城市的要求,通过水资源的有效利用和循环利用提高水资源的综合利用效率,到 2020 年,万元 GDP 用水量为 26 米^3;通过产业结构调整和科技进步,限制发展用水效益低、耗水多的工业项目,提高工业用水重复利用率,到 2020 年,万元工业增加值取水量为 18 米^3 以下;促进农业种植结构调整和先进高效灌溉技术应用,到 2020 年，农业灌溉系数达到 0.8。加快再生水回用工程建设，提高污水再生利用率；加强海水淡化和直接利用研究，提高海水综合利用水平。

（三）能源

天津是我国北方工商业基地和北方第二大城市，年年增长的能源产量和与日俱增的能源消耗之间的矛盾始终存在，特别是近年来天津经济的腾飞与跨越式发展，更是带来了巨大的能源依赖。因此，积极开发利用新能源、努力降低生产与生活能耗，始终是摆在天津城市持续、健康发展面前的重大课题。

自 2008 年以来，天津能源产量经历了先升后降的波动发展，然而，能源的消耗量却连年递增（表 4-19）。在市委市政府"节能减排、增产降耗"的科学发展理念的正确指导下，全市单位 GDP 能耗和人均生活能源消费量这两项指标都出现了逐年下降的喜人趋势。

2010～2012 年，天津能源生产总量呈现出逐年减少的趋势，减少量为 298.21 万吨标准煤，年均减少 3.02%。2010 年，能源生产总量为 5007.65 万吨标准煤，其中，原油生产约占能源生产总量的 95%；2011 年，天津的能源生产水平有所下降，全年能源生产总量只有 4833.59 万吨标准煤，同比上年下降了 3.5%，其中，原油生产仍是能源生产的主力军，其产量占到能源生产总量的 94.4%；2012 年，天津市的能源生产产量依然处于低迷状态，全年能源生产产量只有 4709.44 万吨标准煤，比 2011 年下降了约 2.6%，只相当于 2010 年产量的 94%。

与能源生产总量不同的是，2010～2012 年，天津能源消耗总量则表现出不断增长的趋势，增长量高达 1389.9 万吨标准煤，年均增长率为 9.72%。2010 年能源消耗总量达 6818.1 万吨标准煤，其中，工业消耗占全市整体能耗的 70%，全年单位 GDP 能耗是 0.74 吨标准煤；2011 年能源消耗总量为 7598.5 万吨标准煤，工业能耗占全市整体能耗的 71%，全年单位 GDP 能耗是 0.71 吨标准煤/万元；2012 年能源消耗总量为 8208.0 万吨标准煤，全年单位 GDP 能耗同比上年下降了近 6%，节能降耗取得可喜成效。

表 4-19　2008～2012 年天津能源生产与消费统计

	2008 年	2009 年	2010 年	2011 年	2012 年
能源生产总量/万吨标准煤	3034.8	3471.6	5007.7	4833.6	4709.4
原油生产比重/%	93.9	94.5	95.1	94.4	93.4
能源消耗总量/万吨标准煤	5363.6	5874.1	6818.1	7598.5	8208.0
工业能耗比重/%	63	68	70	71	71
单位 GPD 能耗/（吨标准煤/万元）	0.89	0.84	0.74	0.71	0.67
人均生活能源消费量/千克标准煤	527	590	573	570	616

资料来源：《天津统计年鉴 2013》

　　《天津市城市总体规划（2005－2020 年）》提出积极开发利用风能、太阳能、沼气等新型清洁能源，增加新能源和再生能源比重，创建多元化的能源供应体系。规划到 2020 年，天津电网全社会用电量为 13 90 亿千瓦时，电网最高供电负荷为 25 000 兆瓦；天然气利用量达 65.4 亿米³/年。将能源建设和海水淡化、制盐、化工等结合起来，发展循环经济，构建低投入、高产出、低消耗、少排放、能循环、可持续的发展模式。规划期内能源消费弹性系数控制在 0.7 以下，单位 GDP 能源消耗降低 20％以上。

三、环境

（一）环境保护

　　2010～2012 年天津环境保护态势良好，生态城市建设完成第一个三年行动计划，并开启第二个生态城市行动计划。全市空气质量、饮用水质、污水处理、垃圾处理、噪声控制、辐射水平都达到新的高度。

　　三年间，天津生态城市建设稳步推进。2010 年生态城市建设三年行动计划任务基本完成；入选国家首批低碳城市试点。2011 年生态宜居城市建设迈出新步伐；启动第二个生态城市建设三年行动计划；高标准实施清水工程，综合治理卫津河、复兴河等 38 条河道；城镇污水处理率达到 87.5％；当年造林 27.3 万亩；第一热电厂关停，供热转换顺利完成。2012 年第二轮生态城市建设行动计划进展顺利，重点安排实施节能降耗、主要污染物减排、清水、绿化、固体废物和噪声治理、农村环境保护、循环经济工程等 7 大工程。

　　在水环境的治理方面，废水排放总量在 2012 年表现出显著的增长，达到了 82 813 万吨，为 2010 年的 1.21 倍；全年化学需氧量排放量 22.95 万吨，比 2011 年下降 2.7％；饮用水源地水质达标率持续保持 100％，但近海海域功能区的水质达标率则呈现出逐年下降的趋势，由 2010 年的 38.9％降低为 2012 年的 2.8％，需引起重视。

　　环境空气质量则逐步呈现出较大的波动，2010 年二级及以上良好水平天数达 308 天，占总监测天数的 84.4％；2011 年二级及以上良好天数达到 320 天，占总监测天数的 87.7％；到了 2012 年，二级及以上良好天数仅为 305 天。全年二氧化硫排放量为 22.45 万吨，下降 2.8％。

　　此外，声环境方面，2010～2012 年，中心城区道路交通噪声和区域环境噪声总体评价保持在"好"和"较好"等级，新创建"安静居住小区"数量不断增加，截至 2012 年总数约 300 个。

　　而生态方面，全市共有环境监测站 21 个，自然保护区 8 个（其中国家级自然保护区 3 个），自然保护区面积 9.11 万公顷，数量保持不变。大力推进绿色天津建设成效显著。北辰郊野公园、武清北运河郊野公园一期工程完成并对外开放。

（二）市容整治

2010～2012 年，天津在市容市貌的整治上也有明显成效，城市风貌得到很好的改善，群众生活环境得到明显优化。其中，2010 年，天津颁布实施《天津市城市管理规定》，依法管理城市的水平进一步提高；整修道路 2378 公里、楼房 1.1 万栋，新增提升改造绿化 3900 万米^2，新建改造提升公园 51 个，构建城市夜景灯光体系 41 公里，中心城区基本实现综合整治全覆盖，初步形成了大气洋气、清新靓丽、中西合璧、古今交融的城市风貌。在此基础上，2011 年，天津进一步高标准实施市容环境综合整治，共整修建筑 5239 栋，整治道路 571 条、社区 350 个，新建和改造公园 22 个，新建和提升绿地 2427 万米^2，建成区绿化覆盖率提高到 31.6%。海河夜景灯光体系进一步提升，群众生活环境得到明显改善。截至 2012 年年末，天津当年在市容市貌方面共融资 22 亿元，整修开发 70 处风貌建筑，还对 740 多幢、114 万米^2 的历史风貌建筑实施了全方位的保护。完成了 96 项道桥大中修项目，包括 59 条道路整修 92 万多米^2，6 座桥梁整修 5.3 万米^2，30 片里巷道路整修 20.7 万米^2，提升路井 1000 个。新建和改造提升绿地 1700 万米^2，建成区绿化覆盖率达 34.9%，还新建了 20 个迎宾线绿化在城市绿化节点，城市风貌得到大幅改观。

第四节　天津的城市空间发展

城市的空间格局直接影响经济格局与人口分布。城市空间格局不合理也直接导致交通拥堵、城市运行效率等城市发展问题。"十二五"以来，天津为建设成为拥有雄厚综合实力的北方经济中心，实施"双城双港、相向拓展、一轴两带、南北生态"的空间发展战略，引导城市轴向组团式发展，形成老区支持新区率先发展、新区带动老区加快发展，海河上、中、下游区域协调发展、良性互动、多极增长的新格局。

一、总体空间构架与格局

早期的天津为"一城一市"的布局。城市最初为三岔河口的市镇——海津镇，然后依托海津镇西南修筑城垣——卫城，城内是官府、衙署卫戍等机构，城外是经济贸易活动的中心，"一城一镇"两部分，相辅相成、共同发展，呈局部封闭总体敞开式的格局。

新中国成立后，在城市总体规划的历次编制与修订中，天津逐步改善了城市总体布局（图4-7）。20世纪50年代末，天津城市的空间结构仍属单一市区模式，当时的市中心定在了第一文化宫附近，市区范围内总计规划了10个地区中心，在市区边缘和近郊还规划了12个工业区。

20世纪60年代以来，天津在发展市区的同时，开始了卫星城镇的建设，先后在市郊和滨海地区建设了塘沽、军粮城、杨柳青、汉沽、大南河、大港6个卫星城镇。至20世纪70年代中期，天津基本上形成了以市区为中心，外围有卫星城镇环绕的城镇体系格局。

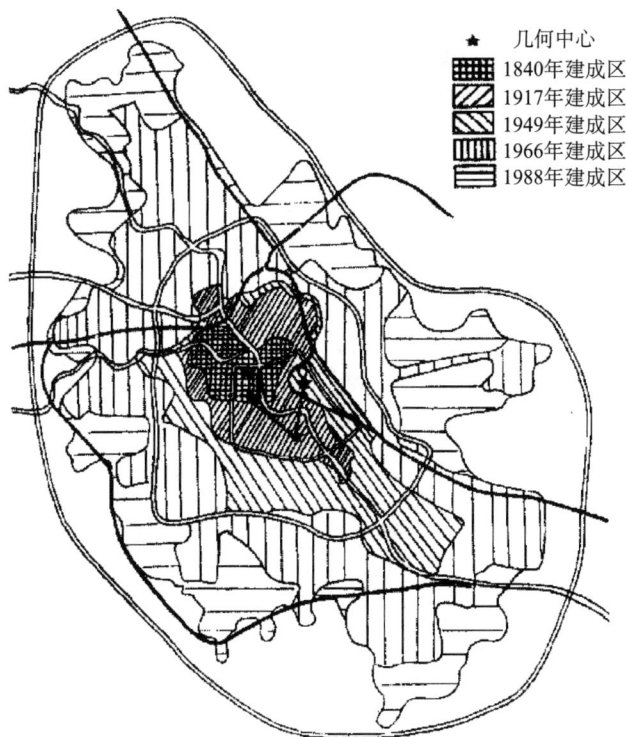

图4-7 1840～1988年天津建成区扩展示意图

资料来源：马玫.1997.天津城市发展研究：产业·地域·人口.天津：天津人民出版社：67

1985年4月，在天津市十届人大三次会议的政府工作报告中，明确了天津"双核组团式"的城镇体系格局。报告指出天津的发展方向是：调整改造天津市区；重点开发建设海河下游和滨海地区；配套建设近郊卫星城；积极扶植远郊县镇。城市布局的总体构想概括起来就是"一个扁担挑两头"：整个城市以海河为轴线，改造老市区、作为全市的中心；工业发展重点东移，大力发展滨海地区。围绕市区，积极发展蓟县旅游风景区和郊区卫星城镇，建设众星拱月式的城镇网络。城市总体规划方案中阐明了"以海河为轴线、市区为中心、市区和滨海地区为主体，与近郊卫星城镇及远郊县镇组成性质不同、规模不等、布局合理的城镇网络"体系①。

1999 年 8 月，经过修编的天津城市总体规划经国务院批准实施，规划期限是 1996 年到 2010 年。这次规划明确了天津是环渤海地区的经济中心，天津要努力建设成为现代化港口城市和我国北方重要的经济中心的城市性质。规划确定继续深化和完善"一个扁担条两头"的城市布局结构，形成以海河和京津塘高速公路为轴线，由中心城区及多个组团组成的中心城市；继续实施工业东移战略，形成新区带老区，老区支持新区，新老并举，共同发展的格局。

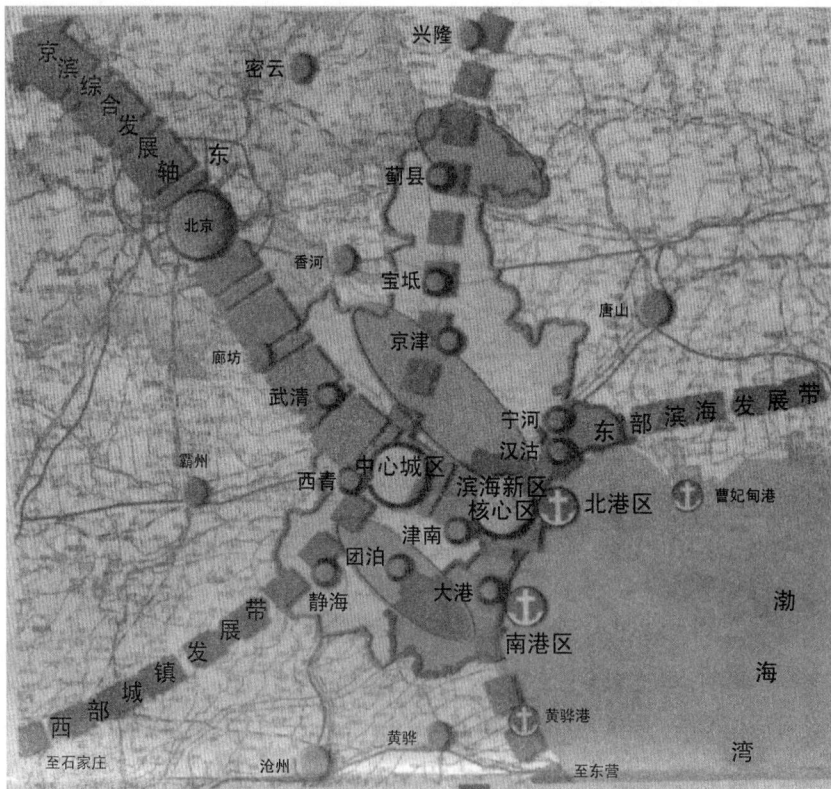

图 4-8　天津城市空间发展总体战略示意图

资料来源：《天津市城市空间发展战略规划》（征求意见稿）

① 天津城市规划志编辑委员会.1994.天津城市规划志.天津：天津科学技术出版社：161

进入 21 世纪以来，伴着我国城市化快速发展的脚步，遵循城乡和区域统筹发展的目标，按照循序渐进、节约用地、集约发展、合理布局的原则，天津城市的空间格局逐步展现出"一轴两带三区"的双核轴带状空间结构（图 4-8）。"双核"，即中心城区和滨海新区"一主一副"两个核心；"一轴"，即在东西方向上城市沿着"武清—中心城区—塘沽区"这一主轴发展；"两带"，即在南北方向上分别建立了"宁河—汉沽—塘沽—大港东部沿海发展带"和"蓟县—宝坻—中心城区—静海西部发展带"；"三区"，即在这些城镇发展的轴、带之间，分别建有北部"蓟县山地生态环境建设区"、中部"七里海-大黄堡洼湿地生态环境建设区"和南部"团泊洼水库-北大港水库湿地生态环境建设区"。

"一轴两带三区"的市域空间布局结构，是考虑天津现有城镇格局和自然地理条件的基础上，结合天津城市未来发展趋势，立足于京津冀城市群，与北京共同承担核心城市职能，促进京津冀区域协调发展的结果。"一轴两带三区"的市域空间布局结构，构架出天津以交通干线为主轴，城市群和生态绿地相间的空间发展模式。

二、分区空间发展格局

依据天津"双城双港、相向拓展、一轴两带、南北生态"的城市总体空间发展战略[①]，统筹滨海新区、中心城区和外围区县三个层面联动协调发展的策略，未来天津将形成多点支撑、多元发展、多极增长的市域空间格局。

（一）滨海新区空间发展策略

充分发挥滨海新区（图 4-9）的引擎、示范、服务、门户和带头作用，融入区域，服务区域，扩大同京津冀、环渤海地区及东北亚的合作联系，建成我国北方对外开放的门户、高水平的现代制造业和研发转化基地、北方国际航运中心和国际物流中心，经济繁荣、社会和谐、环境优美的宜居生态型新城区。天津提出在滨海新区实施"一核、双港、九区支撑"的空间发展策略（图 4-9）。

一核，即滨海新区商务商业，核心区。主要由于家堡金融商务区、响螺湾商务区、开发区商务及生活区、解放路和天碱商业区、蓝鲸岛生态区等组成。重点发展金融、贸易、现代商务、高端商业和航运服务业，建设成为滨海新区的标志区和国际化门户枢纽。

双港，就是以现有天津港作为北港区，在大港区新建一座综合性港口作为

---

① 天津城市空间发展战略．天津政务网．www.tj.gov.cn［2012－11－21］．

南港区，使天津港逐步发展成为以南北两大主力港区为核心的一港多区型港口布局体系。

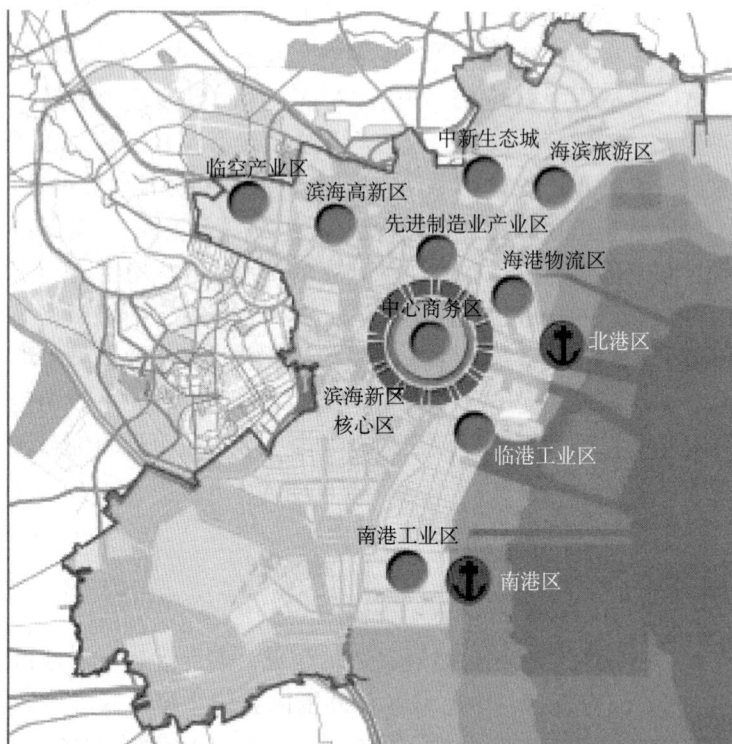

图 4-9 滨海新区空间发展策略示意图
资料来源：天津市空间发展规划．天津政务网．www.tj.gov.cn［2012－11－21］

　　九区，即滨海九个功能区。滨海新区中心商务区主要发展金融、贸易、商务、航运服务产业；临空产业区主要发展临空产业、航空制造产业；滨海高新区主要发展航天、生物、新能源等新兴产业；先进制造业产业区主要发展海洋、汽车、电子信息产业；中新生态城主要发展生态环保产业；海滨旅游区主要发展主题公园、游艇等休闲旅游产业；海港物流区主要发展港口物流、航运服务产业；临港工业区主要发展重型装备制造产业及研发、物流等现代服务业；南港工业区主要发展石化、冶金、装备制造产业。通过这九个功能区的产业布局调整、空间整合，打造航空航天、石油化工、装备制造、电子信息、生物制药、新能源新材料、轻工纺织、国防科技等八大支柱产业，形成产业特色突出、要素高度集聚的功能区，成为高端化、高质化、高新化的产业发展载体，支撑新区发展，发挥对区域的产业引导、技术扩散、功能辐射作用。

　　通过加快"一核、双港、九区"的开发建设，提升综合服务功能，营造一流发展环境、率先推进综合配套改革、率先提高对外开放水平、率先转变经济发展方式、率先增强自主创新能力，当好改革开放的排头兵，凸显滨海新区作为新的经济增长极的龙头带动作用，在加快天津发展、促进环渤海地区经济振兴、推动全国区域协调发展中发挥更大作用。

(二) 中心城区发展策略

为缓解中心城区城市功能过度集中，人口、交通和环境压力不断加大等问题，进一步提高城市综合服务功能，塑造现代化大都市形象，天津在城市空间发展战略中提出：中心城区将着重实施"一主两副、沿河拓展"的空间发展策略。

一主两副，是指"小白楼地区"城市主中心和"西站地区"、"天钢柳林地区"两个综合性城市副中心。小白楼地区城市主中心由小白楼、解放北路、南站商务区，以及滨江道、和平路商业区组成，重点发展金融、商务办公和中高端商业。西站地区城市副中心由西站综合交通枢纽、西站中心商务区等组成。天钢柳林地区城市副中心由综合会展、商业商务区等组成。通过"一主两副"，实现中心城区由单中心向多中心转变，完善综合服务功能，塑造更加科学合理的城市空间形态。

沿河拓展，即天津中心城区在空间发展上将重点沿海河方向拓展，进一步加强海河两岸综合开发改造，把海河两岸打造成特色鲜明、独具魅力的现代服务业集聚区。通过调整优化中心城区用地布局和产业结构，重点发展金融、商贸、文化、教育、科研、旅游等现代服务业，提升城市载体功能、文化品位和宜居程度，实现中心城区功能全面提升。

通过调整优化中心城区空间布局，引领产业结构朝金融、商贸、文化、教育、科研、旅游等现代服务业方向发展，提升城市载体功能、文化品位和宜居程度，实现中心城区功能的全面提升。

(三) 外围区县发展策略

为提高外围区县综合实力，突出区县发展特色，加强城乡互动，实现各区县加快发展，天津为外围区县制定了"新城集聚、多点布局、特色发展"的空间发展策略。

新城集聚，即武清、宝坻、静海、宁河、蓟县、京津和团泊等，按照中等城市标准建设，进一步完善载体功能，壮大经济实力，带动区县发展。武清新城发展成为京滨综合发展轴上的重要新城、高新技术产业基地、现代物流基地和生态宜居城市。宝坻新城发展成为京津唐区域重要的商贸物流基地、加工制造基地和生态宜居城市。静海新城发展成为现代制造业基地、区域物流中心和生态宜居城市。宁河新城发展成为联系东北地区的门户，京津唐区域的加工制造基地、商贸物流基地和生态宜居城市。蓟县新城发展成为天津历史文化名城，京津冀北区域具有特色的文化、旅游和生态城市。京津新城发展成为京津唐区域以休闲旅游、会议会展、文化教育为特色的现代服务业基地，彰显北方水城特色的生态宜居城市。团泊新城发展成为以科技研发、教育体育、创意产业、旅游度假为主的生态宜居城市。

多点布局，即通过构建"中心镇——一般镇—中心村"三级镇村体系，统筹城乡居民点、产业、基础设施布局，促进人口和产业向城镇集聚，提升城镇综合实力和服务带动能力，成为带动区县加快发展新的增长点。

特色发展，即立足本地资源条件、产业基础和比较优势，明确区县功能定位和发展方向，以高水平的示范产业园为带动，彰显产业特色、环境特色、文化特色和建筑特色，促进各区县与滨海新区、中心城区的产业对接和互动。

三、基础设施建设

过去的五年，是天津经济社会得到又好又快发展的五年，天津的城市建设也进入了快速发展阶段。在市委、市政府的正确领导下，城建工作以"科学发展观"为指导，认真落实"高起点规划、高水平建设、高效能管理"的工作要求，紧紧围绕国际港口城市、北方经济中心和生态城市的定位，按照"双城双港相向拓展，一轴两带，南北生态"的空间整体规划，坚持服务于全市经济社会发展和滨海新区开发开放，服务于改善民计民生，服务于生态宜居城市建设，不断加大基础设施投入，加快重点工程建设，加强质量安全管理，城乡基础设施承载能力显著提升，人居环境明显改善，城市面貌发生了新的历史性变化。2012年，天津基础设施建设持续推进。全年基础设施投资1913.67亿元，增长14.5%。

（一）建设规模保持持续较快增长

以提升基础设施承载能力、服务经济发展和改善民生为重点，着力推进城乡基础设施和住房建设，一批重大项目相继完工。2008～2012年，全市累计完成市政公用设施投资3527亿元，完成交通建设投资1676亿元，完成房地产开发投资3841亿元，合计9044亿元，占全市固定资产总投资的36.4%。为适应经济社会快速发展和群众生活需要，累计建成各类房屋建筑1.32亿米²，是上一个五年的 2 倍,全市建成区面积达到 765 公里²,农村城市化率达到 60%。

(二) 大交通建设取得重大进展

按照打造大通道、建设大枢纽、构建大交通的城市交通建设工作思路,近年来,天津加大了铁路、机场、港口和地铁等重大交通基础设施投资建设力度。为了尽快完善市域铁路网络,发挥天津在北方地区的铁路枢纽作用,天津相继开工建设了津秦客运专线、地下直径线、津保、京津城际延伸线等铁路,规划建设里程近 600 公里,相当于天津过去 117 年间的铁路通车总里程,2008 年奥运会前我国第一条高速铁路京津城际高铁建成通车,天津站改扩建和李公楼立交桥、海河东路隧道等配套工程按期完工,京津同城效应进一步显现。2009 年蓟港铁路建成,增强了天津南疆港散货集疏能力。2011 年 6 月京沪高铁建成通车,天津西站、南站及其配套工程投入使用,进一步改善了与济南、南京、苏州、上海等城市的交通联系。实施了滨海国际机场扩建工程,2008 年一期航站楼投入运营,旅客和货邮吞吐能力分别增长了 2.9 倍和 1.3 倍;2009 年 4 月,机场第二条跑道投入运营,成为继北京、上海、广州之后我国第四个双跑道运营的大型枢纽机场。2011 年 6 月,天津滨海国际机场二期扩建工程启动,工程总投资 59.2 亿元,计划三年内完成。拟新增建设用地 66.64 公顷,机场旅客吞吐量 2500 万人次、货邮吞吐量 170 万吨、飞机起降量 22.5 万架次,包括新建建筑面积 24.8 万米² 的 T2 航站楼,空侧建设 32.2 万米² 的站坪,路侧建设航站区道路 9.2 万米²、航站楼高架桥 3 万米² 等。同时配套建设 12.6 万米² 地下综合交通中心,实现多种交通方式无缝衔接。实施了天津站、天津西站、文化中心和于家堡 4 座大型交通枢纽建设,2012 年天津地铁 2 号、3 号、9 号线联网运营,地铁 5 号、6 号线工程全面展开,全市轨道交通通车里程达到 130 公里,网络化运营长度翻了一番,轨道交通骨干网络初步形成,有效改善了群众的出行条件。

海港建设投入不断加大,天津港 30 万吨级深水航道、30 万吨级原油码头、国际邮轮码头等一批港口设施投入使用,港口功能和配套设施处于全国港口建设前列,年吞吐量突破 4.5 亿吨,成为我国北方第一大港。

(三) 城乡路网体系协调发展

道路是城乡发展的骨架和基础,天津坚持高速公路、快速路、城市道路和乡村公路统筹建设,推进了市域路网体系的协调发展。近五年来,天津相继建成了京沪(天津段)、京津和蓟平等 9 条(段)高速公路,高速公路累计通车里程达到 1100 公里,初步形成沟通三北、辐射环渤海周边和便捷连通北京、天津两地的高速公路网络。加强快速交通建设，建成中心城区快速路系统和天津大道、团泊、津涞等快速路，累计新增快速路 223 公里，拉近了中心城区与滨海新区及各区县的时空距离。拓宽改造了一批干线公路和乡村公路，进一步提升了区县公路路况质量。新建改造了 580 条城市道路，新增城市道路面积 2717 万米²，区域配套和路网体系进一步优化，通行能力和城市载体功能明显提升。在抓好城市路网体系完善的同时，集中力量重点解决入市口、繁华区域、中小学、幼儿园、医院等 33 处拥堵节点的改造，进一步改善了天津道路交通条件。

（四）环境工程建设成效显著

围绕生态城市建设目标，全面完成水环境治理任务，累计改造 40 条河道，新建改造 60 座污水处理厂，建成张贵庄污水处理厂一期，启动了纪庄子污水处理厂迁建一期工程。实施海河上游基础设施建设和环境提升工程，新建改造 16 座桥梁和一批临河道路，建成 8 座临河公园，保护性整修沿河风貌建筑，实施堤岸和夜景灯光提升，成为展示天津城市特色的标志性区域。拆除 10 吨以下燃煤供热小锅炉 345 台，供热并网面积达 1459 万米²，中心城区基本消灭供热燃煤小锅炉。实施了热电供热改燃工程，确保了 30 万群众温暖过冬。五年来，天津累计新增燃气管网 2767 公里、供排水管网 7590 公里，新增集中供热面积 1.22 亿米²。截至 2012 年，天津中心城区集中供热率超过 96.8%，全市达到 87.7%，自来水、燃气普及率 100%，生活垃圾无害化处理率达到 93%，城镇污水处理率达到 85%，主要指标均居于国内领先水平。

（五）重点工程建设全面提速

以"服务大项目、好项目建设"为载体，推动经济发展方式加快转变和经济结构优化升级，天津近年启动和实施了一批工业优势产业及滨海新区功能区开发、农林水利、社会事业等项目。五年来，累计组织推动市级工业、交通、文化、教育、卫生等市重点建设项目 343 项，149 项建成投入使用，合计完成投资 2.88 万亿元。特别是在各有关部门和全市人民的共同努力下，天津四大城市重点工程建设项目先后建成：①总建筑面积有 17.1 万米² 的天津津湾广场一期工程，该工程由 5 座欧式风格的地上商业建筑及地下商业街等组成，现已成为天津金融城的标志性区域；②总建筑面积 100 万米² 的天津市文化中心工程，该中心由博物馆、美术馆、图书馆、大剧院等八个子项组成，其中地上 53 万米²，地下 47 万米²，湖面 10 万米²，绿化 15 万米²，现已成为天津文化服务的聚集区和城市会客厅；③总建筑面积近 30 万米² 的梅江会展中心工程，现已成为天津国家级会展基地和夏季达沃斯论坛的天津主场；④总建筑规模达 51 万米² 的天津泰安道综合开发工程，该项目共包括新建5个院落，保护性修缮保留一批建筑，其中，新建建筑42.4万米^2（含地下建筑面积11.3万米^2），保留建筑8.6万米^2，目前商业项目已开张运营，对提升天津文化品位和打造高端服务业聚集区发挥了重要作用。

（六）民心工程建设让群众得到更多实惠

按照市委、市政府的总体部署，几年来，天津累计整修旧楼区1188万米^2，改善了26万户群众的居住环境；完成33.3万户居民户内供水、近40万户居民供气管道更新和2020处高层住宅二次供水设施改造；推进水、气干网进乡镇，新增村镇天然气用户24.2万户，自来水入村入户4万户；完成老旧住宅供热补建356万米^2，7万户居民告别了燃煤取暖的历史；对大板楼等1400万米^{2}老旧住宅实施节能改造，实现了夏季节电、冬季保暖，28万户中低收入群众直接受益；完成90座公交场站3年建设计划，建成了公共客运调度中心；新建人行天桥70座，增设交通安全岛75处。这些民心工程建设深得百姓的拥护和好评。

第五章

河北篇[①]

　　河北位于华北地区东南部,是西北、东北、华北、华东和中南五大经济区的交汇地带,也是西煤东运、西电东输、西气东送和北粮南运的中转地带。作为京津冀区域重要的资源、农业和工业区域,河北发挥着重要的基础性作用。伴随着经济总量的不断提升,2012年河北消费首次超过投资,消费成为经济发展的首要驱动力,表现出河北经济水平的提升态势;而与经济发展同步,社会发展速度也明显提升;然而,河北的经济发展方式对资源和能源消耗仍然较大,目前河北环境污染严重,已经成为全国空气污染的重灾区。如何协调好人口发展、经济增长、水资源、空气治理和环境保护之间的关系,促进人口、资源、环境和经济协调发展,是河北需要面对和解决的关键问题。

第一节　河北的经济发展

　　步入"十二五"以来,河北以科学发展为主题,以加快转变经济发展方式为主线,着力"稳增长、调结构、控物价、惠民生",整体来看取得了一定的进展,但"经济增长质量低,资源利用效益低,城乡居民收入低,环境治理压力大"各类问题依旧突出。有鉴于此,河北于2013年5月提出了四大攻坚战,即"全力打造沿海地区率先发展的增长极,大力培育环京津地区新的发展增长极,

---

　　① 本部分内容如果没有特别说明,数据均来自于相应年度的《河北经济年鉴》。

下大力气把县域经济和县城搞大搞强，下大决心推动工业转型升级和环境治理"，为河北的整体发展提出了新的思路方向。

一、经济总量

（一）规模与增速

河北是经济大省，2012 年 GDP 总量达到 26 575.01 亿元，在全国排第六位。从经济的增长速度看，如表 5-1 所示，"十五"期间是河北经济的加速期，增速由 2000 年的 9.5％提高到 2005 年的 13.4％，高于同期国内平均水平；"十一五"期间增速则有一定波动，在 2010 年下降为 12.2％；"十二五"以来，2011 年 GDP 增速为 11.3％，2012 年 GDP 增速为 9.6％，整体呈现出持续放缓的发展态势，反映出经济发展处于震荡调整阶段。从人均 GDP 的情况看，自 2005 年以来，河北始终低于全国水平，2011 年河北人均 GDP 为 33 969 元而全国为 35 198 元，2012 年河北人均 GDP 为 36 584 元而全国为 38 420 元，且差距呈拉大趋势，凸显了河北经济大而不强的现状。

表 5-1　河北经济规模与增速及与全国对比

年份	全国人均 GDP/元	河北人均 GDP/元	河北 GDP/亿元	全国 GDP 增速/％	河北 GDP 增速/％
2000	7 858	7 592	5 043.96	8.4	9.5
2005	14 185	14 659	10 012.11	11.3	13.4
2010	30 015	28 668	20 394.26	10.4	12.2
2011	35 198	33 969	24 515.76	9.3	11.3
2012	38 420	36 584	26 575.01	7.7	9.6

资料来源：《河北经济年鉴 2013》《中国统计年鉴 2013》

（二）经济增长动力

从需求的角度看，驱动经济增长的因素有三个：消费、投资和净出口。如表 5-2 所示，河北经济发展整体上一直以总投资和总消费为主导。其一，从消费需求的变动情况看，2000～2011 年虽然其规模不断增长但对经济的贡献率呈持续走低的态势，直至 2012 年消费的贡献率呈现出强力反弹，由 2011 年的 31.73％上升至 2012 年的 70.28％，在经济增速持续回落的背景下呈现出较强的支撑力度。其二，从投资需求的变动情况看，自"十五"以来投资需求一直是河北经济增长的主要驱动力，其贡献率分别在 2005 年和 2009 年达到了 69.59％和 80.68％的历史高位，2012 年贡献率依旧达到 65.76％。其三，从净出口的情况看，近年来其对经济增长的贡献率一直呈振动下滑的趋势，2012 年的贡献率更是达到了−36.05％的历史低点，反映出河北外贸近年来面临的发展形势异常严峻。

表 5-2　河北三大需求对经济增长的贡献率变化情况

年份	消费支出		投资形成		净出口	
	规模/亿元	贡献率/%	规模/亿元	贡献率/%	规模/亿元	贡献率/%
2000	2 240.7	49.54	2 246.7	17.87	556.6	32.60
2005	4 273.6	38.87	4 727.7	69.59	1 010.8	−8.45
2010	8 326.0	34.99	11 037.4	56.12	1 030.9	8.90
2011	9 633.8	31.73	13 890.4	69.22	991.6	−0.95
2012	11 081.1	70.28	15 244.6	65.76	249.3	−36.05

资料来源：《河北经济年鉴 2013》

　　整体来看，河北的三大需求呈现出三方面特点。其一，动力结构进入调整阶段。2002 年以来对经济增长的贡献由大到小始终为"投资、消费、净出口"，而这一动力结构在 2012 年被打破，河北的总消费首次超过总投资成为经济增长的第一动力。从两者的规模变动看，2012 年总消费达到 11 081.1 亿元，较 2011 年增长了 1447.28 亿元，而总投资仅增长了 1354.26 亿元，这一情况一方面是扩大内需的直接体现，另一方面也与河北并不乐观的财政水平直接相关。其二，在今后几年中，河北将依旧是一个典型的投资驱动型省份。虽然总消费显示了稳步提升的良好态势，但从河北偏重的产业结构及面临的资源环境压力看，在今后一定时期内河北需要解决的重大矛盾非常突出，以投资推动"调结构、转方式"依旧是不二选择。其三，净出口的贡献度在今后一定时期依旧会在低位徘徊。近年来，净出口的情况反映出两方面问题：一方面是出口的总体水平不高，钢材和纺织服装是河北传统的大宗出口产品，附加值相对较低；另一方面是国际需求市场仍呈现出低迷态势，如太阳能和光伏产品，河北虽然具备了相当的规模但受到美国"双反"调查和欧洲市场补贴下滑等因素的影响，相关产品的出口依旧存在持续下滑的隐忧，只有加快外贸出口转型升级步伐，加快开拓新兴市场，才能重新提振河北的出口水平。

二、经济结构

（一）三次产业结构

　　近年来，河北产业结构一直呈现出"二、三、一"这一较为稳定的结构状态，虽然有所调整但整体幅度变动不大（表 5-3）。其一，第一产业比重趋于下降，由 2000 年的 16.35% 下降到 2012 年的 11.99%，但 2012 年较 2011 年第一产业占 GDP 比重反弹上升了 0.15 个百分点，反映出这一进程存在一定的波动，与此相对应其对经济增长的贡献率也呈现出一定的波动，先是由 2000 年的 6.1% 下降为 2010 年的 3.1%，而进入"十二五"以来则呈现出反弹上升的趋

支柱产业，为全省经济社会发展做出了重要贡献。但在近年来的发展中，河北钢铁产业的问题也不断地暴露出来，如产业集中度低、初级产品比重大、高附加值产品比重小、落后产能比重大等，这些问题造成了河北目前钢铁产业"大"而不"强"的被动局面。

在下阶段的发展中，钢铁产业的重点在于推动产品向高端化、精品化、专业化和深加工的方向发展，形成满足不同市场层次需求、优质和高附加值的产业体系。具体来说，包括以下三个方面。其一，高端引领。钢铁企业间的高端竞争实质上就是技术实力的较量，要成为世界钢铁产业竞争中的"强者"，就必须在产业高端上形成优势。关键是以技术创新为根本途径，沿着钢铁产业的技术升级路线，强力铸造高端的技术优势。其二，中低端调整。河北钢铁中低端的企业，要走品种质量效益型的道路，提升高技术含量高附加值钢材的国内市场占有率。针对我国目前钢铁产业需求大、品种全的特殊性，在规模优势基础上，推进中低端产品品牌竞争力的提升，建立超越规模优势之上的技术和品牌优势，以强大的品牌竞争力引领钢铁企业的可持续发展，同时要下大决心淘汰落后产能。其三，构建产业链条。河北的钢铁产业应该通过逐步调整和发展形成由资源、供应、生产、深加工、销售、节能减排构成的完整产业链的竞争优势。目前，产业的竞争已经由单一环节、单一企业的竞争向产业集群、产业链条的竞争转变，河北钢铁产业只有建立起优势产业链条，才能形成真正的优势。一方面应利用现有的技术和品牌优势，沿着优势企业和优势产品向上下游用户延伸，实现有效链接，形成不同形式的产业链条，提高持续竞争优势；另一方面还应加快建立以用户需求为驱动的技术创新体系，实现由以提供初级产品为主的材料供应商向以提供材料解决方案为主的综合服务商转变，进而在研发、技术、物流、服务等多个环节形成产业链的深度整合。

2. 石化、化工和煤炭产业

2012年，石油加工、炼焦和核燃料加工业，化学原料和化学制品制造业，煤炭开采和洗选业三个行业的工业总产值分别达到了2320.04亿元、2065.43亿元和1490.21亿元，三行业的产值之和占河北工业总产值的比重接近15%。河北已打造了石炼、沧州大化、沧州化工等大型石化骨干企业，开滦、金能集团、峰峰矿业等大型煤化工企业和唐山三友、河北盛华、金牛化工、冀衡集团等盐化工企业，但也存在一系列突出问题，如产品结构不尽合理，主要以原油加工、氯碱、纯碱、化肥等初级产品为主；以石油为基础的石油化工产品加工深度不够，在整个产业中所占的比重明显低于全国平均水平；以煤为原料的煤化工产业链尚未形成；精细化工方面初级产品多，高技术含量、高附加值精细产品所占比重较小等。

在下一阶段的发展中，应重点延伸完善石油化工、煤化工、盐化工、精细化工四大产业链。具体而言，充分利用华北和冀东两大油田、曹妃甸原油码头和中直三大炼油厂及地方炼油厂，拓展产业深度，发展石油化工链条；充分利用煤炭资源和化肥工业基础大力发展化学和焦油加工，形成煤化工产业链；充分利用海洋资源，大力发展盐化工和海洋化工；利用环京津的人力资源、技术资源、信息资源优势，大力发展精细化工、生物化工及其他化工产业，延伸精细化工产业链。

3. 新能源、电子信息、生物制药等高新技术产业

"十二五"以来，河北高新技术产业加快发展，其中 2011 年高技术产业的总产值河北达到 973.3 亿元（当年价），占国内高技术产业总产值的比重基本维持在 1‰ 左右的水平上，说明河北高新技术产业总体规模偏小。从载体建设看，目前，河北共有石家庄、保定、唐山、燕郊、承德等 5 个国家级高新区，总数在全国排第六位。除此之外，河北还有沧州、曹妃甸、开平、迁安、张家口西山、张家口东山等 6 个省级高新区。近年来河北高新技术发展存在主要问题体现在三个方面：一是现有产业多数处于高新技术产业价值链的中低端，产业链短，配套能力不强；二是资金投入不足，2012 年河北全社会 R&D 经费占 GDP 的比重为 0.92%，远低于全国平均水平；三是技术创新支撑条件弱，高素质技术创新人才偏少。

在下一步的发展中，要着重做好三个方面的工作。一是要研发优先，充分利用京津科技创新资源，联合创办一批孵化基地、成果转化基地和科技研发基地，重点解决影响河北的传统优势产业改造提升和高新技术优势产业发展的重大关键技术。二是围绕优势高新技术产业和龙头企业，通过上下延伸、横向拓展等方式，培育壮大有突出优势的高新技术产业链条，形成特色突出、优势明显的产业链条。三是实施聚焦战略，突出产业重点，培育局部强势，少而精地建立产业优势。

第二节　河北的社会发展

"十二五"以来，河北科技投入力度不断增强，教育事业全面发展，城乡免费义务教育全面实现，医疗卫生体系不断健全，公共文化事业扎实推进，文化产业加快发展，整体社会形势保持了较为稳定的发展态势。随着 2012 年 7 月国务院《国家基本公共服务体系"十二五"规划》的颁布，河北的社会保障、社

会事业、住房制度改革等多个方面都更加系统地纳入了公共服务的体系框架中，标志着各类社会发展的制度建设开始从零散性走向规范性和系统性，社会民生正在由基本生存型向综合发展型转变。

一、居民收入

根据表 5-9 可知，近年来河北居民收入水平不断提高。从农村居民纯收入的情况看，由 2000 年的 2478.86 元增长为 2012 年的 8081.4 元，略高于全国 7916.6 元的平均水平，在全国始终保持在第 12 位左右，这一排位与第一产业在国内的排位相一致，但农民收入上的优势并没有第一产业规模上的优势明显，说明河北第一产业的劳动生产率还应加快提高。从城镇居民家庭人均可支配收入的情况看，则由 2000 年的 5661.16 元增长为 2012 年的 20 543.44 元，但低于全国 24 564.7 元的平均水平，在全国的排位则由 2010 年的第十四位下滑至现在的第十九位，说明河北城镇居民的收入提高滞后于国内平均水平，这一情况与河北经济规模在国内排第六位的情况反差很大，说明现有的经济增长模式并未能充分地惠及民生。

表 5-9 河北居民收入变动情况

年份	农村居民家庭人均纯收入/元		城镇居民家庭人均可支配收入/元		农村居民家庭恩格尔系数/%		城镇居民家庭恩格尔系数/%	
	全国	河北	全国	河北	全国	河北	全国	河北
2000	2 366.4	2 478.9	6 859.6	5 661.2	49.1	39.5	39.4	34.4
2005	3 254.6	3 481.6	10 493.0	9 107.1	45.5	41.0	36.7	34.6
2010	5 919.0	5 958.0	19 109.0	16 263.4	41.1	35.2	35.7	32.3
2011	6 977.3	7 119.7	21 809.8	18 292.2	40.4	33.5	36.3	33.8
2012	7 916.6	8 081.4	24 564.7	20 543.4	39.3	33.9	36.2	33.6

资料来源：《河北经济年鉴 2013》

从恩格尔系数的情况看，河北城镇和农村居民家庭都低于全国水平，反映河北居民家庭的消费结构优于全国水平。再从居民的生活消费结构看，如表 5-10 所示，食品支出所占的比重总是比较大的，而城镇居民在衣着、交通和通信和文化教育娱乐等方面的支出达到 45% 以上，高于农村家庭 25% 的水平，农村家庭则在居住和医疗保健方面比重达到 31% 以上，高于城镇居民 20% 的水平，反映出城乡间的消费结构依旧存在较为明显的差异，农村居民享受到的公共服务相比不足，因而居住和医疗方面的支出比重较大，而城镇人口的消费结构则更趋优化。

表 5-10　2012 年河北居民生活消费支出结构

消费支出项目	农村家庭生活消费比重/%	城镇居民生活消费比重/%
食品	33.87	33.61
衣着	7.39	12.31
居住	21.20	11.99
家庭设备、用品服务	6.52	6.99
医疗保健	10.14	8.36
交通和通信	11.27	13.76
文化教育娱乐	6.68	9.61
其他商品和服务	2.92	3.39

资料来源：《河北经济年鉴 2013》

二、科技创新

河北是经济大省，但不是科技大省。"十二五"时期是河北实现经济发展方式转型的关键期，也是科学技术发展的重要战略机遇期。只有把提高自主创新能力作为调整经济结构、转变增长方式、提高区域竞争力的中心环节，才能真正推进创新驱动这一重大战略的有效实施。目前科技创新对河北经济社会发展的支撑引领作用还有限，科技发展滞后于经济发展，特别是科技创新能力弱的问题已成为制约河北区域经济发展的"瓶颈"。

（一）科技投入产出情况

科技投入逐年增大，但水平偏低。根据表 5-11 所示，从近年来的发展情况看，河北 R&D 经费由 2010 年的 155.45 亿元增加到 2012 年的 245.77 亿元，实现了较快增长，但从 R&D 经费占 GDP 比重的角度看，2012 年河北的投入水平尚不足 1%，与全国 1.98% 的水平存在较大差距，反映出河北科技发展对经济增长的支撑力度相对偏低的问题。从 R&D 经费的结构来看，近年来企业的 R&D 经费增长较快，占整个 R&D 经费的比重由 2010 年的 78.49% 增加到 2012 年的 82.48%，政府的 R&D 支出虽然也不断增长，但总体的投入规模依旧偏小。再从 R&D 经费的支出环节来看，试验发展是河北 R&D 经费投入的主要方向，其所占 R&D 经费的比重由 2010 年的 81.75% 上升为 2012 年的 84.2%，反映河北科技创新更多地侧重于科技成果的产业化方面，对基础研究等方面则投入较低。

表 5-11 2010～2012 年河北 R&D 经费支出、占 GDP 比重及来源、支出结构

年份		2010	2011	2012
R&D 经费内部支出/万元		1 554 488	2 013 377	2 457 670
R&D 经费支出占 GDP 比重/%		76	82	92
来源结构	政府资金	273 893.4	324 406.3	384 941.4
	企业资金	1 220 160	1 666 239	2 027 019
支出结构	基础研究	52 824.2	63 349.7	65 069.7
	应用研究	230 884.4	257 791.5	323 253.4
	试验发展	1 270 778	1 692 229	2 069 346

资料来源:《河北经济年鉴 2013》

　　成果产出逐年增加,但比重不大,如表 5-12 所示。从技术市场的角度看,河北近年来成交额逐步增加,由 2005 年的 10.38 亿元上升为 2012 年的 37.82 亿元。但从占国内市场的比重来看则呈现出较大的波动,2006 年在技术市场中的份额达到 0.86% 后逐年下滑,至 2010 年所占份额降至 0.49% 的历史低点,进入"十二五"后才反弹增长,占全国市场的份额也在 2012 年提升至 0.59%。技术市场的情况表明,河北科技发展的"外向性"不足,虽然紧邻京津但技术交易的水平较低,距科技"呼吸场"的发展定位尚有很远的距离。从专利授权的情况看,2012 年河北达到 15 315 件,较 2005 年的 3585 件有较大幅度的提升,但占全国的比重则呈逐年下滑的态势,由 2005 年的 2.09% 下降至 2011 年的 1.26%,2012 年则略微回升至 1.32%,说明河北科技创新的绩效不良,虽然科技投入逐年增加,但落后于全国步伐。

表 5-12 2005～2012 年河北技术市场成交额和专利授权情况

年份	技术市场		专利授权	
	成交额/万元	占国内比重/%	授权数/个	占国内比重/%
2005	103 827	0.67	3 585	2.09
2006	156 099	0.86	4 131	1.85
2007	164 329	0.74	5 358	1.78
2008	165 906	0.62	5 496	1.56
2009	172 112	0.57	6 839	1.36
2010	192 931	0.49	10 061	1.36
2011	262 471	0.55	11 119	1.26
2012	378 178	0.59	15 315	1.32

资料来源:《中国统计年鉴 2006》《中国统计年鉴 2010》《中国统计年鉴 2013》《河北统计年鉴 2006》《河北统计年鉴 2010》《河北统计年鉴 2013》

(二) 创新能力比较

　　区域创新能力评价是国内近年来兴起的针对各区域科技发展及由科技发展带动经济社会各方面产生的变化而做出的评价分析。在这里主要针对《中国区域创新能力报告》所反映的情况进行分析和比较。需要指出的一点是,创新能

力报告所反映的情况与当前相比要迟滞 3 年左右的时间，因此，一些最新的情况如河北在首都圈、沿海地区和县域经济发展过程中的一系列举措不能在创新能力报告中及时反映出来。

从河北及周边省份的变动情况看，主要呈现出四种情况。一是基本稳定的省市包括北京、天津、辽宁和山东，这四个省市始终保持在前 8 名的水平以上；二是波动性上升的省区，如内蒙古，由 2001 年的第 27 位上升至第 2012 年的第 17 位；三是波动式下降的省份，如山西，由 2001 年的第 21 位降至第 2012 年的第 25 位；四是不断波动的省份，如河南和河北，2001～2011 年呈现出较大幅度的震荡。从河北的情况看，如表 5-13 所示，河北由 2001 年的第 14 位下降至 2010 年的第 19 位，甚至 2008 年一度下降至第 22 位，仅在 2011 年重新上升为 15 位，表明河北近年来的发展情况并不乐观，创新能力的发展速度相对较慢，与周边省份相比河北处于中下水平。

表 5-13　河北与周边省份创新能力综合排名变动情况

地区	2001 年	2005 年	2009 年	2010 年	2011 年
河　北	14	17	18	19	15
北　京	2	2	3	3	3
天　津	8	7	7	7	7
山　西	21	16	17	23	25
内蒙古	27	20	26	21	17
辽　宁	6	8	12	8	8
山　东	5	6	6	6	6
河　南	19	19	15	17	18

资料来源：《中国区域创新能力报告 2010》《中国区域创新能力报告 2011》《中国区域创新能力报告 2012》

根据表 5-14 所示，在创新能力的五个板块中，与河北综合排名紧密相关的板块是企业创新能力和创新绩效两个板块，这两个板块分别由 2001 年的第 12 位和第 16 位一路下降至 2011 年的第 24 位，是导致河北创新能力持续下滑的主要板块，2012 年这两个板块又分别回升到第 7 位和第 22 位，进而推动河北区域创新能力从 2011 年的第 19 位上升为 2012 年的第 15 位。其他三个板块，即知识创造、知识获取和创新环境，近年来呈现出一定的波动状态。

表 5-14　河北创新能力各分项指标排名变动情况

	2001 年	2005 年	2010 年	2011 年	2012 年
综合排名	14	17	18	19	15
知识创造	20	21	19	17	25
知识获取	16	17	13	23	18
创新能力	12	20	23	24	7
创新环境	15	12	19	10	21
创新绩效	16	20	21	24	22

资料来源：《中国区域创新能力报告 2010》《中国区域创新能力报告 2011》《中国区域创新能力报告 2012》

从横向比较反映的情况看,河北需要解决的突出问题有三个。一是加快提高企业创新能力。从企业创新能力板块的情况看,河北在企业研究开发投入综合指标、设计能力综合指标、制造和生产能力综合指标和新产品销售收入综合指标等方面近年来波动较大,根本的原因在于企业的设备、技术改造乃至人力和财力总体的投入等方面仅在全国处于中等水平,如销售收入占科技支出总额的比重、新产品占销售收入的比重及各项指标的平均水平等均处于中下游,消化吸收能力不足,2012 年的反弹主要体现于一些速度性的指标。二是河北中小企业发展缓慢,民营企业、高新技术企业有待加快发展。重点要以国家批准的《环京津国家高新技术产业带》为契机,支持自身发展成为全国有重要影响力的高新技术产业聚集带,同时进一步支持已经有一定优势的保定电谷、石家庄生物谷、秦皇岛数谷等创新载体加快发展,成为支撑河北高新技术产业发展的重要增长极。三是进一步营造良好的创新环境,吸引外部创新要素大规模流入。河北缺乏高层次创新型人才,要针对这一特殊需求,进一步优化软环境,从文化上培育形成涵养人才、尊重知识、尊重人才、鼓励创新、允许失败的良好氛围等,特别是提高企业、科研机构中高层次人才的各种待遇,让创新人才有较强的优越感和社会认同度。同时,减少行政性收费、干扰,优化法制环境,形成创新的良好环境。

三、文化艺术

进入"十二五"时期以来,河北文化艺术事业快速发展,文化及相关产业机构总额达到 13 414 个,从业人员达到 8.6 万人,人民文化生活水平显著提高。在文化事业中发展规模相对较大的主要是艺术业、群众文化服务业和文化市场经营机构,如表 5-15 所示,三行业机构数分别为 588 个、2393 个和 9566 个,占全部文化产业机构的比重为 93.5%,从业人员则合计达到 80.6%。从产业发展的角度看,2012 年河北文化产业增加值达到 729 亿元,占全省 GDP 的比重达到 2.74%。河北文化产业主要集中在文化用品生产和销售(约占 30%)、出版发行(约占 20%)、文化旅游(约占 15%)、文化休闲娱乐服务(约占 15%)等产业,这一结构基本与文化事业的机构与人员状况相吻合。

表 5-15　2012 年河北文化产业发展情况

机构类别	机构数/个	从业人数/人
文化及相关产业合计	13 414	86 027
艺术业	588	16 622
图书馆	172	1 852
群众文化服务业	2 393	6 947

续表

机构类别	机构数/个	从业人数/人
艺术教育业	5	614
文化市场经营机构	9 566	45 754
文艺科研	12	174
文物业	249	6 858
其他文化及相关产业	429	7 206

资料来源：《河北经济年鉴2013》

整体来看，河北文化事业处于蓬勃发展的阶段，近年来的发展主要体现在三个方面。一是加快建设社会主义核心价值体系，相继出台了《关于加快文化事业和文化产业发展的若干政策》《河北省文化产业振兴规划》等一系列文件，推出了一批广播影视精品力作。二是完善公共文化服务体系，河北省图书馆、河北省博物馆，以及各市图书馆、美术馆等重点文化设施相继建成使用，初步形成省、市、县、乡镇、村五级网络服务体系，全省各级公共博物馆、图书馆、文化馆、美术馆实现免费开放。三是文化体制改革逐步深入，11个设区市和170个县（市区）全部完成文、广、新"三局合一"，成立了河北影视集团、河北演艺集团，非时政类报刊出版单位启动转企改制，文化发展能力和文化创新能力明显增强。

四、医疗卫生

进入"十二五"时期以来，河北医疗卫生事业取得了明显进展，基本医疗保障制度逐步建立，国家基本药物制度等五项重点改革任务全面完成，整体上朝着"2020年人人享有基本医疗卫生服务"的目标不断迈进。2012年全省医疗卫生机构数达到7.9万个，较2011年有大幅增加，医疗机构职工也达到46.49万人。从医疗机构的构成情况看，医院依旧占据"主力"地位，其床位数和职工数分别占全省的71.6%和50.9%，社区卫生服务中心和卫生院等医疗机构正在逐步发展壮大，反映出全省基层的医疗卫生服务体系正逐步完善。现阶段河北已经基本实现了县县有二级甲等标准医院、乡乡有政府办的卫生院的发展目标，2013年底所有行政村都将建成集体产权标准化的村卫生室。此外，中医药服务体系更加健全，85%以上的社区卫生服务中心、70%以上的乡镇卫生院和60%以上的社区卫生服务站都将提供基本的中医药服务。

从11个设区市医疗卫生机构的发展情况看（表5-16），保定、沧州和邢台的卫生机构较多，但石家庄、唐山、保定和邯郸的卫生机构床位数和卫生技术人员数占优势，反映各个设区市的医疗卫生特点区别较大，如石家庄主要以省级的大型医院为主，虽然机构不多但床位数和技术人员比重较大，而邢台和沧州等市医疗机构的平均规模相对较小。各市的医改工作逐步展开，邯郸和唐山两个省级医改城市正积极探索公立医院"管办分开"等改革，县级公立医院综合试点范围也由 11 所扩大到 134 所，有力地促进了全省基本公共卫生服务均等化水平的提高，基本公共卫生服务项目已由 9 类 22 项增加到 11 类 43 项，全省已经为 5553.19 万城乡居民建立了规范的电子健康档案。

表 5-16 2012 年河北全省及 11 个设区市医疗卫生机构分布情况

	卫生机构数/个	卫生机构床位数/张	卫生技术人员/人
全 省	79 083	284 730	315 054
石家庄	6 451	44 896	54 191
承 德	3 787	16 057	16 594
张家口	5 611	17 835	16 407
秦皇岛	3 541	15 632	16 376
唐 山	8 904	36 702	41 166
廊 坊	5 643	16 244	19 966
保 定	11 726	37 037	43 752
沧 州	9 952	26 169	31 363
衡 水	5 675	13 908	15 956
邢 台	9 274	24 637	26 452
邯 郸	8 519	35 613	32 831

资料来源：《河北经济年鉴 2013》

五、社会保障

进入"十二五"以来，河北社会保障事业不断发展，各类制度不断完善，参保率稳步提高，基金征缴收入保持较快增长。如表 5-17 所示，2012 年年末全省参加失业保险人数达到 501.74 万人，全年发放失业保险金 6.94 亿元。2012 年全省城镇参加基本医疗保险人数总计达到 906.82 万人，比 2011 年年末增加 31.28 万人，其中，参保职工达 645.3 万人，参保离退休人员达 261.52 万人，截至 2013 年 6 月全省基本医疗保险参保率达到 95%。2012 年全省参加工伤保险的人数达到 694.81 万人，较 2011 年增加 54.42 万人，年末享受工伤待遇的人数达到 9.13 万人，较 2011 年增加了 0.48 万人。2012 年参加生育保险的人数达到 634.78 万人，增加 41.68 万人，参加城镇基本养老保险人数达到 1125.62 万人，城乡居民社会养老保险实现了制度全覆盖，参保率达到 96.1%。

表 5-17　2010～2012 年河北社会保险基本情况

项　目	2010 年	2011 年	2012 年
失业保险			
年末参保人数/万人	493.41	498.70	501.74
全年发放失业保险金人数/万人	9.01	8.35	7.88
全年发放失业保险金/万元	235 100.00	64 124.37	69 401.21
城镇职工基本医疗保险			
年末参保职工人数/万人	610.00	627.31	645.30
年末参保退休人员/万人	238.01	248.23	261.52
工伤保险			
年末参保人数/万人	594.44	640.39	694.81
年末享受工伤待遇的人数/万人	7.50	8.65	9.13
年末参加生育保险人数/万人	561.50	593.10	634.78
参加城镇基本养老保险人数/万人	988.44	1 059.80	1 125.62

资料来源：《河北经济年鉴 2013》

近年来，河北城乡一体化的最低生活保障体系逐步建立，符合条件的城乡困难群众全部纳入保障范围，形成了保障标准与物价增长挂钩调节的运作机制，农村低保平均标准达到 1969 元/年。在保障房建设方面，研究制定了《河北省人民政府关于加强保障性安居工程建设和管理的意见》，如表 5-18 所示，截至 2012 年 9 月，全省保障房开工套数达到 29.35 万套，竣工 12.16 万套，分配入住 8.98 万套，唐山、石家庄、邯郸等市的完成进度较快，3 市的入住套数基本占全省的 50％以上。此外，河北还出台了公共租赁住房管理办法，规范了审核机制，促进了城镇中低收入居民和进城务工人员住房困难问题的缓解。

表 5-18　2012 年 1～9 月河北各市保障性安居工程进展情况

城市	开工套数/套	竣工套数/套	分配入住套数/套	新增廉租房补贴户数/户	市县政府筹集到位资金/亿元
衡　水	10 977	4 304	2 876	418	65 452
唐　山	41 856	27 577	21 495	1 045	391 901
邢　台	25 040	9 116	5 001	2 108	120 933
廊　坊	13 115	7 729	7 784	1 699	144 948
石家庄	38 728	13 039	14 032	648	149 963
秦皇岛	10 044	6 340	3 131	1 575	59 450
沧　州	27 589	11 361	8 513	1 941	142 694
承　德	13 933	5 309	2 269	672	68 620
张家口	23 900	13 039	7 404	990	83 933
邯　郸	50 368	13 703	11 139	3 115	220 843
保　定	37 985	10 098	6 140	1 518	152 383
合　计	293 535	121 615	89 784	15 729	1 601 120

资料来源：《河北经济年鉴 2013》

第三节　河北的人口、资源与环境

河北是人口大省，人口规模和结构的变动对资源和环境的承载力提出了较高要求。"十二五"以来，河北继续坚持人口与计划生育政策，实施目标管理责任制，严格控制人口的数量和质量。但是，河北的经济发展方式仍然对资源和能源消耗较大，产生重要的环境问题，河北已经成为全国空气污染的重灾区，人口、经济、资源、环境矛盾日益突出。如何协调好人口发展、经济增长、水资源、空气治理和环境保护之间的关系，促进人口、资源、环境和经济协调发展，是河北需要面对和解决的关键问题。

一、人口

（一）人口规模

如表 5-19、图 5-1 所示，总体上看，河北人口呈现低速平稳增长，由 1978 年的 5057 万人增加到 2012 年的 7288 万人，增加 44%。从增速看，1980～2000 年，河北人口的年均自然增长率为 10.96‰，2000～2012 年则下降为 6‰。河北自然增长率自进入 20 世纪 90 年代后出现下降，这正好契合了我国经济从过热膨胀到软着陆的过程，到 2000 年达到改革开放后最低的 5.09‰。"十一五"末年，河北常住人口数量达到 7194 万人，在全国排第 6 位。自然增长率为"十一五"期间最高，达到 6.81‰。进入"十二五"以来，河北更加严控人口规模，人口增速下降，2012 年自然增长率为 6.47‰，人口数量 7288 万人。

虽然人口增长速度得到有效控制，但与全国人口的自然增长率相比，河北人口的增速依旧相对较快。2012 年全国的人口自然增长率为 4.95‰，而河北则达到 6.47‰。依据河北对"十二五"以来人口发展状况的评估，预计 2015 年末全省总人口将达到 7433 万～7460 万人，完成河北"十二五"规划中人口发展目标的压力较大。

表 5-19　2000～2012 年河北人口规模和自然增长率

年份	总人口/万人	自然增长率/‰
2000	6674	5.09
2001	6699	4.98
2002	6735	5.28
2003	6769	5.16

续表

年份	总人口/万人	自然增长率/‰
2004	6809	5.79
2005	6851	6.09
2006	6898	6.23
2007	6943	6.55
2008	6989	6.55
2009	7034	6.5
2010	7194	6.81
2011	7241	6.5
2012	7288	6.47

资料来源：《河北经济年鉴2013》

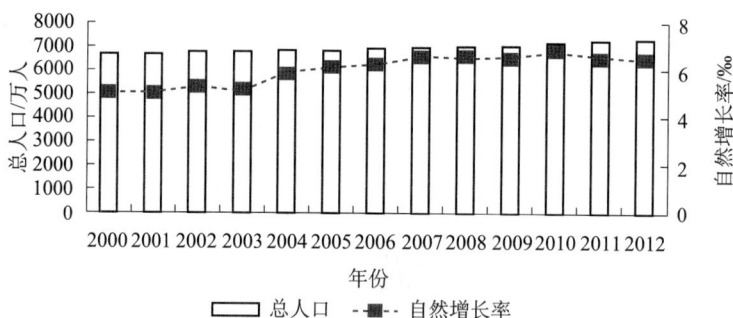

图 5-1　2000～2012 年河北人口规模和自然增长率

资料来源：《河北经济年鉴2013》

如表 5-20、图 5-2 所示，从各设区市的人口规模上看，2010 年以来，石家庄和保定总人口都超过 1000 万人，其自然增长率却处在省内中游。邯郸人口数量在河北排在第三位，人口最少的为秦皇岛，2012 年人口数为 302.16 万人。

表 5-20　2010～2012 年河北全省及 11 个设区市人口数及人口自然增长率

地区	2010 年		2011 年		2012 年	
	总人口/万人	自然增长率/‰	总人口/万人	自然增长率/‰	总人口/万人	自然增长率/‰
全　省	7193.60	6.81	7240.51	6.5	7287.51	6.47
石家庄	1017.52	6.73	1027.98	6.67	1038.60	6.18
承　德	347.63	5.41	348.91	6.49	350.63	6.72
张家口	434.86	4.33	437.37	5.37	439.38	5.09
秦皇岛	299.01	4.93	300.62	4.46	302.16	4.41
唐　山	758.24	4.03	762.74	3.32	766.85	4.19
廊　坊	436.39	6.91	440.03	4.90	443.93	4.97
保　定	1120.81	7.33	1127.23	6.97	1135.14	6.94
沧　州	714.33	7.75	719.77	7.48	724.38	7.54
衡　水	434.57	6.83	436.39	6.78	438.93	6.74
邢　台	711.43	8.55	715.55	7.96	718.86	7.67
邯　郸	918.81	8.72	923.92	8.30	928.64	7.86

资料来源：《河北经济年鉴2013》

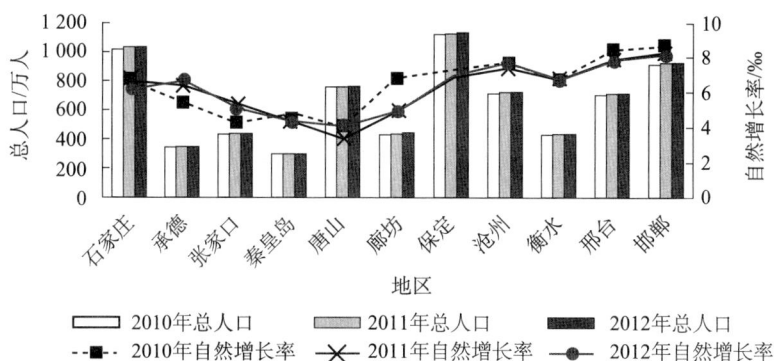

图 5-2　2010～2012 年河北全省及 11 个设区市人口规模及自然变动情况

资料来源:《河北经济年鉴 2013》

(二) 人口结构

1. 年龄结构呈现小幅波动

根据表 5-21 所示,河北 0～14 岁的人口所占比重从 2000 年的 22.80%,降低到 2008 年的 16.06%,然后逐步上升,2012 年达到 17.46%,人口总量也由 2000 年的 1521.67 万人下降为 2012 年的 1272.39 万人;15～64 岁人口所占比重则逐步由 2000 年的 70.30% 上升为 2010 年的 73.86%,人口总量也由 2000 年的 4691.80 万人上升为 2012 年的 5382.55 万人;65 岁以上人口所占比重则由 2000 年的 6.90% 上升为 2010 年的 8.68%。2012 年河北少儿抚养比为 23.64%,老年抚养比为 11.74%,总抚养比为 35.39%。与 2010 年相比,总抚养比提高了 1.93 个百分点。

以上年龄结构的变化,反映出河北人口出生的高峰期在 21 世纪初期,未来一定时期劳动力资源依旧丰富,河北依旧处在"人口红利"期。但是老龄人口小幅上涨,反映出河北已经开始步入人口老龄化阶段,在今后要注重将人力资源的优势转换为人力资本的优势。

表 5-21　河北人口年龄结构变动情况 (单位:%)

年龄段	2000 年	2005 年	2006 年	2007 年	2008 年	2009 年	2010 年	2011 年	2012 年
0～14 岁	22.80	17.70	16.60	16.75	16.06	16.58	16.83	17.82	17.46
15～64 岁	70.30	74.10	74.90	74.39	75.20	74.60	74.93	73.51	73.86
65 岁以上	6.90	8.20	8.50	8.86	8.74	8.82	8.24	8.67	8.68

资料来源:《河北经济年鉴 2013》

2. 性别结构

性别比是最常用的人口性别结构状况分析指标,通常用每 100 名女性对应的男性数量表示,经验数据表明世界上绝大多数国家的总人口性别比都为 95～102。

2012 年河北总人口性别比为 102.78，略高于正常值上限，低于全国平均水平 105.34。改革开放以来，河北总人口性别比一直为 102~105，且有下降趋势。

3. 人口受教育结构

如表 5-22 所示，2012 年，河北 6 岁及以上人口中，未上学人口占 3.67%、小学文化程度人口占 26.09%、初中文化程度人口占 49.97%、高中文化程度人口占 14.84%、大专以上文化程度人口占 5.43%。总的来看，未上学人口、小学文化程度人口比重持续下降，初高中文化程度人口比重持续增加，大专以上文化程度人口比重快速增加。

表 5-22　河北 6 岁以上人口受教育程度占比变化情况　（单位：%）

指　　标	2000 年	2005 年	2010 年	2011 年	2012 年
未上学人口	8.70	6.90	3.26	4.25	3.67
小学文化程度人口	35.70	30.10	26.79	26.84	26.09
初中文化程度人口	41.30	46.30	48.23	49.15	49.97
高中文化程度人口	11.30	12.00	13.80	14.44	14.84
大专以上文化程度人口	2.90	4.70	7.93	5.33	5.43

资料来源：《河北经济年鉴 2013》

根据表 5-23 所示，第六次人口普查资料显示，2010 年每十万人中大专以上文化程度的人口河北仅为 7296 人，而全国则为 8930 人，低于全国平均水平，类似情况还有高中和中专文化程度人口，河北比全国的平均值低 1321 人；相反，河北小学程度和初中程度人口数量均高于全国平均水平，综合反映出河北人口的素质水平偏低的问题，超过九年义务教育的阶段后，不发达地区和农村地区的人口很多都直接步入了社会。

表 5-23　河北每十万人中拥有的各种受教育程度人口变化情况

（单位：人）

地区	小学		初中		高中和中专		大专及以上	
	2000	2010	2000	2010	2000	2010	2000	2010
全国	35 701	26 779	33 961	38 788	11 146	14 032	3 611	8 930
河北	33 760	24 661	39 075	44 400	10 717	12 709	2 698	7 296

资料来源：第六次全国人口普查资料，《中国统计年鉴 2013》

4. 人口就业结构

如表 5-24 所示，河北人口就业结构与全国的变动趋势基本一致，即第一产业吸纳就业的比重不断下降，河北自"十五"以来，12 年间下降了 14.65 个百分点，全国则下降了 16.4 个百分点；第二产业就业比重上升，河北上升 8.08 个百分点，全国上升 7.8 个百分点；第三产业就业比重上升，河北上升 5.94 个百分点，全国上升 8.6 个百分点。比较来看，河北第一、第二产业就业比重高于全国水平，而第三产业低于全国 5.29 个百分点，与"十一五"相比，差距拉大 0.45 个百分点，表明河北第三产业人口就业情况与全国相比差距增大，这样预示着在未来的发展中尚有较大的潜力。

表 5-24 河北各产业吸纳就业比重变化情况

年份	第一产业/%		第二产业/%		第三产业/%	
	河北	全国	河北	全国	河北	全国
2000	49.56	50.0	26.20	22.5	24.24	27.5
2005	43.84	44.8	29.24	23.8	26.92	31.4
2010	37.88	36.7	32.36	28.7	29.76	34.6
2011	36.33	34.8	33.31	29.5	30.36	35.7
2012	34.91	33.6	34.28	30.3	30.81	36.1

资料来源：《中国统计年鉴 2013》

5. 人口城乡结构

城镇化水平是反映人口城乡结构的主要指标。2000 年以来，河北将城镇化战略作为全省的四大主体战略之一。河北"十二五"规划更是要把城镇化摆到活跃全局的战略位置，以城镇化带动工业化，以工业化促进城镇化。这一战略加快了河北城镇化进程，如图 5-3 所示，2000～2012 年，河北城镇化率由 26.08% 提高到 46.80%，平均每年增加 1.73 个百分点。虽然仍低于全国平均水平，但河北的城镇化进程已经进入加速期。

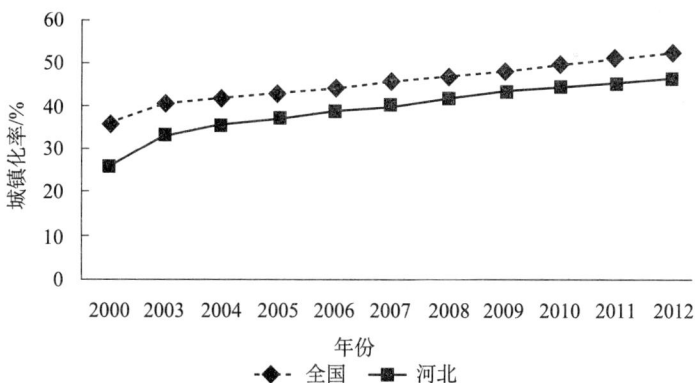

图 5-3 全国及河北城镇化率变动情况

资料来源：《中国统计年鉴 2013》《河北经济年鉴 2013》

二、资源与能源

（一）资源

河北地域广阔，地表地貌多样，矿产蕴藏、海洋滩涂等资源都比较丰富，而土地资源、水资源相对不足。自"十五"规划以来，河北统筹资源综合利用，取得了一定成绩。进入"十二五"后，河北以科学发展观为指导，加快经济发展方式转变，有效协调了资源开发、保护与节约的关系，缓解了资源可持续发展问题，为经济发展提供了重要的资源基础，保障了国民经济持续、快速、健康发展。

1. 土地资源

河北土地资源结构是经过自然和人文因素综合作用形成的。在地理位置上，河北外环渤海，内环京津，11 设区市全部与外省市相邻。深山、坝上、丘陵、平原、近海等多种地形地貌兼备。河北行政区土地总面积为 18.77 万公里^2，其中山地所占比重为 37.40%，坝上高原所占比重为 12.97%，两者总计超过全省土地面积的 50%，而平原地区所占比重仅为 30.49%[①]。河北这种特殊的地理地貌导致了全省耕地资源十分匮乏，总面积仅有 630.27 万公顷。

在土地利用上，2008 年河北土地面积总计 1884.3 万公顷，其中农用地 1308.2 万公顷，建设用地 179.4 万公顷，分别占全省土地总面积的 69.4% 和 9.5%[②]。随着全省工业化和城镇化进程的加快，对土地占用的需求会不断增大，如何提高土地利用率已成为河北迫切需要解决的问题。

2. 水资源

2012 年，河北平均降水量为 598.2 毫米，比 2011 年增加 104.9 毫米，比多年平均多 66.5 毫米，属于偏丰年；全省水资源总量 235.5 亿米^3，在全国排第 26 位，"十二五"以来，位次没有变动；人均水资源 324.2 米^3，仅为全国平均值的 1/7，远低于国际公认的人均 500 米^3 "极度缺水"标准，是严重的水资源短缺省份（表 5-25）。

表 5-25　全国和河北 2005～2012 年水资源总量和人均量

年份	总量/亿米^3		人均/（米^3/人）	
	全国	河北	全国	河北
2005	28 053.1	134.6	2 151.8	197.0
2006	25 330.1	107.3	1 932.1	156.1
2007	25 255.2	119.8	1 916.3	173.1
2008	27 434.3	161.0	2 071.1	231.1
2009	24 180.2	141.2	1 816.2	201.3
2010	30 906.4	138.9	2 310.4	195.3
2011	23 256.7	157.2	1 730.2	217.7
2012	29 526.9	235.5	2 186.1	324.2

资料来源：《中国统计年鉴 2005～2013》《河北统计年鉴 2005～2013》

---

① 《河北经济年鉴 2013》。

② 《中国统计年鉴 2013》。

2012 年，河北大部分河道天然产水量与 2011 年相比有所增加，滦河下游、冀东沿海、蓟运河、大清河、南运河各河道天然年产水较丰，其余河道偏枯。

受严重超采地下水影响，河北饮用水资源形势严峻。据《2012 年河北省地质环境状况公报》公报，河北共有地下水位降落漏斗 25 个，其中漏斗面积超过 1000 公里² 的有 7 个。"十二五"以来，水资源管理制度进一步加强，雨水回补量增多，情况有所好转。2012 年降水偏丰，使河北地下水位上升。2012 年年底，平原区浅层地下水平均深埋 16.10 米，比 2011 年平均上升 0.34 米，地下水储存量增加了 17.99 亿米³[①]。

3. 矿产资源

2007 年年底，启动的河北矿产资源利用现状调查工作历时五年，于 2012 年结束，全面完成了 19 个矿种 1379 个矿区的核查工作，提交矿区核查成果报告 1379 份，并建立了成果数据库。截至 2012 年年底，河北已发现矿产 132 种（亚矿种 156 种），具有查明资源储量的矿产 127 中，列入《河北省矿产资源储量表》的矿产 87 种，矿产地 1362 处，总保有资源储量（矿石量）628 亿吨。优势矿产有铁矿、铂矿、水泥用灰浆、煤、冶金用白云岩、饰面用石材，其中铁矿位居全国第 3 位，钼矿居全国第 8 位，冶金用白云岩居全国第 1 位。2012 年河北生产铁矿石 4.1 亿吨，铁精粉 9167.89 万吨，进口铁矿 1.7 亿吨，铁矿自给率为 35.11%，全省成品矿平均价格 1065 元/吨，较 2011 年同期下降 235 元/吨。全省已开发利用矿产地 819 处，现有各类矿山企业 4724 家，从业人员 32.79 万人，年开采矿石总量 6.33 亿吨，工业总产值达 1088.78 亿元，形成了以冶金、煤炭、建材、石化为主的矿产经济体系。

4. 海洋资源

河北海岸线长 487 公里，管辖海域面积 7000 多公里²。有深水岸线 44.5 公里，其中，可建 25 万吨级超深水泊位岸线 8 公里。有海洋生物 650 种，占全国海洋生物总数的 3.2%。有海岛 14 个，海岛面积 36.35 公里²。河北沿海地区处于环渤海经济圈的中心地带，海洋生物、港口、原盐、石油、旅游等海洋资源丰富，气候环境适宜，海洋灾害少，是发展海水养殖、盐和盐加工、港口运输等产业的优良地带，具有发展海洋经济的巨大潜力。目前河北主要海洋产业为滨海旅游业、海洋交通运输业、海洋船舶工业、海洋盐业、海洋化工及海洋渔业[①]。

5. 森林资源

河北历史上是森林繁茂之地，山区、丘陵、坝上、平原遍布原始森林。进

---

① 《河北经济年鉴 2013》。

入 21 世纪，河北林业建设步入投资最多、规模最大、速度最快、质量最好的发展时期。2012 年，全省森林覆盖率达到 27%，森林蓄积量达到 1.2 亿米^3。林业管理的国家级自然保护区 9 处、省级自然保护区 20 处，总面积 62.2 万公顷，占国土面积的 3.3%。全省林业总产值达 1059 亿元，林果也成为地方的支柱产业。2012 年围绕"增林扩绿、林果并重，改善生态环境、推动经济发展"的总体思路，全年完成造林绿化 31.24 万公顷，其中，林业和总店工程完成造林面积 16.53 万公顷。

（二）能源

2012 年，河北各地各部门认真贯彻落实国家和省节能减排工作部署，加大结构调整，全省节能降耗成效显著。一次能源生产平稳增长，能源消费品种结构继续优化，能源利用效率明显提高，节能减排任务顺利完成。

1. 一次能源：生产平稳增长，消耗增速回落

根据表 5-26 所示，从能源生产来看，2012 年一次能源生产总量为 10 090.13 万吨标准煤，比 2011 年增长 15.7%，增速同比加快 8.5 个百分点；比 2010 年增长 24%，增长近 1/4。从能源生产结构上看，河北自"十一五"以来，煤炭产量仍然居主要地位，煤炭产量稳定在 8500 万吨以上。原煤和一次电力生产比重有所上升，原油和天然气生产比重下降。原煤、原油、天然气和一次电力站能源生产总量的比重分别为 85.33%、8.27%、1.72%、4.68%。

表 5-26　2006～2012 年河北一次能源生产总量和构成

年份	能源生产总量/万吨标准煤	占能源生产总量的比重/%			
		原　煤	原　油	天然气	一次电力
2006	6 956.72	85.90	12.54	1.25	0.31
2007	7 246.47	85.39	13.01	1.31	0.29
2008	6 755.66	84.40	13.60	1.72	0.28
2009	6 879.85	85.19	12.44	2.11	0.26
2010	8 129.05	84.89	10.53	2.07	2.50
2011	8 718.40	84.87	9.60	1.86	3.66
2012	10 090.13	85.33	8.27	1.72	4.68

资料来源：《河北经济年鉴 2013》

"十二五"以来，随着节能工作的不断深入，能源消费总量增速明显回落。如表 5-27 所示，2012 年全省能源消费总量突破 3 亿吨，达到 30 250.21 标准煤（等价值），比 2011 年增长 2.5%。能源消费品种结构逐年优化，煤炭及原油等重污染能源品消费比重逐年降低，天然气和电力等清洁能源比重则提高。2012

年煤炭消费占能源消费总量比重为 88.8%，比 2010 年下降 1.65 个百分点。天然气和一次电力消费比重分别上升 0.5 和 0.82 个百分点。

表 5-27 2005～2012 年河北能源消费总量及构成

年份	能源消费总量/万吨	占能源生产总量的比重/%			
		原 煤	原 油	天然气	一次电力
2005	19 835.99	91.82	7.45	0.61	0.12
2006	21 794.09	91.59	7.64	0.67	0.10
2007	23 585.13	92.36	6.87	0.68	0.09
2008	24 321.87	92.31	6.67	0.94	0.08
2009	25 418.79	92.51	6.21	1.21	0.07
2010	27 531.11	90.45	7.37	1.44	0.74
2011	29 498.29	89.61	7.73	1.58	1.08
2012	30 250.21	88.80	7.70	1.94	1.56

资料来源：《河北经济年鉴 2013》

2. 能源利用：效率稳步提高

根据表 5-28 所示，2012 年全省万元 GDP 能耗为 1.14 吨标准煤，同比下降 5%；万元 GDP 电力消耗 1158.13 千瓦时，比 2011 年下降 4.9%。

表 5-28 2006～2012 年河北万元 GDP 能源消耗量

项目	2006 年	2007 年	2008 年	2009 年	2010 年	2011 年	2012 年
能源消耗总量/吨标准煤	21 794.09	23 585.13	24 321.87	25 418.79	27 531.11	29 498.29	30 250.21
万元 GDP 能耗/吨标准煤	1.90	1.73	1.52	1.47	1.35	1.20	1.14
单位 GDP 电耗/千瓦时	1 512.81	1 479.84	1 308.41	1 359.90	1 319.74	1 217.54	1 158.13

资料来源：根据《河北经济年鉴（2007～2013）》和中华人民共和国国家统计局数据计算得出

三、环境

2012 年，河北以降污减排为抓手，着力推进重点流域水污染防治和重点区域大气污染防治，促进了区域流域环境质量和空气质量改善。从新发布的《2012 年河北省环境质量公报》看，承德和秦皇岛两个市生态环境质量为良，其余 9 个市生态环境质量为一般。

1. 水环境：治理力度加强

河北七大水系河流水质总体中度污染，主要污染物为氨氮、化学需氧量和生化需氧量，Ⅰ～Ⅲ类水质比重为 48.5%，比 2011 年上升 3.3 个百分点。与 2011 年相比，全省七大水系的氨氮和化学需氧量浓度年均值分别下降了 17.3% 和 16.1%。七大水系中，永定河水系为良好，滦河水系为轻度污染，大清河水系和北三河水系为中度污染，漳卫南运河水系、子牙河水系和黑龙港运东水系为重度污染。河北与北京、天津、辽宁、山东、山西和河南相邻，共有 36 个省界断面，其中，包括 17 个入境断面和 19 个出境断面，出境断面水质好于入境断面水质。2012 年河北对 14 座水库和白洋淀、衡水湖进行了监测。不计总氮，14 座水库水质均达到了Ⅱ类水质标准。岸海域海水环境质量基本保持良好，以Ⅰ、Ⅱ类水质为主。

在废水和主要污染物排放量方面，2012 年全省废水排放总量为 305 773.0 万吨，化学需氧量排放量为 134.9 万吨，其中，工业和生活排放量为 42.3 万吨，农业源排放量为 91.8 万吨。氨氮排放量为 11.1 万吨，其中，工业和生活排放量为 6.5 万吨，农业源排放量为 4.5 万吨。

在水环境治理上，突出规划龙头引领作用，出台了《河北省海河流域水污染防治规划（2011～2015 年）》和《关于加快推进洨河综合整治的实施意见》，加快推进重点区域环境基础设施建设，全省 44 个省级工业园区内涉水排污企业均建成独立污水处理设施，全省所有县级以上城市、县城都建有污水处理厂。重点流域地级以上城市污水处理率达到 85% 以上，县级污水处理率达到 75% 以上。健全和完善了全省流域跨界断面生态补偿机制。

2. 大气环境：质量有所改善

空气质量方面有所改善。按照《环境空气质量标准》旧标准评价，2012 年全省 11 个设区市均达标，平均达到或优于Ⅱ级的优良天数为 340 天，与 2011 年相比，优良天数增加 1 天。可吸入颗粒物（PM_{10}）浓度为 0.077 毫克/米^3，与 2011 年相比，上升 1.32%。按旧标准对 SO_2、NO_2 和 PM_{10} 三项污染物进行评价，11 个设区市全部达标。按照《环境空气质量标准》新标准评价，张家口、承德、秦皇岛 3 个设区市达标，石家庄、邯郸、唐山、衡水、保定、邢台、沧州和廊坊 8 个设区市超标，超标污染物为 PM_{10}。

酸雨发生频率和强度有所下降，2012 年全省共获得 567 个降水样本，pH 范围为 3.98～8.79，pH 最低值出现在保定，最高值出现在唐山。秦皇岛、保定和承德 3 个市共出现 6 次酸性降雨，其他城市未出现酸雨。

废气排放方面，2012 年全省二氧化硫排放量为 134.1 万吨；氮氧化物排放量为 176.1 万吨，其中机动车排放量为 54.8 万吨。

3. 声环境：环境噪音稳定

河北声环境质量基本持平，生活噪声和道路交通噪声是影响城市声环境质量的主要噪声源。在城市区域环境噪声方面，2012 年河北区域环境噪声平均值是 52.2 分贝，与 2011 年相比基本持平。区域环境噪声平均等效声级为 50.6～55.2 分贝，除保定为轻度污染外，其他 10 个设区市区域声环境均为较好。在城市道路交通噪声方面，2012 年全省道路交通噪声平均值为 66.2 分贝，比上年上升了 0.16 分贝。全省 11 个设区市道路交通噪声平均等效声级为 63.9～68.4 分贝，全部达到国家标准。石家庄和邯郸道路交通声环境为较好，其余 9 个设区市为好。

4. 固体废物处理：管理日益严格

2012 年，全省一般工业固体废物产生量为 45 575.8 万吨，处置量为 7439.0 万吨，综合利用量为 17 360.8 万吨；危险废物产生量为 49.2 万吨，处置量为 21.9 万吨，综合利用量为 27.0 万吨。

加强了危险废物监管，开展了危废、化学品环保专项行动检查，对廊坊、唐山、沧州、邯郸、石家庄等市的涉及五金、造纸、塑料制品、钢铁等行业共计 14 家进口废物企业进行了现场检查，对存在安全隐患的企业提出了限期整改意见。完善了危险废物经营资质行政审批制度，强化了危险废物跨界转移管理。2012 年，共完成危险废物跨省转移 67 批次，办理危险废物经营许可证 12 个。修订《河北省废弃电器电子产品处理"十二五"发展规划》，完成了历史遗留铬渣治理任务，对 14 家公司的 41 家企业进行了环保核查。

5. 辐射环境：安全管理加强

2012 年，全省 11 个设区市的环境地表 γ 辐射空气吸收剂量率为 35.4～74.0 nGy/h（纳戈瑞每小时），平均值为 53.9 nGy/h。环境 γ 辐射水平，全省天然放射性监测值无显著升高，维持本底水平。环境中电磁辐射污染源数量增长较快，电磁辐射环境质量总体上保持稳定，满足国家相关电磁辐射环境保护规定。

河北根据环保部辐射环境监测网国控点建设安排，共优化布设了国控点 26 个，对空气、气溶胶、沉降物、土壤、水体，以及移动基站和高压输变电工程等对象进行监测，监测项目包括瞬时 γ 辐射空气吸收剂量率、γ 辐射累积剂量等。全年共报送辐射环境监测数据 10 万多个。

第四节　河北的城市及区域空间发展

区域的空间发展既与自身的自然条件和经济基础直接相关，也与区域内中心城市的发展密切相关。河北11个设区市在受地理分布的影响下，人口分布和经济格局经历了重构，河北经济发展战略也经历了几次大的调整。"十二五"以来，河北重点发展区域经济增长极，结合京津两大直辖市的辐射带动，构成了影响河北区域空间格局变动的主导力量。

一、总体空间架构与格局

（一）区域空间发展战略沿革

改革开放以来，河北区域发展战略经历了几次大的调整①。在不同的区域政策影响下，空间架构经历了以下变化：1986年提出"环京津"发展战略；1988年调整为"以城带乡、铁路与沿海两线展开"策略；1992年调整为"一线（沿海）、两片（石、廊开发区）、带多点（各高新技术开发区、高新技术产业园区、旅游开发区和保税区）"战略；1993年又重提"两环"（环京津、环渤海）发展战略；1995年正式提出"两环（环京津、环渤海）开放带动战略"为河北经济发展的主导战略；2004年河北省委省政府提出"一线两厢"区域经济发展战略构想。"一线两厢"格局可概括为"一线带动、两厢并进、突破沿海、协调联动、整体腾飞"，对现在城镇空间结构影响较大。河北"十一五"规划提出要进一步深化"一线两厢"区域发展布局，促进区域协调发展。"十一五"规划还提出，河北要抓住国家实施京津冀都市圈区域经济发展规划和建设天津滨海新区的机遇，积极融入环渤海经济圈，推动京津冀一体化。国家发改委《京津冀都市圈区域规划》于2010年5月上报国务院，是国家"十一五"规划中一个重要的区域规划，区域发展规划按照"2+8"的模式制订：包括北京、天津两个直辖市和河北的石家

---

① 周立群，谢思全.2008.环渤海区域经济发展报告（2008）：区域协调与经济社会发展.北京：社会科学文献出版社.

庄、秦皇岛、唐山、廊坊、保定、沧州、张家口、承德 8 地市。之后"环首都经济圈"、"环首都绿色经济圈"发展规划相继提出，进一步深化了河北区域规划的理论与实践。

（二）当前规划格局：梯次推进格局

1. 两个增长极

2011 年 11 月在中国共产党河北省第八次代表大会上，明确提出举全省之力打造曹妃甸和渤海新区两大经济增长极，打好新一轮扶贫开发攻坚战。加快曹妃甸和渤海新区开发建设，发挥好辐射带动作用，是河北建设经济强省、和谐河北的重大战略。"十二五"期间，河北大力发展两个增长极。发布实施了《河北省沿海地区工业技术改造专项规划》，明确沿海地区工业技术改造发展的重点、思路、目标和任务。印发了《关于支持渤海新区工业和信息化发展的意见》《关于支持曹妃甸新区工业和信息化发展的意见》，分别围绕"促进新区工业转型升级，加快新区信息化建设，推进新区军民结合发展，推动新区中小企业、民营经济发展"等四个方面制定了 11 条具体支持措施；在曹妃甸区派专人现场办公，协调解决曹妃甸区工业发展过程中的问题；推进唐山暨曹妃甸国家级两化融合试验区建设，印发了《唐山暨曹妃甸信息化与工业化融合试验区发展规划》，组织召开唐山暨曹妃甸国家级两化融合试验区建设工作会议。

2. "一圈一带一区"三区域

2011 年河北省"十二五"规划明确提出："构筑环首都绿色经济圈，壮大沿海经济隆起带，打造冀中南经济区"的区域发展战略，成为河北区域经济"十二五"以来的发展指南。

环首都绿色经济圈包括张家口市、承德市、廊坊市、保定市 4 个地级市，涿州市、涞水县、涿鹿县、怀来县、赤城县、丰宁满族自治县、滦平县、三河市、大厂回族自治县、香河县、广阳区、安次区、固安县、兴隆县等 14 个县（市），总面积达到 10.3 万公里^2。交通对接方面，河北与北京确实实现了交通一体化。建设高层次人才创业园区、科技成果孵化园区、新兴产业示范园区、现代物流园区四类园区；建设养老、健身、休闲度假、观光旅游、有机蔬菜、宜居生活基地 6 个基地。

沿海经济隆起带发展规划结合实施秦唐沧沿海地区发展规划，选择秦皇岛、唐山、沧州三市近海临港、区位优越的县（市、区），实施 11 县（市、区）、8 功能区、1 路（滨海公路）、1 带（沿海经济带）的重点推进计划，带动周边地区加快发展。逐步把沿海地区建设成实力雄厚的临港产业带、风光秀美的滨海旅游带、海蓝地绿的海洋生态带、休闲宜居的海滨城市带。

冀中南经济区空间范围是地理上紧密相连的石家庄、邯郸、邢台、衡水 4 个地级市，共下辖 13 区 10 市 49 县及 357 个建制镇，与北京、天津、济南、郑州、太原等主要城市联系便捷，空间直线距离均在 300 公里以内。

3. 四大攻坚战

2013 年中共河北省委八届五次会议提出了四大攻坚战战略。"四大攻坚战"即"全力打造沿海地区率先发展的增长极、大力培育环京津地区新的发展增长极、下大力气把县域经济和县城搞大搞强、下大决心推动工业转型升级和环境治理"。四大攻坚战的提出，进一步完善了"一圈一带一区"区域经济发展战略。

河北区域空间发展思路经历了由纯依托地理条件到综合考虑区位、经济、社会等诸多因素的转变。这一思路是随着改革开放、解放思想逐步完善的过程，也是河北独一无二的空间区位所决定的：河北内环北京、天津两大直辖市，地理空间被行政规划割裂，在中央统一要求和影响下，北京、天津、河北三地规划和治理框架处于不同层面和角度，河北受到诸多制约，在规划发展模式和路径上有别于珠江三角洲和长江三角洲，通过多次变动以谋求发展。

二、分区空间发展格局

1949 年，河北辖 10 个专区、132 县、4 个市，省政府驻保定。截至 2012 年年底，全省辖 11 个地级市，37 个市辖区、22 个县级市、113 个县、2234 个乡级镇行政区划单位，省政府驻石家庄。

（一）各市经济社会发展水平

1. 经济发展水平

从经济实力看（表 5-29），2012 年各区市 GDP 排位前三的依次是唐山、石家庄、邯郸，而张家口、秦皇岛、衡水排名后三位。除邢台和秦皇岛外，其余设区市 GDP 增速均高于 9.6% 的全省平均水平。

2012年，唐山GDP和人均GDP分别达到5861.64亿元和76 437.71元，大大高于其他各市，经济总量与其他各市差距呈拉大趋势；从人民生活来看，廊坊城镇人均可支配收入高于唐山，农村人均纯收入低于唐山，而在城镇人均可支配收入上，石家庄、廊坊、邯郸正在进一步与唐山拉近距离，说明"十二五"以来，三市经济发展模式加快转变，更加注重质量的提高；从经济外向度看，唐山货物和服务净流出达到1512.54亿元，处在全省之首，而承德和保定却存在负流出状态，廊坊处在倒数第三位。整体来看，唐山、石家庄处于河北经济发展的第一梯队，廊坊、邯郸、秦皇岛、保定、沧州等城市处于第二梯队，张家口、承德、衡水等城市处于第三梯队。

表 5-29　2012 年河北全省及 11 个设区市经济发展现状

地 区	地区GDP/亿元	人均GDP/元	固定资产投资/万元	各地财政收入/万元	城镇居民人均可支配收入/元	农村居民人均纯收入/元	社会消费品零售总额/亿元	货物和服务净流出/亿元
全　省	26 575.0	36 466.5	19 104.6	2 084.3	20 543.4	8 081.4	9 254.0	249.3
石家庄	4 500.2	43 329.6	3 673.3	272.3	23 038.5	8 993.4	1 915.8	114.2
承　德	1 181.9	33 708.1	996.8	82.5	18 706.0	5 546.2	349.7	−98.9
张家口	1 233.6	28 074.7	1 163.1	106.6	18 440.9	5 563.6	439.6	16.1
秦皇岛	1 139.4	37 707.7	723.7	108.7	22 098.4	8 315.2	453.8	22.1
唐　山	5 861.6	76 437.7	3 017.2	301.1	24 357.7	10 698.0	1 535.0	1 512.5
廊　坊	1 794.3	40 418.9	1 282.1	172.2	24 871.9	10 447.0	568.1	6.6
保　定	2 720.9	23 969.7	1 888.5	159.9	19 047.7	7 696.2	1 174.3	−570.9
沧　州	2 812.4	38 825.1	1 891.9	142.6	20 805.5	7 514.3	788.0	239.1
衡　水	1 011.0	23 034.0	640.0	50.7	18 504.4	6 167.5	432.0	30.4
邢　台	1 532.1	21 312.3	1 186.5	85.6	18 639.4	6 601.0	624.1	23.3
邯　郸	3 024.3	32 567.0	2 292.1	184.7	21 740.0	8 447.1	973.7	87.0

资料来源：《河北经济年鉴2013》

2. 社会发展水平

根据表5-30所示，从科技和人才来看，石家庄专利申请授权量最高，且增速也较大，但是在人才密度上，低于邢台、唐山和衡水三市，反映出石家庄在吸引人才方面发展落后，科技竞争力不足；从生态环境上看，在绿化上，秦皇岛、邯郸表现较好，接近50%，而沧州、邢台和承德三市较差；空气质量方面，唐山和邯郸两市工业二氧化硫排量放居于前两位，石家庄排在第3位。

表 5-30 2011～2012 年河北全省及 11 个设区市社会发展现状

地 区	专利申请授权量/件		人才密度①指数/%		公共图书馆图书藏量/万册		建成区绿化覆盖率/%	工业废水排放量/万吨	工业二氧化硫排放量/万吨	基本养老保险参保人数/万人
	2011 年	2012 年	2011 年	2012 年	2011 年	2012 年	2011 年	2011 年	2011 年	2011 年
全 省	11 119	15 315	10.79	11.51	1 349.43	1 934.53	43.48	118 505	131.71	945.35
石家庄	2 487	3 447	12.88	13.04	252.87	325.46	47.22	25 591	19.67	162.33
唐 山	242	282	10.38	12.00	63.91	85.68	40.06	17 308	33.19	171.82
秦皇岛	161	259	10.44	9.98	103.60	133.66	49.4	6 380	7.56	60.13
邯 郸	1 013	1 199	10.40	10.47	86.13	124.74	49.32	7 205	22.03	104.60
邢 台	1 525	1 798	13.06	13.06	151.36	218.05	39.1	14 897	10.65	54.44
保 定	897	1 473	11.97	13.26	97.36	190.50	44.89	16 395	7.64	106.85
张家口	1 812	2 714	7.97	8.86	144.44	193.04	40.72	5 582	9.55	70.88
承 德	832	1 049	11.13	11.44	64.81	102.40	39.04	1 715	8.74	45.33
沧 州	698	956	9.44	9.78	47.82	53.83	36.27	11 366	4.36	70.56
廊 坊	530	976	8.64	9.83	64.08	108.16	46.18	7278	4.88	56.83
衡 水	922	1 162	11.91	13.89	121.95	147.92	41.11	4 788	3.43	41.57

资料来源：《河北经济年鉴 2013》《中国区域经济统计年鉴 2012》《中国城市统计年鉴 2012》

（二）区域经济空间格局

区域空间格局受地理位置、自然环境、基础设施建设、人口和社会等众多因素影响，以某个或多个核心为增长极形成。通过多个区域空间耦合和协同关系，形成产业空间格局、城镇空间格局和交通空间格局相统一的区域经济空间格局。其中，产业布局是区域经济空间格局的核心，地理和自然因素是重要的影响因素。综合河北经济社会发展情况，以及河北空间区域架构，河北 11 个设区市形成以下分布格局。

1. 环首都绿色经济圈

河北环首都地区，如张家口、承德，山地复杂、交通落后，经济发展相对落后于其他市区，保定、廊坊由于接近北京、天津，大量资源相对向北京、天津两地聚集，因此发展也相对滞后。因此，河北紧抓国家首都经济圈规划，加快环首都绿色经济圈规划。2012 年环首都 14 县实现 GDP1738 亿元，同比增长 10.5%，比全省平均水平高 0.9 个百分点，占全省的 6.5%；固定资产投资 1476 亿元，同比增长 22.6%，比全省平均水平高 1.5 个百分点，占全省的 7.5%；全

---

① 人才密度：人才预测结果的评价指标之一。它是指各学历层次人才占职工总数的比重，用等价表示的综合……在人才预测学中，认真比较各个国家、各个部门和单位人才当量密度的大小，可以反映人才的拥有程度和使用水平等状况。

部财政收入 284 亿元，同比增长 28%，比全省平均水平高 2.1 个百分点，占全省的 8.2%①。

河北依托首都经济圈的发展，打造环首都城市群。以承德、张家口、廊坊、保定为主体构建环首都城市群，全力打造张家口、承德、廊坊、保定四个中心城市，建设以怀来、涿鹿、赤城、丰宁、滦平、兴隆为主的环首都生态涵养带、高端旅游带，并形成京津、京唐、京石、京张、京承、京沧等六条区域发展轴的空间布局。

2. 环省会冀中南城市圈

以省会石家庄为中心，发挥省会的辐射带动作用，把石家庄作为冀中南的中心城市，整合周边地区资源，带动保定、衡水、邢台和邯郸四市发展。2013 年 9 月 13 日，国务院原则上批准《石家庄城市总体规划（2011～2020年）》。根据总体规划，到 2020 年，石家庄中心城区城市人口将控制在 300 万人以内，城市建设用地控制在 287 公里² 以内。规划方案明确了北跨发展策略，确定了"一河两岸三组团"布局结构，将通过在都市区打造"西山、北水、绿环、绿廊"的生态格局，在中心城区增添绿地系统等措施，进一步加快城市生态环境建设。打造冀中南城市群，以石家庄、衡水、邢台、邯郸为主体构建冀中南城市群。以石家庄市为核心，建设邯郸、邢台、衡水三个中心城市，形成京九、京广、石黄三条交通复合轴，打造邯郸、邢台、衡水若干个各具特色的产业园区，形成晋冀鲁豫沿边产业、贸易经济带的中南部城市协调发展空间布局。

3. 沿海隆起经济带

2010 年 10 月河北通过了《关于加快沿海经济发展促进工业向沿海转移的实施意见》（简称《意见》）。河北划沿海的 11 县、8 区为"特区"，下放审批权限，并在用地指标、财税政策等方面给予优惠，发力打造沿海经济带。河北拥有 487公里海岸线，海岸带总面积 110 万公顷。然而，在改革开放的进程中河北并没能充分发挥沿海优势，反而成为我国东部沿海地区经济发展的一块"塌陷区"。《意见》确立以秦皇岛、唐山、沧州所属沿海 11 县（市）、8 区、1 路、1 带为重点的沿海经济发展战略，力争经过 10 年左右的努力，在沿海地区建成 1000 公里² 以上的临港产业聚集区，形成 2 万亿元左右的 GDP，实现在沿海再造一个河北。2011 年 11 月，国务院批准实施《河北沿海地区发展规划》，要求把河北沿海地区建设成为我国新型工业化基地和科学发展的示范区，在促进全国区域协调发展中发挥更大的作用。该规划明确了河北沿海地区发展的近期

---

① 《河北经济年鉴 2013》《中国城市经济年鉴 2012》《中国区域经济年鉴 2012》。

目标和远期目标：到 2015 年，综合实力明显增强，建成环渤海地区新兴增长区域；到 2020 年，区域发展水平进一步提高，成为全国综合实力较强的地区之一①。

三、基础设施建设

"十二五"以来，河北依据《河北省"十二五"交通运输发展规划》和《河北省国民经济和社会发展第十二个五年规划纲要》加快基础设施建设和基础产业建设，2011 年河北城市基础设施投资完成 3060 亿元，其中，市政基础设施 1393 亿元，交通基础设施建设投资再创新高，投资额超过 800 亿元。2012 年，河北共确定了 110 个市政基础设施建设重点工程，涉及总投资 938 亿元，到年底实际总投资额超过了千亿元，完成率超过 100%②。两年来，河北在交通、水利、信息等基础设施方面不断取得新突破。

（一）交通基础设施

2012 年，河北交通系统加快构建现代综合交通运输体系，公路、铁路、港口和民航建设有序协调发展。

1. 公路

2012 年年底，河北公路总里程达到 16.3 万公里，增长 3.8%，增速比 2011 年提高 1.9 个百分点，居全国第 9 位。路网密度 86.86 公里/百公里^2，实现了所有设区市和 95% 的县（市、区）30 分钟上高速，所有县（市、区）拥有二级以上等高等公路，所有乡镇和 99.4% 的行政村通油（水泥）路。在高速公路建设方面，《河北高速公路网布局规划（2020 年）》提出河北高速公路"五纵、六横、七条线"建设。2012 年高速公路通车达到 5069 公里，增长 6.6%，居全国第 3 位，密度 270 公里/万公里^2，超过法国、日本、意大利等发达国家水平。大广、荣乌、京台、京昆、京新、京港澳改扩建、石太二通道等高速公路进展顺利，已经全部开工建设，国高网项目已全部开工建设。普通干线公路中国道 7703 公里（国高网项目 3015），省道 14 467 公里（省高网 2054），干线公路二级以上达到 86.48%。

---

① 国务院批准实施〈河北沿海地区发展规划〉. http：//www. p5w. net/kuaixun/201111/t3926735. htm［2011 - 11 - 10］.

② 河北省交通运输厅.《河北省"十二五"交通运输发展规划》.

2. 铁路

到 2012 年年底，全省铁路通车里程将达到 5928 公里，其中，高速铁路 687 公里，复线里程 3370 公里，电气化铁路里程 3139 公里，复线率 56.84%，电气化率 52.96%，路网密度达到 3.1 公里/百公里^2。目前，京沪高速铁路，京石、石武客运专线已经建成通车，新增通车里程 602 公里，全省有 6 个设区市已经进入了高铁时代（石家庄、邯郸、邢台、保定、沧州、廊坊）。津秦客专、邯黄铁路正在加紧施工，2013 年可建成通车，通车时唐山、秦皇岛 2 个设区市也将进入高铁时代。张唐铁路、津保铁路、邯长邯济铁路扩能、唐山客车线等项目正在按照设计工期进行施工。

3. 港口

2012 年全省港口固定资产投资完成 184.6 亿元，比 2011 年增长 24.7%。全省码头长度为 3.6 万米，增长 9.0%；泊位 137 个，增加 10 个；全省港口吞吐量达到 6.8 亿吨，提高 21.4%。

唐山港完成固定资产投资 120.8 亿元，比 2011 年增长 6.3%。曹妃甸港区重点实施的煤码头、矿石码头、LNG 码头、原油码头、通用码头扩建工程，京唐港区重点实施的集装箱、专业矿石、液体化工及杂货泊位工程及 20 万吨航道项目均已开工建设，其中，曹妃甸矿石码头、京唐港区 20 万吨航道项目已建成投运。黄骅港完成投资 57.4 亿元，增长 76.1%。秦皇岛港完成投资 6.4 亿元，增长 2.6 倍。"西港搬迁"工程已经启动，15 万吨级航道提升工程已启动前期工作。

4. 民航

2012 年全省民航固定资产投资完成 18.3 亿元，下降 15.2%。到 2012 年年底，已通航石家庄、邯郸、唐山、秦皇岛山海关等 4 个运输机场。新建张家口机场已完成试飞，石家庄、邯郸机场完成改扩建主体工程，承德、秦皇岛北戴河机场已开工建设，邢台机场正开展前期工作。民用航空航线通航 65 条，增加 8 条。全省民用航空航线里程 11.7 万公里，增长 16.7%。通用机场方面，2012 年年底，唐山迁安直升机起降点、承德空军平泉机场等 5 个通用机场（起降点）投入运营；在建张家口张北中都通用机场、石家庄栾城石飞公司试飞机场 2 个通用机场；肃宁、围场、三河等 10 个通用机场（起降点）正在开展前期工作。

（二）水利基础设施

"十二五"以来，河北水利基础设施建设继续加强，八大水利工程建设保障了供水和防洪安全。

（1）骨干行洪河道和重点支流河道治理。已安排在滹沱河、滏阳河、大清河、滦河、蓟运河的投资有 10.5 亿元。中小河流治理方面，省内共有 254 个中小河流治理项目列入全国规划，规划总投资 63.6 亿元。双峰寺、东武仕、石河水库建设进展顺利；双峰寺水库可行性研究报告于 2011 年 11 月 24 日通过国家发改委批复，初步设计报告于 2012 年 9 月 12 日通过水利部批复，批复概算总投资 240 781 万元，国家定额补助 9 亿元，省政府确定补助 1.5 亿元。2010 年安排了文安洼蓄滞洪区文安县城防洪圈工程，中央下达投资计划 19 374 万元，其中，中央 9500 万元，地方配套 9874 万元。2012 年安排了永定河泛区工程与安全建设，中央下达投资计划 2000 万元，其中，中央 1000 万元，地方配套 1000 万元。

（2）南水北调工程建设顺利推进。主体工程方面，天津干线委托河北建设管理的 46 公里工程建设任务基本完成，3103 节箱涵全部贯通，累计完成投资 16.7 亿元；邯石段委托河北建设的 133 公里工程，累计完成投资 40.9 亿元，占合同投资的 94%。配套工程方面，保沧、邢清干渠前期工作基本完成，石津干渠和 7 市输水管道工程可研报告已全部编制完成，正开展审批和初设工作。截至 2012 年年底，廊涿干渠任务基本完成；穿越京石客专、石武客专的 11 项控制性工程完工；石津干渠石家庄市区段工程基本建成。目前已累计完成投资 30 亿元，形成供水能力 2.5 亿米^3。引黄入冀为河北提供了重要的水资源。2011～2012 年河北位山、潘庄、渠村三线引黄 5.78 亿米^3。2012～2013 年位山引黄共引水 2.16 亿米^3，比计划多引 0.14 亿米^3，满足了受水区的要求。

（三）信息基础设施

2012 年，河北电信业务总量完成 538.0 亿元，列全国第 7 位，同比增长 10%；电信业务收入完成 4557.8 亿元，列全国第 9 位，同比增长 10%。组织实施了"宽带普及提速工程"和"宽带中国战略"落地工程，截至 2012 年年底，使用 4M（兆）及以上宽带接入用户比率达到 74%，高出全国 11 个百分点；全省互联网宽带接入用户总数位列全国第 5 位，网民人数达 3008 万人；全省 5 万个行政村已基本实现电话全覆盖，通宽带率达到 96.5%；3G 用户达到 1049.7 万户，全省电话普及率达到 94.0%。积极实施广播电视网络覆盖全面发展。截至 2012 年年底，全省有线电视用户达 840 万户，数字电视用户达 650 万户。实施"村村通"广播电视工程，完成 20 户以上自然村 7260 个，受益约 26 万户；完成 20 户以下自然村 3486 个自然村，受益约 4 万户。河北"三网融合"进一步完善。2012 年年底，完成"三网融合"集成播控平台建设，并实现了与央视总平台、河北联通传输平台的对接。目前，以此为依托，三网融合业务已开始逐步开展。

第四篇 专题篇

——京冀产业合作发展研究

第六章

京冀产业合作的
现状与趋势

第一节　京冀产业合作的历程与现状

北京与周边地区的区域联系由来已久，首都圈是支持北京建设世界城市的重要区域基础，北京则在首都圈内发挥领导和辐射作用。20 世纪 80 年代初以来，北京与周边的保定、张家口、承德、廊坊、唐山等城市在产业中的关联日益密切，北京出台多项政策与周边城市实现区域合作，河北各市也努力改善基础设施，消除区域壁垒，为产业合作发展创造了有利条件。如今京冀产业合作已经走过了 30 年历程，主要划分为三个阶段：改革开放后的萌芽时期，20 世纪 90 年代的转折时期和 21 世纪以来的蓬勃发展期，不同时期的京冀产业合作具有不同的形式和特点。以史为鉴，既是总结现有合作经验的需要，又是推进产业合作走向现代化、高效化、可持续的必然要求。"十一五"期间，国家对京津冀区域的发展重新重视起来，京冀产业合作进入了全新的发展时期，并呈现出前所未有的趋势，审时度势，总结这些新特点、新趋势，有助于把握区域发展机会，制定合理的区域规划。

一、20 世纪 80～90 年代的产业合作

计划经济体制下，国家的物资流动采取计划调拨方式，城市之间、地区之

间处于相对割裂的状态，产业合作较少。北京、河北之间开始现代意义上的产业合作应是在改革开放以后。1982 年，《北京市城市建设总体规划方案》正式提出了"首都圈"的概念，该方案被认为是京冀合作的开端。之后为了促进区域经济的进一步发展，华北地区经济技术合作协会成立，用以指导企业间的横向经济联合，解决地区间物资调剂等问题。在协会的推动之下，据初步统计，到1986 年底，协会同全国各地签订的经济技术协作协议约 13 500 多项，其中经济联合 6900 多项，技术协作 6600 多项，交流人才 1.5 万人（次），协作物资总值33 亿元，五省市区组建企业联合体达 5100 个，科研生产联合体 1400 个，横向融通资金近 100 亿元。其中，代表性的京冀产业合作项目有：1986 年 6 月河北唐山水泥机械厂与北京、天津的机械厂、设计单位，中国建筑安装公司等 6 个单位实现"大联营"，组建"北方水泥机械联营公司"；天津石油化工研究所与北京燕山石油化工公司、河北枣强县新中国油漆厂联合，开发了油漆系列产品；农副产品方面，在这一时期仅京津周围地区每年供应京津的农副土特产品价值就达十几亿元。

之后到 1988 年，北京与河北的保定、廊坊、唐山、秦皇岛、张家口、承德等六地市组建了环京经济协作区，将其定位为"北京市、河北省政府指导下，以中心城市为依托的开放式、网络型的区域组织"，并建立了市长、专员联席会制度，设立了日常工作机构。协作区以推进行业（系统）联合为突破口，带动企业间的联合与协作，相继创办了农副产品交易市场、工业品批发交易市场，组建了信息网络、科技网络、供销社联合会等行业协作组织，建立起地区企业间的广泛联系，卓有成效地推进了区域经济合作。此外，北京的一些劳动密集型产业也开始向外扩散，河北的环京六地市成为承接这一扩散最多的地区，几乎每个县区都有与北京合作的联营企业或项目。

此外，在人才流动方面，还出现了"星期六工程师"现象。据统计，在这一期间北京、天津两市的科技人员仅在廊坊地区兼任"星期六工程师"的就达万名，帮助改造企业 3300 多个，引进技术和产品 520 多项。

二、20 世纪 90 年代的产业合作

进入 20 世纪 90 年代之后，在最初的几年里，受计划经济向市场经济转型这一大环境的影响，政府主导的合作模式逐渐淡出，而以企业为主的合作尚未形成，使得这一时期京冀产业合作一度陷入低谷，恶性竞争、重复建设等现象层出不穷。京冀产业合作也发生了一系列的变化，20 世纪 90 年代中期至 20 世纪90 年代末，经济产业合作进入了转型阶段，原有的经济合作组织基本消亡，环

渤海地区及首都经济圈发展被纳入经济发展规划。

从 1990 年起，环华北地区经济技术合作协会失去效用，环京经济协作区 1994 年以后已名存实亡。1991～1995 年，北京、天津、河北两市一省的城市科学研究会发起并召开了 5 次京津冀城市发展协调研究会，1994 年 8 月由研讨会提交的《建议组织编制京津冀区域建设发展规划》的报告获得国务院批准，并由国家计划委员会牵头，会同建设部和各地区组织编制。

1996 年，《中华人民共和国国民经济和社会发展"九五"计划和 2010 年远景目标规划纲要》提出，突破行政区划界限，以中心城市和交通要道为依托，逐步形成环渤海地区经济合作区，河北随后提出了加速自身发展的"两环带动"战略。同年，在北京市科委制定的《北京市经济发展战略研究报告》中提出"首都经济圈"这一概念，即以京津为核心，包括河北的唐山、秦皇岛、承德、张家口、保定、廊坊、沧州七市建设为一整体，才将这一合作又进一步推向前进。

至 1997 年，环渤海地区经济联合市长（专员、盟长）联席会第八次会议召开，一致同意正式建立"环渤海地区经济联合市长（专员、盟长）联席会"，并建立"环渤海地区经济联合市长（专员、盟长）联席会联合办事处"，作为办事机构，从此，首都经济圈产业合作迈上了一个新的台阶。

三、21 世纪以来的产业合作现状

（一）21 世纪以来的产业合作概况

2004 年 2 月，国家发改委地区经济司召集北京、天津，以及河北的秦皇岛、承德、张家口、保定、廊坊、沧州、唐山发展改革部门的负责同志，在廊坊召开京津冀区域经济发展战略研讨会，会议通过协商，达成了几点合作意见，被称为"廊坊共识"。"廊坊共识"明确了京津冀产业合作的重要性、紧迫性，总结了已有合作过程中出现的问题，并指出未来将通过建立省市级高层领导和发展改革部门的定期协商制来进一步加强信息沟通，并联合建立专门的协调机构来落实合作任务。同时，会议还要求加强在企业经贸、交通、生态环境等领域的沟通合作，并制订区域总体规划和专项规划来保障合作的有序进行。

紧接着在同年召开的一次京津冀专家、官员会议上，北京的政府官员提出了以"一轴、两核、三区"为框架的京津冀都市圈战略发展构想，其中涉及京冀产业合作的"三区"即京津唐产业区、京津保产业区、京张承生态涵养区。其功能定位分别如表 6-1 所示。

表 6-1　京津冀都市圈三区功能区定位

三区	定位
京津唐产业区	京津冀都市圈的能源、原材料供应基地和资源密集型制造业基地
京津保产业区	构建石化下游产业、都市型工业等轻加工为特色的产业集群，形成京津两市现代制造业的零部件配套加工基地
京张承生态涵养区	将旅游休闲作为支柱产业，发展成为京津冀都市圈旅游休闲基地、绿色农畜产品生产加工基地、电力等洁净能源供应基地

资料来源：北京市对口支援办公室资料

2006 年 10 月，北京、河北两地政府签署了《北京市人民政府河北省人民政府关于加强经济与社会发展合作备忘录》（以下简称《备忘录》），将京冀产业合作推向了一个新高度。根据《备忘录》，京冀在交通上将实现大对接，资源补偿和能源问题将得到化解；同时，备忘录提出要共同推进京津唐高新技术产业带发展，构建区域协作无障碍示范区，并加强在农产品认证和区域旅游上的合作。

2008 年 12 月，河北与北京就深化两省市经济社会发展合作进行交流，并签署了会谈纪要，其内容包括十个方面：加快区域交通基础设施建设；深化水资源和生态环境保护合作；强化农业合作；发展旅游合作；扩大教育合作；拓展金融商贸合作；健全劳务市场合作；推进电力开发合作；加强建筑市场合作；共同推进张承地区发展。

2010 年 7 月，北京和河北签署《北京市-河北省合作框架协议》（以下简称《协议》）。《协议》指出，京冀两地将坚持市场主导、政府推动，优势互补、互利共赢，重点突出、务实渐进的基本原则，在区域综合交通体系、能源、水资源和生态环境建设、工业、农业、旅游、金融商贸、人力资源、建筑业等九个方面进一步深化合作。在工业领域，具体选择了七大合作产业，即新能源、电子信息、生物医药、钢铁、汽车、装备制造、节能环保。为保障以上合作事项的顺利实施，《协议》还就建立两地合作协调机制、做好"十二五"规划和空间发展战略规划的衔接、加强两省市多层次合作等问题做出了约定。

2010 年 10 月，河北省政府提出《关于加快河北省环首都经济圈产业发展的实施意见》，着眼于立即启动相应的规划体系，加快建设高层次人才创业园区、科技成果孵化园区、新兴产业示范园区和现代物流园区，培育和发展养老基地、健康康复基地、休闲度假基地、观光农业基地、绿色有机蔬菜基地和宜居生活基地。为保障规划顺利进行，该意见还为实现规划目标提出政策支持措施。

2011 年河北在首都绿色经济圈总体规划中，再次明确了环京产业空间布局：三大高端装备制造业基地、三大新能源汽车基地、四大电子信息产业基地、六大新材料基地、九大新能源基地和九大生物工程基地。

（二）近年来产业合作的主要特征

"十一五"以来，以产业作为合作的基础和重点，北京、河北两地合作的力度明显增强，特别是自2010年7月北京与河北签署《北京市-河北省合作框架协议》以来，双方合作得到不断深化。从合同投资金额来看，"十一五"末的2010年，京冀两地合同总投资为5113亿元，到"十二五"的第二年2012年，这一数值已增加到14253亿元，增长了近两倍，其中，2012年北京与保定、廊坊、唐山、秦皇岛、张家口及承德六个城市的合同金额达9238亿元，占全省总投资的65%。从合作项目的数量来看，京冀两地合作项目的数量由2010年的1900个增加到2012年的3446个，合同金额过亿元的项目占1/4左右，2012年北京与周边六市的产业合作项目占京冀合作项目总数的57.55%。

1. 合作项目数量和质量大幅提升

从北京与河北六地市的合作项目看（表6-2），近三年项目数量不断增加，特别是大型和超大型项目比重不断增加，大幅提升了区域产业合作的质量。2010~2012年，合作项目总数由1087个增加到1983个，增长了近一倍。虽然合同总投资额在1亿元以下的小型项目数量仍占绝对优势，但是其比重在不断下降，由2010年的64.49%下降到2012年的56.03%。合同总投资金额在10亿元以上的项目增长了近3倍，远高于项目整体的增长率，其比重由4.97%增长到近10.74%，其中，合同金额在50亿元以上的超大型项目增长速度最快。2010年，合同总金额在100亿以上的项目只有3项，仅占北京对六地市所有合作项目数的0.28%，到2012年，这一数字增加到13项，占所有项目数的0.66%。这些项目涉及钢铁、纺织服装、航空航天、物流等多个行业类型，其中，位于唐山的首钢京唐公司一期工程合同总投资额近700亿，已完成合同总投资的60%以上，这些超大型项目的投资建设将成为当地经济增长的重要引擎，不仅能够拉动经济飞速发展，而且可能彻底改变地区产业结构和经济增长方式。

六地市与河北全省相比，与北京的合作也保持着一定的优势，合作的质量高于全省平均水平，主要表现为大型项目多，以2012年为例，六地市总投资金额在50亿元、20亿元、10亿元、1亿元以上的项目比例分别达到1.87%、3.53%、5.35%、33.23%，而河北全省这一比例则分别为1.60%、2.87%、4.61%、26.44%。

表 6-2　2010~2012 年北京与河北各类型合作项目情况　（单位：项）

	2010 年		2011 年		2012 年	
	六市	全省	六市	全省	六市	全省
超大型项目	8	11	22	33	37	55
其中，100 亿元以上者	3	6	7	14	13	22
大型项目	19	29	47	64	70	99
中型项目	27	36	68	100	106	159
中小型项目	331	464	525	771	659	911
小型项目	701	1360	904	1943	1111	2222
全部项目	1086	1900	1566	2911	1983	3446

资料来源：北京市对口支援办公室资料

注：超大型项目合同总投资≥50 亿元；大型项目合同总投资 20 亿~50 亿元；中型项目合同总投资 10 亿~20 亿元；中小型项目合同总投资 1 亿~10 亿元；小型项目合同总投资＜1 亿元

2. 实际引资快速增长

从实际引资看，河北六地市实际从北京引资的金额增长十分迅速，本期实际引资和累计实际引资反映了北京、河北两地合作持续、稳步、快速地增长。根据图 6-1 所示，2010~2012 年，本期实际引资额从 628 亿元增长到 1616 亿元，年平均增速超过 50％，到 2012 年累计实际引资额已经达到 2876 亿元，占全省累计实际引资额的 70％以上。从累计实际引资的项目情况来看，2010 年累计实际引资 10 亿元以上的仅 9 个，完成投资达到 50％的项目为 697 个，完成全部投资的项目为 377 个，到 2012 年 10 亿元以上的项目猛增到 41 个，完成投资 50％的项目到达近 1000 个，完成全部投资的项目数量也增加了近 100 个，表明近三年来京冀两地合作并非仅停留在合同数量上，而且在项目的实际操作上，项目进度已经大幅向前推进。

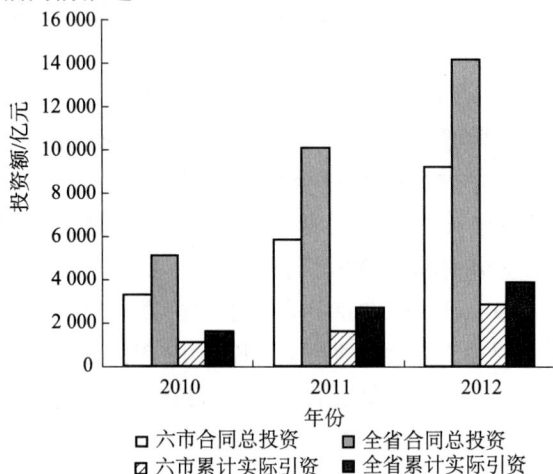

图 6-1　2010~2012 年北京、河北两地合作进展分析

资料来源：北京市对口支援办公室资料

河北六地市累计实际引资的质量要明显高于河北全省平均水平。2012 年，虽然六地市合同总投资额占全省总额的 65%，但累计实际引资额在全省的比重却已达 74%，同时 2012 年本期实际引资也达到全省的 75%。这充分说明，与全省平均水平相比，北京与河北六地合作的进展更快，合作更有成效。

3. 多种合作方式并存

从合作方式看，合作、合资、（北京）独资、引进、其他等多种合作方式并存，是北京与六地市合作的基本特点（图 6-2）。

从项目数来看，2010 年合作方式的项目有 389 项，占全部项目的 35.82%，排名第一，但三年间比重逐步下降，至 2012 年有 533 项，仅占 26.88%。合资的项目数份额下降幅度也较大，从 2010 年的 10.59% 下降到 2012 年的 6.96%。引进方式的项目 2010 年有 260 项，占全部项目的 23.94%，在所有方式中排第 3，到 2012 年有 586 项，占 29.55%，已上升到第 1 位。上升幅度最大的是其他方式，从 2010 年的 5.62% 上升到 2012 年的 12.51%，上升了将近 7 个百分点。

从项目投资额看，独资方式和合资方式由于主要以资金方式运作，所以其份额远高于项目数的份额。2010 年，独资和合资方式开展的项目总投资额分别为 1411.8 亿元和 884.8 亿元，分别占全部项目总投资的 42.45% 和 26.60%，到 2012 年，这两个数字分别增长到 3251.2 亿元和 1394.6 亿元，份额却降到 35.19% 和 15.10%，当然，仍远高于它们各自的项目数份额。合作、引进和其他的项目总投资份额在三年间都有显著增长，分别从 2010 年的 13.77%、14.68%、2.49%，增长到 2012 年的 21.03%、22.24%、6.44%，当然，三者的总投资份额仍低于它们的项目数份额。

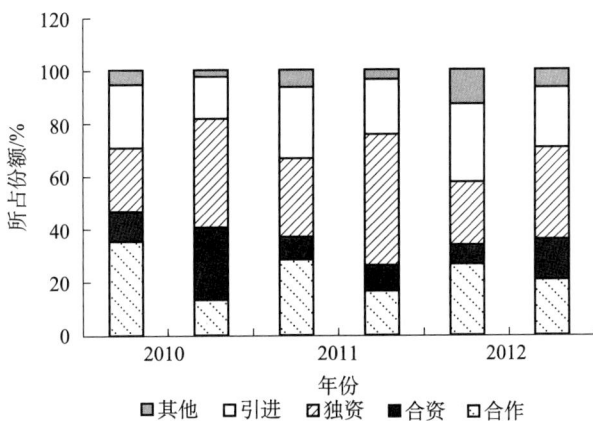

图 6-2　河北六地各种合作方式所占份额

资料来源：北京市对口支援办公室资料

（三）第一产业合作现状

近年来，由于北京第二、第三产业的迅速发展和土地资源利用的紧张，第一产业占 GDP 的份额已十分有限，2010 年不足 1%，目前主要着重于发展旅游观光性质农业，故对区域外农产品供给有较高需求。而河北土地、劳动力资源相对丰富和廉价，属农业大省，目前农业产值在 GDP 中仍占较大比重，2010 年为 12.5%，北京是河北农副产品的重要市场地。

京冀农业合作始于 20 世纪 80 年代，在"十二五"期间迅速发展。2010 年河北六地市与北京签署的农业合作合同数量为 146 个，占同期京冀农业合同总数的 67.59%，合同总投资为 88.62 亿元；2011 年，农业合同总量增加了 176 个，合同总投资为 185.69 亿元；2012 年，双方合作进一步扩大，北京与河北六地市共签订农业合作合同 208 个，占京冀农业合同总数的 67.75%，合同总投资达 327.41 亿元，累计实际引资 106.23 亿元。

1. 建立农副产品生产基地

建立联合农副产品生产基地是京冀合作的重要形式。目前，北京一些食品、饮料等农副产品企业在河北建立原材料生产基地，以充分利用河北农业资源。例如，北京最大的农牧业国企、中国乳业三巨头之一的北京三元集团有限公司与承德市人民政府签订合作协议，以联合成立股份公司的形式，将基地主体转移到承德，与河北保存最完好的占地 1000 公里^2 的优质大草原开展基地合作。北京企业在承德建立农副产品基地 70 个，面积达 100 多万亩，双方各类合作项目达 110 多个，总投资额达到 102 亿元，项目内容涉及农产品加工、种植和养殖基地、农产品科技开发、农业循环经济等多个领域。

各地的农副产品生产基地在规模上开始追求国际领先，投资额、用地规模、规划产能达历史新高。2012 年 12 月 7 日，北粮农业现代化循环蛋鸡产业示范基地在唐山芦台经济开发区开工奠基，项目具有高投入、高产能、集约化、可循环现代化农业的特点，通过引进先进技术和国际经验，从根本上改善家禽企业产值低、耗能高、污染重及产品质量等问题。项目总投资达 11.76 亿元，规划用地总面积 1089 亩，总建筑面积 8.5 万米^2，生产规模为商品蛋鸡 400 万羽存栏、新鲜鸡蛋 7 万吨，全蛋液 1 万吨。建设内容包括蛋鸡养殖生产区、饲料区、有机生物化肥区、育成育雏厂等及附属配套设施。预计投达产后将实现年均销售收入 10.35 亿元，年均利润总额 3.08 亿元，成为亚洲最大的蛋鸡产业示范基地。

除重大项目外，各地普遍建设有供应北京市场、京冀企业合作的农产品生产基地。张家口康保县与河北康泰产品开发有限公司合作建设的安全农产品生产基地占地 2000 亩，计划建设冬暖式大棚 1000 个，建成后产能达到日加工 1000 吨安全蔬菜及日加工 30 吨牛羊肉，合同总投资 1.5 亿元；涿州作为河北环京津蔬菜产业示范县之一，以京南第一菜园为目标，全面推动蔬菜生产基地建设，义和庄乡蔬菜大棚基地一期工程共投资 3000 万元，占地面积 500 亩，建成温室、育苗中心；二期工程将投资 9000 万元，占地面积 700 亩，建设高标准日光温室 200 栋及附属配套设施，于 2012 年下半年投入生产。项目整体竣工后将实现年产绿色蔬菜 750 万公斤，年育苗能力达到 2000 万株。

与以往单纯转移生产基地不同，近两年来，河北六地市的农业合作生产基地可以提供多样化产品，兼具生产、教育、旅游等功能。例如，首都农业集团在定州的现代循环农业科技示范园区项目总占地 2.5 万亩，总投资 15 亿元，除建设粮食、马铃薯等作物种植基地外，还将重点建设高产奶牛养殖示范区、休闲观光农业示范区和中国奶农职业技术培训学院。该项目的突出特点如下：①功能齐全，开发方向多样。项目建成后能够实现六大示范功能，即高效农作物种植示范功能、优质高产奶牛生产示范功能、农业结构调整示范功能、土壤改良和现代农业设施建设示范功能、现代生态循环农业示范功能、奶业科技推广培训示范功能。②项目产值高，潜在就业、环保价值巨大。项目建成后，将年创造产值 8 亿元；带动周边农户种植青饲 10 万亩，年创造产值 8000 万元；年产优质原料奶 15 万吨；年培训奶农及职业技术人员 2000 余人。通过推广粪污无害化处理系统与环保高效型奶业集约化生产技术，全年可减少氮排放 136.88 吨。③项目主体具备行业核心竞争力，利于园区成熟经营。首都农业集团拥有 60 年大农业的经营实力与经验，在畜禽良种繁育、养殖、食品加工、生物制药、物产物流等方面具有行业明显优势。

该项目将在利用定州当地资源、环境优势的基础上，充分发挥首都农业集团的资金、技术、人才和市场优势，共同打造一个集"农作物种植、奶牛养殖、饲料加工、休闲观光、培训示范"等为一体的资源节约型、环境友好型和生态循环型的现代生态循环农业园区，是京冀农业合作向现代循环农业进展的典型。

2. 完善区域物流平台，建设农产品物流中心

"十二五"以来，河北六地市农业合作更加注重生产以外的流通环节，多地积极建设农副产品物流中心，降低农产品流通成本和交易成本，提高区域农业合作的经济效益。河北六地市所在的环渤海经济圈，现已成为我国经济发展的第三大增长极，环渤海地区百万人口以上的城市有 11 座，总人口近 2 亿人，形成了巨大的消费群体；华北、东北地区是我国重要的农产区，已经形成了强大的产业基础，建设大型物流中心能够满足市场需求、弥补产品展示和交易场所的空白。

在建规模最大的物流中心当属中国（香河）国际农产品交易物流中心项目，工程建设规划分三期，其中一期工程占地 1500 亩，建筑面积为 161 万米^2，建设内容包括综合服务区、交易区、物流区、仓储区、辅助建筑及其他。项目总投资 32 亿元，至 2012 年已累计实际投资 13.5 亿元，园区设计投产正常年经营规模为年交易额为 800 亿元，交易量 1000 万吨，物流营业额 800 亿元，为国际农产品交易、花卉交易及会展业务提供场所。项目具有经营规模大型化，经营品种专业化、多样化，经营层次高档化，经营方式现代化，经营空间国际化，经营环境规范化的特点，项目定位为亚洲最大的农产品集散中心、价格形成中心、信息交易中心、物流配送中心和亚洲瞩目的高中端农产品物流园区、现代化大型综合性国际优质农产品流通园区，其承担的功能集批发交易、国际贸易、物流加工配送、涉农会展和综合服务于一体。

其他区域物流中心建设项目还包括：保定徐水建设粮油购销深加工物流项目，累计实际引资已达 3.30 亿元，预计 2013 年即可建成投产；保定唐县与北京合资建设粮食物流的仓储厂房，合同总投资 1.13 亿元，目前处于起步阶段；张家口崇礼蔬菜物流中心累计实际引资 1.28 亿元，已于 2010 年建成。

3. 农业技术合作

北京、河北通过多种方式实现农业技术合作。河北一些企业与北京高校和科研院所合作，充分利用北京智力资源，改进产品研发技术。例如，承德的露露集团与清华大学设立全国第一家饮料行业博士后流动站，为企业提升产品档次和新产品服务；唐山丰润依托中国农业大学、中国农科院建立了中国唐山奶业科技园等。在北京与张家口的合作中，北京积极支持蔬菜膜下滴灌技术的推广，实现土地、水资源和肥效利用率的提高和蔬菜产品质量的改善，2011 年，张家口崇礼计划在石嘴子发展膜下滴灌高效节水灌溉工程 3000 亩，合同总投资100 万元，铺设主、支管道 15 万米、滴灌带 200 万米。

北京、河北联合举办的专业培训项目邀请相关领导、专家介绍农业生产技术和管理方法。例如，连续三年组织承德农民专业合作社管理人员进行农业品牌建设、农产品质量安全认证与风险管理、北京农民专业合作社发展等方面的培训；邀请北京、张家口两地蔬菜、节水方面等方面知名专家举办农民培训班，就膜下滴灌技术应用和蔬菜产业发展、市场营销等方面专业知识进行集中培训，增强了受训农民的实际操作能力。

河北引进北京科技企业，合作建设科技产业园区。例如，唐山与北京斛盛农业合作建设的科技产业园项目，占地 500 亩左右，投资 16 亿元，产品及服务内容涵盖基因工程、生物制剂、环境控制、营养管理、设施装备等。廊坊市广阳区引进总投资 3500 万元的有机农业示范园项目，与北京新日海悦生物科技有限公司开展农业技术合作。

4. 产销对接

北京、河北积极进行产销对接，开拓农产品市场。其一是积极进行农产品品牌建设，例如，北京、张家口通过举办新闻发布会、新闻媒体、网络媒体宣传报道活动和印制宣传手册、设置户外广告牌、散发宣传品等形式，宣传、推广"坝上蔬菜"品牌。其二是举办各种形式的对接会、推广会，实现产品生产与销售企业的对接，提升农产品知名度。例如，2010 年进行的京承"农餐对接"活动集合百家龙头企业，展示了 150 余种产自承德的优质特色农产品；每年北京市农委与张家口共同举办的"京张蔬菜产销对接会"，邀请 30 余家北京超市与张家口蔬菜专业合作社和蔬菜加工销售企业进行对接，减少农产品的流通环节。其三是北京与周边城市建立信息沟通平台，如北京、张家口依托"北京市农业信息网"与"张家口市农业信息网"建立了信息互通平台，实现产品供给、需求信息的即时沟通。张家口宣化建设农超项目对接配送中心，此项目集农产品加工、仓储、配送和市场交易功能于一体，总投资 3 亿元。

5. 观光农业与生态旅游

农业综合开发是提高农业产值附加值、实现多种经营的有效手段，是发展绿色经济，建设环首都绿色经济圈的必要举措，以张家口宣化中信黄羊滩生态旅游项目为代表，河北生态治理和农业升级开拓了一条新的道路。

中信黄羊滩生态治理最早追溯到"十五"期间。2001 年 2 月，中信集团、宣化县政府、北京绿化基金会正式启动了"中信黄羊滩治沙绿色工程"，以中信集团为主导的投资方，以宣化县政府为主体的实施方，以北京绿化基金会为技术指导的督导方，"企业＋基金会＋政府"的三位一体治沙模式开始运营。

2008 年，生态治理工程转变模式，三方合作成立黄羊滩生态科技有限责任公司，生态治理走企业化运营模式。公司以治沙、生态开发、旅游经营等为内容全面治理开发黄羊滩，主要从事林业、种养殖业、生态观光旅游和房地产开发经营等，运营利润用于黄羊滩林地的管护工作和当地经济建设。至 2011 年，中信黄羊滩治沙绿色工程，经过 7 年来的建设，共完成造林种草面积 2 万亩，造林保存总株数达 600 万株。

2012 年，黄羊滩生态旅游项目合同总投资 5.01 亿元，合同引资 3.41 亿元，已累计实际引资 1.88 亿元。项目规划建设餐饮住宿、娱乐等旅游设施和种养殖设施，预计 2015 年完工后将配备有牧草基地、果品采摘园、生态林基地、苗圃基地和温室等设施。

黄羊滩生态旅游项目能够充分发挥地区优势，合理利用生态资源，增加产业的经济收益，提高当地人民的收入，并促进种植业、畜牧业和旅游业的有机结合，实现"二元种养结构"向"多元种养结构"的转变，实现农业、畜牧业与旅游业相互依存、相互促进的良性循环，形成本地区生态农业的可持续发展。

（四）第二产业合作现状

随着北京城市职能的转变，其第二产业逐步向外搬迁，GDP占比也急剧下降，2010年跌至仅为24%。目前，北京第二产业凭借其技术、资金等方面的优势，主要朝高新技术产业和现代制造业方向发展。目前第二产业在河北GDP中占比最高，2010年为52.5%，在第二产业内部，能源、钢铁等重工业占据很大比重，产业现代化水平还需进一步提高。

《北京市-河北省合作框架协议》中将京冀在第二产业的合作重点放在新能源、电子信息、生物医药、钢铁、汽车、装备制造、节能环保等产业领域。京冀通过区域产业分工协作、产业链连接，实现区域间优势互补和产业融合。

1. 新能源产业

2012年，为调整能源结构、改善生态环境、转变发展方式和用能方式，同时也为了培育新的经济增长点、提升整体竞争力、带动相关产业发展，河北制订了新能源产业"十二五"发展规划，京冀合作是河北发展新能源产业的必要支撑。

风力发电和光伏太阳能发电是京冀合作的主要方面，张家口、承德和保定是新能源产业的主要集聚地区，张家口张北风光储输国家示范项目、廊坊三河汉能全球研发中心项目合同总投资超过100亿元，张家口三一西山风电产业园项目、承德中电投集团河北分公司太阳能光伏发电项目和希翼涡轮垂直轴风力发电机生产基地建设项目的合同总投资也超过50亿元。

以张家口张北风光储输国家示范区为例，该项目解决了光伏发电随机性强、波动大、有间歇、难以提供连续稳定的电力输出这一国际性技术难题，使河北的新能源综合利用水平达到国际领先，实现了光伏发电的稳定、可控，提高了电网接纳大规模光伏发电的能力。廊坊三河汉能全球研发中心项目产业层次高、创新能力强、发展潜力大、经济效益好，项目建成后将成为中国新能源领军型企业。

河北新能源产业的发展仍存在一些问题，如新能源开发利用不足、新能源装备制造业竞争力不强和新能源保障体系不健全等。但北京、河北两地在新能源领域存在广阔的合作前景，可以就提高风、光、生物、地热等资源的开发利用水平，促进新能源产业集聚，扩大新能源装备制造能力等方面展开广泛的合作。

2. 电子信息产业

河北在保定、廊坊、秦皇岛等多地建有电子信息产业基地，在承德智能化仪器仪表园重点发展智能化仪器仪表的加工制造、技术研发，在张家口光电子产业园重点发展高端电子元器件、半导体照明和太阳能光伏产品。廊坊固安工业区坚持以电子信息产业为支柱产业，目前已成为廊坊电子信息产业的高地，园区成长迅速、企业集聚作用凸显，成为京津冀区域产业示范。

固安工业园区按照集群化发展思路，近年相继引进了众多产业龙头企业和产品配套能力强的专业化企业，形成了以液晶显示屏、无线发射器等主导产品为核心的新型显示、移动通信和汽车电子三大产业链条。工业区电子信息产业年产值已超过 16 亿元，占全县工业总产值的比重达 27%。园区围绕廊坊"京津冀电子信息走廊，环渤海休闲商务中心"的发展定位，聚焦先进制造业，规划了电子信息产业基地、新能源产业基地、电子设备制造产业园、汽车零部件制造产业园、机械设备制造产业园、北京产业园等六个产业园，精心打造与北京产业的"无缝对接"平台，全力做大做强产业集群。"十一五"期间，固安电子信息产业规模保持高速增长，年均增长 11.8%。总投资额超过 41 亿元，占全县工业投资总额的 53%。在未来的发展过程中，固安工业园区将加强固安新兴产业示范区建设，示范区电子信息产业园通过推进电子信息产业升级和与北京地区电子信息产业的对接，整合优势资源，成为京津冀区域信息产业的聚集地；通过发挥电子信息产业的聚集效应，实现从传统的电子信息产业向新一代电子信息产业的升级。

3. 生物医药

河北初步形成了化学药品、生物医药、中药等具有明显竞争优势的医药产业群，并拥有国家、省部级重点实验室和国家级产业基地，产业技术支撑能力强，骨干企业实力雄厚，为北京企业、科研机构、高等院校投资建设生物医药产业园区提供了良好的基础。

2012 年，总投资 220 亿元的固安肽谷生物科学园落户河北廊坊，该项目由华夏幸福基业投资开发股份有限公司投资建设运营，将重点发展抗体、多肽、基因工程药物、疫苗、核酸药物、干细胞治疗、基因治疗、高端医疗器械等产业细分领域。项目总投资 220 亿元，分三期建设，目前已完成投入 8000 万元。项目全部建成后，入园企业可达 225 家，孵化项目 200 个，年可实现销售收入 80 亿元，实现利润 24 亿元，吸纳 5000 人就业，在产业园内形成具有科研转化、项目孵化、服务外包、商务配套等功能的有机新药创新体系。

保定的安国拥有悠久的药业历史，是全国最大的中药材集散地，安国在产业发展工作中积极构筑中药材种植、市场群建设、产业基地发展和药文化产业创新等"四大支撑"。2012 年，北京同仁堂股份有限公司在安国投资设立医药制造业基地，合同总投资 12 亿元，主要建设符合 GMP 标准的生产车间和配套工程，购置具有国内先进水平的生产设备和检测仪器，预计年产 1.3 万吨中药饮片；北京嘉富投资有限公司投资 20 亿元建设现代化生产车间、仓储及辅助工程，购置具有国内外先进水平的生产设备及检测仪器，项目占地 500 亩，总建筑面积 38 万米^2，预计年产 30 万吨中药饮片。

4. 汽车、装备制造业

制造业是工业化和现代化的主导力量，唐山、保定等城市长期以制造业为支柱产业。为了进一步推动唐山装备制造业的发展，2009 年，唐山举办"第六届京津冀（唐山）国际制造业装备博览会"，借此引进国内外先进技术和设备，用高新技术改造传统产业，增强竞争能力，同时加强国内外同行之间的信息交流，以带动工业化迅猛发展。"十一五"期间，北京与河北六地市的制造业合作成果丰硕，唐山曹妃甸开发建设累计完成投资 465 亿元，基础设施日趋完善，产业集聚效果凸显，钢铁、装备制造等产业成为发展重点。

进入"十二五"新阶段后，制造业合作仍然发挥着吸引大额投资、辐射带动相关产业快速兴起的重要作用。2011 年，廊坊永清引进了中轻造纸、香港百莱玛、北京广夏等一批行业领军企业，有力带动永清装备制造产业上档升级。投资 15 亿元的中国造纸装备有限公司研发制造基地计划利用 3～5 年时间，建设我国造纸工业最大的核心制造研发基地。一期工程建成后年可生产造纸生产线 5 台（套），产值达 40 亿元，可吸纳就业人员 400 多人。2012 年，永清又引进北京奥德瑞姆石油燃气设备有限公司管道铺设用品生产项目，生产产品主要应用于石油、天然气在役管道的定期检测，并做出定性或定量的完整性评价，为管道维护、修复、更换决策提供科学依据，合同总投资达 56 亿元。

一些围绕北京汽车零部件配套产业近年来也相继落户河北各地市。例如，随着德国奔驰落户北京经济技术开发区，为奔驰配套的德资企业维倚特公司落户廊坊汽车零部件产业园；香河港龙汽车配件有限公司生产的底盘中有近 1/3 为北汽福田配套；北汽福田、北汽股份和承德建龙三方投资设立的河北北汽福田汽车部件有限公司落户承德，将满足北汽集团发动机铸件的需求。

5. 京冀间企业总部转移

出于北京产业升级、改善环境的客观要求和成本考虑，一些北京企业将生产基地迁入河北或在河北设立新的分支机构。具有代表性的是首钢搬迁，2005年 2 月国务院批复了首钢搬迁调整方案。根据方案，首钢北京地区生产基地于2010 年全部停产，同时联合唐钢，在河北曹妃甸建设首钢京唐钢铁公司，于

2010年基本建成一个代表当今国内外先进水平的钢铁精品生产基地。此外，为了满足对原材料的需求，北京亚东生物制药有限公司选择在河北安国投资1189.84万元建设其原料药材（白芷）基地；北汽将生产基地搬迁技改项目落户在河北的黄骅经济开发区，注册成立了北京汽车制造厂有限公司黄骅公司，中关村二十多家"十百千工程"企业和"瞪羚企业"在河北建立子公司和分支机构，并有众多企业和科研院所在河北建立了生产基地，以推动实现重大项目落地和高新技术的产业化。另一方面，河北一批企业也将企业总部或研发机构迁至北京。

基于上述生产基地和总部、研发机构的迁移，京冀合作初步形成了"研发总部在北京，生产基地在河北"的局面，实现产业内部的分工合作。

（五）第三产业合作现状

近年来，与产业结构和城市职能的调整相适应，北京金融保险、商业、物流、旅游等现代服务业迅速发展。2010年北京第三产业占GDP比重达到75.1%，从业人员比重为74.4%，远超第一、第二产业。与之相比，河北2010年第三产业所占比重为34.9%，金融业、物流业等产业尚处于初步发展建设阶段。2012年，京冀第三产业合作项目总数501个，其中，房地产业项目108个，居民和其他服务业项目113个；第三产业合作实际引资累计786亿元，其中，房地产业实际引资累计34亿元，比重为43%，居民及其他服务业实际引资累计13亿元，比重仅为17%。其他行业的项目数量和引资规模相对较小，投资比较分散。

1. 旅游业合作

根据《框架协议》，北京、河北在巩固已有合作成果的基础上，扩大合作范围。在编制旅游规划方面，京冀相继编制完成了《泛金海湖区域旅游发展规划》《承德雾灵山旅游区旅游发展规划》和《北京—河北拒马河旅游规划》，推动区域内旅游资源、产品、市场、信息、客源和利益共享；在宣传推介方面，北京积极通过《旅游》杂志和旅游信息网对河北旅游资源进行宣传，同时组织北京旅游者前往周边市区进行旅游；在与旅游企业的对接方面，北京先后组织30余家旅行社在2011年11~12月，分别前往张家口、承德、保定等地，调研旅游精品线路和旅游项目，对接旅游企业参与景区建设并开设分支机构，推动建设环首都旅游经济圈"同城带"。

河北旅游资源丰富，旅游业逐渐得到各市重视，成为吸引投资、解决就业的重要途径。秦皇岛、张家口、承德等城市原有旅游业基础良好，在合作中更加注重提升现有产业品位，扩大引资规模，提高旅游景点规格，维持区域旅游领域的领先地位；唐山、保定则更加注重招商引资进行新旅游资源的开发，提高城市在区域旅游市场中的影响力和吸引力，促进旅游业增收增值。

2010 年，秦皇岛昌黎黄金海岸滨海度假城项目合同总投资达 50 亿元，抚宁国际婚庆酒店和国际风情度假村项目合同总投资 30 亿元，承德兴隆国际健康城项目合同总投资 36 亿元，保定安国药王庙文化景区扩建项目合同总投资 30 亿元。2011 年，保定涞源白石山旅游综合开发项目总投资 52 亿元，张家口崇礼旅游度假小镇总投资 50 亿元，涿鹿小五台旅游开发项目再次引资 50 亿元，廊坊固安国际乐龄城养老、康复中心项目合同总投资 35 亿元。2012 年，旅游业合作投资规模进一步升级，保定易水湖开放项目和合同总投资超过 100 亿元，承德天域云顶高端旅游产业园项目总投资 30 亿元。

2. 商贸领域合作

北京大型农产品市场到河北张家口、承德、唐山、廊坊、保定等地建设产地型分市场，同时加强北京、河北在农产品方面的农超对接，如总投资 3 亿元的张家口宣化帝达农超项目对接仓储配送、农产品加工和交易市场。

北京鼓励大型商贸龙头企业到河北投资办店，鼓励连锁经营企业到河北环北京各市、县周边的新民居示范村建设连锁超市。例如，王府井百货在石家庄设立分店；总部设在北京的国内最大的家电零售连锁企业国美电器有限公司，已经跨地区把直销点开设到包括天津、廊坊和石家庄在内的 25 个城市；河北容城与北京建工集团合作的商贸城项目，合同引资 1.5 亿元等。保定与中国新兴建设集团总公司合作建立白沟国际箱包交易中心，合同总投资 15 亿元，项目总占地 432.64 亩，总建筑面积 482 860 米^2，建设市场交易区、商业广场及附属设施；唐山与北京房地产企业合作，在遵化建设大型高端购物广场和商业楼宇，合同总投资 10 亿元，2012 年引资 3.6 亿元，在唐山唐海投资 30 亿元建设商贸物流广场和国际物流商业中心。

3. 房地产业

在京冀合作框架协议中，双方一致同意"进一步深化京冀共同建筑市场合作，扩大两地互认共管企业范围，加强信息化建设，制定建筑市场一体化规划"，这样就打通了原本制约区域发展的各种政策、经济上的壁垒，使房地产开发本身的流动性和区域性得到进一步的释放。同时，北京企业到河北开发房地产项目，是分解北京功能、分散北京部分人流、为河北经济发展注入资金的重要途径。随着经济各产业合作的积极进展，房地产项目数量也在不断增加，合作投资额逐年上涨（表 6-3）。

表 6-3　2012 年河北投资 10 亿元以上的房地产业合作项目

市名称	县（区）名称	项目名称	合同总投资/亿元	市名称	县（区）名称	项目名称	合同总投资/亿元
唐山	丰润	浭阳新城北站片区改造	105	唐山	无	唐山和泓阳光	20.00
唐山	迁安	天洋集团城市综合体	80	张家口	桥西	惠民花园	17.50
唐山	路北	唐山路北区铁路楼小区整体改造	70	唐山	无	红郡	16.30
唐山	滦南	棚户区改造	50	保定	涿州	致远房产	16.00
唐山	无	唐山新华联广场	40.00	张家口	怀来	东花园生态旅游度假营地	15.00
唐山	唐海	幸福花园	37.78	保定	涞水	滨河商务区	12.35
唐山	路北	建华桥片区危房改造	36.00	唐山	路北	恒茂世纪广场	12.00
唐山	无	万科·金域华府	35.00	秦皇岛	抚宁	首钢总公司南戴河生活基地	10.70
唐山	无	东润新城	25.00	保定	涞源	国际会展中心	10.00
唐山	路北	金隅乐府	24.00	廊坊	广阳	万向城	10.00
唐山	无	中国水电·首郡	23.18	张家口	高新	高新区城中村改造	10.00
秦皇岛	海港	秦皇岛远洋海世纪一期	21.56	保定	涿州	李家坟村庄改造	10.00

资料来源：北京市对口支援办公室资料

4. 金融业合作

北京、河北金融业合作明显不足，区域间融资合作机制亟待加强。2010 年，金融业合作项目仅 1 项，2011 年没有合作项目，2012 年合作项目仅 5 项，除安邦保险后援服务中心项目建设外，合同总投资额均未超过 3 亿元。不过，在略显冷淡的金融业整体合作态势下，两地的金融机构也在加强接触。北京银行业金融机构加快在河北内的布局，截至 2011 年年底，华夏银行在河北已设立 1 家一级分行，即石家庄分行；3 家二级分行，即保定分行、唐山分行、沧州分行；此外还开设了 15 家营业网点。北京、河北金融机构间合作逐步启动，如北京银行与廊坊银行签署战略合作协议，并以 19.9% 的持股比例成为廊坊银行的第一大股东。除此之外，北京市金融工作局还为河北举办企业上市培训会。北京与河北产权交易所的多方面合作更是推动了京冀两地要素市场融合，其合作包括联合建立河北环境能源交易所，河北省产权交易中心获北交所黄金交易中心经纪类会员资格，河北省产权交易中心参股由北交所控制的金马甲门户网站并设立金马甲工作站、双方达成全面战略合作协议等。

5. 其他

在第三产业的其他方面，京冀合作集中在文化娱乐设施修建、公共基础设施配套和科学技术交流等方面，但各项目投资数量较少，合作资本力量分散，还没有形成规模。投资超过 30 亿元的重大项目一般服务于城市旅游业，如承德皇家奥林匹亚体育文化休闲产业园、崇礼四季旅游度假小镇和大白山旅游综合开发等。至 2012 年，科学研究、技术服务两方面的投资水平有所提升，航空航天科技产业进驻河北部分产业园区，吸引了巨额投资。廊坊固安中国航天技术应用产业基地项目合同总投资超过 100 亿元，项目主要包括战略武器和大型运载火箭控制系统、实验系统等航天科技研发实验基地的建设；三河燕郊开发区航天现代服务产业发展区项目合同总投资 76 亿元，主要建设航天博物园、航天员疗养中心、创意产业基地及航天后勤服务基地、航天会展中心、航天科技产品交易中心、太空体验基地及航天国际交流中心等设施；保定涞源重型运载火箭发动机试验区项目合同总投资 50 亿元，主要开展氢氧发动机研制所需的热试车任务，建设试验设施区、动力能源供应区和办公协作生活区，以及试验保障中心和试验指挥管理中心。

第二节　分区域产业合作的现状特征

一、产业合作的地区差异

近年来，河北六地市与北京的产业合作日渐紧密，各地市合作资金额度和项目数量大多呈现递增趋势。

从项目的数量来看（图 6-3），三年来，保定始终在项目的数量上具备一定优势。2010 年和 2011 年东部的唐山和秦皇岛项目数在六地市中处于较低水平，但 2012 年唐山项目数突然增加，达到 446 项，并超过了保定，在六地市中排名第一，然而秦皇岛仍为 110 项，刚超过 100 项大关，与其余五地市差距较大。从项目的合同总投资额来看（图 6-4），唐山和保定是投资额度最高的两个城市，廊坊、承德、张家口居中，而秦皇岛是最低的。从近年来的变化趋势看，秦皇岛、保定、承德、廊坊的合同总投资额三年均是递增的，唐山 2010 年和 2011 年基本持平，张家口 2012 年相对 2011 年还略有下降。

从对合同投资和项目数量的比较分析表明，唐山虽然项目数量有限，但合同总投资额不低，以 2010 年和 2011 年尤为明显，说明单个项目平均投资数额较大，这与唐山以重型工业为主的产业结构有较大关系，详见本节下文介绍。2010 年，唐山单个项目平均合同总投资额将近 19 亿元，而其他地市除了张家口超过 3 亿元，秦皇岛超过 2 亿元，剩下三地市都不到 2 亿元；2011 年，唐山单个项目平均合同总投资额下降到不足 10 亿元，其他地市除了廊坊为 2.6 亿元，剩下四地市都在 3 亿～4 亿元；到 2012 年，这一差距进一步缩小，唐山单个项目平均合同总投资额只有 5.6 亿元，其他地市除了承德为 3.8 亿元，剩下四地市都在 4 亿～5 亿元。

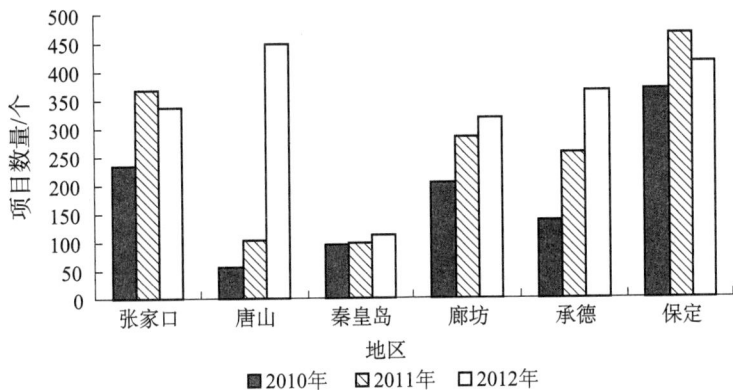

图 6-3　河北各城市项目数量情况

资料来源：北京市对口支援办公室资料

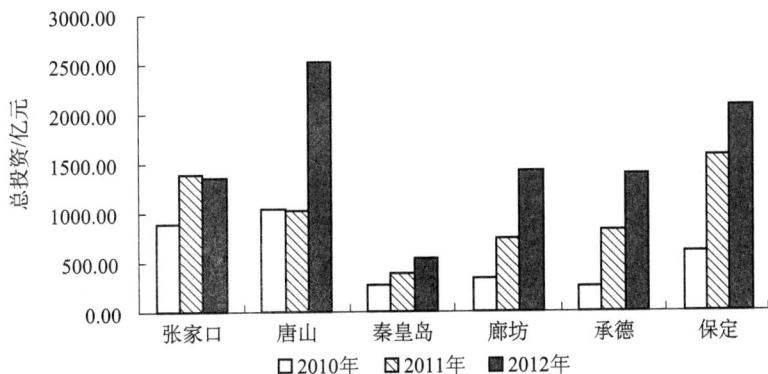

图 6-4　河北各城市合同总投资情况

资料来源：北京市对口支援办公室资料

由于各城市资源环境、经济发展现状、生态承载力及区位条件存在较大差异，所以，北京与周边各地市的产业合作也呈现出不同的特征。整体来看，产业合作的项目投资在空间上相对均衡地分布，且不同产业类型向特定地市集聚，基本符合当地的发展条件和未来在区域发展中的定位。本研究以不同地市各产业与北京合作的变量标准值进行比较分析，标准值计算公式如下。

$$d_{ij} = (D_{ij} - D_{i\min}) / (D_{i\max} - D_{i\min})$$

式中，D 为某变量；d 为该变量计算后的标准值；i 为产业；j 为地市；$D_{i\min}$ 为六地市 i 产业的变量最小值，$D_{i\max}$ 为六地市 i 产业的变量最大值，d_{ij} 介于 0 与 1 之间，当 $D_{ij} = D_{i\min}$ 时，$d_{ij} = 0$，当 $D_{ij} = D_{i\max}$ 时，$d_{ij} = 1$。由此，我们可以计算出每个地市的各个产业在六地市中的相对位置，d_{ij} 越接近 1 或等于 1，说明在六地市中，j 地市在 i 产业上与北京的合作处于相对领先的位置，d_{ij} 接近 0 或等于 0，说明在六地市中，j 地市在 i 产业上与北京的合作处于相对落后的位置。

图 6-5 是以 2012 年合作项目数为变量计算的标准值，其中的字母是产业门类代码，其含义为：A 农、林、牧、渔业；B 采矿业；C 制造业；D 电力、热力、燃气及水生产和供应业；E 建筑业；F 批发和零售业；G 交通运输、仓储和邮政业；H 住宿和餐饮业；I 信息传输、软件和信息技术服务业；J 金融业；K 房地产业；L 租赁和商务服务业；M 科学研究、技术服务和地质勘查业；N 水利、环境和公共设施管理业；O 居民服务、修理和其他服务业；P 教育；Q 卫生和社会工作；R 文化、体育和娱乐业。

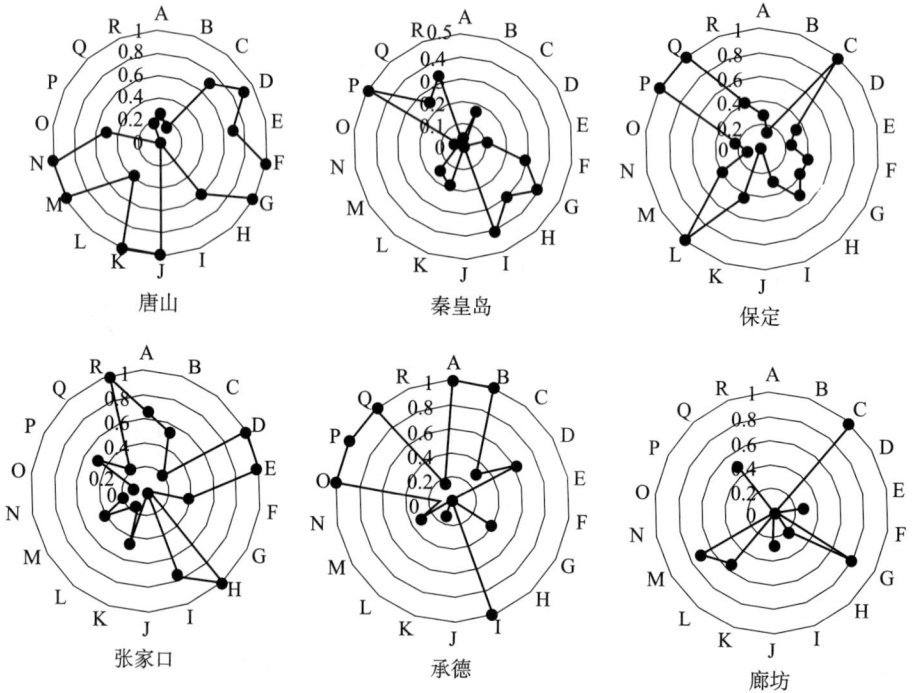

图 6-5　2012 年六地市与北京合作分产业项目数标准值

资料来源：北京市对口支援办公室资料

单从项目数看，六地市与北京合作侧重的产业领域并不一样。唐山在批发和零售业，交通运输、仓储和邮政业，金融业，房地产业等领域与北京合作项目较多；秦皇岛从项目数看，与北京合作鲜有优势领域，只有教育业排列前位；保定则在制造业，租赁和商务服务业等领域的合作占据一定优势；张家口与北京的合作项目优势集中在电力、热力、燃气及水生产和供应业，建筑业，住宿和餐饮业，文化、体育和娱乐业，其中，后两项与旅游业关系紧密；承德在农、林、牧、渔业，采矿业，信息传输、软件和信息技术服务业，居民服务、修理和其他服务业等部门与北京合作项目较多；廊坊的合作项目优势在制造业，科学研究、技术服务和地质勘查业等部门。

图 6-6 是以 2012 年合作项目合同总投资为变量计算的标准值。

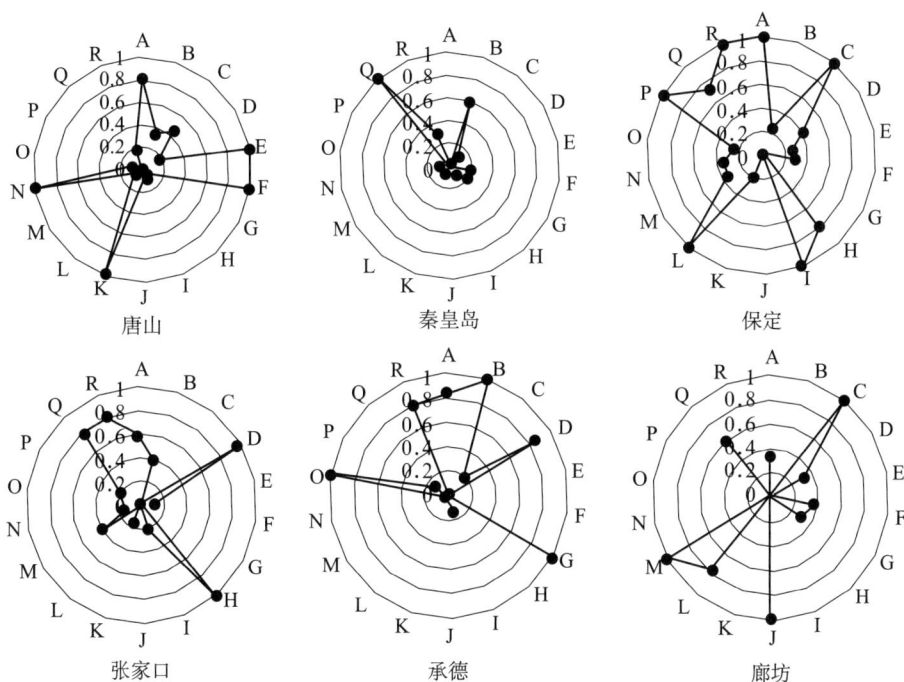

图 6-6　2012 年六地市与北京合作分产业合同总投资标准值

资料来源：北京市对口支援办公室资料

合同总投资所显示出来的合作产业分布趋势与项目数大抵相同，但也存在一定差距（图 6-7）。前者如采矿业项目数承德最高，合同总投资额亦是如此；制造业合作项目数以保定、廊坊占据优势，这点在合同总投资额上基本相仿；电力、热力、燃气及水生产和供应业合作项目数和总投资均以张家口排名在前；批发和零售业合作项目数和总投资均以唐山排名在前；住宿和餐饮业合作项目数和总投资均以张家口排名在前；房地产业合作项目数和总投资均以唐山排名在前；租赁和商务服务业合作项目数和总投资均以保定排名在前；居民服务、修理和其他服务业合作项目数和总投资均以承德排名在前。

后者如农、林、牧、渔业合作项目数承德排名第一，但合同总投资额却是保定排名在前；建筑业合作项目数张家口排名第一，合同总投资额唐山排名在先；交通运输、仓储和邮政业合作项目数唐山排名第一，合同总投资额承德排名靠前；信息传输、软件和信息技术服务业合作项目数承德排名在前，合同总投资额保定排名在先；金融业合作项目数唐山排名在前，合同总投资额廊坊排名第一；文化、体育和娱乐业合作项目数张家口排名在先，合同总投资额保定排名在先。

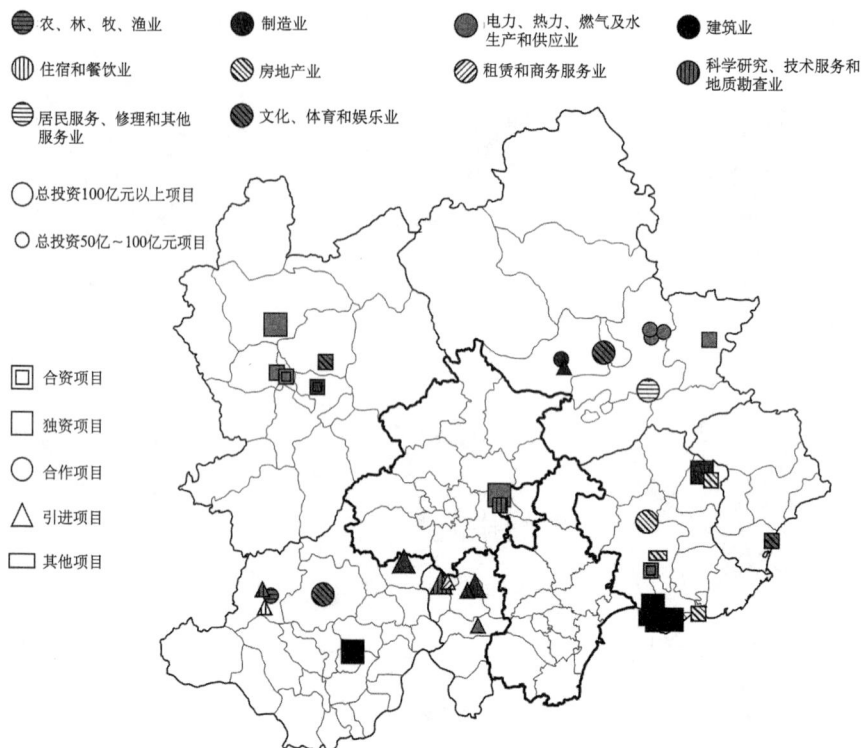

图 6-7　首都圈河北六地市 2012 年与北京合作重大项目（总投资 50 亿元以上）空间分布示意图

资料来源：北京市对口支援办公室资料

二、京承合作的现状

承德位于北京东北部，下辖丰宁、隆化、滦平等 11 个区县，承德境内有丰富的土地、水资源和旅游资源，是北京重要的水源供应地。目前，北京与承德主要在农业、高新技术、能源、旅游、文化产业等方面开展合作。

（一）高新技术产业合作

2010 年 7 月，北京经济技术开发区（亦庄开发区）与承德高新技术产业开发区共同签署了《北京经济技术开发区、承德市高新技术产业开发区战略合作框架协议》，双方在园区规划、科技创新、运行模式及体制机制等方面建立了长期、稳定的经济交流与合作关系。在产业对接方面，北京经济技术开发区鼓励企业在承德高新区进行项目投资，并通过税收分成、利益共享、信息互通等方式，推动总部研发类企业探索形成总部研发环节在北京、生产制造环节在承德的区域产业链合作模式；在园区建设方面，北京经济技术开发区探索引进高新区污水或再生水资源，并与承德高新区就水资源开发利用进行交流学习。

此外，北京还与滦平签约，在该县建设"北京中小科技企业园"，并发起设立科技产业基金。

（二）旅游产业合作

京承地缘相近，北京是承德旅游业发展的重要依托和战略合作伙伴。两市旅游行政管理部门凭借两地文物古迹丰富、自然风光独特、民俗风情浓郁的旅游资源优势，借助北京旅游业起步早、发展快、产业规模大、国内外影响力强的发展优势，共同推动两市旅游业的对接与融合。具体而言，北京、承德在旅游领域的合作包括：双方联合编制《承德雾灵山旅游区旅游发展规划》，促进雾灵山旅游区京郊旅游的发展；联合举办旅游推介会、旅游招商会等，展示承德旅游文化资源。例如，2010 年在北京召开的"京承旅游合作推介会"和在承德召开的第十届中国（承德）国际旅游文化投资贸易洽谈会暨第十届中国承德国际旅游文化节；北京市旅委将协助承德开拓北京市民客源市场，如充实、完善京承两地"三日游"、"五日游"等旅游线路产品，与金山岭合作组织万人徒步长城大会，将承德部分县纳入北京乡村旅游规划等；通过各种媒介加强对承德旅游资源的宣传，如计划在北京旅行社投放承德旅游宣传手册、自驾车地图等宣传品，在北京旅游网相关板块设立承德旅游专题。

（三）农业产业合作

京承农业合作始于 2004 年，承德是"环京津贫困带"的主要地区之一。尽管承德地理位置优越，国土面积达到 4 万公里^2，气候独特、生态环境好，农业资源丰富，但历史投入不足、单个农户分散经营等限制了承德农业农村经济发展。京承农业合作按照"资源共享、产业融合、互利双赢、共同发展"的原则，形成了"政府推动，企业主体，市场运作，农民参与"的基本经验。具体而言，其一是北京农副产品生产企业在承德建设产业化项目，如北京千禧鹤食品有限公司与四川新希望集团联合在宽城建设百万头生猪产业化项目，北京三元集团在承德四个区县投资建设畜牧业产业化系列项目。随着基地规模的不断扩大及龙头加工业的发展，承德农业产业化经营率逐年提高，由 2003 年的 37.6%（低于全省 4 个百分点），一跃提高到 2008 年的 58.4%（高于全省平均水平 3 个百分点）。其二是开展技术合作和管理培训。承德先后与中国农业大学、中国农科院、北京农学院、北京中医药大学等 10 多家高等院校及科研机构建立项目合作关系，形成产学研相结合的框架；连续三年组织承德农民专业合作社理事长、各县区农工委主管农民专业合作社领导、市供销社主管领导等 100 余人参加培训班。其三，在产销对接方面，北京通森实业投资有限公司与承德 8 家农业龙头企业签署了"承德绿色有机农产品进入北京商超"的合作协议；两市联合开展"农餐对接"活动，邀请两市相关人员、媒体、龙头企业参与，活动展示了产自承德的优质特色、健康营养的绿色有机农产品，为提升承德农产品知名度、丰富首都市场搭建了平台。

（四）文化产业合作

承德拥有独特的文化资源优势，以文化产业园区和区域特色文化产业基地为支撑，大力实施项目带动战略，倾力打造文化产业聚集区，开拓文化休闲旅游产业新高地，以国际旅游城市为发展定位，建设与世界文化遗产避暑山庄及周围寺庙遥相呼应、互为补充的"21 世纪避暑山庄"。

2011 年，总投资 15 亿元的承德避暑文化产业园开工建设，作为"21 世纪避暑山庄"文化旅游产业园区的支撑项目之一，项目占地 1000 亩，总建筑面积 27.3 万米^2，分期建设中心商务区和文化名人聚集区、文化艺术企业总部区、文化旅游休闲区三个主题产业区，园区以传统中国文化艺术品投资交易为核心，建成后年可实现产值 5 亿元。

2012 年，承德对京合作项目中合同总投资额最大的就是皇家奥林匹亚体育文化休闲产业园项目，该项目依托皇家文化资源，是继"21 世纪避暑山庄"文化旅游产业园区的又一重点项目。该项目规划占地 20 000 亩，总建筑面积 143 万米^2，合同总投资达到 103 亿元。该项目计划建成集体育休闲、观光度假、户外运动、生态探险、商务养生功能于一体的，京津冀区域首个大型、综合性的国际高端休闲运动新城，保持 6 万人的消费规模，包含五大功能区，成为河北乃至国际现代化运动休闲、旅游服务业的重要龙头产业。

以"两个山庄"为核心，承德皇家文化休闲旅游区、金龙皇家广场、木兰秋狝大典城等一批以皇家文化为依托的聚集区正在谋划建设中，不久之后将形成新的文化亮点。"21 世纪避暑山庄"文化旅游产业园区力争到 2015 年建设成为国家级文化产业示范园区、国家生态示范区、国家 AAAAA 级景区，区域总收入达到 100 亿元以上，增加值占 GDP 的 15%，提供税收占财政收入的 20%，解决 3 万人就业。

此外，2012 年 8 月，承德市承德县与北京签约 400 亿元的文化产业项目——承德梦幻城项目。该项目总占地面积为 11.34 公里^2，总投资约人民币 400 亿元，主要建设主题公园、滑雪场、酒店会馆、国际会展中心、购物中心，打造集旅游度假、娱乐、商业、居住于一体的世界级综合旅游休闲娱乐城。项目完成后预计年可接待游客 1000 万人次，年营业收入 200 亿元，年平均净利润 50 亿元，安排 1 万人左右就业。

承德文化产业的聚集对旅游业产生了巨大影响，促进了国际旅游城市的建设步伐，成为京冀文化产业的模范。

（五）能源产业合作

2012 年，承德与北京共开展 27 项能源合作项目，项目总投资 43 亿元，累计实际引资 31 亿元。能源合作遍及承德下辖区县，合作对象包括中电投、国电、华润等有实力、有业绩的大型企业集团，合作开展领域涉及太阳能光伏发电、风力发电、地热、生物能源和其他新能源等，项目合同投资数额大，产业技术水平先进。

例如，承德平泉与汉能的太阳能发电基地，将利用 5 年时间，在平泉建设总规模 500 兆瓦的大型薄膜太阳能发电基地。项目建成后，年上网总电量约 9.6 亿千瓦时。此外，承德将争取早日促成中电投、汉能、华能等 12 万千瓦光伏发电项目建成投运，以及中节能、天华阳光等光伏发电项目在"十二五"期间完成核准并开工建设。

按照规划，到 2015 年，承德新能源发电总装机将达 560 万千瓦，占电力总装机的 70%左右，以风电为主的清洁能源产业已成为全市经济发展的战略重点，新型能源发电、地热开发、天然气利用、新能源装备制造、油母页岩开发和生物质燃料加工等实现产值 462.93 亿元。

（六）产业合作支撑平台

北京、承德还通过构建一系列平台，支撑产业合作。北京与承德展开交通建设合作，促进两地交通对接。111 国道一期工程、密兴路二期工程的建成通车极大地方便了京承交界区域百姓的交通出行，密涿高速等一批项目目前正有序推进；京承围绕生态环境建设与保护展开了就密云水库上游稻改旱、潮河流域

（承德段）水污染防治和丰宁、滦平两县生态水源保护林建设等项目的一系列合作。

三、京秦合作的现状

秦皇岛位于河北东北部，是我国北部著名港口城市。下辖北戴河等三个市辖区，以及抚宁、昌黎、卢龙、青龙四县。秦皇岛市交通便捷、旅游资源丰富，北京、秦皇岛在旅游、农业、住房等领域展开合作，以第二、第三产业为主，2012 年共开展 110 个合作项目，其中，第二产业 59 项，合同总投资 331 亿元，累计实际引资 116 亿元，第三产业 46 项，合同总投资 192 亿元，累计实际引资 186 亿元。

（一）旅游产业合作

2006 年 3 月，北京、承德、秦皇岛 3 个旅游热点城市在京签署合作协议，携手打造"旅游金三角"，并努力将其培育为国内知名旅游品牌。北京、秦皇岛通过举办旅游推介会的形式，搭建业内人士对接、交流的平台，如 2009 年在秦皇岛举行的"北京祖源、世界洞天—北京房山旅游资源推介会"。2012 年，北京市旅游委与秦皇岛市政府工作会议指出，两地将共同推动建立区域旅游公共服务规范，推动客源市场通过公共服务进行对接，督促市场监督之间的联运机制落实，解决异地投诉、异地执法等一系列问题，并与秦皇岛共同研究合适的旅游信息发布渠道、出行方式、旅游产品及做好两地未来集散中心之间的点对点形式的对接工作。

秦皇岛在维护和改善已有旅游资源的基础上，还积极开发打造新的旅游设施，意图增强对首都圈地区人群特别是高端人群的吸引力。抚宁携手北京立顺源投资管理公司引进的葡萄岛旅游综合项目，合同总投资 25 亿元，累计实际引资 15 亿元，2012 年引资 7 亿元。该项目通过填海造地的形式堆建人工岛，利用跨海观光大桥与陆地连接，在岛上开发酒店、公寓、旅游设施、游艇及服务设施、商业街等，打造高净值人群休闲旅游度假基地。该项目工程量巨大，施工技术要求复杂，"旅游岛、游艇岛、智慧岛、生态岛、创意岛、总部岛"的高端定位将极大提升秦皇岛的旅游产业品位。昌黎在建的黄金海岸滨海度假城项目，总建筑面积 59.83 公顷，合同总投资 50 亿元，借鉴国际旅游地产新趋势，在满足高端客户度假需求的同时，充分挖掘项目地段地貌、景观资源，填补秦皇岛高端旅游市场的空白，将顶级海景酒店、温泉度假屋、会所、公寓式度假屋以及配套商业等物业类型融为一体，能够为京津唐最顶端财智人群提供暑期家庭度假的目的地。

同时，秦皇岛还注重旅游资源集聚和旅游主题产品的生产，在市场定位中采用差别化的手段，将国际婚庆文化产业旅游城落户在抚宁。2010 年 4 月，抚宁与有关单位签署了战略合作协议，规划的"秦皇岛国际婚庆文化产业旅游城"面积约 6 公里²，合同总投资 30 亿元，产业定位将突破以往文化产业园单一的主题和运作形式，在文化产业旅游城功能设置上将直接引入文化资本、股权置换等新型经营模式，使产业城从起步阶段就站在产业经济运作的高端。"秦皇岛国际婚庆文化产业旅游城"建成后，南戴河将成为婚庆产业进出口贸易基地和世界婚恋文化度假旅游基地。

（二）农业产业合作

近年来，秦皇岛围绕"农村稳定、农业增效、农业增收"这一主线，不断深化农业产业结构调整，形成了粮油加工、蔬菜、畜牧、花果等重点产业，截至 2011 年，秦皇岛全市已有国家级重点龙头企业 3 家、省级 28 家、市级以上 268 家，农民专业合作社 625 个，农业产业化经营总额 200 亿元。北京是秦皇岛农产品的重要消费市场。2011 年 6 月，两市联合举办"秦皇岛优质农产品（北京）展销会"并于会后签署了《京秦农业合作框架协议》，双方将加强在农业政策、生产技术、食品安全、产销链接等方面的交流与合作，对双方战略性合作项目提供一定的资金支持。

不过，京秦农业合作项目数量有限，2010 年，双方合作项目仅 1 项，2011 年合作项项目增至 5 项，包括观光农业、沿海防护林建设，2012 年农业合作项目共 5 项，观光农业规模进一步扩大，总占地面积达到 3000 万亩。此外，秦皇岛引进河北龙润食品集团的年屠宰 60 万头生猪屠宰线和年出栏 20 万头生猪养殖基地，合同总投资 4 亿元，解决当地食品季节性需求激增的问题。

（三）房地产业合作

跨市管理机制创新，盘活区域房地产市场。为适应北京居民异地置业需求，北京、秦皇岛两地住房公积金管理中心签订《个人住房公积金贷款合作协议书》。根据协议，两市住房公积金管理中心可以按照各自住房公积金贷款政策，向在对方城市缴存住房公积金并在己方城市购房的职工发放个人住房公积金贷款，从而实现两地公积金贷款的"互通"。

秦皇岛建设国际旅游城市的战略定位和招商措施推动了包括旅游开发在内的房地产业井喷，北京房地产企业抓住机遇，积极到秦皇岛投资建设新楼盘，房地产项目规模一再冲高，成为秦皇岛经济发展的一大支柱（表 6-4）。以秦皇岛远洋世纪城为例，该项目合同总投资 21.55 亿元，占地约 2000 亩，整体社区规划为 330 万米^2，项目规划集合城市豪宅、高档公寓、写字楼、休闲娱乐中心等都市功能，能够为业主提供商务办公、酒店服务、集中购物、休闲娱乐、主题餐饮等配套设施和领先水准的教育、医疗设施。

表 6-4　2012 年京秦合作建设的楼盘项目

项目名称	项目所在区县	合作方式	项目总投资/亿元	累计实际引资/亿元
首钢总公司南戴河生活基地	抚宁	独资	10.70	8.69
龙泽城小区	卢龙	引进	7.00	5.20
龙湾御景小区	卢龙	引进	3.00	3.00
远洋海世纪城	海港	独资	21.56	1.80
爱琴海国际公寓	昌黎	独资	1.71	1.71
山海关帝景湾小区	山海关	其他	2.20	1.38
海阔海公馆项目	昌黎	独资	0.55	0.55

资料来源：北京市对口支援办公室资料

（四）第二产业合作

京秦第二产业合作主要集中在采矿业和制造业，具体为黑色金属矿采选业、有色金属矿采选业，以及专业设备制造和交通运输设备制造。

制造业方面，投资额较大的项目如下：2012 年，中信兴业公司在秦皇岛经济技术开发区建设的轮毂制造公司，预计年产 1000 万件轻量化铝合金车轮、500 万件转向臂产能、100 万件空客锻件，项目总投资 42 亿元；在昌黎建设海水淡化专用设备制造基地，现正在建设生产车间、海水淡化成果转化实验室、仓储车间和原料库等设施，合同总投资 30 亿元；中国船舶公司华融公司在秦皇岛建设的山桥产业园，占地 1100 亩，生产桥梁结构、建筑钢结构、电站钢结构等，合同总投资 27 亿元；中国船舶公司华融公司在秦皇岛经济技术开发区规划建设的山船重工船舶修理项目，合同总投资 26 亿元，累计实际引资 18 亿元，园区依托山船重工打造船舶修造配套产业基地，正在形成造船产业链条效应。此外，秦皇岛各区县新引进众多制造业企业，生产化肥自动化生产线设备、大型船舶锚缆机设备、大型电站汽轮机阀门及密封部件、数控机床、太阳能集热真空管等附加值高、就业带动能力强的产品。

采矿业方面，2011 年所有项目总投资 27 亿元，2012 年所有项目总投资上升到 34 亿元，其中，天驰矿业有限公司矿产资源整合项目合同总投资 13.5 亿元，北京华夏建龙矿业有限公司闫庄铁选项目，合同总投资 11 亿元，在建生产基地占地 400 亩，预计年产铁矿石 180 万～300 万吨，铁精粉 60 万～100 万吨。

四、京廊合作的现状

廊坊地处北京、天津两城市之间，面积 6429 公里²，下辖广阳、安次两区，香河、永清、固安等六县，三河、霸州两县级市。廊坊拥有土地资源和价格、劳动力资源、能源方面的合作优势，并已具有一定的产业基础，京廊在农业、高新技术产业、能源产业等多领域展开合作。

2010 年，廊坊合作项目总数达 203 个，其中，第二产业项目数为 177 个，合同总投资 327 亿元，其中，第二产业合同总投资 221 亿元，占全部投资额的 67.43%。2012 年，廊坊合作项目总数达 315 个，其中，第二产业合作项目 271 个，比重上升到 86%，合同总投资 1410 亿元，第二产业总投资 960 亿元，累计实际引资 449 亿元，第二产业累计引资 344 亿元，累计引资比重占全市所有项目的 76.67%。

（一）农业产业合作

京廊间农业合作主要采取"定点销售（北京）＋基地（廊坊）"的模式，在廊坊建立与北京实行"场地挂钩"、"场厂挂钩"的农副产品供应基地。该模式有利于京廊间产业分工，降低北京农业用地向工业用地转变后的市场压力。另外，首都市场的高要求对廊坊农业向高质量、高科技水准演变提供了巨大动力。

近三年来，廊坊与北京的农业合作数量较少（2010 年共 4 项，2011 和 2012 年各 2 项），但合作结构显著优化。首先，北京农业科研机构、科技企业加入京廊合作，将实现京廊分享智力资源。例如，2010 年廊坊引进的花卉、无公害蔬菜种植基地，总投资 5600 万元，由中国农业科学院与广阳区联合组建，通过蔬菜高效生产技术培训班帮助区内菜农提高防虫抗害技能，提高蔬菜产量，增加菜农收入，并根据生产实际开展"蔬菜新品种引进及有机栽培技术推广应用"活动。北京新日海悦生物科技公司、中国科学院在廊坊广阳建设有机循环农业示范园，合同总投资 3500 万元，合同引资 3000 万元，示范园以有机养殖、种植为主导，主要发展高校特色农业。园区占地面积 20 亩，建筑面积 7000 米²，配备有机循环农业标准认证中心和有机农业应用微生物研发中心。预计投入运营后，可实现年产值 6500 万元、利润 550 万元、纳税 210 万元。其次，农业物流得到重视。除前文提到的廊坊香河中商农产品交易中心项目外，北京新丰农副实业有限公司在广阳投资 1200 万元建设农副产品加工仓储项目。再次，高附加值都市农业发展良好。在廊坊所有农业合作项目中，传统作物种植、禽畜养殖被渔具生产、玫瑰种植与观光、生态旅游取代。

（二）第二产业合作

北京、廊坊在第二产业领域采取多种形式的合作，使两市能够发挥各自在技术、土地、能源方面的资源优势，实现资源的高效利用。

其一，廊坊产业园区与北京高等学府、科研院所、企业财团合作，形成"首都资源＋廊坊园区"的合作模式。例如，廊坊与清华大学联手建设、发展的清华科技园，与中国农科院等40多个研究所及相关科研院校合作建立的中国廊坊（万庄）农业高新技术产业园，香河经济技术开发区与中信集团合作的投资近25亿元的大型旅游项目"第一城"等。该模式有利于廊坊吸纳北京剩余资源，加快北京科研成果产业化。

其二，廊坊从北京引进资金、项目、技术，以股份合作制形式重组本地企业资产。例如，廊坊永清大田化工与北京染料厂共同出资5690万元组建廊坊益田化工有限公司，永清方以基础设施和厂房折价入股，占总股份的45％，北京方以设备和技术入股，其投入占总股份的55％。

其三，廊坊境内拥有煤炭、地热、石油、天然气等资源，其中，煤炭资源主要分布在三河、大城，地热资源分布在广阳、大厂、永清、固安等。京廊间的能源合作主要体现在两市合资建设能源开发项目，向北京提供部分能源以缓解首都资源压力。北京、河北合资建设的三河发电厂于三河燕郊开发区内，工程一期两台350兆瓦凝汽机于1999年和2000年投入商业运营，二期扩建于2007年完工，共建设两台300兆瓦热电联产机组，在2008年奥运会期间为北京提供了重要能源支撑。此外，京能固安热电联产项目拟选厂址位于固安大留村南侧，工程规划建设4台350兆瓦空冷超临界燃煤供热机组。项目建成后，将承担大兴礼贤、榆垡、庞各庄及首都第二机场空港服务区及固安城区的采暖供热。

"十二五"开局以来，京廊第二产业合作每年都有明显变化。2010年，廊坊合同投资额最大的项目属专用设备制造业和通信设备制造业，合作领域包括单晶硅、变电设备、汽轮机高压螺栓及合金轴瓦、太阳能电池、通讯产品和设备生产。京廊合作重点项目落户燕郊国家高新技术开发区，使燕郊太阳能产业集聚初步形成，2010年实现产值35亿元，实现利税4.5亿元，其中，汉能控股集团全球研发中心项目，总投资100亿元，占地1093亩，建设光伏材料、技术研发中心、光伏装备制造生产线，建成后将成为全球领先太阳能新能源技术研发中心，生产线年产值达65.5亿元，税收6亿元；北京有色研究总院光伏材料生产基地项目，总投资50亿元，拟建设1000台单晶炉，并配套相应规模的切片、材料、刻蚀、封装、组件工厂，预计到2015年建成，成为世界单晶硅电池生产的第一方阵企业。

2011 年，廊坊永清浙商服装新城一期自建厂房竣工，纺织服装制造业成为廊坊的又一增长点。服装新城是浙商新城的一部分，浙商新城包含服装城、商贸城、理想城、旅游休闲城，整体规划占地 2 万亩，计划总投资 300 亿元，项目建设期至 2015 年。服装城预计吸纳服装生产企业 1000 家，将北京及其周边区域的服装业浙商会聚，并可利用浙商新城的特色市场、大型精品购物中心、贸易物流基地和市场配套服务设施。今后，永清有望成为华北地区最大的浙商聚居地。该项目有助于破解浙商单个企业"前店后厂"模式的发展瓶颈，通过产业集聚、资源整合解决产业链和供应链问题，为服装企业搭建人才、物流、电子商务等平台。浙商商贸城、服装城预计可实现年营业收入 600 亿元以上，吸纳 5 万人就业。

2012 年，京廊第二产业进一步发展，合作领域扩展到新材料、新能源、装备制造等，但制造业是第二产业合作项目的主体。在 272 个第二产业合作项目中，制造业项目总数达 253 个，其中，专用设备制造业项目的投资总额最大。

（三）第三产业合作

尽管京廊合作重点在第二产业，第三产业的合作也在快速进展，至 2012 年，京廊第三产业合作项目的数量由 2010 年的 22 个上升到 42 个，合同总投资由 2010 年的 105 亿元上升至 418 亿元。

目前，第三产业投资额度较大的项目主要涉及专业技术服务业、科技研发、商务服务、保险金融和房地产业。2012 年 12 月，中国航空航天科技集团与廊坊签署战略合作框架协议，将促成相关航天技术和装备研发、制造、试验设施落户"固安航天科技产业园"，项目合同总投资 100 亿元。按照合作协议，双方将密切协作，大力推进科技平台、产业园区和产业化基地建设，在科技研发、科技成果转化、产业发展等方面加大投入，促进科技创新、人才集聚与资源整合，共同打造京南领先、华北一流、全国知名的精品航天科技示范园区。

以航空航天科技产业进驻廊坊为契机，廊坊燕郊开发区主动投资建设航天现代服务产业发展区，主要建设航天博物园、航天员疗养中心、创意产业基地及航天后勤服务基地、航天会展中心、航天科技产品交易中心、太空体验基地及航天国际交流中心等设施，总投资 76 亿元，当年已引资 17 亿元。其他引资额度较大的项目如下：固安沐兰小镇特色度假村项目，合同总投资 50 亿元；百世金谷燕郊物流国际产业基地项目，合同总投资 46 亿元；安邦保险后援服务项目，合同总投资 30 亿元；中关村科学城创新产业中心项目，合同总投资 22.7 亿元。

（四）产业合作支撑平台

交通对接方面，两市在近几年建立了交通对接协商合作机制，通过公路、铁路、城际公交线路等交通方式的规划建设，努力实现京廊交通的"无缝对接"和"零换乘"。在劳动力资源方面，廊坊把握北京劳务市场需求，加强了劳动力培训和劳务输出的组织、管理、协调工作，向北京组织劳务输出。在智力资源方面，廊坊利用临近首都的地理位置优势，以高新技术产业的聚集和发展吸纳北京高层次科技人才到廊坊创业。廊坊各科技型企业与北京的高校、科研院所建立较为稳定的合作关系，依托北京智力资源实现技术创新和产业升级。

五、京张合作的现状

张家口位于河北西北部，是北京北大门，下辖4区、13县、2个管理区、1个高新区。张家口属于经济欠发达城市，有11个县为国家重点贫困县。1995年，北京与张家口建立了经济合作关系，2008年，两市在对接合作洽谈会上签署了系列框架协议，进一步深化合作。近年来，双方由单纯的"单向援助"行为上升到"互动合作、互利共赢"的战略层面，双方在旅游开发、农产品供给、生态环境等方面实现优势互补。

（一）农业产业合作

2008年7月，北京农委与张家口市人民政府签署了《京张蔬菜产销合作（2008—2012年）框架协议》。几年来，双方以实现"资源共享、功能互补、利益联结、协调发展"为目标推进合作。其一，集中建设蔬菜专业合作社，提高与北京大型超市对接水平，大幅度提高张家口蔬菜产业基地直接、集中供应北京的能力。通过蔬菜专业合作社规范化建设、蔬菜产业基地数据收集平台建设和合作社辐射带动基地建设，建立了产品专供北京的蔬菜基地，为北京安全稳定的蔬菜货源提供了保障。其二，北京每年支持张家口2万亩蔬菜膜下滴灌及配套工程。其三，两市合作加强农产品品牌建设，通过举办新闻发布会、宣传推介会，以及新闻媒体、网络媒体宣传报道活动和印制宣传手册、设置户外广告牌、散发宣传品等形式，宣传、推广"坝上蔬菜"品牌。其四，每年北京农委与张家口共同举办"京张蔬菜产销对接会"，使北京大型超市与张家口蔬菜专业合作社实现对接，从而保证北京市民的蔬菜供应。其五，两市建立网上信息沟通平台以及农业部门建的产销通报机制，推动了产地市场与消费市场无缝对接。

"十二五"以来，张家口围绕主导产业、龙头企业、重点项目、特色品牌，全面推进种加养、产加销、贸工农一体化经营，进一步延伸拉长产业链条，农业产业化经营实现新突破。张家口转变农业定位，立足高端，打造精品农业，吸引项目集聚从而形成"洼地效应"。现有合作项目涵盖畜牧、蔬菜、果品、杂粮、马铃薯、特色食品等主导产业，现代牧业（察北）万头奶牛养殖项目、张北日产 1200 吨液态奶项目、康保康泰安全农产品基地建设项目、察北雪川马铃薯产业化示范项目等一大批重点项目正在进行。

同时，"农超对接"项目继续推进，宣化与帝达农超对接配送中心将建设农产品加工、仓储配送、农产品交易市场，总投资 3 亿元；农业科技研发与应用进入新时期，察北计划投资 2 亿元建立马铃薯新品种研发基地，引进农业购置实验、检测、温控、精播种植等设备 6100 套，建设组培室、组培车间、专家楼等 3 万米^2，建组培棚 6 万米^2，规划配套建设 2 万亩种薯，进行马铃薯生产技术研发。

观光农业正在成为张家口农业的新亮点，按照生态农业与旅游业融合发展的思路，宣化引进了总投资近 18 亿元的桑干河大峡谷旅游开发、中信黄羊滩生态皇家苑、晟佳现代高效农业科技示范园等一批投资大、前景好、辐射带动能力强的观光农业项目。目前，桑干河大峡谷旅游区开门迎客，正在建设的晟佳现代高效农业示范园项目将成为全市最大的观光农业基地，观光农业成为该县农业转型升级、带动群众增收致富的新引擎。

（二）旅游产业合作

根据北京、张家口在 2008 年签署的框架协议，两地每年组织研究适销旅游产品项目的开发建设。北京的旅游咨询站、旅游集散中心和旅游信息网将成为双方建设旅游市场信息化工程的有效平台，供张家口发布旅游信息；双方鼓励旅游企业加强景区管理、人员培训等方面的合作，选定 3～5 家有条件的企业开展对接互助活动。

过去，提升旅游业开发规模和保护景区自然环境一直是困扰全国多个景区的难题，在京张合作中，这一困扰得到有效解决。张家口宣化通过整合环境、文化、品牌资源，将京津风沙源治理、退耕还林、小流域治理等生态环境治理项目捆绑运作，完成治理面积 30 万亩。在旅游业发展的同时，有效实现了生态环境保护的目标。

（三）新能源产业合作

近三年来，张家口与北京在第二产业的合作重点在于能源，特别是新能源产业、矿产资源开采和冶金业。新能源产业是国家重点鼓励发展的优势产业，也是张家口经济发展的战略重点之一。2009 年，张家口出台了《张家口市新能源产业振兴规划纲要》，对新能源产业的发展现状进行了分析研究，出台了一系列政策措施。2011 年，新能源产业实现工业增加值 69.6 亿元，占 GDP 的 6.18%，成为主导产业之一。预计到"十二五"末，全市风电累计装机容量将达到 600 万千瓦以上，并全部实现并网。

2011 年 12 月，由财政部、科技部、国家能源局和国家电网公司联合推出的国家风光储输示范工程一期工程在张家口坝上地区全面竣工。项目占地面积约 200 公里^2，总投资约 120 亿元，开发规模为 50 万千瓦风电、10 万千瓦太阳能光伏发电、11 万千瓦化学储能。项目建成后，将成为国内最大的并网太阳能光伏电站、国内陆上单机容量最大的风电场、世界上规模最大的化学储能电站，智能化运行水平最高、运行方式最为多样的风光储输四位一体新能源示范工程。

国家风光储输示范工程大河光伏储能电站扩建工程位于张北大河示范工程变电站南侧，计划总投资 27.15 亿元建设 6 万千瓦光伏发电，5 万千瓦储能系统，配套对变电站进行扩建。该项目投运后，每年可提供可再生的发电量 9120 万千瓦时，可节约标准煤 3.06 万吨。张家口借助该工程能够发挥自然资源、项目示范优势，探索风能、太阳能光伏发电互补模式，打造国家级新型能源研发、利用示范基地。

京张新能源产业合作稳步推进，呈现如下特点。第一，合作主体实力雄厚，投资能力强。2010 年，与国网新源控股有限公司的合作项目总投资 200 亿元，与三一电器有限责任公司的风电产业园项目合同总投资 80 亿元，与大唐国际发电股份有限公司的电热厂 2×350 兆瓦二期工程总投资 30 亿元，其他合作主体还包括国电电力河北新能源开发有限公司、国华能源投资有限公司、北京国电龙源电力集团公司、华能国际电力公司等，合作项目总投资均在 10 亿元以上。第二，合作项目选址集中但不局限于张北、涿鹿、尚义、崇礼和康保，充分利用当地自然资源，实现居民收入水平全面提升。第三，项目技术水准高，新能源产业结合风力资源和光电、风电、生物能源技术，同时将发挥巨大的生态效益和经济效益。

六、京唐合作的现状特征

唐山东隔滦河与秦皇岛相望，西与北京、天津毗邻，南临渤海，北依燕山，总面积 13 472 公里^2，现辖 2 市 6 县 6 区和 6 个开发区（管理区）。京唐合作的合同数量、总投资额在京冀区域名列前茅，2012 年，唐山第二产业合作项目的总投资额占北京与六地市合作的 26.78%，第三产业项目总投资额占 28.46%，第一产业项目总投资额占 22.00%，且从 2010 年至 2012 年，京唐合作项目的重点由第二产业逐步转变为以第三产业为主，第二、第三产业总量接近。首钢京唐钢铁厂的建设是两市成功合作的典范，此外两市还在能源、人力资源等多个领域展开合作。

（一）装备制造业合作

首钢项目是京津冀区域产业转移与合作的典范。首钢京唐钢铁厂作为首钢搬迁的主要载体落户河北唐山曹妃甸，项目总投资 677 亿元，一期工程已于 2010 年 6 月建成投产，形成了 970 万吨钢的生产能力。目前，京唐两市从资金政策方面全力支持首钢建设。唐山支持曹妃甸围海造地工程及基础设施配套建设，为项目建设创造良好条件；北京发挥智力资源优势，集中国内著名专家、学者对项目进行科学论证，帮助企业开展技术攻关；北京市政府从政策资金等方面给予京唐钢铁项目大力支持；在北京、河北两地政府大力支持和指导下，首钢京唐公司完成了股权变更。2011 年，首钢迁安钢铁公司冷轧硅钢项目，预计年产 120 万吨冷轧硅钢生产线，合同总投资 140 亿元，当年实际引资 36 亿元，累计实际引资 76 亿元。

2012 年 5 月，中冶京唐大型多向模锻件及重型装备自主化产业基地建设项目试生产。该项目是河北重点项目和河北科技支撑项目，合同总投资 11.1 亿元，占地 282.9 亩，累计实际引资 4.5 亿元。项目合作主体包括中冶集团、中国二十二冶集团有限公司、清华大学、燕山大学。作为实现自主创新、自主设计、总成制造的完全自主创新的高科技项目，其多向模锻技术达到世界先进水平，产品填补国内空白，其中，大型多向模锻件以大口径高温高压阀门为主，重点为我国核电、超临界火电和石油化工领域重大技术装备用阀门配套，是替代进口、提高国产化率的高科技产品；重型装备以多向模锻液压机、模锻液压机、自由锻液压机、等温锻液压机、板片成型液压机、挤压机等为主，是我国装备制造业调整和振兴规划重点支持发展的产品，也是目前我国最为紧缺的配套产品和技术装备。该项目的建成，将极大地推进我国阀门行业的技术进步，对促进我国核电、火电阀门的国产化进程具有重要意义。项目投产后可年产大型模锻件和重型装备 6.3 万吨，年实现销售收入 15.6 亿元，利税 3 亿元。

（二）能源合作

2010 年，开滦集团、唐山曹妃甸港口有限公司、大唐国际发电股份有限公司等六家合作企业签订了《曹妃甸国家级数字化煤炭储配基地项目投资合作意向书》。曹妃甸国家级数字化煤炭储配基地项目总占地面积 1481 亩，总投资 27.1 亿元，建成后可达到煤炭流通量 5000 万吨/年、动态库存 416 万吨的能力。项目一期工程煤炭流通量为 2500 万吨/年、动态库存 208 万吨，用地 736 亩，总投资 13.55 亿元，主要建设内容包括铁路来煤系统、筛分系统、储煤系统、初级配煤系统、精确配煤系统、装船系统、地销煤系统、生产集控及调度系统等，留有铁路外运的接口，并相应配套部分生产辅助设施。

该项目将依托开滦自有煤炭资源优势，利用曹妃甸港得天独厚的区位优势，运用煤炭供应链管理模式，开展全球化煤炭采购、集中仓储、数字化配煤、科学配送等业务，项目建成后将为下游客户提供原料，保证资源供应；同时发挥临港优势，促进产业优化和结构调整，通过整合区域内上下游煤炭物流资源和市场，建立稳定可靠的能源供给体系，降低成本、提高流通效率、提高经济效益；通过对原料煤的加工配送，保障产品质量，实现产品的高效率、高增值性。

由中国石油天然气集团公司负责投资建设的中国石油唐山液化天然气项目（唐山 LNG 项目）于 2011 年 10 月经国家发改委核准。目前项目正在进行储罐安装和码头建设，计划 2012 年年底完成储罐的安装和码头的建设，2013 年开始管线建设，预计 2013 年 7 月竣工投产。LNG 接收站一期工程建设 3 座 16 万米^{3}LNG 储罐，远期预留 5 座 16 万米^3 的储罐用地。建设一个可靠泊船容量介于 12.5 万～27 万米^{3}LNG 船的专用卸船码头，远期预留 1 个泊位。项目总投资 55 亿元，合同引资 44 亿元，累计实际引资 28 亿元，项目建成后可为华北地区增加新的气源，满足北京的季节性天然气调峰需求，对保证天然气用户安全平稳用气具有重要作用。

（三）第三产业合作

唐山与北京的第三产业合作投资总量在首都经济圈中占较大比重，但合同涉及的产业较为分散，投资额较大的项目主要在房地产、商务服务与物流方面。2011 年，唐山第三产业合同投资总额排名前六的均为房地产项目，2012 年合同投资额排名前十的项目中有 7 个是房地产项目（表 6-5）。

表 6-5　2012 年唐山重点房地产项目

县（区）名称	项目名称	合同总投资/亿元	累计实际引资/亿元	本期实际引资/亿元
丰润	㳌阳新城北站片区改造	105.00	34.50	15.50
迁安	天洋集团城市综合体	80.00	30.42	30.42
路北	唐山路北区铁路楼小区整体改造	70.00	2.33	2.33

续表

县（区）名称	项目名称	合同总投资/亿元	累计实际引资/亿元	本期实际引资/亿元
滦南	棚户区改造	50.00	0.71	0.71
唐山	唐山新华联广场	40.00	20.70	20.70
唐海	幸福花园	37.78	17.52	3.87
路北	建华桥片区危改	36.00	2.30	2.30
唐山	万科·金域华府	35.00	6.60	6.60
唐山	东润新城	25.00	6.80	2.80
路北	金隅乐府	24.00	0.78	0.78
唐山	中国水电·首郡	23.18	10.98	9.50
唐山	世界搏击竞技中心	22.00	0.60	0.60
唐山	唐山和泓阳光	20.00	20.00	20.00
唐山	红郡	16.30	4.71	0.50

资料来源：北京市对口支援办公室资料

（1）商务服务水平提升，物流建设得到重视。2013年，唐山曹妃甸国际物流园项目启动，该项目由中物华商国际物流股份有限公司独立运作开发，选址位于曹妃甸新区的装备制造产业园区内，紧邻港口作业区，规划占地257万米²，总投资100亿元。园区以国际供应链管理思想为指导，以打造新型钢铁及装备制造产业链为核心，系统规划产业结构链、制造加工链、物流服务链、采购分销链、系统增值链，建立立足京津冀、服务全国、辐射东北亚的物流服务、装备制造、保税物流、电子交易和金融服务平台，将成为伦敦期货交易所在亚洲的大宗货物交割中心。曹妃甸国际物流园将有力地推动本地装备制造产业和物流业融入东北亚国际供应链一体化发展环境中，极大地提升区域经济影响力和号召力，成为推动装备制造产业的快速稳定发展的重要平台。

（2）丰富城市功能，开发重工业化城市旅游项目。唐山大力吸引河北太合康辉旅游投资有限公司投资，按照国家5A级旅游区建设标准，启动占地4500亩，总投资50亿元，启动滦河谷生态旅游集聚区项目建设，该项目将把滦河谷打造成集旅游观光、运动休闲、旅游地产、商务会展等于一体的旅游产业聚集区和全国知名的生态休闲旅游目的地。唐山还与北京签订了8项唐山湾国际旅游岛开发建设项目，主要内容包括在岛上修建码头、栈道、景观园林、餐饮住宿和商务服务设施，还包括占地2037亩、总投资16亿元的世界搏击竞技中心项目，该项目建设内容包括中心场馆、中心配套酒店、中心运动员训练中心、中心国际赛事总部基地、运动员配套公寓以及配套商业开发等，将为我国乃至世界搏击类运动项目竞赛表演提供产业链结构式的服务。

七、京保合作的现状

保定位于华北平原中部，北邻北京、天津，总面积2.2万公里²，下辖3区、4市、18县。北京与保定在能源、旅游、高新技术等方面开展合作。

（一）旅游产业合作

保定拥有丰富的自然景观资源和历史人文资源，旅游业一直是保定的重要产业，"十一五"至今，保定与北京开展多个合作项目，全面提升旅游业发展水平。

以温泉城开发区为先导，2010年，保定围绕白沟、白洋淀积极打造国际小商品城、国际运动休闲健康港，投资13亿元修建运动休闲公园、酒店、停车场、商贸城等旅游、购物设施，并投资30亿元对药王庙文化景区进行扩建，建设大型文化广场。白洋淀温泉城项目总面积953公里²，建设内容包含游船码头、休闲别墅、商业街、五星级宾馆、沙滩浴场及其他配套设施，正在逐渐成为华北地区新兴的集旅游、度假、休闲、疗养、康乐、会议于一体的旅游胜地。此外，为改善涞源招商环境和旅游设施水平，保定引资12亿元对涞源拒马河进行综合整治。

2011年，河北省住建厅批准《白石山风景名胜区总体规划（2011—2030）》，白石山景区开发基础设施建设开工。该景区为国家4A级旅游景区和国家级地质公园，旅游综合开发项目总投资50亿元。大白石山旅游开发项目由白石山景区和北麓长城脚下旅游综合体两部分组成。景区基础设施建设包括栈道、游步道、客运索道、安全防护设施、卫生、文化科普、管理设施等项目；旅游综合体占地面积5公里²，建筑面积143万米²，建设内容包括疗养中心、星级酒店、度假村、运动康体休闲基地、企业会所等购物、娱乐、消费设施。涞源以白石山为龙头，在旅游业上提出了"一山（白石山）、一镇（白石山风情小镇）、一城（滨水新城度假区），山、水、城同步建设"的发展思路，举全县之力推动旅游业整体上档升级，着力把涞源建设成为东接京津冀、西连晋陕蒙的旅游目的地和集散地。

同时，依托涞水祖冲之故里文化历史资源和丰富的旅游资源，以环首都绿色经济圈的生态带和景观带为建设目标，保定又开建祖冲之文化森林公园。项目总投资30亿元，集城市森林公园、都市有机农业、旅游观光、养生养老社区为一体，至2012年，项目累计引资3.8亿元。

为使药王庙文化景区发挥更大的旅游吸引力，弘扬保定药文化，改善现有参观配套设施，丰富展示内容和形式，整改周边环境，2009年开工建设的景区扩建工程总投资 30 亿元，2012 年已累计实际引资 9 亿元。项目建设主题公园、文化广场、接待中心、商业配套区和医药世家居住区等，规划总占地面积 234.3 亩，形成以药王庙古迹文物为主体，集览胜观光、休闲娱乐、康疗度假、教育学习、商住配套为一体，区域一流的药文化景区。项目建成后，每年可接待游客 30 万人次，年旅游收入 1500 万元，年利润 1300 万元。

2012 年，保定评审通过了《保定环首都休闲度假旅游区旅游产业发展总体规划》《保定市"一城三星"休闲度假旅游区总体规划》等旅游产业规划，将未来 5 年的旅游产业目标定位是：保定旅游经济总量、旅游市场规模、旅游综合实力等指标要力争进入全国的前列，实现全市国内旅游人数 7039 万人次、入境游客人数 22 万人次、旅游总收入 396 亿元以上的跨越式发展，京保合作必将进一步扩大。

（二）能源产业合作

为有效缓解北京房山和涿州的供热紧张状况，京能集团拟在涿州境内投资建设 4×350 兆瓦燃煤供热机组，供热方向为房山琉璃河、窦店、韩村河、长沟四个重点镇，涿州主城区，以及东仙坡、码头、东城坊三个镇。项目计划于 2012 年建成投产。

保定还积极与北京企业就新能源产业展开合作，合同总投资超过 10 亿元的重大项目如表 6-6 所示。

表 6-6　2012 年京保新能源重大合作项目

区县	河北单位	北京（对方）单位	项目名称	合同总投资/亿元	累计实际引资/亿元
易县	易县政府	中国电力投资集团公司	中电投新能源开发项目	46.00	1.15
易县	易县政府	中国电力投资集团公司	中电投新能源开发项目	40.00	1.84
阜平	阜平县人民政府	中国电力投资集团公司	新能源发电项目	32.20	0.00
阜平	阜平县人民政府	国华能源投资有限公司	国华阜平分店及太阳能项目	32.00	0.00
清苑	保定南郊电厂	大唐国际发电	南郊热电厂	28.80	28.80
徐水	巨力新能源股份有限公司	北京天华阳光科技有限公司	年产 200MW 晶体硅太阳能电池组建项目	13.65	5.00

资料来源：北京市对口支援办公室资料

（三）高新技术产业合作

保定积极与北京各高新技术园区开展合作，积极吸引科技企业、研发机构、高等院校到保定投资建设科技园区。涞水分别于 2009 年、2010 年与丰台园管委会、亦庄经济开发区产业促进局签署经济发展战略合作框架协议。自协议签署以来，涞水分别与两单位多次开展沟通、对接和联谊活动。目前，丰台园企业北京双环之星传动技术有限公司的"双环之星减速器生产项目"已初步确定落户涞水，项目建成后，预计年均销售收入 6000 万元，利税可达 750 万元。2011年 8 月，河北省政府批准河北清苑等 6 个经济开发区的建立，中国地质大学长城学院暨产业孵化园区落户河北，项目总投资 23 亿元。2012 年，北京航天试验技术研究所载人登月重型运载火箭发动机实验区项目进驻涞源，该试验区将开展氢氧发动机研制所需的热试车任务，建设试验设施区、动力能源供应区和办公协作生活区，以及试验保障中心和试验指挥管理中心。项目规划占地 3000 亩，建筑面积 8.5 万米²，总投资 50 亿元。

第三节　京冀产业合作的变化趋势

北京与河北六地市的合作虽由来已久，但合作模式大多停留在表象化层面，深度合作不够。近年来，在经济政策与地方政府的支持下，京冀产业合作有了较快的发展，结合各区域的资源比较优势和发展需求，形成了成果转化基地、总部经济、园区共建、区域旅游整合和绿色农业等多种合作趋势，推动了经济联动的发展。

一、从单一领域到多元领域

从最早的华北地区经济技术协作会，到现在的"十二五"规划明确提出区域发展规划，京冀产业的合作经历了领域扩展和层次升级。

首先，20 世纪 80～90 年代的产业合作主要局限于第一、第二产业。华北经济技术合作协会曾推动了多方联建北方水泥机械联营公司，利用河北的人力、资源优势生产水泥产品；天津石化研究所与燕山石化公司、河北枣强县油漆厂联合开发系列油气产品；河北环京地市与北京合作建立肉蛋菜等生活资料基地和纯碱、生铁等生产资料基地。进入 21 世纪，产业合作突破了传统的农林、化工、机械、钢铁等部门，开始向第三产业扩展，成绩斐然。金融领域，北京银行业金融机构在河北建立分支机构，支持地方产业和基础设施建设，北京银行与河北城市银行签订战略合作协议，开展黄金交易领域合作。在科技领域，北京在河北建立"北京中小科技企业园"，鼓励在北京的京科技企业来河北发展，签订"京冀区域科技条件平台"合作协议。在商业领域，北京、河北签订口岸合作协议，开展北京平谷国际陆港与河北京唐港的口岸物流合作，开展河北特色产品展销活动，鼓励供销双方签订合作协议。

第二，早期的产业合作层次较低，产业附加值较少，产业链短，集中在能源、农产品及劳动密集型产业领域。华北协作区主要通过高层会商，解决地区间的物资调剂，指导企业开展横向经济联合，合作的主要形式是物资交换。"十一五"以来，产业合作的资金、技术密集程度有了显著提高。北京从技术和资金上支持河北更新农业生产技术，电子信息、通信、生物医药、光机电一体化、新材料、绿色能源等高附加值的技术密集型产业成为合作的重点领域，区域内部在实现优势互补的同时，也将对河北发展高新技术产业、实现产业升级产生辐射带动作用。此外，北京与河北多个城市签署合作协议，共同发掘旅游、金融、文化资源。这些高附加值、产业带动能力强、就业拉动显著的新兴产业在今后的合作中将起到日益重要的作用。

第三，早期的产业合作局限于产业本身，地区合作的基础是产业链条上的衔接或资源的互补。1988 年组建的环京经济协作区以推进行业联合为突破口，通过创办农副产品和工业品交易市场，组建信息网络、科技网络、供销社联合会等行业协作组织，带动企业间的联合与协作。新时期的产业合作突破行业的限制，重点关注产业合作的整体需求，通过政策协调、资金支持、管理规范、要素齐全的平台建设为经济一体化服务。自 2006 年 10 月京冀两地政府签署《北京市人民政府河北省人民政府关于加强经济与社会发展合作备忘录》以来，首都与六地市内部在交通、能源、环境、市民服务领域的合作正在加强，各地在推动交通改善、信息互通、利益共享、税收分成、行政简化的目标上通力合作，力争为产业合作提供无障碍的区域平台，降低产业合作的成本和摩擦。平台建设不再紧盯具体的产业利益，而是把着力点集中在改善市场环境，实现从直接推动产业发展，向打造统一、高效的区域市场，降低地区生产经营活动和生产要素流动成本的模式跨越。

二、从各自为战到各司其职

在改革开放之初，京津冀区域合作带有强烈的政府主导色彩，导致企业不能正视和适应体制转轨所带来的市场竞争，自发的、主动的合作较少。例如，1984 年成立的华北地区经济技术合作协会，1988 年组建的环京经济协作区，这些最早的京津冀区域合作组织都是政府为了协调企业间的物资分配而组建的，并非推动区域一体化发展的主动选择，因此，它们不可能承担起协调区域内部事务的重任，也无法实现为不同企业"牵线搭桥"的功能，政府主导的合作模式忽视了企业的自身利益。

随着市场经济逐渐发育，进入20世纪90年代，政府逐渐淡出了地区合作的具体管理工作。企业被赋予一定程度的自主权，基于市场利益的驱动，萌生了在地区内部和地区之间进行合作的需要，随着区域联系的紧密，北京的一些企业需求新的发展空间以降低产品的生产成本，劳动密集型、高污染型产业开始向周边转移、扩散，环京津的河北七地市成为承接这一扩散最多的地区。但这一时期，政府在"退出"后缺乏对产业合作的宏观把控，单个企业主体过于分散，各自为战，使得地区合作迷失方向，企业合作不讲规则，缺少信用，合作也一度陷入低谷。

20世纪90年代中期以来，市场经济体制逐步完善，政府管理体制改革也初见成效，对区域发展的认识和观念都逐步深化，政府和企业各个层面都认识到只有合作才能实现发展，也认识到了自己在合作中应该承担的角色，区域合作的积极性空前提高。中央政府及京津冀区域各级政府部门在推进区域发展的总体规划，构建统一市场，消除壁垒、扩大开放等方面做了许多积极的努力。而三地企业则在市场推动下，在农业、工业、旅游、交通、基础设施等微观层次展开了广泛合作，初步形成了以政府合作为基础、企业合作为主体的局面。特别在"十一五"以来，这一趋势就更加明显。

与之前一段时期内政府消极介入区域合作不同，北京、天津、河北三地近年来着力构建政府协调机制，努力推进产业合作。"政府宏观指导，企业积极参与"成为京津冀合作的发展趋势，各级政府在推动京津冀区域产业合作中的分工具有显著差别。

首先，在新一轮京津冀都市圈产业合作中，中央政府起到宏观协调作用，承担经济管理任务。首都经济圈问题被写入"十二五"规划中，凸显中央政府对首都圈合作问题的重视。住房和城乡建设部和国家发改委分别牵头组织了京津冀都市圈规划和京津冀城镇群规划，寻求京津冀区域协调发展方案，通过区域规划指导区域产业发展合作。2004年国家发改委牵头召开京津冀区域相关部门会议，达成了促进区域合作的"廊坊共识"。2008年国家发改委同三地发改委召开了第一次京津冀发改委区域工作联席会，建立京津冀都市圈发展协调沟通机制。中央政府介入区域合作，为区域合作提供宏观规划，建立交流平台，能够协调下一级政府之间的行为，减少区域竞争所带来的负外部性，促进合理的产业区域布局。

其次，在区域产业发展合作中，地方政府既是竞争者，又是合作者。一方面，地方政府尤其是北京和天津争相发展高端功能，制定优惠政策吸引高级人才、外商直接投资，以及企业总部、研究开发机构等。例如，河北沿海地区与天津在港口建设、化工产业等领域形成了竞争态势。另一方面，在中央政府的引导下，省级政府在其城市体系规划或城市总体规划中突出区域内产业发展合作的重要性，并提出一些具体的政策措施。省级政府也建立跨行政区域的论坛与交流机制，沟通信息，寻找区域合作的契机。京津冀区域已经就经济合作问题签署全面或局部性的合作协议。例如，北京与河北在 2006 年 10 月份签署了《北京市人民政府河北省人民政府关于加强经济与社会发展合作备忘录》，计划在交通基础设施、水资源、生态环境治理、能源开发、产业调整、农业、旅游、劳务、卫生事业等 9 个方面进行合作。京津冀都市圈的商务、物流、旅游部门等也签署了相关合作协议。

最后，参与产业合作地方政府主体有从高层向基层发展的趋势。进入 21 世纪，特别是近五年来，区县政府日益成为产业合作的具体执行者，其合作呈现出由弱势地区向强势地区靠拢的特征。各级地方政府通过推介会等多种形式，促进企业间的交流和对接，大大降低了私人的搜寻成本，打造共同市场。京津与河北的经济合作工作也深入落实到具体区县，甚至乡镇，产业园区建设与管理、具体政策的执行都由各级地方政府承担。例如，2007 年河北沧州部分区县市、廊坊冀州等主动与天津滨海新区签署合作协议，扩大双方在产业合作、健全联系机制等方面的交流与合作。"十一五"末，河北更是提出"环首都经济圈"的概念，其主体单位已不是地级市，而是 18 个区县行政单元。在首都经济圈内，各级地方政府都已认识到区域合作的重要性，并且能够主动与优势地区进行对话，谋求共同发展。

三、从点线布局到网络化覆盖

以往京冀合作主要局限在个别县市的个别领域，区域一体化的特征并不明显。以政策文件明确的进行区域合作的城市为例，近年来，这类城市逐渐增多。1981～1984 年，有关部门联合进行了京津唐国土规划纲要研究，将京津唐区域的地域范围确定为北京、天津、唐山、秦皇岛和廊坊地区。1988 年，北京与河北环京地区的保定、廊坊、唐山、秦皇岛、张家口、承德等六地市组建了环京经济协作区，建立了市长、专员联席会议制度。1997 年，北京市科委制定的《北京市经济发展战略研究报告》提出"首都经济圈"，即以京津为核心，包括河北的唐山、秦皇岛、承德、张家口、保定、廊坊、沧州七市。

早期京冀合作主要集中于保定和唐山，原因在于其距离北京较近，产业梯度差异相对较小。加之当时合作领域主要局限在劳动密集型产业和资源密集型产业，例如，北京水、钢铁、能源资源短缺，在 20 世纪 90 年代的产业结构中重工业占有很大比重。北京利用 10 年时间与唐山、保定、天津合作，主要是将不适合北京城市性质的产业部门迁移出去，迁出地与迁入地在地理空间接近，容易被既有从业人员接受。

进入21世纪以来，交通、通信设施不断改进，初步形成了以北京为中心放射状、环状交织的高等级快速通道网，极大提高了区域路网等级和密度，使得区域内人员、资金、技术流动更加通畅。京津城际铁路、京津高速公路、津蓟高速公路延长线——蓟平（蓟县—平谷）高速公路相继通车，将京津两座特大型城市、城市与周边重要节点间的通行时间距离明显缩短；京沈客运专线、京张、京唐城际铁路正处于前期调研当中，京昆高速、密涿支线的前期工程也已开展。交通、通信等硬件设施的改进，扩大了区域内产业合作的空间覆盖面，为最终实现区域合作的网络全覆盖提供了保障。

目前，产业合作的空间范围已基本遍及整个首都与六地市，并沿着几条交通快速通道，形成了特色鲜明的产业发展轴线。例如，以京津塘高速公路为轴线，形成"京津塘高新技术产业带"，充分利用沿线中关村、亦庄、廊坊开发区、天津华苑、武清开发区、塘沽高新区、泰达和津港保税区等八大产业区，以及初步形成电子信息、通信、生物医药、光机电一体化、新材料、绿色能源等六大支柱产业的优势，积极发展汽车、电子和高新技术产业，发展高端制造业，加快产业结构向知识密集型产业方向发展，同时大力发展信息、金融、商贸、旅游等第三产业。从北京出发，沿东北方向连接北京、唐山和秦皇岛的京唐秦现代产业发展轴，旨在打造京唐秦高技术产业带，促进三市高新技术产业、临港产业和传统产业的战略重组和相互协调。北京出发、连接北京和保定并向西南方向辐射延伸的京西南产业发展轴，承接北京产业和功能转移，推进首都圈向西南方向和广域地区辐射延伸，依托北京的技术辐射，不断调整产业结构，积极发展现代制造业和现代农业。此外，滨海临港型发展带以天津滨海新区为核心，连通秦皇岛市、曹妃甸港区、黄骅港区的区域，构筑由黄骅港、天津港、唐山港组成的北方国际航运中心。

四、逐步形成长期合作机制

京冀间产业合作机制经历了从无到有，从不完善到完善的发展历程，最早的合作形式是较为松散的地区合作协会，但在1990年，华北地区经济技术合作协会失去效用，1994年以后，环京经济协作区名存实亡，首都圈地区合作陷入低潮。行政分界导致了地区间的利益分化，产业合作必需的要素自由流动、基础设施建设、整体规划和环境保护等问题没有得到根本解决，由此导致各城市的合作意向朝令夕改，纵然是好的政策也难以为继。

新时期，首都经济圈越发注重各类合作机制的完善。人才方面，按照"人尽其才，人尽其用，优势互补"的原则，推动人才的共同培养、相互交流和共同利用。通过促进区域人才的交流与共享，共建"专家资源共享服务平台"，建立区域专家资源开发合作机制，搭建共通的专家服务框架，形成区域互通的公共专家服务体系。科技合作方面，通过中央政府、地方政府、企业等方面的投入，形成多层次的投融资体系，以重大科技工程为突破口，提高区域科技转化率，大幅度提高区域整体竞争能力，实现区域合作共享的科技投入和技术转化。在区域合作保障方面，京冀建立了区域联席会议等制度，逐步建立和完善"统一规划、协同推进"的区域工作机制，建立和健全专家决策咨询组织。生态方面，建立了生态环境保护标准和评价指标体系、生态保护监管体制以及区域协商制度。此外，京冀还搭建信息共享平台，建立信息沟通机制；建立市场合作开发机制，共建无障碍旅游等产业合作机制，创建良好市场环境；进一步完善政策协调机制，调整政府绩效评价体系，最大程度实现互惠互利和区域协同共赢。

基础工作的夯实带来的是立足于其上的各类合作朝着更高质、高效的方向迈进，多元化、多层次的区域合作体系不断完善，投资者的合作意识更强，信心更足，合作意愿更强烈，合作观念更深入人心，京冀区域合作正逐渐由过去的短期、暂时合作发展为长期、常态化合作。

第七章

京冀产业合作的优势、
需求及其问题分析

　　北京及河北六地市的资源各具特色，既有重叠竞争的部门，也有前后关联、互相依赖的部门。通过比较北京、河北两地的优势，可以发现今后合作的重点领域，确定产业合作的发展方向。本章在分析各城市比较优势的基础上，分析两地的共同优势，确定产业合作的基础；从劳动力、土地、能源、环境等角度，解析寻求成为世界城市的北京在今后的发展过程中对产业合作的需求；在判断河北六地市对产业合作的需求时，则选择了人力资本、资金、技术、市场、基础设施等角度，指出河北建设世界城市区域的需要与环北京贫困带的现实之间存在的矛盾，最后总结了北京与六地市合作存在的问题。

第一节　京冀各地的比较优势分析

一、北京的比较优势

（一）地理位置优越

　　北京是国家的首都，作为全国政治、文化、科技、信息和国际交往的中心，拥有良好的区位条件。首先，北京位于华北平原的西北部，紧邻渤海湾，距离北方第一大港天津港不到 200 公里；其次，北京作为全国铁路中枢，京哈铁路、京沪铁路、京九铁路、京广铁路、京包铁路、京承铁路、京秦铁路等国家干线汇集于此，近年京津城际高铁、京沪高铁、京广高铁等高速客运专线的建设大大缩短了北京与各中心城市的距离；最后，北京首都国际机场于 2006 年首次跻身世界前十大最繁忙机场行列后，客运量和货运量快速增加，2010 年旅客吞吐量达到 7377 万人次，稳居世界第二位，仅次于美国亚特兰大机场，成为我国对外交流的重要门户。

（二）资金充足

2010 年，北京市地区 GDP 为 14 113.6 亿元，2006 年为 6814.5 亿元，五年间平均增速在 15% 以上，人均 GDP 由 2005 年的 4.50 万元上升到 2010 年的 7.59 万元，年均增长率为 11.05%；地方财政收入由 919.2 亿元上升到 3810.91 亿元，年均增长率为 32.9%；银行存款余额由 28 970 亿元上升到 66 584.6 亿元，年均增长率为 18.1%。北京各项经济指标在全国排名靠前，经济发展迅速，是我国北方地区的重要增长极之一。

（三）市场优势

第一，北京具有足够大的社会需求总量和市场交易总量。2010 年北京社会消费品零售总额达 6229.3 亿元人民币，金融证券市场交易总量更高达 87 575.38 亿元人民币。第二，北京市场信息密集程度远远超过内地一般城市，对区域经济发展起到重要的支持作用。第三，北京的地理位置优越，在环渤海地区有重要地位，具备发展现代物流业的基本条件。第四，北京在内陆地区有很强的消费示范作用。第五，北京已成为中国内陆地区服务贸易重要的中转中心。2012 年北京地区进出口总值为 4079.2 亿美元，比 2011 年增长 4.7%。这些优势使北京与国际企业在高新技术、制造业及服务业等诸多领域有着广泛的合作机会。

（四）国际化优势

随着我国经济的快速发展，在国际上的影响力越来越大，与全球的联系更加紧密，北京作为我国国际交流的重要窗口，国际化程度不断提升，特别是 2008 年北京奥运会的成功举办，成为北京与国际接轨、建成世界一流水平国际大都市的强大动力，大大促进了北京国际城市功能的发展和完善，推动了北京经济的快速发展和结构升级，城市国际化所需的环境、交通、城市基础设施方面取得了长足进步。目前，北京已经云集了 200 多家跨国企业总部、16 家国际组织驻华代表机构、138 个大使馆，成为中国"全球企业"个数、"全球人"长期居留人数和往返次数最高的城市。

（五）人才、教育、科技资源优势

北京的人才、教育、科技资源优势明显，能够为总部经济的发展提供动力支撑。在国内外大城市之中，北京的人才、科技竞争力指标最高。在每百万人口中，北京的专业技术人员约有 10 万人，广泛分布于电子及通信、计算机应用、生物工程等高新技术产业。同时，北京是全国最大的教育基地。北京有高校 91 所，其中重点高校 23 所，占全国重点高校的 1/4。北京高校中有500 个博士培养点，占全国的 1/3；有 1081 个硕士培养点，占全国的 1/5。2010 年，北京共有科研机构 2298 个，研发人员 15.05 万人，研发经费支出588.56 亿元，占地区 GDP 的 5.82%，专利申请量为 5.73 万件。相比之下，河北拥有科研机构 75 个，研发人员 6551 人，研发经费支出为 21.25 亿元，专利申请量仅 151 件。

二、河北六地市的比较优势

（一）自然资源丰富

1. 水资源

区域内拥有丰富的地下水、温泉、矿泉水等资源。例如，涞水县拥有 15 亿米^3 的大型地下水库；涿鹿县水资源总量达 7.45 亿米^3，历史上素有"千里桑干、唯富涿鹿"之说；赤城县每年向首都供水 3.5 亿米^3，占密云水库全部入水量的 1/3，是北京市重要的饮用水源基地；固安是"中国温泉之乡"，与巴黎盆地、日本秋明、北京小汤山并称世界四大著名温泉。

河北省地表径流丰富，特别是北京市境的五大水系，除北运河外，其余四大水系，即永定河、潮白河、大清河、蓟运河水源均在河北。永定河从张家口怀来县幽州村南流入北京，上游主要支流为桑干河、洋河，分别发源于山西省、内蒙古自治区，这些支流在张家口市怀来县朱官屯村汇合为永定河。大清河支流拒马河流经北京房山境内，其发源于保定市涞源县涞山，东北流经保定的易县、涞水县进入北京市房山区，经房山区西南部，出北京市后又在保定市涿州市接纳大石河和小清河。泃河为蓟运河支流，其发源于承德市兴隆县青灰岭，于偏桥子西北入北京市境，西流至平谷县城东折向南，在马坊镇东店村出市境，在天津市蓟县下仓南与州河汇合，下游始称蓟运河。潮白河上游主要支流为潮河、白河，潮河发源于承德市丰宁县草碾沟南山，南流，自密云县古北口入北京市境，白河发源于张家口市沽源县独石口以北的大马群山东南，南流经长城至赤城县，在北京延庆县香营乡白河堡水库进入北京市，潮河、白河在密云县汇合后始称潮白河。可以说，北部的张家口市、承德市及保定市北部各县是首都用水安全的直接保障。

2. 矿产资源

区域内探明的矿物超过 100 种，涵盖了石油、天然气、煤炭、金、银、铜、锌、铝、钛、石棉、大理石、石灰石等主要矿产种类。例如，赤城县沸石探明储量达 4.57 亿吨，是亚洲最大的斜发沸石矿；三河市的白云石储量和品位居全国之首。唐山市的铁矿资源仅次于鞍山市，是国家三大铁矿集中区之一，著名的迁安铁矿就位于这里。地热资源主要分布在承德市和张家口市，位于太行山东麓低温带。该区油气资源主要分布于环渤海地区，包括华北油田的大部分油区和大港油田的部分油区。区域内金属矿、非金属矿、地热资源分布情况见表 7-1 和表 7-2。丰富的矿产资源为传统产业的发展提供了资源能源条件。

表 7-1　金属矿分布地区

金属矿	分布地区
铁矿	唐山迁安、遵化、迁西，张家口涿鹿、赤城、怀来、宣化，承德鹰手营子矿区寿王坟、兴隆、滦平，保定涞源
钛矿	承德黑山、丰宁，张家口崇礼
钒矿	承德滦平大庙、黑山、马营、头沟、丰宁招兵沟
铜矿	承德宽城、兴隆，唐山市迁安、遵化，保定涞源
铅锌矿	保定涞源、涞水、阜平、易县，张家口涿鹿、赤城、怀来，承德平泉、兴隆

资料来源：《河北省志》（第七卷）《地质矿产志》

表 7-2　非金属矿分布地区

非金属矿	分布地区
硫铁矿	保定涞源、易县，承德兴隆、宽城，张家口怀来、张北、涿鹿、蔚县
水晶	保定阜平、涞源，承德围场、隆化，张家口康保
冰洲石	承德市承德县、平泉，张家口蔚县
白云母	张家口赤城，承德隆化，保定阜平、曲阳、唐县
铁矾土	唐山开平半壁店、古冶白道子、古冶卑家店

资料来源：《河北省志·第七卷·地质矿产志》

3. 作物资源

区域内拥有丰富的药材、粮食、水果等作物资源。例如，涞水县出产野生药材近 800 种；涿鹿县是全国粮食大县、国家级商品粮基地县、全国绿化工程重点县、全国水果产量百强县；怀来县拥有全国最大的海棠种植基地，年产海棠 1.4 万吨，占全国总产量的 85%，同时因盛产葡萄及葡萄酒而享有"中国葡萄（酒）之乡"的美誉；大厂县是中国北方最大的牛羊商品基地；兴隆县山楂、板栗年产量分别为 12 万吨、0.8 万吨，在全国县级城市中分居首位与第二位。

4. 气候资源

河北省六地市属于温带大陆性气候，季节差异显著。春季干旱多风沙，秋季晴朗冷暖适中，夏季高温多雨，冬季寒冷干燥。年平均气温为 −0.5 ～ 13.9℃，自南向北、自西向东逐渐降低。降水量地区分布不均匀，沿海多，内陆少；山地迎风坡多，背风坡少。该地的大陆性气候特征，形成了较为丰富的气候资源，如光能资源、热量资源、水分资源等。其年太阳总辐射为 4974 ～ 5966 兆焦/米^2，为发展太阳能新能源产业提供了条件。日平均气温稳定，通过0℃的积温为 2153 ～ 5144℃，年平均降水量充足，且雨热同期，提供了现代农业发展所需的气候条件。

河北风能资源丰富。首都圈辖境属于季风气候区，风向的季节变化十分明显，冬季一般多北到西北风，夏季多偏南风，春季为风向转换季节。全年有效风速（风力机的启动风速至极限风速）时数为 2300 ～ 7000 小时。平均风速受地形、海陆影响很大。坝上和洋河、桑干河河谷风速最大，年平均风速为 3 ～ 5 米/秒，其次是沿海及附近平原，为 3 ～ 4 米/秒（表 7-3）。因而，这些地区可以充分利用优越的风能资源，建设风能设施，利用风能发电。辖境盛行风向为东南—西北，为了维持首都的良好环境，限制了位于北京北部的承德、张家口空气污染型工业的发展，如水泥、钢铁、酿造行业，对该地区的产业结构产生了重要影响。

表 7-3　风能资源表

风能区划	地区	全年有效风能储量/（千瓦时/米²）	全年有效风速时数/小时
风能丰富区	坝上高原、渤海沿岸及沿海岛屿	1000～1400	＞4800
风能可利用区	坝下、洋河、桑干河河谷地区、涞源及平原东部	400～530	4100～4600

资料来源：《河北省志·第八卷·气象志》

（二）生产要素充足

1. 土地

河北六地市总面积为 2.71 万公里^2，是北京的近 1.65 倍。此外，北京主要由城区组成，而河北六地市主要由县域构成，后者可用于农业生产的耕地资源更为丰富。2005 年，河北耕地面积为 5988.9 千公顷，2010 年草原面积为369.29 万公顷，其中已利用面积 225.22 万公顷，森林面积为 481.58 万公顷，林木蓄积量为 1.17 亿米³。

2. 劳动力

2010 年，河北、北京职工平均工资分别为 32 306 元、50 415 元，河北和京郊农村居民人均纯收入分别为 5958 元、13 262 元，两地收入水平差距明显，城乡收入的差距成为河北农村劳动力外出就业的重要推动力。河北六地市主要由县域组成，就业人员实际平均工资低于河北职工平均工资，可见本地区劳动力成本低廉，在生产成本方面优于北京。

三、北京与河北六地市的共同优势

(一) 交通运输基础设施完善

多年来，京冀区域内已形成集公路、铁路、航空、港口于一体的综合性交通体系，交通方式多样，内部交通和对外交通均较为方便。

辖境铁路主要包括由北京向四周放射分布的京秦、京哈、京沪、京九、京广、丰原、丰沙、京包、京通、京承等铁路，南北方向的唐遵铁路，东西方向的大秦、沙蔚、朔黄铁路等，以及京哈高速、京沪高速、京广高速。

京津冀区域的主要港口除天津港外，还包括秦皇岛、唐山两大港口。唐山港由两大港区组成，即京唐港区和曹妃甸港区，京唐港区是主要服务于腹地各类物资转运的综合性港区，曹妃甸港区则主要承担工业区大宗、散货转运功能，未来唐山港还将规划建设丰南港区。近年来，唐山港发展很快，已经迈入亿吨大港行列，这主要得益于首钢的外迁及曹妃甸港区的发展。秦皇岛港是目前中国最大的能源输出港，以输出煤炭、石油为主。

京津冀区域内的空港以北京首都国际机场为主，其他承担民航业务的机场包括天津滨海机场、北京南苑机场和秦皇岛山海关机场。"十一五"时期新通航的机场还有唐山三女河机场。除此之外，北京正在建设首都第二国际机场，张家口、承德也正在兴建民用机场。

(二) 旅游资源丰富

(1) 北京。北京现有 6 处世界遗产，是全球世界遗产最多的城市。全市现有文物古迹 739 项、全国重点文物保护单位 99 处、市级文物保护单位 326 处、国家地质公园 5 处、国家森林公园 15 处。其中对外开放的旅游景点达 200 余处，包括紫禁城、颐和园、圆明园、八达岭长城、王府井等。

(2) 河北六地市。辖境有国家级自然保护区 11 处，河北省自然保护区 13

处，国家森林公园 19 处（表 7-4，图 7-1）。知名景点，如涿州是"三国文化之乡"；涞水拥有"北方小桂林"、国家 4A 级旅游区野三坡国家地质公园；涿鹿有中华民族三大始祖炎、黄、蚩遗址；怀来有"北方第一漂"自然景观；赤城县"关外第一泉"赤城温泉；承德有中外驰名的清代皇家避暑山庄；丰宁有"京北第一草原度假区"坝上草原。

表 7-4　首都圈辖境自然保护区、国家森林公园分布表　（单位：个）

	保定	张家口	承德	唐山	秦皇岛	廊坊	总计
国家级自然保护区	1	3	5	0	2	0	11
河北省自然保护区	2	0	8	2	1	0	13
国家森林公园	6	1	8	2	2	0	19

资料来源：北京市对口支援办公室资料

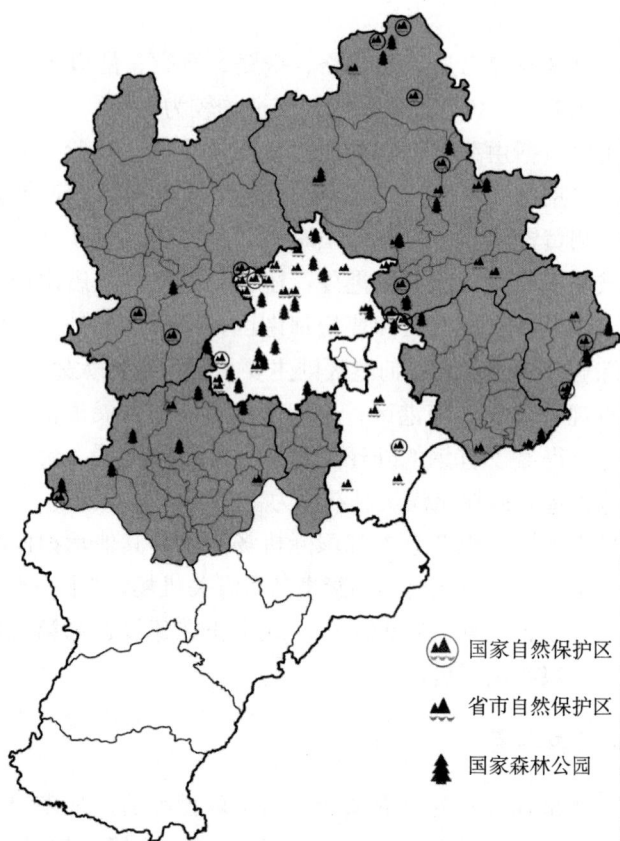

图 7-1　北京与河北六地市省级以上自然保护区、国家森林公园分布示意图

第二节　京冀产业合作的需求

一、北京方面

(一) 产业结构面临转型

从"十五"时期开始，北京经济结构就开始出现根本性变化，第三产业比重由 2000 年的 64.8%，上升为 2005 年的 67.7%，2011 年达到 75%，领先全国平均水平 30 个百分点。根据《北京市总体规划（2004—2020 年）》，到 2020 年，人均 GDP 突破 10 000 美元；第三产业比重超过 70%，第二产业比重保持在 29% 左右，第一产业比重降到 1% 以下。这个转变，北京在 1995 年就已经实现了，1995 年北京服务业的比重已经超过了 50%，2006 年超过 70%。北京提前 15 年完成了服务业发展比重目标。产业结构超乎寻常的提升，引来了学界担忧。有专家提出，北京正面临产业空心化的危机。在国家十大产业振兴规划颁布以后，北京结合产业发展基础，提出北京生物医药、都市型工业、汽车、装备制造和新能源五大产业振兴方案。未来 5 年，北京将实施重大项目带动战略，重点推进京东方八代线、长安汽车、北京现代三工厂、福田中重卡合资项目、中航工业园、北京数字信息产业基地等重大项目建设，提升电子信息、汽车、装备制造、医药等产业发展水平，总结推广望京等地区的成功经验，促进研发、制造、总部一体化发展。

此外，北京在"十二五"期间明确提出创新驱动发展战略，使北京的经济发展模式由主要依靠物质资料的消耗向依靠科技进步、管理创新和劳动者素质的模式转变。

(二) 人均土地占有量低，土地供需矛盾突出

北京土地面积为 1.64 万公里^2，其中山区面积占 61.2%，平原面积仅占 38.8%，土地面积人均占有量仅有 1.25 亩，远低于全国平均水平。从利用方式看，截至 2008 年，全市农用地有 1643.97 万亩、建设用地 506.57 万亩、未利用地 311.04 万亩，分别占全市土地总面积的 66.8%、20.6%、12.6%，未利用土地资源占比较低，后备土地资源有限。在农用地中，耕地面积为 347.53 万亩，人均耕地占有量低，仅为 0.18 亩。与此同时，北京土地资源需求则随城市化推进而不断高涨，加剧了土地供需矛盾，并进一

步推高地价及产业发展成本。对此，北京市急需加强与河北合作，进行产业转移、项目落地、农产品基地建设和人口的合理疏散，以缓解市内土地需求压力，利用周边地区地价优势降低产业发展成本，进而通过产业转移推动市内产业升级，提高土地利用效率。

（三）能源供应紧张，自给能力有限

北京属于能源资源短缺的地区，一次能源主要是储量较少的煤炭、少量的水力发电资源及地热，石油和天然气尚未发现达到可供开采的工业储量。2004 年，全市 67％的电力、95％的煤炭、60％的成品油、100％的石油和天然气依靠外部供给，能源对外依存度高，能源供给对经济发展的约束过大。从消费角度，北京能源消费量呈逐年上升趋势，2010 年消费总量为 6954 万吨标准煤，万元 GDP 能耗为 0.49 吨标准煤，虽呈现逐年下降趋势但仍与发达国家存在较大差距。此外，能源价格的全球性上涨和铁路运力不足加剧了首都供应体系的潜在风险。在河北投资建设能源开发项目，建立京冀间持续稳定的能源合作关系，对于缓解能源供需矛盾、满足经济发展需求、保障首都能源安全具有重要意义。

（四）人口规模不断膨胀，出现劳动力供给过剩

1978～2008 年，北京市常住人口由 871.5 万人增加到 1695 万人，年均增长速度为 2.2％。其中，户籍人口由 849.7 万人增加到 1229.9 万人，年均增长速度为 1.3％，而外来人口由 21.8 万人增加到 465.1 万人，年均增长速度为 7.7％。目前，尽管北京城镇登记失业率较低，但是由于北京存在大量外来人口，劳动力供给相对过剩现象仍然较为严重。同时北京周边城镇经济发展水平不高，缺少中等规模城市对北京人口进行合理疏解，进一步加剧了人口在北京的集中。因此，京冀合作将促进周边地区产业发展及公共设施建设，增强周边地区的劳动力容纳能力，促进劳动力供需平衡。

（五）生态环境环境脆弱，环境保护任务艰巨

北京虽然经过多年大气环境治理，空气质量有所改善，但可吸入颗粒物、降尘量等指标仍偏高，区域内横向对比空气质量偏低。根据《中国环境年鉴 2011》提供的数据，2010 年北京全年城市空气质量为优天数仅为 53 天，而远低于承德的 185 天和张家口的 158 天，仅高于天津的 38 天和石家庄的 34 天，位列倒数第三。优良天数相加，北京只有 286 天，在京津冀区域排名倒数第一，且京津冀区域所有地级以上城市，优良天数和低于 300 天的只有北京。北京的非

优良天数中，56 天为轻微污染，17 天为轻度污染，4 天为中度污染，2 天为重度污染。在北京奥运会后，北京的空气质量压力依然不小。

北京水资源短缺和城市地表径流水污染严重的局面仍未扭转。根据《中国环境年鉴 2011》提供的监测断面数据，河北进入北京的河流水质多较好，如古北口断面、沿河城断面、大沙地断面均为Ⅱ级水质，后城断面为Ⅲ级水质；但北京出境河流水质均较差，如谷家营断面为Ⅴ级水质，榆林庄断面、王家摆断面、码头断面均为劣Ⅴ级水质。

除空气质量与水环境外，北京还存在其他生态环境问题，如沙尘暴远未根治，北京仍受到沙漠化威胁等。首都圈生态环境是一个不可分割的整体，各地生态环境建设互为表里，密不可分。因此，为北京塑造一个良好的生态环境，单靠北京自己的力量是远远不够的，特别是张家口、承德两地的生态建设，对包括北京在内的首都圈其他地区的水环境、大气环境保育至关重要。

（六）北京建设世界城市需要区域体系支撑

根据国家实现现代化建设战略目标的总体部署，2050 年北京要建设成为经济、社会、生态全面协调可持续发展的城市，进入世界城市行列。在经济全球化的背景下，单纯的城市概念已经不再适合作为社会－经济组织单元，全球城市—区域（Global City-Regions）则成为参与国际竞争的基本单元，与之相对应的是以大都市区为枢纽的全球经济地理空间网络格局。全球城市区域概念将区域纳入世界城市体系的范围之中加以思考，强调区域在全球背景中所扮演的重要角色，区域成为当今协调社会经济生活的一种最先进形式和竞争优势的重要来源。

目前，全球经济增长最快的、最具活力的地区是由多个经济发达的城市组成的城市群，如美国北起波士顿、纽约南到华盛顿的美国东北部城市群，欧洲兰斯塔德地区，日本从东京到神户的太平洋沿岸城市群地区及我国的长江三角洲地区。因此，北京要成为世界城市必须促进京津冀一体化、建设以北京为核心的都市经济圈，提升整个地区的竞争力，只有这样才能在国际经济竞争中站稳脚跟。

二、河北方面

（一）高素质人才资源不足，人才流失较严重

河北人口密度较大，劳动力资源丰富，但是高素质人才相对缺乏。一方面，

省内名牌大学，以及高质量的中学、小学及师范院校较少，与其他省份相比不具有竞争优势。2010 年，保定、秦皇岛、唐山、廊坊的普通高等学校分别有 12 所、7 所、9 所、和 7 所，在河北处于中上水平；分别拥有专任教师 8202 人、5007 人、5629 人和 2427 人，全省共拥有普通中等学校 572 所，相比之下，北京拥有 91 所普通高等学校、760 所普通中等学校，河北的人才培养和保有能力有限。与此同时，由于邻近北京、天津，受北京、天津良好的就业机会、发展环境、社会保障、基础设施等条件的吸引，河北人力资源不断向北京、天津集中，大学生毕业返乡率低。人才流失现象在不同城市间有所差别，流失程度与经济发展水平成反比，但总体上京津地区的极化作用显著，高技术人才供给不足制约了产业结构的优化升级。

（二）市场消费力不足，市场发育地区不平衡

河北、北京两地在居民消费力、市场辐射范围等方面均存在较大差距。2010 年，河北、北京居民人均消费支出分别为 7966 元、27 470 元，这反映出两地在经济发展和居民收入水平上的差距。从市场服务范围看，目前河北还具有区域局限性，需进一步拓展全国及国外市场。

近年来，河北市场发育程度整体上呈现良好发展势头，并形成了诸多大规模专业市场，但市场发育程度在六城市间有显著差异，其中唐山各区县市、南部平原地区、重要交通道路沿线区县市的社会消费品零售总额明显较高，与之相比，张家口在市场规模、数量上则远远落后于其他地市。因此，河北具有利用北京市场影响力进行进一步产品推介的需求，以及加快各地市尤其是相对落后地区市场建设的需求。

（三）高新技术产业比重低，企业创新能力较弱

从目前的产业结构来看，重工业比重较大，装备制造业、钢铁、石化等产业发展相对成熟，但仍需更新技术和提高产能，而高技术产业，如电子、新能源、新材料等尚处于发展初期。2010 年，铁矿石、煤炭等矿产开采和冶炼，以及石油化工等原材料型产业的工业总产值占全省工业总产值的近 60%，需要进一步提高产品技术含量，发展电子信息、医药等高新产业就需要打破技术瓶颈，为省内企业提供更充分的智力资源和技术支持。

从创新能力来看，2011 年河北规模以上工业企业研发投入不足 160 亿元，在全国 31 个省（自治区、直辖市）中排名第 14 位，不仅低于北京、上海、广东等沿海省份，而且与河南、湖南、湖北等中部省份也有一定差距。

与此相对应的是开发新产品的经费为 150 亿元，仅高于山西、贵州、陕西等中西部地区。从专利方面来看，2011 年全省申请专利总数为 17 595 个，授权数为 11073 个。

(四) 基础设施不完备，投资吸引力有待提高

交通运输方面，六地市交通发达程度差别较大，其中南部几个地市交通通达度较高，而北部承德、张家口两市的线路密度偏低，运输方式也局限在公路、铁路上。河北铁路总营运里程近 5200 公里，仅低于内蒙古和黑龙江，但其公路总里程则接近全国平均水平，排第 10 位，总体来看，河北交通运输条件相对较好。但是，河北尤其是北部地市的能源供应、邮电通信、医疗卫生机构等基础设施建设也相对落后，需要进一步提升整体的基础设施水平。

外商投资成为地区经济增长的主要动力之一，也是东西部经济差距的主要影响因素。外商直接投资的大规模进入，通过增加资本、扩大出口和创造就业等途径，推动东部沿海地区经济的快速发展。而 2011 年河北外商投资有 457 亿美元，在 31 个省（自治区、直辖市）中排第 13 位，与外商投资最多的江苏（5729 亿元），相比不及江苏的 1/10。因此，今后除继续搞好能源、交通、通信、水利等基础设施建设外，更重要的是加快改革开放的步伐，不断改善投资软环境和产业配套条件，提高对外资的吸引力，提升经济的活力。

(五) 环首都贫困带问题亟待解决

环首都贫困带是指环绕首都北京的河北承德、张家口、保定等城市组成的一个 C 形环状区域（见图 7-2 灰底部分）。2005 年 8 月 17 日，亚洲开发银行资助的一份调查报告首次提出"环京津贫困带"的概念：在国际大都市北京，以及天津周围，环绕着河北的 3798 个贫困村、32 个贫困县，人均年收入不足 625元的 272.6 万贫困人口，而且直接与北京接壤呈现 C 形包围圈的张家口、承德、保定三市就有 19 个国家级贫困县，因而"环首都贫困带"的称谓更加准确。其中保定由于有 4 个国家级贫困县，更是失去"京津保"大三角中的支点地位，天津的蓟县也在环首都贫困带的范围之内。

由于负有为北京和天津保护水源和生态环境的特殊使命，河北对环绕北京的部分地区实行限制开发政策，加之自然条件恶劣、长期列为军事禁区而无法进行基础建设等方面的原因，这些地区虽然近邻北京、天津等发达城市，却集中连片形成中国最贫困的区域之一。环首都贫困带的存在既是经济问题也是社

会隐患，是河北实现区域平衡发展、改善产业环境、建设世界城市区域亟待解决的问题，而解决这一问题自然需要区域内的援助和合作。

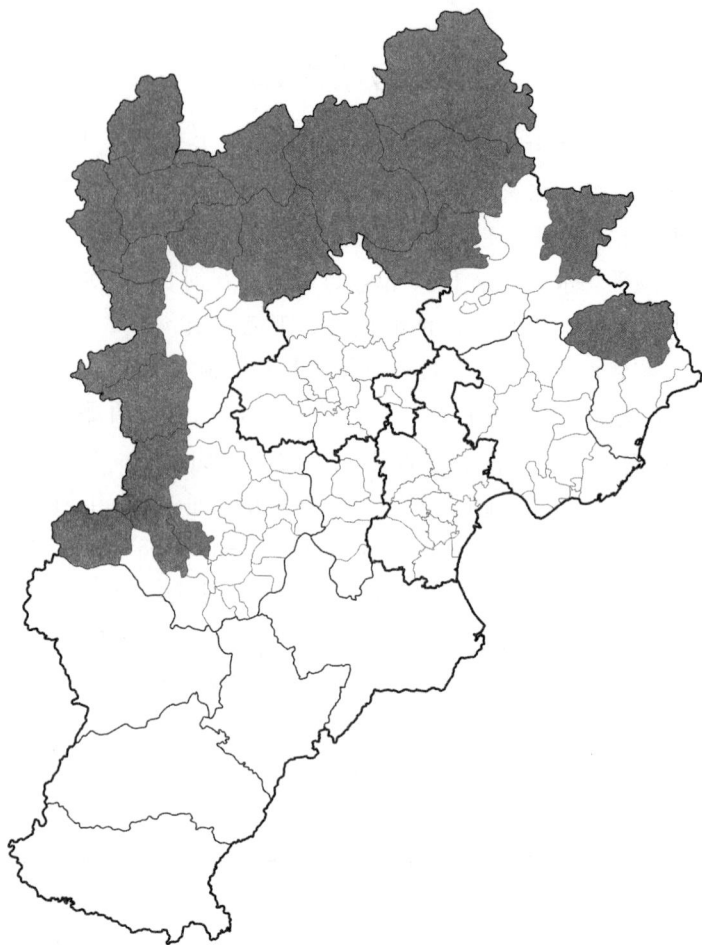

图 7-2 河北六地市国家级贫困县示意图

第三节 京冀产业合作存在的问题

目前，北京与河北六地市的产业合作发展已经起步，然而在发展过程中依然存在一些问题，初步总结为如下四个方面。

一、虹吸效应明显，扩散和带动作用不足

目前北京与河北六地市在产业合作中，北京对周边地区的集聚作用大于扩散作用，没起到有效带动周围地区发展的功能。产业合作中主要表现为垂直分工，主要利用周边地区的资源环境要素，因此，北京、天津特别是北京与河北的合作更多地表现为一种从属关系。

优势经济要素单向流动，向中心城市集中，保障北京社会经济的发展，而中心城市扩散带动作用不足，河北各城市没有形成具有较强竞争力的产业集群，不能带动当地经济整体的发展。北京向周边地区扩散的产业多为资源能源密集型产业或附加值较低的传统产业，这些产业的产业链较短、产业关联度较低、带动作用不强；河北各地"等靠"心理较强，没有很好的消化北京扩散的产业，使得从北京转移出来的企业即便与河北六地市保持较强的垂直联系，也没有带动当地产业的发展，同时河北各地产业基础和配套设施不完善，又不足以承接北京高技术产业的转移。具体到各产业：在第一产业中，虽然河北一些城市得到了北京资金和技术的支持，发展了一些规模较大、科技含量较高的农副产品企业，但是这些并没有转化为当地的优势产业，目前没有在当地形成具有规模的产业集群，而且产业的发展主要是看中北京的巨大市场，为了给北京提供服务，呈现出技术和市场两头在外的特点；在第二产业中，北京倾向于发展科技含量和附加值高的行业，转移到河北的主要是技术含量低、要素消耗大的行业，而都市型产业、高新技术产业鉴于河北各城市产业基础不好、产业配套不完善的限制，落户河北的企业不多，具有竞争力的产业集聚发展相对缓慢，难以带动当地产业的发展；在第三产业中，虽然近年来京冀两地服务业合作交流逐渐增加，但是主要集中在旅游、物流等方面，北京与河北各城市产业梯度过大，周围地区并不能很好地承接软件、信息、金融、商务等现代服务业的转移，这些行业仍处于集聚的阶段，向外扩散的动因不足。

总体来看，北京、河北的合作中，虽然双方在优势资源上具有很好的互补性，但是优势资源以单向流动为主，集聚趋势明显而扩散作用不足，使得两地发展差距较大，且未来一段时期内这种差距将越拉越大。北京需要加强产业扩散的引导，河北各城市需要利用优势资源积极打造具有竞争力的产业集群，形成平等的、互动式的合作关系，推动区域整体竞争力的提升。

二、机制不完善，区域合作推进缓慢

虽然京津冀区域的合作起步较早，但区域协调难度较大，致使区域合作进

展缓慢，表现在两个方面：一方面，整体区域合作的机制还在探索阶段；另一方面，具体合作协议的程序烦琐，没有专门的沟通部门和协调渠道，致使既有的很多协议履行进展较慢，达不到预期目的。

从区域整体合作推进来看，与珠江三角洲和长江三角洲相比，京津冀区域合作起步最早，但目前来看区域一体化程度最低。早在20世纪80年代初期，北京就意识到区域合作的重要性，成立了全国最早的区域协作组织——华北地区经济技术合作协会。自20世纪80年代后，区域合作的发展经历了兴起—停滞—恢复三个阶段。从2003年起河北就试图打造京津冀一体化，但至今没有实质性进展。其中，北京、天津两市虽处在一个经济区内，但行政地位、经济实力相近，缺乏珠江三角洲地区行政同属一省那样的共同利害关系，也缺少长江三角洲地区以上海为绝对中心来统领整个区域的内在凝聚力。究其根本，天津在推动区域合作中缺乏足够的利益激励。北京、天津在以往的产业政策上求大求全，均强调"一个不能少"，导致产业结构自成体系、自我封闭，使得产业结构趋同加剧和封闭严重。区域协调难度大，各地方政府合作意识淡薄，因此，环首都圈区域一体化程度相对滞后，这也被认为是导致区域实力相对较弱的重要原因。

从具体协议来看，近年来，北京、河北不同层级、不同领域部门签订诸多合作协议，合作领域广、合作内容丰富，然而在实际操作中，从协议到具体规划再到项目实施的过程往往程序烦琐、障碍较多。2000年以后，中国经济社会制度进行了大规模的改革，影响区域经济发展的因素也发生了巨大的变化，20世纪80年代时以行政手段为主导的合作机制早已不能满足当前区域合作的需要，而新的合作机制仍处于探索阶段，尚未成型，许多基于市场经济制度的区域合作方面的法律法规还没有制定，加上地方政府之间沟通不畅，以及很多协议没有具体细化，内容流于形式，致使具体实施时难度很大。这些因素导致各地方政府达成的协议实施进度缓慢，未能达到预期效果，削弱了区域合作的影响力。

三、地方本位主义严重，区域一体化程度低

从20世纪90年代开始，国家进行了分税制改革，京津冀区域各地方政府竞争意识加强，地方本位主义日趋严重，使得合作也带有强烈的本位主义色彩。各方均热衷于在自身劣势方面与对方展开合作，如北京希望在生态环境与资源方面与河北进行合作，而河北各市则希望从经济建设等角度与北京、天津开展合作。

更为严重的是，由于京津冀区域各地的这种地方本位主义，区域市场和重

大基础设施一体化程度均较低。首先，京津冀区域各地市场一体化程度不高。这在北京与河北之间表现得尤其明显，两地间一度出现了较为严重的市场分割问题，限制了区域资源要素的自由流动，使资源无法在市场上得到有效配置，降低了经济运行的效率。其次，京津冀区域各地重大基础设施一体化程度也不高。京津冀区域重大基础设施，如机场、公路、港口的建设和工业结构的自成体系及畸形竞争，导致大量的重复建设和重复投资。区域交通运输网络的发达程度居全国前列，但京津冀区域各城市之间的通达性却并不理想。

市场和基础设施一体化程度不高，致使京津冀区域二元结构非常显著。从经济发展水平看，北京的人均收入已达到发达国家标准，但环绕北京出现了许多极端贫困的地区，北京和河北某些地方实际已形成一种典型的二元结构。北京、河北两地居民收入差距巨大，如保定向来有"北京南大门"之称，其下辖的涞水县与北京房山区相连，2009 年人均收入只有 1200 元，而房山区却达到8000 多元，只有房山的 15%。

另外，京津冀区域各地产业发展差距很大，产业联系不强，区域产业协作较弱，没有形成完整的产业链系统。河北产业发展相对滞后，整体处于工业化中期；天津处于工业化后期；北京已迈进后工业化阶段，产业梯度较大。河北要承接北京的产业转移面临多方挑战。北京周边各城市主要依托当地的资源优势，发展资源型产业，在信息产业等高科技产业方面整体产业配套环境远不及长江三角洲和珠江三角洲，而这些正是北京具有很强竞争力的产业，因此很多大企业都舍近求远，到南方寻求配套。例如，北京 IT 制造产业更多是到东莞、昆山等地配套。联想集团的制造基地在广东惠州，北大方正 100 万台电脑生产线及数码产业基地设在东莞，清华同方的生产基地则设在苏州。又如总部设在北京、生产基地在天津的摩托罗拉电子有限公司，除了在河北有一家企业为其生产液晶显示屏外，绝大部分零配件产品来自珠江三角洲和长江三角洲地区。目前跨国公司竞争已经从单纯的技术竞争转为产业链竞争，没有产业链支持的地区，对跨国公司地区的选择和制造基地的选择都会产生不利影响。

四、政府职能不明晰，市场手段运用不足

区域一体化有两个层面的一体化：一方面是政府层面以行政手段推动的一体化，主要表现在法规、协议等的制定，保障市场稳定有效的运行；另一方面是企业层面以市场机制展开经济合作。这两个方面是相互依存、相辅相成的。目前京冀区域的区域合作市场机制建立迟缓且阻力较大。历史上形成的较强的政府干预体制和运行机制，对市场经济体制形成了一种较强的排斥和抗衡。

目前，北京、河北的合作以国家层面的推动为主，市场化手段较少，地方合作动力不足。从 20 世纪 80 年代的国家计委主导的《京津唐地区国土规划纲》要到 2000 年以后建设部主导的大北京规划、京津冀城镇群规划，以及国家发改委主导的京津冀都市圈规划等，可以看出国家层面对北京、河北的区域合作推动力度很大、积极性很高。但是，由分税制体制等引起的地方保护主义对区域合作影响很大，各地政府竞争意识很强。各地政府多从本地政绩考核和地方利益出发，对那些增加值率、行业利润率和产品税率高的行业实行强保护，以增加地方财源和提升政绩。这种地方保护主义致使北京、河北在产业、市场及重大基础设施方面各自为政，重复建设的现象时有发生，从而区域整体意识较弱，区域合作在地方层面上比较被动。虽然北京、河北两地积极倡导区域合作，但在实际操作过程中问题仍很多。

市场化手段运用较少的一个重要体现是在生态环境方面。北京需要更大范围内的生态功能支撑，以保障其发展，目前主要依靠行政手段来完成区域层面的水、土地等资源的调配。历史上，北京很长时间作为全国的政治中心，使河北北部广大地区长期处于从属地位，无偿提供资源以保障北京的社会经济发展。新中国成立后，北京仍继续其首都和政治中心的地位，经济发展水平也远高于河北各城市，使北京以自我为中心的意识逐步增强，与周边地区的合作一直以北京为中心，尚存在较浓的计划经济思维和行为方式，市场经济观念不强，对周边资源的调配认为理所当然。未来需要考虑市场手段的增加，利用生态补偿机制，既有利于提高区域整体资源环境承载力，又有利于提升周边地区的发展水平，增加贫困地区的收入，体现社会公平。

市场经济不足另一方面的表现是非公有制经济成分受到的限制也较多。河北各地方都在积极吸引大型国企进驻，而对于民营企业和私营企业限制较多。而非公有制经济成分是增强地方经济活力，加强区域间以市场机制为主的经济联系的重要因素。这无疑是造成资源配置低效甚至无效的又一原因。

第八章

京冀产业合作的
发展路径与政策建议

第一节　京冀产业合作的发展目标

一、发展目标

以完善的区域合作机制和政策环境为保障，以市场经济为基础，在平等互利的前提下，充分发挥各地的比较优势，优化资源配置，建立完善的现代产业体系，提升产业配套能力，形成合理的区域产业分工体系，消除经济二元结构，实现区域经济的一体化。

以各级政府为主导，建立健全区域合作的机制和政策法规体系，保证良好的区域合作的法制环境；以市场经济为基础，充分发挥地方比较优势，积极引导产业的扩散和转移，实现各种资源要素的优化配置；以现有的产业基础为依托，以国家创新基地为支撑，建立以农业、能源原材料工业、交通运输业为主体的基础产业和以现代制造业、现代服务业为主体的高端产业等相对完整的现代产业体系；加快区域产业配套能力的建设，努力建立完整产业链，形成合理的产业分工体系，打造具有国际竞争力的产业密集区域；在利益共享、风险共担的前提下，逐步推动区域的协调发展，最终消除经济二元结构，实现区域经济的一体化。

（1）近期目标：由中央政府牵头，以地方各级政府为主体，改善区域合作的法制环境，探索建立有效的京冀地区合作机制和操作性强的合作程序，完善区域重大基础设施的一体化，河北各地逐步改善产业基础配套能力。

（2）中期目标：以市场经济为基础，充分发挥各地的比较优势，统筹区域和城乡发展，建立较为合理的产业分工体系，缓解经济二元结构的矛盾。河北各地形成具有一定竞争力的产业集聚，加强与中心城市的交流与合作，逐步实现专业化，参与区域产业分工；北京加快产业结构的升级和优化，吸引高科技产业的集聚，引导基础产业向周边地区的转移和扩散。

（3）远期目标：建立垂直分工和水平分工相结合的网络化区域产业分工体系，资源配置更加合理，建立基础产业、现代制造业、现代服务业相结合的完整的现代产业体系，提升区域整体的创新能力，形成具有国际竞争力的产业密集区域，实现区域的经济一体化。

二、各城市在产业合作中的定位

（1）北京，国家政治中心、文化中心和国际交流的门户，全国技术创新的中心，京津冀区域的经济中心，发挥核心带动和辐射作用：吸引金融保险、中介咨询、文化产业及其他高级生产性服务业的集聚，打造现代服务业中心；引导科技研发和高新技术产业的集聚发展，形成具有国际竞争力的科技创新中心。

（2）天津，北方地区的经济中心和交通枢纽，京津冀区域的中心城市之一，高端制造业和现代服务业的集聚地，带动周边地区产业的提升和发展：依托港口和雄厚的工业基础实力，重点打造现代制造业集聚区和高新技术产业基地，承接高技术的转化和产业化，同时大力发展物流业和现代服务业。

（3）唐山，京津冀区域原材料工业和重化工基地：以现有的工业体系为基础，利用丰富的铁矿、煤炭等资源和港口优势，进一步扩大钢铁、电力、建材、化工等产业的规模，发挥规模优势，同时提升产品档次，成为地区重要的重化工基地和出口基地。

（4）张家口，京津冀地区的生态及水源涵养区：依托现有产业基础和未来市场潜力，在不破坏生态环境的前提下，发展旅游服务、新型能源、食品加工、装备制造、现代物流、电子信息、矿产品精深加工等产业。

（5）承德，京津冀区域的生态及水源涵养区：未来进一步突出生态保育功能，积极开展生态环境建设，保护河流水源地和水库，保障地区供水安全，逐步改造传统的重工业产业结构，发展环境友好型的生态农业、特色钢铁、装备制造、新材料、新能源发电及文化旅游业，构建以生态产业为导向的新型产业结构体系。

（6）秦皇岛，京津冀区域的外向型经济发展区充分利用港口和旅游资源，大力发展出口导向为主的外向型经济，以临港工业、建材工业、旅游服务业、食品工业为支柱产业，建成玻璃、水泥、煤炭出口基地。

（7）廊坊，位于京津产业走廊，直接服务北京、天津：主要承接高新技术产业的扩散和高新技术的产业化，重点发展以高新技术产业、教育科研产业、会展旅游为主的现代化产业体系。

（8）保定，区域产业核心支撑点：重点发展以加工工业为主的现代制造业，构建以轻加工为主体的产业结构，同时发展战略性新兴产业，努力打造具有竞争力的产业集聚，参与更大区域的产业分工。

三、各级政府在区域合作中的作用

区域合作中各级政府需要权责明晰，逐步完善合作机制，不仅要推进各级政府由全能型政府转变为以市场监管和保障为主要职能的服务型政府，而且要理顺各级政府之间的职责关系，明确各自的职责权限，避免职责交叉、政出多门或管理缺位的问题。京冀区域合作中各级政府主要职能如下。

中央政府的作用主要是提供适于区域合作的宏观政策环境，包括宏观引导和政策推动，制订宏观规划，建立交流平台，协调政府行为，制定法律规范。

北京市政府、河北省政府主要构建地区间合作框架性协议和合作机制，负责合作洽谈、确定合作机制，明确相关法律的执行与实施主体，建立一体化的区域重大基础设施。

地级市政府主要涉及重大项目实施层面的事务，负责制定地方性招商引资优惠政策、一些重大项目的招商工作、重大项目落地实施的监管和基础设施建设。对区县无法解决的因区域合作产生的社会问题，进行重点隐患排除，力争做到问题到地市截止。

区县政府负责一般性项目的招商和落地实施，包括招商引资、合作具体操作和执行，协调辖境内重要市政设施的配套、土地等资源的供给，对乡镇、街道上报的因产业合作导致的社会问题，进行第一轮隐患排除。

乡镇、街道政府主要辅助区县做好辖境内具体项目的落地和实施，对项目合作后因利益主体冲突导致的社会问题（如土地流转后就业安置的农民民生问题）进行跟踪和及时上报。

第二节　京冀产业合作的发展模式

一、定点销售（北京）＋基地（河北）

该模式是京冀农牧业合作的主要模式之一，"订单农业"是该模式的主要表现形式。目前，承德、张家口、廊坊、保定等城市建设有蔬菜、生猪、家禽、水产品等农产品生产、加工基地和物流配送基地，承担保障首都农副产品供应的任务；北京大型零售流通企业与产地专业合作社直接形成"场地挂钩""场厂挂钩"，基地产品特供北京市场销售，形成稳定的产销合作关系（图8-1）。

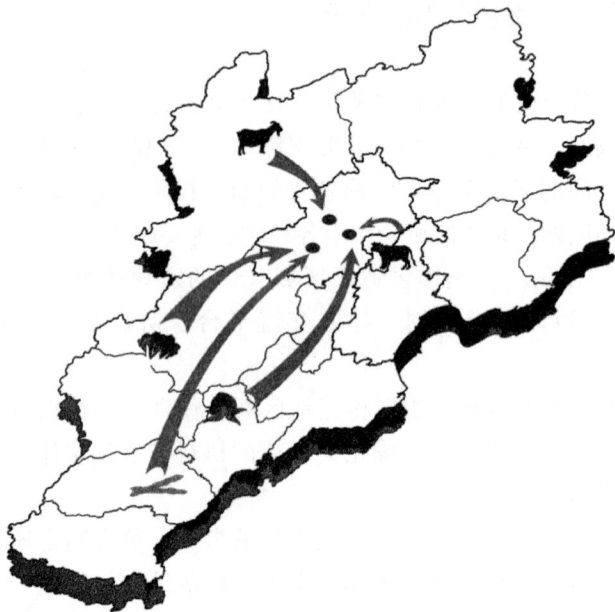

图8-1　定点销售＋基地模式

该模式主要利用北京的巨大市场和河北的种植业、牧业的生产优势，实现双赢。对于北京而言，首先，市域内农业土地资源有限，土地成本较高，发展农牧产品种植、养殖产生的附加值低，因而更适合发展附加值高的高科技、绿色生态农业；其次，按照北京现在的产业结构发展趋势，未来北京第一产业将进一步萎缩，农业土地将进一步转化为第二、第三产业用地，北京的农牧产品需求将日益依赖周边地区的供给。对于河北而言，首先，县市土地资源相对充足，对北京的运输距离较山西、山东、辽宁、内蒙古短，具备快速响应北京农产品市场需求的基本条件；其次，该模式有利于减少农产品采购的中间环节，便于生产方对质量和成本严格把关，从而实现长期合作；再次，首都市场的高要求为河北农业向高附加值、高科技水准演变提供了巨大动力；最后，对于首都北部张家口、承德等重要的生态涵养地区，由于不允许发展环境不友好的第二、第三产业，这种模式也有助于填补当地产业空白。

该模式可以细分为不同的形式。①原子式。农牧产品生产企业注册于河北，与加工企业和北京销售市场分别签订合作协议，利用独立的物流公司承担运输业务。②一体化。北京大型批发零售市场直接拥有位于河北的农牧产品生产基地和农牧产品加工厂，将生产、加工、销售在企业内部连为一体。③组团式。多家生产基地签订合作协议或通过股份合作组建公司，再与北京市场开展合作，该模式的主要好处在于提高了生产基地的议价能力。

北京在山西、山东、辽宁都已经建设有农蔬产品供应基地，但北京、河北具有天然的距离优势，河北各县市今后应注意提升农产品加工水平，延长加工链，加强农业科技的研发与应用，按照市场需求丰富加工品品种，提高农产品产量和质量，向高端化、绿色生态化发展；区域应加强基础设施建设，完善物流网络，减少农产品流通环节的成本；与第二、第三产业相比，农业产品的附加值相对较低，廊坊、涿州未来将承接北京更多的产业转移，产业结构将日益以第二、第三产业为主，因此农牧产品供应基地在未来将继续向河北边缘地区转移。

二、总部（京津）＋基地（河北）

2012 年，北京的企业总部和研发机构加快聚集，跨国公司的总部或研发机构达到 639 家，其中有 44 家"世界 500 强"企业的全球总部，成为第二大"世界 500 强"总部之都。

北京在"十二五"规划中明确提出"坚持服务经济、总部经济、知识经济和绿色经济"的发展定位，总部经济成为首都经济的重要内涵。基础条件、商务设施、研发能力、专业服务等独特的首都资源优势，让北京成为国外跨国公司和国内大型企业集团总部的主要聚集地。在北京，企业可以便捷快速地了解行业竞争情况和市场信息，可以低成本、高效率地获得金融服务，可以拥有国际化视野、积极参与国际竞争，还可以接近国际先进科学技术。这些优势在河北是无法获得的。

但是，北京也有明显的劣势和短板，主要体现在成本方面。北京地价昂贵，建厂的资金门槛更高；北京生活成本较高，因此企业支付给职员的薪资也必然比其他地区高。相比之下，河北各市积极寻求承接北京产业转移，在土地、基础设施等方面给北京企业很多优惠，因此很多北京企业已经将自己的生产部门转移到河北（图 8-2）。

与前一种模式不同，该模式的运行方式是：河北生产基地与北京总部属于同一个跨区域企业，市场预测、生产决策、技术推广、资金支持由总部提供，位于河北的生产基地按照总部的指令进行生产加工；同时，北京和河北企业总部负责产品的市场开发、广告营销。该模式的好处有：第一，将基地与总部融为更紧密的利益共同体，市场信息可以更为容易地由总部获得，并迅速传达到生产基地，帮助生产一线及时调整生产和销售决策，避免市场信息传递过程中的时滞和失真；第二，总部可以收购和持有多个河北的生产基地，并根据市场形势、各基地的资源禀赋进行统筹协调，在不同基地生产差异化产品，以追求利润最大或成本最低，或者将整条生产线分解到各个基地中，组成一条龙式的合作集团，降低企业内部组织成本，提升企业竞争力；第三，由于企业规模扩大，可以进入更高端的市场，且使各个生产基地都能享受到这种区域市场的规模经济效应；第四，"总部＋基地"模式能够减少单个基地经营的创新成本，有利于技术升级和科技研发。

该模式主要适用于制造业，是北京向周边地区产业转移的重要方式，在产业转移之后，总部留在北京继续利用独特资源，生产部门扎根河北能够优化产业结构、提高河北经济发展水平、降低企业成本。

三、劳务市场（北京）＋劳务基地（河北）

北京具备强大的人力资源供给能力和人才吸引能力，使劳务市场出现结构性短缺和局部行业人才过剩并存的局面。2010 年，北京第三产业就业人口占全市总就业人口的 74.7％，北京在吸引来自全国的优秀高端人才的同时，也需要从事工程建设、生活服务及其他中低端工作的人员，很多用人单位对低成本劳务有强烈的需求。

劳务市场＋劳务基地的模式既满足北京服务业对劳动力的巨大需求，又为河北提供了数量庞大的就业岗位，解决北京周边地区就业问题。一方面，北京经济和人口总量产生了对不同层次劳动力的巨大需求：北京不仅需要大量的高端人才保证城市的竞争力，而且也需要大量的低技能劳动力保证城市的正常运转，为居民的日常生活提供便捷的服务。另一方面，河北是毗邻首都的劳动力大省，经济的发展不足以吸纳全部的新增劳动力，因此也需要对外输出劳动力资源。向北京输出剩余的劳动力不仅可以解决就业问题，增加农民的收入，而

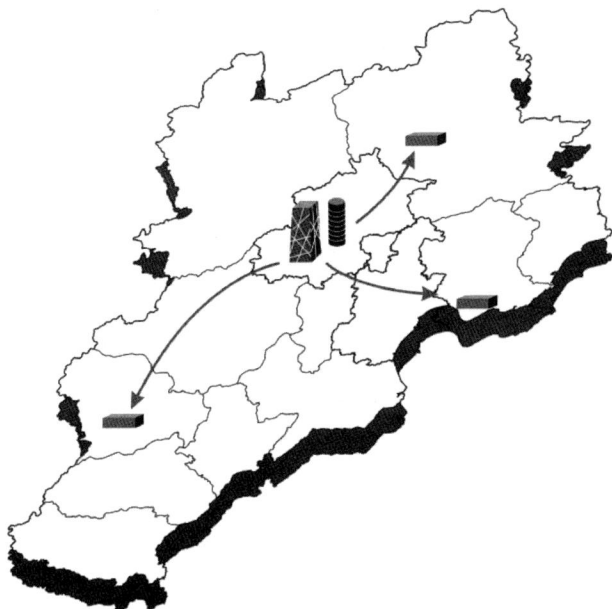

图 8-2 总部＋基地模式

且对劳动力的素质提升有一定的帮助，有利于今后本地区经济的发展。

市场＋基地模式主要适用于文化水平不高、没有特殊技能的低收入人群。在"依靠首都、服务首都"的发展战略下，市场＋基地模式强调，在研究北京劳务市场供求结构的基础上，河北六市应加强与北京的人才合作，强化首都劳务基地的职能，加强劳动力培训和劳务输出的组织、管理、协调工作；建立市、县、乡、村四级劳务输出组织和就业服务网络，共建共享劳务信息平台，河北劳务输出管理部门与北京用人单位协商确定劳务培训的内容、进度，组织培训学员定期到用人单位实习，争取用人单位在招聘时河北人员享受优先待遇（图 8-3）。

该模式的问题在于：①北京是全国人力资源集聚的中心之一，河北劳工同样面临着来自四川、湖北、河南等省份的竞争，而较低工资水平的工作岗位意味着专业性低、职业竞争激烈、员工流动性大、技能要求低，劳务市场呈现买方市场，用人单位拥有较多选择，与河北签订定点合作协议的积极性不高。②河北职业培训系统为迎合北京的劳务需求所输送的人力资源是本省经济发展的重要依靠，河北出现人力资源缺口，是劳务输出交换的资金输入所难以弥补的。同时，通过劳务输出换取资金输入易出现路径依赖效应，使本地人才缺口越来越大。③河北自身拥有的高校培养出的毕业生每年也大量流入北京劳务市场，一方面造成了河北的人才流失，另一方面也与劳务输出人员形成竞争关系。

因此，河北在建设首都劳务基地的同时，应权衡利弊得失，制定优惠政策引进北京人才，吸引本地人才回流；北京在享受河北提供的大量、优质、低成本劳务的同时，应该及时向河北方面反映城市劳务需求，并提供北京人员到河北交流甚至就业的机会，实现互利共赢。

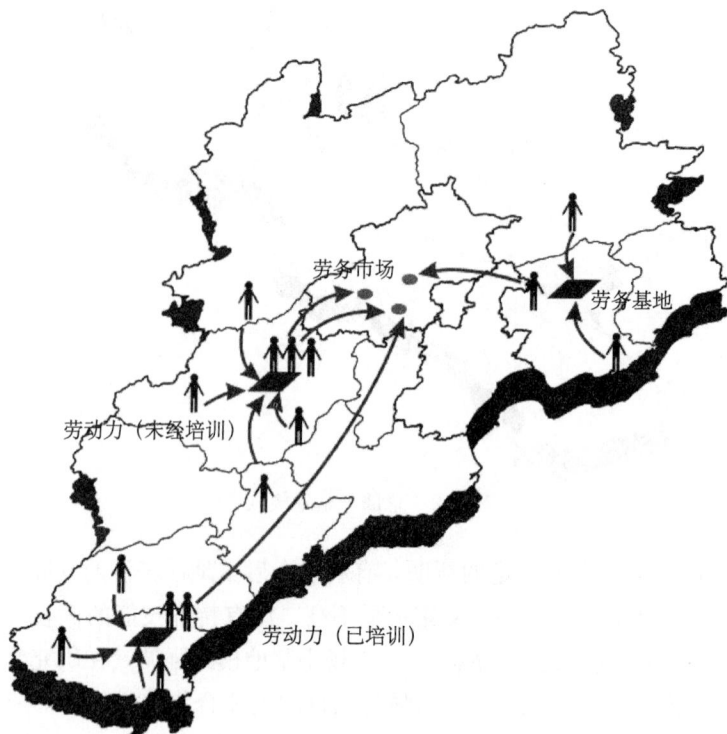

图 8-3　劳务市场＋劳务基地模式

四、企业联盟或协会模式

企业联盟模式有利于降低地方保护主义的影响，推进北京、河北两地经济一体化进程。北京、河北两地市场一体化程度已经显著提升，但是仍有一些地方政府为了短期利益造成市场分割现象，企业联盟就是让北京、河北两地属于同一产业链上的上下游企业或相关行业的企业，以及一些具有共同利益的企业结成联盟，从市场方面入手，进一步提升两地的一体化程度，降低行政干预对市场的影响。企业联盟是企业个体之间在策略目标的考虑下结成盟友，自主地进行互补性资源交换，各自达成阶段性目标，最后获得长期的市场竞争优势，并形成一个持续而正式的关系。因该模式不存在一个统一协调的上层大集团，合作由各企业根据实际需要确定具体方式，并通过信息公开实现互相监督；合作中的问题可以由各企业派代表组成行业协会进行审定和裁决，同时按照合作流程确定利润分成，所以有利于市场发育（图 8-4）。

该模式主要适用于有大量中小企业存在的竞争性行业。单个小企业在激烈的市场竞争中面临巨大的风险，同时很难争取到政策的支持；同行企业容易形成恶性竞争，因此需要一个行业联盟或协会企业帮助实现合作交流和信息共享，避免恶性竞争，并互相利用网络资源。借助企业联盟，各企业能够不断开发新市场，促进新产品开发，降低营销与创新的风险及成本，提升应对市场不确定性的风险，而且可以通过联盟或协会向政府提出对政策的要求，并建立行业自律规范，因此，企业联盟又可以成为稳定市场、规范交易的重要依据，有利于行业的健康发展。

相同产业的同行业联盟可以创造新的产业规模和市场需求，扩大产业链的空间效益，形成新的集群优势。因此，企业联盟模式在各产业的合作中都拥有良好的前景。例如，在旅游业中，京津冀区域应从整体角度出发，统一规划、统一布局、统一开发、统一管理、统一经营，整合内部的点、线、面，列出若干精品线路，形成覆盖京津冀区域的旅游网络。

该模式的主要困难在于管理和平衡各方需求，需要政府介入帮助建立协调疏通机制。京冀合作产业园区是企业联盟形成的重要场所，两地政府应积极关注各企业的发展需要，帮助有合作需求的两地企业搭桥牵线或提供担保；企业联盟的形成需要区域信任体系的建立，两地政府可以为各企业提供联盟监督服务，建立企业诚信守法等级评估互认制，搭建市场信息共享平台。

图 8-4　企业联盟或协会模式

五、"飞地经济"模式

"飞地经济"是借用了国土学上"飞地"的概念，指在推进工业化和招商引资过程中，打破行政区划限制，把甲地或甲地引进的资金和项目放到行政上互不隶属的乙地的开发区（工业园区），通过规划、建设、管理和税收分配等合作机制，实现互利共赢持续发展的经济模式。"飞地经济"模式将由点对点的企业转移转变为区对区的产业转移，由单纯的资金承接转变为管理与项目的复合承接，成为既保持现有的行政区划，又突破区域分割、实现区域间合作的一种新形式。目前在我国，安徽将在皖江示范区开发园中划出一定区域，经合作双方政府约定产业发展方向、经营管理期限、权利义务等，由安徽"净地"交给上海、江苏、浙江，由其组织开展建设与管理，独立经营，封闭运作。

北京、河北合作引入"飞地经济"模式，能够利用两地的优势资源的互补性。对于北京来说，政府已经在大量各类型产业园的开发建设过程中积累了丰富的经验，并且在与大型企业和跨国公司的长期合作中建立了良好的信任关系，因此掌握了许多优质的企业资源和招商引资渠道，但是北京发展空间和资源环境容量有限，产业升级必然需要一些不符合未来城市发展定位的产业部门向外转移。对于河北而言，很多地方经济的发展仍在探索过程中，没有成熟的发展理念和方向，地方政府缺少产业园开发建设的经验；一些地方政府市场意识较差，在招商引资时很难获得外商的信任，也很难吸引国内大型企业的进驻，地方的土地、劳动力等优势资源亟待转化为经济增长的动力。北京、河北地理位置接近，既有利于飞入的企业继续维持原有的业务关系，又不会因为企业的搬迁而丢失区域市场，继续享受高质量的园区管理服务，还可以利用相通的文化关联减少两地企业、政府沟通的障碍（图8-5）。

该模式主要是政府层面的合作，适合河北相对比较落后的地区，这类地区通常缺乏招商引资的渠道和园区建设管理的经验，同时有很强的发展意愿，"飞地经济"模式可以帮助北京、河北两地实现双赢。首先，两地的合作将给当地树立一个产业发展的典范，带动河北落后地区的快速发展，同时可以帮助落后地区提高政府的行政能力、强化市场意识，有利于当地市场经济制度的深化和完善，"授人以鱼"的同时"授人以渔"。其次，对于北京来说，参与国际竞争的基本单元已不再是一个城市，而是整个地区，因此只有河北地区快速发展才能增强北京在世界城市中的竞争力。

北京、河北合作引入"飞地经济"模式需要注意以下两个问题。第一，合理规划，稳步推进。飞入地应避免基础设施建设四面开花，集中有限资源投在局部地域内，形成局部良好的投资环境；要有双赢合作、服务为主的观念努力完善管理机制。第二，飞地合作的目的是双赢，飞入地应树立正确的发展观念，不可单纯追求经济增长或增加就业而无底线地提供优惠条件，限制自身的赢利能力。在国内现有的"飞地经济"实践中，飞入地政府承诺在飞地的经营期限内，经营方可在园区设立规划、税务、工商等派出机构，行使相关经济管理权限，享有园区开发经营收益。同时，园区还将享受各类扶持政策，飞地的社会事务可由飞入地管理，但园区 GDP 可统计在飞出地。

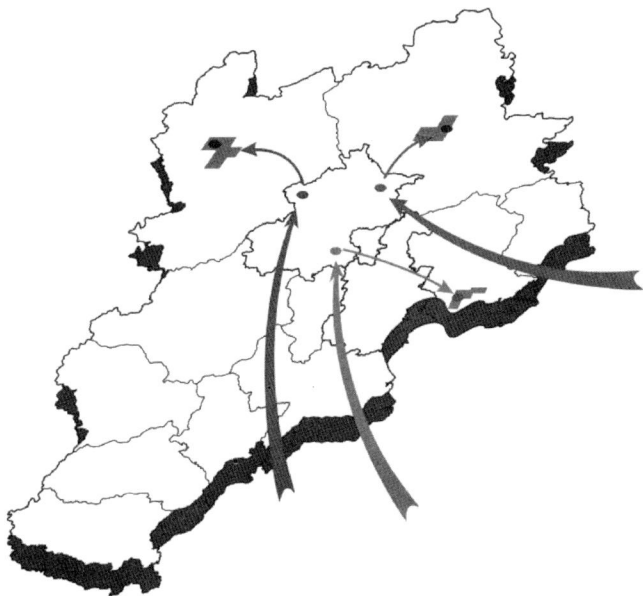

图 8-5　"飞地经济"模式

六、股份合作模式

股份合作是企业合作的重要途径之一，北京、河北两地企业共同出资组建新的合作企业，作为风险共担、利益共享、成本共控、研发互动的统一主体参与竞争，就是进行股份合作。两地可以入股的要素众多，包括资金、技术、基础设施、项目等，河北可以从北京引进资金、项目、技术、人力资本，以股份合作制形式重组本地企业资产，而本地主要提供土地、厂房、基础设施、劳动力。灵活多样的入股方式减少了合作的限制条件，能够增加股本、扩大企业规模，两地可以各自发挥优势资源，互惠互利。

该模式依然是利用北京、河北两地的资源互补性，与"飞地经济"的区别主要是这类资源主要是资金、技术、企业管理等企业层面的资源。北京经济发展已经进入后工业化阶段，主要优势集中在资金、技术、管理等方面，但发展中也面临一些难以突破的土地资源、水资源等瓶颈问题，同时随着经济的发展，制造业的成本不断上升，产业对生态环境的压力不断增加，产业结构升级使得工业需要向外围地区转移。对于河北来说，其优势在于有大量可发展用地，劳动力成本低，资源环境承载力较强，但是其产业层次较低，产业资本投入、劳动力技术水平、企业家素质、企业组织和管理水平成为地区经济发展的主要约束因素，借助北京的优势资源建设合作项目，可以提高本地的竞争力（图8-6）。

该模式主要适用于前景看好的行业和河北区位条件优越的地区。因为股份制合作主要是企业行为，合作的前提必然是两方都能获利，市场因素占合作驱动因子的主导地位，没有良好的赢利前景和预期，企业不会参股。就具体行业而言，北京、天津的科技研发机构可以充分利用保定、廊坊和唐山信息软件园的低成本孵化能力，参股电子信息行业，进一步扩大自身的发展空间，构筑更大范围的技术领先优势。河北的无公害蔬菜、反季节蔬菜、绿色食品、畜禽产品和花卉等农产品已在北京、天津占有相当大的市场份额，具有良好的发展前景，利用北京、天津的品牌、技术优势，大力发展食品深加工和农业产业化，延伸农副产品产业链，在更深、更广的领域开拓北京、天津市场，形成面向世界城市的农产品加工基地。

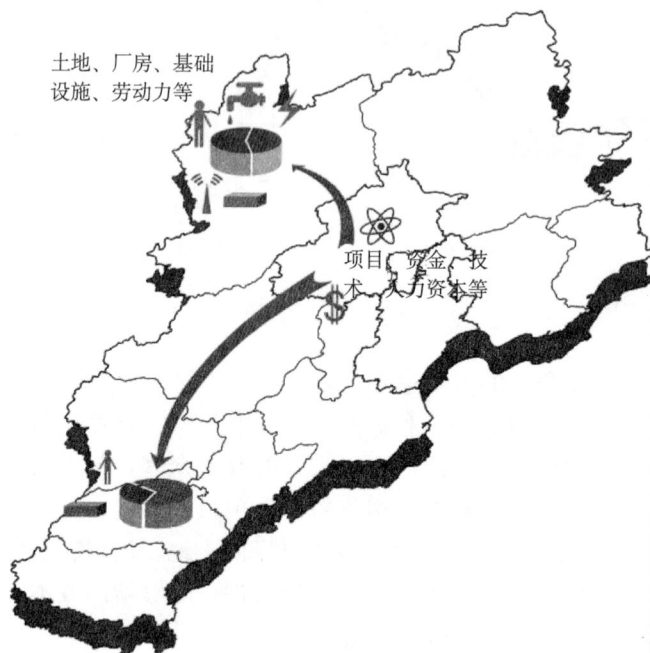

土地、厂房、基础设施、劳动力等

项目、资金、技术、人力资本等

图8-6 股份合作模式

七、借智创新模式

借智创新模式就是河北以高新技术产业的聚集和发展吸纳高层次科技人才到本地就业创业的模式，主要应用于北京、河北两地的高新技术产业的合作。在北京高科技企业降低成本的同时，一些有产业基础的河北地区慢慢向高科技行业发展。这成为提升河北科技创新能力的契机，并引领了河北未来的产业发展方向（图 8-7）。

图 8-7　借智创新模式

该模式的形成需要以北京充裕的科技资源为基础，以河北良好的企业发展环境和居住环境为条件，以北京、天津、河北加强合作为契机。第一，北京是我国高新技术产业的中心之一，拥有丰富的高学历人才、众多高等院校和研究机构、数量庞大的高新技术企业，培养了大量的高级管理人才，也引进了众多国外专家，同时积累了高新技术企业的管理经验。而信息、金融等高科技行业为了降低成本，将一些必要而不需与总部在一起的后台支持服务部门搬至周边地区。与此同时，随着北京生活成本不断上升、生活环境不断恶化，一些高科技人才也选择到周边地区工作。第二，河北需要提供适合高科技企业发展的产业环境，如创业资金的支持、稳定的政策支持、良好的办公环境等，同时打造良好的生态环境，吸引对生活质量要求较高的高素质人才。第三，北京、河北两地都意识到，加强合作提升整个区域的竞争力对双方都是有利的。因此，提高科技创新水平成为两地的共同愿望，北京经济日益以知识经济为主，科技和创新是促进经济继续发展的必要条件；河北也需要依靠科技创新提高经济效益、推动产业升级。同时，联系北京、河北的基础设施改善提供了借智创新的契机，河北与北京的空间距离较短，基础设施的完善将逐步实现各市与北京的同城生活，进一步缩短了北京、河北的距离，方便了人才、信息的交流。

该模式的运作内容如下：①河北高新技术和科技型企业与首都科研院所、高等院校建立合作伙伴关系，签订人才使用与培养协议，通过企业生产将北京的科研成果转化为实际产品；②河北设立高新技术开发区，提供基础设施和政策优惠，吸引北京和河北的高新技术企业集聚；③河北利用优厚工资待遇、生活关怀、社保并网等优惠条件解决两地中高级科技人才到园区工作的后顾之忧，甚至吸引北京优秀人才来河北生活，充实本地人才储备。该模式主要适用于信息、金融等高科技行业，同时主要在紧邻北京有良好产业基础的地区。利用借智创新模式，北京能够为日益过剩的高学历人才打开寻找新创业机会的大门，减轻城市就业压力；也为河北工业向科技化迈进、提高自主创新能力提供了支持。不过，由于河北六市都有发展高新技术的诉求，如果没有统一的管理和协调，各地提供的优惠政策和基础设施将形成恶性竞争，实际上降低各地通过北京、河北合作的赢利能力，遍地开花的产业园区也是资源的低效率利用。因此，北京与河北应该签订统一的科技创新合作协议，河北六市依据自身基础和未来发展目标协调"借智"的数量和程度。

八、"整体搬家"模式

"整体搬家"模式主要是北京一些钢铁、石化等大型工业企业由于城市产业结构升级、资源环境的压力及生产成本的上升等因素，向更符合产业发展的地区搬迁，而河北一些区位条件较好、矿产资源丰富、拥有良好港口的地区则成为企业的最佳选择。该模式一方面是北京产业结构调整及资源环境压力等因素迫使产业转移；另一方面是河北沿海地区有良好的港口和矿产资源，且产业基础较好，更符合产业发展的要求，也是市场选择的结果。北京已经进入后工业化时代，现代服务业成为城市经济增长的主要动力，一些高消耗的产业不再适合城市的发展，同时人力成本不断上升、企业竞争力不断下降也使得企业重新选择更适合发展的地方。河北唐山、秦皇岛等沿海地区拥有良好港口资源，产业基础较好，随着铁矿石和石油对外依存度不断上升，钢铁、石化等产业向沿海集聚的趋势更加明显。此类产业能显著地提升地区经济发展的水平，受到地方政府的欢迎（图8-8）。

　　该模式的应用主要注意两方面问题。第一，由于该模式主要涉及一些高能耗的资源密集型产业，对于迁入地的交通、产业技术有较高要求，搬迁主体多为大型企业，对财政收入影响较大，所以，需要迁出地和迁入地两方政府积极协调沟通，使得搬迁过程能够顺利进行。第二，由于产业是高消耗性的大型工业企业，对生态环境有较大影响，迁入地政府也要做好相应的环境评价，不能因短期经济利益而使当地生态环境受到不可逆转的破坏，迁入地要注意对企业的环境监督和监管，对重大的项目进行环境评价。

图 8-8　"整体搬家"模式

九、"借船出海"模式

　　北京已经成为具有全球影响力的大都市，是中国与世界交流的窗口，河北一些企业可以通过北京这个国际化的舞台参与全球产业分工合作。"借船出海"模式是河北地方企业借助北京逐渐走向国际市场的过程。河北企业结合自身生产能力和优势接收北京公司国际订单业务中的生产部分，按照国外甲方的质量标准、工期要求生产合格产品出口创汇，北京企业也从中获得品牌、服务的利润（图8-9）。

　　该模式主要是河北的企业借助北京的信息、人才等优势参与国际竞争。北京作为一个国际化的大都市，拥有大量的国际化人才，每年举办很多大型的国际交流活动，与世界其他地区和国家保持良好的沟通，已经融入世界经济体系中。而河北的国际化程度较低，企业仍然不具备直接参与国际竞争的条件和实力，河北企业在迈向国际市场的过程中需要北京企业的助力，利用北京地区的营销优势积极开拓国际市场，弥补自身国际营销能力的不足，通过北京这个平台在全球生产体系中占有一席之地。因此，河北一些企业可以利用紧邻北京的条件，加强与相关企业的合作，积极提升国际化水平，不仅有利于扩大产品市场、提升企业竞争力，还有利于整个区域竞争力的提升。提升区域经济发展水平，不仅要求区域内部协调一致，还要求区域产业能够从区域以外吸收资源，向外围销售本地区的特色产品，与世界经济联系在一起。

该模式主要涉及经济基础较好、距离北京较近的地区。这些地区企业的生产效率通常较高，已经能够适应国内市场的竞争，具备一定的国际竞争力。例如，河北钢铁集团为上海振华金工（集团）股份有限公司生产 3 万吨低合金高强度钢，而钢板是用于英国北海某大型风力发电项目的，因此，河北钢铁集团成功借由上海企业从国际市场分得一杯羹。

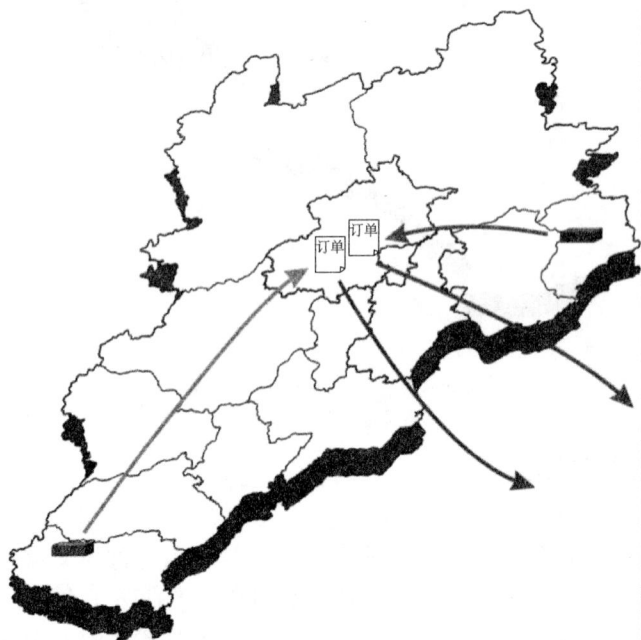

图 8-9 "借船出海"模式

总体来看，北京、河北两地的合作主要以资源的互补性为基础，同时政府之间的合作意识不断增强。北京的优势主要集中在中高端人才、先进的技术和管理理念、充足的资本和丰富的产业发展、招商、管理经验等方面，但也面临水资源短缺、土地资源趋于饱和、能源供应紧张、生态环境污染、人力成本上升等问题；而河北各地市拥有大量低成本的劳动力、较高的资源环境承载能力、良好的港口等能够推动经济快速增长的要素资源，但缺乏高端人才、高技术等现代产业发展所必需的经济要素，以提升经济发展的水平。更重要的是，在全球化的时代背景下，京津冀区域成为参与国际竞争的基本单元，共同提升区域竞争力成为双方共同利益所在，北京、河北两地政府都意识到加强合作的必要性，因此开始积极开展合作，引导优势资源互补，使京冀区域能够积极参与全球分工体系中，成为国家重要的经济增长极。

第三节　京冀产业合作的支撑平台

由于各城市处于不同的发展阶段，资源优势、生态环境质量、产业结构有较大不同，各地存在良好的合作基础，可以根据自身战略定位和比较优势，实现错位发展，产生外部收益。当然，真正实现这种合作，还需要一系列外部硬件条件的保证，诸如基础设施、生态环境、社会保障等方面的支撑。

一、基础设施平台

基础设施是产业转移的物质载体，河北与北京的基础设施水平尚存在一定差距，交通、物流设施难以为产业合作提供足够的便利条件，经济发展必需的能源资源长期紧张、供不应求，这些都是双方合作不畅的重要影响因素。因此，推动区域产业合作，首先应强化基础设施建设。

（一）综合交通网络平台

构建综合交通网络，逐步实现区域内交通一体化，力争实现铁路和公路网络化。各地机场合作分工，港口共建共享，功能和布局优化，是实现区域快速联动发展的前提条件。

根据京冀合作框架协议，两地交通基础设施的建设以建设快速通道为重点，以"同城化"为目标，推进13个县（市、区）交通基础设施与北京全面对接。建设京冀区域内基础设施平台，应以路为先，开展同城铁路、轨道交通和多等级公路建设。

1. 完善铁路网络

目前，北京、河北之间的铁路包括京广线、京张线、京九线、丰沙线、京包线、京通线、京山线、京秦线、大秦线、京哈线、京原线和京津城际等线路，呈现多等级、多方向、中心-放射式的特点，各地之间的铁路线路通行能力、数量差别较大，以北京为中心向河北各市发散，但河北各市之间的联系又较为困难。

北京与承德之间有京通线、京承线，北京与张家口之间有京包线、京张线，但受制于山地地形，这些铁路的通过速度较低，客货车辆等级较低；北京与天津之间已建成同城铁路，极大地改善了北京的出海交通条件；北京与保定之间仅有一条铁路通道，即京广线，近年来存在着运力饱和、客货混运的困扰；北京与廊坊距离接近，但北京到廊坊市区的铁路线路仅有过境的京山线，廊坊市民与北京相距咫尺却难有同城交通待遇；北京与唐山市区的铁路线路有过境的京山线、大秦线部分路段，路线曲折漫长，因此从北京到唐山的运行时间基本在 2 小时以上；为了满足晋煤南运的需要，北京与秦皇岛之间的货物运输条件由于大秦线的修建而有极大改善，京秦线动车线路的开通又改善了北京与秦皇岛的客运条件，京秦线、京山线、大秦线使秦皇岛成为区域内距离北京最远、铁路运输最便利的城市，秦皇岛也因此获得了发展同城旅游、引进北京人才和产业的良好机遇，成为基础设施改善的最先受益者。

随着京冀产业转移与合作步伐的迈进，提高现有铁路通达能力，新建快速、高效的城际客运和货运铁路势在必行。

张家口地处河北西北部，与北京的合作关系日益密切，应加快京张城际铁路施工。当地绝大部分市民出行都是北京方向，由于目前张石高速公路还没有全线通车，市民出行到河北内任何城市都必须乘坐火车通过京张铁路或乘坐汽车通过京张高速先到达北京，再转到各自目的地。项目建成后，京张城际铁路可与既有的丰沙线、京张铁路共同构成京包兰铁路通道的东段，西连在建集张线、集包三四线快速铁路和拟建张呼客运专线，可大大提升既有铁路的运输能力和运输质量，极大地缩短出行时间。

唐山是北京第二产业转移的重要承接地，京唐城际铁路建设也应提上日程。按照之前的设计方案，京唐城际铁路建成后，北京到唐山火车运行时间大约为38分钟。加上已开工建设的津秦客运专线及已经运行的京津城际铁路，京津唐地区将构成半小时经济圈，满足北京通州产业园区出海通道多元化需求，兼顾塘沽港、曹妃甸港和秦皇岛港的三个方向的出海铁路运输，连接京唐秦、京津塘两条有砟铁路，客货兼顾。

承德是北京旅游人群的重要目的地，正在成为国家新能源产业重要的生产基地。连接北京、承德、沟通京津冀与东北工业基地的京沈客运专线已于 2012 年 1 月开工建设，建成后将成为沈阳进入北京的第二条快速铁路通道，全线纵贯三省五市，将承德进京的时间由现在的 4 个小时缩短为 40 多分钟，并将打通冀北辽西地区的铁路通道；待京石客运专线与京沈客运专线对接后，从石家庄到承德的铁路行程有望缩短至 2 小时以内。

2. 环首都城市进京新通道

为进一步缩短北京和河北之间的交通时间，需要构建河北燕郊、涿州、廊坊等城市的进京轨道交通和公共交通。

（1）亦庄—廊坊市区。北京、廊坊之间联系日益紧密，廊坊市区有 50 万人。东方大学城现有近 5 万名师生员工，绝大多数都为北京人口。据客运部门统计，廊坊市区日均进京客流量在 2000 人次以上。由于京津城际铁路规划不经过廊坊，从增加北京、廊坊长久合作便捷度的角度出发，建议规划修建一条亦庄至廊坊市区的轻轨。

（2）通州—燕郊。燕郊与北京隔河相望，目前已经发展为 45 公里^2、10 余万人，集科技、生产、旅游、度假、金融、商贸于一体的现代化首都卫星城和高新技术产业发展基地。目前，北京中心城区至通州的轻轨已通车，燕郊开发区距通州 6 公里，可以将此线延长至燕郊，利用城市轻轨系统为旅客人流服务，使京秦线的运输功能更加专业化。

（3）房山—涿州。涿州具有丰富的地下水资源和充足的电力资源，已被北京确定为肉菜放心工程农副产品供应基地；"十一五"期间，一大批北京大型企业、重大项目落户涿州，航天信息、新能源、现代制造、医疗服务、物流商服等产业在涿州迅速集聚。涿州与北京现有 1 条公交车线路，京石客运专线、京南公交换乘站即将投入使用，张石高速、张涿高速正在施工；京白连接线已竣工通车，涿州和北京 40 多个路口都将对接；结合首都第二机场的确定建设，涿州谋划了轨道交通亦庄站—大兴—固安—涿州、房山—涿州—首都新机场快速路，谋划了房山—涿州—首都新机场三条主要交通干道。现在涿州与北京的铁路交通仅有京广线，未来建成房山—涿州的轨道交通，可将北京地铁以城际铁路的方式延伸到涿州。

北京方面，建设轻轨线路，连接市区和卫星城，今后还可延长个别有价值的线路出京，既能够享受区域合作的好处，还能带动周围重要城市和城镇的快速发展。

3. 公路等级体系

目前，北京与天津、河北六市都已经建成了直达的国道，省道路线更为多样、密集，首冀内部的市际公路交通已初步形成了以国道为骨架、以省道为支撑、以其他各级道路为分流途径的公路等级体系。北京、天津、河北三地交通一体化具备良好的基础：区域内有 35 条高速公路和 280 多条一般国省干线相连，基本形成了覆盖北京、天津和河北 11 个设区市的三小时都市交通圈。但是，由于自然条件、经济基础和历史因素等原因，河北基础设施还很落后。公路网络化程度低，高等级公路密度尚不能满足承载需求，县市之间、县县之间、县乡之间道路通达率低于长江三角洲地区和珠江三角洲地区，尤其是张家口、承德地区有 92 个乡未通油路，433 个村不通公路。

与铁路线路类似，现有公路等级体系呈现出中心－放射式的特点，北京与外界的交通联系方便，但环首都各市之间的联系较为不便。由公路线路图可知，天津、唐山、秦皇岛间的公路密度明显高于保定、张家口、承德；而进京高速公路与市内公路直接对接，增加了北京市内交通拥堵的压力。因此，建设京冀内部的公路等级体系，需要大力建设新的市际高速公路，完善现有各级公路网络。

（1）新建高速公路。保定、承德、张家口距离北京较远，公路穿越地区的地形较为复杂，工程成本较高，省道及一级、二级公路路线蜿蜒曲折，造成车流集中于国道，进京路线单一，可在各市靠近北京郊区的区县新建与北京相连的路段，如北京平谷与承德兴隆、北京大兴与廊坊、北京房山与保定涞水、北京密云与承德兴隆。涿州、固安地理位置接近北京，但现有公路各有一条，且与其他公路缺少连接，新建公路可以大兴、房山为起点，并以涿州、固安为源建设支线联系京珠高速、京石高速。受限于河北山区的地形，河北六市之间的公路联系较为松散，缺少直达的高等级干道，现有公路交通需先向北京方向行驶，再转道其他方向。可依据地形条件，在合适的地段新建联系各国省干道的一级公路，过滤非进京车辆，减轻公路压力。此外，受地形条件影响，由石景山、门头沟方向出京去往山西、河北保定、河北张家口方向只有两条省道，可研究建设沿 G109 方向的新高速公路。

（2）加快已规划高速公路的前期工作，尽早开工建设，包括京昆高速（北京至涞水段）、京秦高速（密涿支线）、承（德）平（谷）高速、北京大外环高速（密涿高速廊坊至密云段、张承高速崇礼至承德段）。京昆高速公路京冀界至涞水段工程与正在建设中的京昆高速公路北京段相连，建成后直通北京五环路，成为石家庄进京的第二条高速通道。而目前石家庄若经京昆高速公路进京，还需在保定涞水枢纽互通向东转上廊涿高速公路，再向北并入车流密集的京港澳高速公路。按照项目规划，北京到涞水段起自涞水县义和庄，北接在建的京昆高速公路北京段，经涞水县城西，止于涞水互通立交，南接已建成的京昆高速公路涞水至石家庄段。密云到涿州的"密涿高速"具体走向是东北－西南方向，为了解决 G102 日益紧张的交通问题，在密涿高速之上，按东西走向，十字交叉地增加了一条高速，建成后将成为北京七环路的主干，分流北京六环路的过境货运交通。承平高速修建后，将与承唐、承张、张涿、廊涿高速连接形成北京大外环，使东北及内蒙古中东部地区过境通行不必通过北京市区，有利于缓解京承高速的交通压力。2012 年，区域内已建成京新高速（五环～六环）南段，加快建设京新高速（五环～六环）北段、G111 二期工程，开工建设京石二通道、G110 二期高速公路，正继续完善高速公路和国道网络，改善区域交通状况。

（3）制订统一的交通规划。在城市和交通规划方面，北京、天津与河北六市应实行市际高速公路统一规划、分别建设，加强京冀公路规划整体对接，特别是共同推进河北环京县（市、区）的公路规划与北京区（县）交通远景规划的对接，真正形成环绕北京、服务北京、带动自身经济发展的环首都区域大外环交通。例如，廊坊万庄镇到北京大兴的青云店镇、万庄镇与礼贤镇之间现有省道出现断头路，应尽快开展前期调研，接续断头路段，完善区域公路网络；建设 G102 支线，将唐山遵化与天津蓟县或北京平谷连接；廊坊旧城乡与义和庄乡之间建设公路通道，将廊坊与京昆高速连接，使廊坊也能够分享高速公路建设的收益。

4. 完善区域通信系统

加强北京、河北内的公用通信网、局域信息网、智能交通管理系统、电子社区系统、科技信息管理系统等方面的合作联网，形成北京河北信息互通共享、业务互动协作及联合监管的综合信息平台。

（二）能源合作平台

能源合作是北京、河北经济腾飞的动力和保证，双方既要共同争取国家支持，改善能源基础设施，增加能源开发利用，也要进一步加强两地间电力、天然气、供热等领域的合作，共同投资兴建具有战略意义的清洁高效新能源产业。按照《北京市—河北省合作框架协议》，京冀两地正积极推进相关项目建设。

1. 能源平台建设的条件

随着京津冀区域经济持续高速增长，地区能源需求也在缓慢上行。北京自身能源生产能力有限，绝大部分油、气、热、电都要由外部省市调遣供给。河北自身能源资源丰富，但第二产业为主的重工业结构造成了能源单位消耗量大、能源外调京津能力有限。天津滨海地区的油气供应能力有所增长，但仍无法弥补京津冀区域的现有能源缺口。综合北京、天津和河北六市的能源生产能力，可以看出，北京、河北的能源平台仍然将保持河北供给、北京消费的格局。

河北六市自然资源丰富，系全国主要能源供应基地之一，可资利用的能源主要包括煤炭、天然气、石油、水能、地热、风能、太阳能和电能。

作为冀中煤炭基地，开滦、宣化、下花园及张家口北部等大矿区，隆尧、大城平原含煤区，包含了除承德兴隆矿区以外的所有矿区，全省煤炭探明储量为147.1亿吨。在2010年之前，全省原煤产量保持在7000万吨左右。

河北有华北、冀东、大港三大油田，累积探明储量为27亿吨，天然气储量1800亿米³。原油年产量近千万吨，天然气近10亿米³。近年探明的冀东南堡油田，是我国近海储量规模最大的油田，具有整装、优质、高效的特点。三级油气地质储量为10.2亿吨，其中探明储量为4.05亿吨，控制储量为2.98亿吨，预测储量为2.02亿吨，天然气地质储量为1401亿米³。

河北北部两市因水势由山区流入平原，具有河床比降变化大、坡陡流急的特点，适于开发小水电。

河北地热资源丰富，包括浅层岩土及深层地热水资源在内的地热资源丰富，尤其随着地源热泵技术的发展，开发和利用浅层地热已经成为利用新能源的重要方式。深层地热资源基本上都位于中北部地区，可开采地热资源量折合标准煤总计110.5亿吨。

河北太阳能具有较大的可开发利用价值。张家口、承德大部分年份日照时数平均为30 003 200小时，每年辐射总量为58 526 680兆焦/米²，相当于200 225千克标准煤发出的热量，为全国太阳能资源二类地区。

河北局部地区也具备开发风能资源的条件。风能资源季节变化明显，地区分布差异悬殊，坝上及沿海狭小地区风能丰富，广大山区及河北平原大部风能资源欠缺。但在张家口、承德部分区县风力资源丰富、风速稳定，后备土地资源富足，境内风电场建设可实现规模化，完全具备建成全国大型风电基地的条件。

2. 平台重点项目进展

唐山LNG项目由中国石油天然气集团公司负责投资和建设，国家发展和改革委员会于2011年10月核准该项目。该项目由2013年12月10日正式建成投产外输供气。

河北抚宁电厂项目由北京能源投资（集团）有限公司负责投资和建设，自2004年开始前期工作，规划装机规模4×600兆瓦，占地面积约80公顷，分期建设，一期工程建设2台600兆瓦超临界燃煤空冷机组。2010年年底，为实现改善区域空气质量的目标，顺应当地电力、热力市场的供需变化，力争使河北抚宁电厂项目早日取得核准并开工建设，河北抚宁电厂一期2台600兆瓦机组工程的装机方案调整为4台350兆瓦"上大压小"热电联产机组，分期建设，拟选新厂址位于秦皇岛开发区西北部，供热范围覆盖秦皇岛经济技术开发区及抚宁县。目前项目单位已按照调整后的装机方案完成项目初可研报告，正在编制可研报告。下一步需请河北省发展和改革委员会尽快组织项目可研审查，并将项目上报国家能源局和国家发展和改革委员会。

京能涿州热电联产项目，拟选厂址位于涿州市东仙坡镇西杨户屯村，距涿州市区约5公里、距房山良乡地区约15公里。规划装机4台350兆瓦燃煤供热发电机组，分期建设，一期建设2台350兆瓦超临界供热发电机组。该项目地处房山区重点城镇和涿州市"一城三镇"热负荷中心，建成后承担房山区"四个重点镇"和涿州市"一城三镇"的供热负荷。

京能固安热电联产项目拟选厂址位于固安县大留村南侧，工程规划建设4台350兆瓦空冷超临界燃煤供热机组，分期建设，一期建设2台350兆瓦超临界供热发电机组。项目建成后，承担大兴区礼贤镇、榆垡镇、庞各庄镇及首都第二机场空港服务区及固安城区的采暖供热。固安项目已完成项目初步可行性研究报告的编制，正在加快开展相关前期工作，为推进项目，北京正在研究将有关关停机组容量指标用于该项目。

3. 能源平台建设的战略选择

传统能源资源具有污染严重、能源使用率低、不可再生等劣势，纵观京冀能源资源条件，今后能源平台建设可以有两种战略选择，一是开发新的能源来源，培育本地能源供给能力，同时积极调整产业机构，促进技术改进和降低能耗；二是寻求圈外部能源引进和能源进口。

由于京冀的能源供需两旺，缺口持续存在，从外部区域引进新的能源供给急不可待。结合区域地理位置，可以发现，北部的内蒙古拥有丰富的电能、风能、太阳能、煤炭和天然气资源，在能源资源开发的过程中应注重环境保护、就地开发、能源外送，可以考虑建设长距离输电线路；沿京哈线向东北方向，可以获取辽宁鞍山、抚顺等地区的煤、电供应；西部的山西、陕西、河南的能源也可以调用。从全国的能源调动格局来看，京津冀区域与长江三角洲、珠江三角洲处于能源消费的终端地位，西气东输、西电东送等工程应开辟更多能源供给点和能源运输途径。但是，经济圈的发展将进一步增加对能源的需求，这种战略选择无法从根本上解决能源不足的难题，只是解决能源问题的有益补充。

加大能源合作力度，开发本地能源资源，集中力量发展新能源产业，才是今后京冀能源平台建设的战略选择。京冀南部拥有中原油田、华北油田，应寻求改进工艺、维持产能；东部沿海地区的未来能源开发具有广阔前景，在长期规划中应注意调查勘探；综合技术关联、产业带动、投资力度等多方面考虑，太阳能光伏产业和风力发电产业应成为经济圈能源平台的新支柱力量。

北京市拥有众多实力雄厚、业绩出色的大型能源企业和能源投资集团，金融经验和资本力量丰富，可以采用投资入股方式参与新能源的开发利用，也可以组建新能源开发投资企业，结合北京的人才、技术优势，投资建设新能源开发项目。

张家口、承德等市的新能源资源分布集中，生态环保要求高，并具有迅速改善经济落后局面的迫切要求，在这些城市布局大型新能源生产基地项目，可关联发展新能源装备制造、技术研发、新材料生产加工等战略性信息产业，从而实现产业的跨越式发展，带动当地就业，扩大招商引资规模。

保定、廊坊等城市已初步形成了太阳能光伏产业的技术改进和设备制造的产业基础，推动相关企业集聚，提供专业化产业基地和优惠政策，既能够避免区域内部行业竞争，造成资源浪费，还可以借助与北京开展合作的便利条件，共同服务于冀北新能源生产，提高能源资源的开发力度。

二、生态环境平台

20世纪中叶以来，生态环境日益成为区域经济和社会发展的制约因素。由此人们提出，区域发展需要强调可持续性，应在"我要发展"与"我的后世子孙要发展"之间找到兼顾彼此的立足点，而解决这一问题的关键就在于在经济建设的同时，注意生态环境建设。

以京津冀区域为例，北京的持续发展离不开良好的生态环境，而生态环境的培育离不开区域也就是整个首都圈的生态环境建设。以往，这种努力并非没有，但北京优质环境的营造却是以牺牲周边地区经济发展为代价的。如果这种情况持续下去，其实对北京自身也并不有利。因此，打造一体化的生态环境平台，实现区域经济良性、健康、持续、共好发展，是首都圈未来产业合作的重要支撑措施。要实现这一目标，未来一段时间内应重点落实以下几方面内容。

（一）统一协调，综合治水

北京处于河北六市的环抱之中，主要河流有属于海河水系的永定河、潮白河、北运河、拒马河和属于蓟运河水系的泃河。因此，必须建立良好的区域性合作和协调机制，确保步调一致与利益共享，两地联手、统一决策、分区管理，共同实现环境共建。

为保证入京河流的质量，应开展京张承协同治水，重点推进与官厅、密云两个水库上游地区张家口和承德两市的水资源环境保护合作，建立长效合作机制，缓解北京水资源短缺的矛盾；建立京张、京承水资源环境保护协调组织，协调两水库上游水资源环境治理项目的实施;争取建立水资源保护合作专项资金,支持两库上游地区开展水资源环境治理和节水产业开发;对水源保护区以内的工业,提高污染排放标准,借鉴此前流量限批的做法。张家口、承德的水环境治理工作包括城市污水处理、工业污染治理、工农业节水、水土流失治理和生态农业建设五大类,为了给北京提供安全的水,承德在潮河上游生态治理、水土保持、节水等方面财政投入巨大;张家口先后关停了 200 多家中小型企业和部分大型企业,同时严格禁止在官厅水库、密云水库上游建设有污染的工业项目,这在很大程度上制约了当地的经济发展。北京需与两市建立长效、固定的援助补偿机制,提供技术、资金、设备。

北京下游城市的防洪河道治理和蓄滞洪区建设任务十分繁重,为保证北京下游城市的水文环境质量,在合作方面,最主要的是通过合作和生态补偿等机制妥善处理上下游关系,重点控制北京地区的污水排放、加强污水处理,廊坊、唐山、天津则着重加强下游环境治理与保护。应当明确对区域内水源涵养及保护地区的利益补偿原则,上下游统一规划、综合治理,合理分配水权,谋求共同发展。此外,还应注意开源与节流并重、保护与利用并举,不断完善"综合开发、科学调度、严格保护、合理利用"的运行机制,最大限度地挖掘现有水资源潜力。加强水资源的开发和利用不仅要加强地表水、地下水的开发利用,还要提高再生水利用率,使再生水利用规模化、产业化,以节约有限的水资源。充分利用汛期雨洪,实现雨洪资源化,完善应急水源工程建设。

潮白河是环境治理的重点流域之一。潮白河是北京目前唯一的一条环境优美、水质清洁的大河,同时,潮白河流域还是京城副食、蔬菜、粮食的供应基地。潮白河自 1991 年以来已进行过初步整治,对防洪蓄水、改善环境、促进两岸的经济发展起到了一定的作用。北京在市界以内,密云、怀柔水库以下的潮河、白河、怀河和潮白河干流,总长 134.4 公里的河道进行防洪排水、梯级蓄水、水资源利用和滩地保护、生态环境等综合治理工程,改善水质,顺畅滨河交通,合理开发利用滩地资源。8 年规划期内,潮白河将拥有蓄水面积 4154 万米^2,相当于 20 个昆明湖的水面面积。北京的这一大型工程,无疑对廊坊地区的水环境治理具有很大助益。从环境合作建设方面来看,廊坊应当积极配合北京加快境内潮白河治理工作,目前三河已经完成了潮白河河道治理工程,下一步工作的重点应当集中在区域接壤地区近远期建设与管理及下游河道整体环境等方面。

永定河源于山西,流经河北、北京、天津,是北京的"母亲河",由于沿途人口激增、经济发展方式粗放、单位产值耗水量高,再加上地下水超采,所以给永定河造成了严重的生态问题,威胁着京津冀区域的用水安全。从 2010 年开始，北京开始整治改造永定河北京河段，制订人造永定河方案，辅以首钢滨水地区、丰台科技园西区、长阳半岛、大兴滨水绿廊等十多个沿河经济发展区规划，划定永定河绿色生态发展带。永定河下游有河北涿州、固安，北京治理永定河的直接受益者也包括下游地区，因而同北京与上游县市的合作关系有所不同，在资金、技术及政策支持方面都明显具有一定劣势。但从长远来看，区域性环境共建对整体环境的保护与建设具有重要意义，考虑到京津冀区域综合发展、海河流域环境可持续发展的需要，以及北京、天津两市的安全，通过区域合作推进永定河流域综合项目建设势在必行。

（二）防风固沙，养林护林

张家口、承德的坝上地区和永定河下游三大沙区是京津主要的风沙源之一。作为环京津生态圈重点治理工程地之一，张家口、承德、廊坊承担着防沙治沙、退耕还林还草、水土保持、造林绿化、森林资源保护和自然保护区建设的繁重任务。

目前，京津风沙源治理工程区已成为河北森林面积增速最快的地区，自2000年至今森林面积净增521.7万亩，达到4296万亩，森林覆盖率达到37.57%。根据第四次全国沙化和荒漠化监测结果，"十一五"期间，河北沙化和荒漠化土地分别减少417.3万亩和270.3万亩，减少面积分别位居全国第一位和第二位。张家口、承德地区水土流失面积由2000年的4.17万公里^{2}减少到3.04万公里^2。官厅水库年均泥沙淤积量比20世纪90年代减少100多万吨，总量减少了50%。

在建设京津风沙源治理工程的过程初期，承德、张家口等地面临着环境治理与经济效益的矛盾，当地经济相对落后，种植业、畜牧业是当地的支柱产业，林粮、林畜矛盾突出。两地探索了工程集中连片的做法，做到"造上一片林，留下一群人，建上一个场"，实现了治理一片、见效一片；地处坝上北部河北、内蒙古交界处的张家口市康保县在河北、内蒙古交界处集中连片治理沙化土地70多万亩，初步形成了内蒙古风沙南侵的第一道生态屏障。张家口宣化黄羊滩沙地综合治理工程按照"谁治理、谁开发、谁投资、谁受益"的原则，在实施京津风沙源治理工程的同时，成功引入中信集团投资绿化，治理规模达到6.5万亩，使该地区的林草植被盖度提高了45个百分点，有效改善了当地的生产生活条件，其成功的融资模式、管理经验、科技措施为河北沙地治理提供了借鉴。

廊坊现有风沙面积200万亩，是危害北京的主要风沙源之一，"十一五"期间，廊坊规划集中在永定河故道沙区，涉及安次、广阳、固安、永清等四县区，营造一定规模的相对集中连片的防风固沙林基地、防风固沙林带和环村林，总造林面积达 40 万亩。

针对环京津县市积极植树造林、拱卫首都自然生态环境的举措，北京除提供技术支持外，也应适当出人、出资，最大限度地保障造林工程的顺利实施。此外，环首都的市县原则上应控制粮食播种面积，大规模植树造林，建设环城林网和环村林带，发展园艺和农林产品的加工制造，积极营销绿色生态产品品牌，开拓北京市场，延长农林牧业产业链，提高经济效益；北京应搭建园艺和农林产品进京市场平台，缓解风沙治理对当地居民收入的冲击。总之，区域内部生态环境质量差别较大，合作的空间极为广阔。

（三）生态补偿，利益共享

目前生态补偿机制建立困难的根源在于河北生态保护工作的效益难以量化、受益对象难以确定，因环保而造成的经济机会难以衡量，北京、天津、河北围绕补偿标准、补偿机制、补偿资金存在博弈。因而，建立统一的生态补偿组织机构和生态环境效益评估机构是建立生态补偿机制的必然要求。

（1）形成三地政府主导、多种资本共同参与的生态环境一体化共建机制。由三地财政联合成立京津冀三地生态建设专项资金，拨付比例应在综合考虑三地人口规模、财力状况、地区生产总值、生态效益外溢程度等因素的基础上来确定。生态基金必须用于绿色项目的建设，包括生态服务提供区的饮用水源、天然林的保护、环境污染治理、生态脆弱地带的植被恢复、退耕还林（草）、防沙治沙及因保护环境而关闭或外迁企业的补偿等。

（2）三地可考虑联合发行生态补偿基金或中长期环保债券，或者提供各种优惠政策鼓励更多的环保企业上市，在股票市场中形成环保板块，以筹集更多的生态补偿和环保资金。

（3）三地联合建立科研攻关小组，研究制定京津冀生态环境补偿标准，推动生态补偿规范化。研究建立自然资源和生态环境统计监测指标体系，探索定量化的自然资源和生态环境价值评价方法，并着手研究河北环京津地区资源、环境实物量的统计，开展资源耗减、环境损失估价方法等课题的研究工作，尽早为确立科学的生态补偿标准提供依据。

（4）建立三地财政转移支付制度，将"输血"性补偿制度化。河北要积极同北京、天津进行协调，争取北京、天津每年拿出一定数量的资金，同时整合区域目前现有各类补助资金，建立区域生态补偿专项资金，用于补偿张家口、承德地区自然资源使用权损失、限制传统工业发展权益损失和高耗水农业发展权益损失等。

（5）实施异地开发模式，形成生态服务提供区的自我发展机能。河北环京津地区为保护资源环境带来的工业发展受限、就业机会减少等损失难以量化。从可持续发展的视角看，增强河北环京津地区的发展能力，形成当地"造血"机能与自我发展才是根本。"异地开发"模式就是指生态服务受益区为生态服务提供区提供工业发展空间的运行模式。在这方面河北可以借鉴浙江的做法，争取在北京经济技术开发区或天津滨海新区内划出一块"飞地"作为补偿，使河北环京津地区一些因生态保护而限制发展的项目能够得以发展。

（四）借力技术进步，实现科学化环保

进入"十二五"时期，在实行大规模绿化造林、全流域综合治理的同时，生态环境平台应更加注重科学技术的力量，通过改进生产环节，从根源上减少废弃物、污染物的排放，才是保护生态环境的治本之道。在各产业生产环节，推广节能环保技术的应用，鼓励节能技术研发；合资建立新型现代化绿色农业发展基地和循环农业科技示范区，实现农业生产中间产品的接续利用，注重环境友好技术的研究与利用；在唐山、保定等传统重型工业城市开辟再生资源产业链工程，加强废旧工业和日用产品等的回收和循环再利用；在矿产资源冶炼生产中，可为引进新技术的企业提供奖励，诸如溅渣护炉、转炉钢渣回收、整体浇注、高效转炉技术、高效连铸技术、冷却水闭路循环等新技术、新工艺将有效地实现钢铁工业达标排放。

三、社会保障平台

京津冀区域产业合作的基础条件之一是人员的交流与合作。一方面，北京、天津拥有高质量的人力资源，是河北引进高端人才的最佳源地，即便如此，多年来河北各地始终没有摆脱人力资本存量严重不足的牵制。另一方面，随着农村剩余劳动力的不断释放，北京、天津两地特别是北京人口已几近饱和，难堪重负，在这种条件下，"功能外溢"、"有机疏散"始终是北京各政府部门常挂在嘴头的词汇之一，不过，北京中心城区的人口不降反升，功能疏散成效甚微。

北京、河北之间实现产业合作，有效地促进首都部分功能外溢，重要步骤之一就是通过一体化的社会福利保障实现河北方面聚拢人气的能力。"人气"既包括一般的劳动力，更包括高技术层次、高管理水平的人力资源。社会保障一体化具体内容包括如下四个方面。

（一）分析京冀人力资本结构，引导两地人力资源合理流动

双方根据北京、河北两地区域、产业发展规划和企业用工紧缺岗位及人才

需求，搭建两地人力资源供求信息共享平台；根据产业发展需求，建立两地人力资源输出、输入基地，通过劳务推介和用人单位招聘会形式组织两地劳务洽谈活动；进一步完善两地人才交流合作机制和配套办法，促进两地人才流动。加强进京劳务人员的培养和服务，积极与河北人力资源和社会保障部门合作，为河北进京务工人员提供职业培训服务。在紧缺人才培训、博士后工作、专业技术职务任职资格和国际职业资格互认、专业技术人员继续教育、公务员互派学习交流、引进国外专家、共同编制人才开发规划方面开展合作。通过营造尊重人才的社会氛围促进人才的合理配置，形成人尽其才的发展环境。

（二）京冀开展医疗资源和医疗保险合作

建立两地医疗服务和医疗科研的合作平台，两地医生开展定期互访交流；组织河北医生到北京医院和医学院进行进修和继续教育，提升业务水平；两地医学院学生在校期间到合作定点医院实习，并为签约河北的医学院学生提供物质奖励；通过异地经办机构委托代理的方式推动医疗保险异地就医结算，利用先进的技术手段，以整体规划、区域整合为目标，逐步实现医疗保险参保人员异地就医联网结算。建立两地养老和医疗保险转移接续业务的联席会议制度，定期交流，通报情况，协调问题，提高转移接续业务的工作效率。河北要制定并完善相关政策，鼓励引导北京社会资本来河北举办高水平的专科医院，吸引高精尖医疗卫生人才来河北服务。

（三）开展区域高等教育合作

建立高等教育主管部门协调工作机制，定期决定合作方案和工作重点，联合教育行政管理部门主要负责人组成教育合作组织；定期组织高等教育合作发展论坛，共同讨论合作发展规划；开展高校人才培养合作、干部交流挂职制度和学生交流访问制度，共享高校教育资源，北京高校还可以到河北举办独立学院或分校；分步逐渐放宽基础教育对户口的限制，保证在北京工作一定年限以上的河北籍员工子女可以在北京居住地就近择校就读，不收取择校费；逐步将北京、河北两地的教育内容、中高考标准统一到同一水平。

（四）打造区域科技创新联盟

政府之间形成良性互动制度、知识与技术流动应用制度、跨行政区域的合作制度、科技资源共享制度。形成创新主体良性互动、京冀科技创新体系合作互补的发展格局，重点培育和加强共性关键技术与核心技术创新能力、科技产业孵化能力、科技成果转化和知识应用能力，以及北京对周边地区的技术转移与辐射能力，支持京冀成为环渤海地区经济与科技的中心。在政府方面，通过建立和加强专门领导机构，建立科学、公正、客观的科技合作决策咨询、评估和监督机制，对科研院所、新型研发机构、科技中介等区域性组织的设置和定位进行统一筹划和长远布局。在组织形式方面，健全创新联盟内部良性互动机制，促使知识从科研机构、大专院校向产业有效流动。完善科技信息网络系统，建立大型仪器设备服务网络，实行科技设备有偿共享机制，探索建设共享技术检测系统、技术交易与成果转化系统、科技咨询服务系统和科技风险投资服务系统。

发挥京冀区域内科技人才优势，利用国家级科研院所、知名高校等研究优势，在生物医药、新一代信息技术、新能源、新材料等领域搭建通用的公共科技创新平台。通过对圈内资源的整合，使原属于某一地区的个性资源升级为共享资源，提高资源使用效率，降低成本。

第四节　京冀产业合作的政策建议

相对于珠江三角洲、长江三角洲而言，首都圈区域一体化程度较低，是因为在这个区域内还存在一些制约一体化发展的深层次问题。首先，在"首都圈"概念提出以前，"京津冀地区"作为一个整体的地域概念已提出多年，但区域整体发展规划相对滞后。其次，首都与周边地区经济落差过大，缺乏有效的产业对接路径。再次，非公经济发展不活跃，市场力量在推动区域合作中的作用发挥不充分。因此，推动京冀产业合作，需要破解合作机制难题，制订统一规划，充分发挥市场作用，并提供一系列优惠政策。

一、协调机制保航

区域经济协调发展的关键是区域内部和谐及外部共生。体制机制建设是京冀建设的关键和基础。沟通便捷、权责分明、高效明确的协调机制能够保证各地各部门在统一的区域目标下有计划、有分工地开展合作。在区域不同的发展阶段会有由不同的协调主体、手段和过程组成的协调机制架构，它们相互配合，构成区域协调发展的体制保障。

近年来，京津冀区域在一些重要领域建立起双边或多边合作机制，如达成"廊坊共识"、签订《京津冀旅游合作协议》、建立京津冀发改委主任联席会、京津冀地区规划和交通协调机制等，但区域整体合作机制层级低、效能不高，尤其是缺乏具体的推进机制。

（一）建立健全政策协调机制，成立专门机构，做到有领导的分工协作

政府是区域协调发展的推动者和实施者，政府综合运用财政补助、国土规划、行政监督、投资导向等各种调控手段进行有效的区域协调。因此，为形成各级各地政府合力，建议建立由国家牵头、国家相关部委与三地政府参加的高层协调机制，成立专门的领导机构，与规划、发改委、财政、建设、民政等多部门建立合作工作关系，建立健全各城市间在生态建设、基础设施建设、园区建设、产业对接等方面的工作推进机制，以及企业、协会等社会力量合作机制。

在中央政府层面上，应设立综合性权威机构。由发改委、商务部、财政部、央行等有关部门领导和区域经济专家组成，行使产业经济发展建议、报请中央与立法机构审批、协调不同地区之间的利益冲突、约束地方政府的行为、统一管理专门的区域基金、约束区域资源的使用方向、规划区域分工、组织实施跨区域重大项目和研究重大区域问题等职能。同时，该机构应被赋予相应的行政资源。

其次，地方政府之间建立跨行政区的协调管理机构，如京张、京廊区域规划与产业协调委员会，京秦港口管理委员会等机构。其主要职能包括：组织协调实施跨行政区的重大战略、资源开发、重大基础设施建设及跨区生产要素的流动；统一规划符合本区域长远利益的发展方式和产业结构；制定统一的市场竞争规则和政策措施，并负责监督执行情况等。

（二）搭建信息无障碍流动平台，继续完善信息共享机制

单个企业缺少足够的激励将区域市场、人力、资本等信息进行统计和发布，年度产业统计和发布是政府推动经济发展、促进区域信息共享的重要行为。应统一统计口径、统计内容，为区域内外市场参与者提供本地市场基本情况；建立圈内统一的、跨部门的产业转移信息查询系统和服务平台；整合现有的产权交易所、技术交易所、采购平台、小企业促进中心等平台和信息系统，开展撮合交易、融资担保等业务，方便圈内产业转移工作的开展和合作产业园区的建设；同时，要搭建以行业协会为纽带的"第二合作平台"，形成"政府搭台、协会做媒、企业唱戏"的产业协同发展新局面。

（三）推进区域商品、要素市场一体化，建立和完善产权交易市场

商品市场一体化的核心是扩大市场获取规模经济效益和市场竞争效益。北

京、天津、河北各有特色产业和特色商品，推动商品市场实现从核心区到紧密区、半紧密区的梯度发展，逐步建立规模不等、层次不同、多级分布的区域性市场体系；同时，商品市场的成熟离不开区域基础设施建设，应加强物流管理和合作。

要素市场一体化需要彻底打破市场壁垒和行政区划的制约，建立多层级跨地区的要素流动信息平台，为劳动力要素自由流动举办更多行业、更高级别的就业推介会，及时发布地区就业信息；推进金融机构合作，加大金融资源对区域内不发达地区的支持力度，实现证券、期货、保险市场的互联和开放；为区域技术成果交易和技术交流合作提供便利条件。

在产权市场方面，需要建立统一的产权交易管理信息系统，使用统一的交易软件，允许异地等级和挂牌，研究制定信息标准化管理办法，方便区域内委托挂牌交易、交易联网运行，形成统一的信息发布、项目融资和创业引导等产权交易服务平台；尽快在共同市场内部实现交易程序、规则和审核标准的统一，逐步推动产权交易的法律法规和政策的统一，并组建监督管理产权交易的统一机构，创造公开、公平和高效的市场运行环境。

（四）建立政府与企业、高校、科研机构、公众和媒体的交流平台，官产学研民共话区域合作

政府是产业合作政策与规划的制定者，企业是产业合作的真正参与者，而学术界、社会舆论是政府政策的重要监督者和决策的思想来源地，政府制订的合作规划，需要结合企业经营状况，经过细致全面的调研考察，综合学术界的建议和修正，征得民众同意，通过媒体推广宣传。要继续完善新闻发言人制度和听证会制度，开放市民参政讨论平台，开放产业合作信息平台；建立学者、企业、官员参加的经济圈合作论坛，定期讨论国内外区域合作的最新进展，总结以往的合作情况，交流地方经验，研讨后续需要解决的重点问题、合作的重点领域和措施；媒体配合政府和企业做好区域营销，提升区域影响力和知名度。

二、专项规划引导

为推进区域发展与合作，应加快制订近期和中远期合作的总体战略规划及各合作领域的专项规划，并不断提高规划的法定效力，加大规划的执行力度，充分发挥规划在区域发展与合作中的作用。

（一）结合国家、省市主体功能区划，明确各地主体功能

2011 年 6 月，全国主体功能区划分已经确定，京津冀属于优先开发区域，区域发展定位为科技创新与技术研发基地，全国现代服务业、先进制造业、高新技术产业和战略性新兴产业基地，我国北方的经济中心。

（1）应加快确定本区域主体功能区划分的步伐，结合全国层面的主体功能区划分明确各地区的主体功能。将环首都地区划分为四大区域，分别为北部生态保护和生态产业支撑区、中部京津廊产业发展区、东部滨海临港产业发展区、南部制造业与农业产业支撑区。

（2）京津廊产业发展区和唐山、秦皇岛临海新区确定为优先开发区域。北京着眼于建设世界城市，发展首都经济，提升国际化程度，强化城市创新功能和科研技术成果转化与扩散；天津着力提升第三产业发展水平，发挥港口经济优势，同时加强与北京的金融、技术合作；廊坊应承接北京、天津产业转移，建设区域内科研、创新、高校集中区，形成知识经济优势；唐山发展临海工业，开拓国际市场，打造临海增长极；秦皇岛新区完善城市基础设施，发展临海产业和临钢城区。

（3）合理选取重点开发区域。在天津滨海新区建立以第二产业和生产性服务业为主的产业结构，建设成为对外开放的重要门户、先进制造业和技术研发转化基地、北方国际航运中心和国际物流中心。保定重点开发汽车及零部件生产制造、轻型工业，建设都市工业产品生产制造、能源设备制造等现代加工制造业基地，同时注意发展现代物流和特色旅游。

（4）加强对限制开发区域的监督和管理，严格惩治过度消耗资源、破坏生态环境的行为。限制开发区域分为两类，对于北京西北部郊县、西南部具有旅游业发展潜力的地区、唐山和秦皇岛的非临海地区，可以发展高附加值、吸纳就业能力强的高端服务业、精品旅游业；承担保持水土、治理风沙源的城市，如张家口、承德，应以发展农牧产品加工、旅游等产业，严禁引进高能耗、强污染的重型工业。

（5）对于生态环境保持地区严格禁止开发。统筹区域水源保护和风沙源治理，在地下水漏斗区和海水入侵区划定地下水禁采区和限采区并实施严格保护，加强入海河流小流域综合整治和近岸海域污染防治，推进防护林体系建设，构建由太行山、燕山、滨海湿地、大清河、永定河、潮白河等生态廊道组成的网状生态格局。张家口、承德沿河地区禁止破坏性土地开发利用，并由其他城市给予补偿援助。

（二）制定区域产业发展规划，协调产业转移与承接事宜

综合考虑区域产业发展态势，结合各市产业发展基础和京津产业转移趋势，适度引导产业发展。该规划内容应主要包括：区域产业发展现状评价，区域产业发展条件分析，中远期产业发展重点，区域产业分工与产业空间分布规划，近期产业发展规划，近期重点项目规划和政策保障等。

（三）制定区域土地利用规划，加强土地联动管理

综合考虑区域土地潜力与用地需求的匹配，进行区域土地利用现状调查，根据区域产业转移和产业发展的需要合理配置开发区土地，结合主体功能区划分决定土地供给的重点。在缓解北京市用地压力的同时，合理推进廊坊、涿州土地的阶段性开发，严格保护耕地和滩涂，限制开发林地、草地，优化山地、坡地的开发；区域矿产开发地应加强环境保护和水土保持。

该规划内容应主要包括：现状土地存量及其利用情况分析，近期及中远期土地开发需求分析，土地资源合理利用时序规划，近期土地整理、农田保护、土地开发的重点内容与进度规划，中远期土地利用与保护的重点区域规划，操作实施的政策保障等。

（四）完善基础设施规划，构建区域基础设施网络

1. 交通及基础设施规划

全方位考量区域中远期的交通及基础设施需求，根据项目规模和紧迫程度，分阶段规划区域综合建设的进度。其中应当特别重视东北部近邻北京的三区县与北京的交通联系规划。

该规划内容应主要包括：现状交通及基础设施情况与近远期需求分析，阶段性建设的重点内容及进度规划，近期重大项目详细规划，明确实施规划的主要模式、资金来源、进度安排、政策保障、监督机制等。

2. 能源利用规划

以可持续发展为基本原则，结合区域发展需要，充分挖掘区域能源供给潜力，特别是利用新型资源，发展战略性新兴产业。该规划内容应主要包括：区域能源存量现状与开发利用现状分析，能源可持续利用与区域发展分析，中远期区域能源可持续合作利用时序规划，近期能源开发与保护的重大项目及其进度规划，能源安全保障管理条例，具体实施的政策保障、责任监督等。

三、优惠政策激励

京冀产业合作的有效推进，还离不开制定跨区域项目合作的奖励措施，实施区域合作引导政策。政策激励作为一种比较常见和容易控制的手段，在政府引导区域发展过程中具有重要意义。在首都圈未来区域合作进程中，政策激励应进一步扩大其应用领域，增加多样性，随着区域合作的发展，不断调整激励模式，加强激励程度，丰富激励对象。

（一）跨区域鼓励、奖励措施

鼓励企业跨区域发展，对积极推进跨区域合作项目的企业给予奖励，如税收减免，给予在资源获取、项目审批方面的优先权等；对跨区域项目给予优先考虑，并适当发挥政府作用保障和推动该类项目的开展。

（二）区域合作引导政策

制定区域合作引导政策，尤其在区域合作可能性较大的领域，在市场操作的基础上，充分发挥政府引导作用，为区域合作性项目创造条件，并引导人才、资金、技术的合理流动，给予区域合作良好的发展空间。

（三）跨省市对口合作企业的帮扶措施

帮助具有跨省市发展潜力的企业联系地方对接单位，建立长效定点合作基地机制，构建企业发展规划的信息平台，建立企业合作基金储备制度，政府利用财政为企业跨区域发展提供一定支持。

大事记
(2012～2013)

2012 年 1 月

2012 年 1 月 3 日下午，北京、天津、河北、内蒙古、山西五省区市第一次外宣工作联席会在京举行，五省区市外宣办共同签署《华北五省区市对外宣传发展战略合作框架协议》，正式建立京津冀蒙晋对外宣传联席会机制。

2012 年 1 月 18 日，环保部发布《国家环境保护"十二五"规划》。规划首次增加了氨氮和氮氧化物两项指标，并提出将在京津冀等重点区域开展臭氧和 $PM_{2.5}$ 的监测。

2012 年 2 月

2012 年 2 月 2 日，中国科协、京津冀三地科协 2012 年学会学术工作研讨会在天津举行。会上，四方科协分别交流了学会工作的经验和思路，共同探讨在国家层面越来越重视社会组织的新形势下，怎样不断创新提高学会学术工作的质量和水平，开拓学会工作的新局面。

2012 年 2 月 5 日，由京津冀三地畜牧兽医学会组织的 2012 北方畜牧业暨宠物人才交流会在槐安西路石家庄市人力资源开发中心举办。

2012 年 2 月 10 日，北京铁路局与北京、天津、河北、山西等地 9 家重点钢铁企业、11 家重点统配矿、2 家重点石化企业签订了《2012 年北京铁路局与重点企业年运量互保协议》，确定了 2012 年 12 992 万吨的运输总量。

2012 年 3 月

2012 年 3 月 12 日，京津冀交通运输工作联席会在京召开，根据会议纪要，三地由交通运输部综合规划司牵头，以轮值会议方式，定期研究探讨规划、建设、服务、管理等方面推进区域交通设施和运输一体化建设的战略和措施。

2012 年 3 月 15 日，由首都经济贸易大学、社会科学文献出版社联合举办的"首部京津冀蓝皮书《京津冀区域一体化发展报告（2012）》发布会"在北京举行。

2012 年 4 月

2012 年 4 月 9 日，京秦高速公路天津段工程建设启动，已进入招标阶段。建成后将有效加强天津北部、唐山、秦皇岛与北京直接的交通联系，更有力促进京津冀经济一体化进程向纵深发展。

2012 年 4 月 26 日，廊坊、沧州、保定与北京、天津两市公安机关治安方面负责人汇聚廊坊，共同签署京津冀（廊坊）区域治安警务协作书，为加强区域沟通合作、确保京津冀区域安全稳定筑起一道协调联动的治安防线。

2012 年 5 月

2012 年 5 月 15 日，第三次京津冀治理车辆超限超载工作联席会议在石家庄召开。三地代表共同审议了《京津冀"保畅通、保安全"联合治超工作方案》草案。

2012 年 5 月 18 日，由河北省人民政府携手国家发展和改革委员会国际合作中心共同主办的"2012 环首都绿色产业高端会议"在河北廊坊国际会展中心举行。

2012 年 6 月

2012 年 6 月 12 日，"天津国际邮轮母港 2012 邮轮航季启动仪式"在天津国际邮轮母港举行。全球第一大游轮品牌——皇家加勒比国际游轮宣布，天津港将成为其在中国北方最重要的运营母港，旗下的"海洋神话号"和"海洋航行者号"将启动以天津为母港的多条特色航线，助推以天津为核心的京津冀区域邮轮产业向高端化发展。

2012 年 6 月 26 日，全国 12 个省区市请示或公布了 2012 年企业工资指导线，与 2011 年工资指导线相比，河北省基准线下降，天津市基准线持平，北京市基准线上涨了 1%。

2012 年 6 月 28 日，近日，北京物美集团就投资河北建设销售网络相关事宜到河北省驻北京办事处进行洽谈。计划五年内在河北省投资 100 亿元建设京津冀统一销售网络。

2012 年 7 月

2012 年 7 月 25 日，2012 年京津冀晋蒙区域协作论坛预备会在北京市社科联顺利召开。会议协商议定，2012 年区域协作论坛将于 2012 年 9 月 25～27 日在北京举行，本次论坛主题为"首都经济圈：内涵与路径"，通过五地两界专家学者围绕首都经济圈的内涵、发展格局、发展路径、重点领域等问题开展深入研讨交流，推进区域经济一体化发展，为首都经济圈建设提供理论支持和对策建议。

2012 年 8 月

2012 年 8 月 1 日，京津冀公路路政部门共同开展为期 3 个月的联合治超专项行动，重点打击车货总重超过 55 吨和超限 100％的砂石料、煤炭、钢材等运输车辆。

2012 年 8 月 15 日，京津冀森林防火工作联席会议在天津市召开。

2012 年 8 月 27 日，近日，审计署京津冀特派办召开机关委员会、机关纪委暨机关工会换届选举大会，机关党委对近年来的工作情况进行了总结，天津市委金融工委有关领导参加会议并做重要讲话。大会改选了机关委员会、机关纪委及机关工会委员会成员。

2012 年 8 月 23 日，中国糖酒食品经销商发展论坛（2012 京津冀）在首都北京隆重召开。来自京津冀的 500 余名糖酒食品行业优秀经销商代表及知名生产企业代表相聚北京鸿坤国际大酒店，共谋经销商发展大计，探讨行业发展趋势。

2012 年 9 月

2012 年 9 月 12 日，京津冀交通广播业务研讨暨信息合作交流会在河北省平山县温塘镇举行，并启动了京津冀交通广播信息合作平台和省内交通广播联动互助机制。

2012 年 9 月 21 日，公安部治安局、国家烟草专卖局专卖监督管理司在天津市召开了由北京市、天津市、河北省公安厅（局）治安总队负责人、专案侦办负责人及各省级局专卖处（稽查总队）负责人参加的部级督办案件督办会。

2012 年 9 月 27 日，由京津冀晋蒙五地社科联和科协联合主办、北京市社科联和北京市科协承办的"2012 京津冀晋蒙区域协作论坛"在京召开。

2012 年 10 月

2010 年 10 月 8 日，由北京市金融工作局党组书记霍学文同志带队，会同中国人民银行营管部、北京证监局等部门，与天津市金融办召开了京津冀金融一体化建设工作推进会。

2012 年 10 月 30 日，水利部、北京市政府、天津市政府、河北省政府联合批复了《北运河干流综合治理规划》。

2012 年 11 月

2012 年 11 月 23 日，天津武清、北京通州、河北三河工商部门加强打击传销工作的交流合作，共同签订《京津冀通州、武清、三河工商局打击传销联防联动区域合作机制协议书》，共同构筑针对传销违法行为的打、防、控、管、宣协作机制。

2012 年 11 月 23 日，由京津冀畜牧兽医学会共同主办，天津市畜牧兽医学会承办的第三届京津冀畜牧兽医科技创新研讨会暨"瑞普杯"新思想、新方法、新观点论坛于 2012 年 11 月 23～24 日在天津滨海高新区华苑科技园召开。

2012 年 12 月

2012 年 12 月 1 日，《教育部哲学社会科学系列发展报告：京津冀区域发展报告（2012）》（李国平主编）由中国人民大学出版社出版。

2012 年 12 月 1 日，"2012 年京津冀名胜文化休闲旅游年卡"新闻发布会在京召开，旅游年卡最大限度整合京津冀旅游资源，优化资源配置，实现了景区与消费者的互利共赢。2012 年京津冀旅游年卡共包含 81 家全年无限次游览景区，票价分别为 60 元、100 元、130 元三种面额。

2012 年 12 月 6 日，2012 年河南省承接京津冀区域产业转移对接活动——中原经济区建设投资说明会暨签约仪式在北京举行。来自京津冀区域的 300 多家知名企业和河南省 18 个省辖市招商团积极对接，共签约项目 110 个，引资总额 675.7 亿元。

2012 年 12 月 6 日，渤海银行在河北的首家分行——石家庄分行正式对外营业，这也是该行在全国的第 14 家分行。京津冀三地银行交叉异地设立分支机构的做法，成为该区域金融一体化实质性运作的最好注脚。

2012 年 12 月 14 日，京津冀区域高速公路联网电子收费管理委员会第五次会议在北京召开。目前，京津冀区域高速公路已建成使用 659 条 ETC 车道、5341 条人工刷卡车道。

2012 年 12 月 21 日，由中国人民大学社会转型与社会管理协同创新中心主办的京津冀和长三角区域人口流动与发展学术研讨会在中国人民大学中国调查与数据中心会议厅举办。

2012 年 12 月 22 日，以"京津冀区域承载力与生态文明建设"为主题的 2012 首都圈发展高层论坛于 12 月 22～23 日在北京商务会馆举行。

2012 年 12 月 25 日，中华医学会老年医学分会、中华老年医学杂志编辑委员会京津冀地区老年医学专家迎新联谊会在北京新侨饭店召开。

2012 年 12 月 26 日，京广高铁正式开通运营，这条世界上运营里程最长的高速铁路贯穿近 30 个城市，开通后北京至广州全程仅需 7 小时 59 分，大大缩短了中国南北间的陆上交通时间。

2013 年 1 月

2013 年 1 月 13 日，京津冀滑冰爱好者联谊会在天津子牙河冰场举行，来自三地的 150 余名滑冰高手齐聚一堂，切磋技艺。

2013 年 1 月 16 日，中国仪器仪表学会分析仪器分会 2013 京津冀地区理事会（扩大）会议在北京召开，来自三地的专家、理事会成员 60 余人参加了此次会议。

2013 年 1 月 17 日，京津冀种植业高效用水可持续发展关键技术研究与示范项目在河北正式启动。

2013 年 1 月 23 日，北京市环保局召开发布会宣布，经国务院批准，自 2013 年 2 月 1 日起，北京在全国率先开始执行北京第五阶段机动车排放标准（简称"京 V"）。

2013 年 3 月

2013 年 3 月 19 日，社会科学文献出版社与首都经贸大学联合发布《京津冀发展报告（2013）——承载力测度与对策》蓝皮书。

2013 年 3 月 23 日，北京、天津在天津市签署《北京市天津市关于加强经济与社会发展合作协议》，从多个方面推出一揽子计划，加强经济社会发展合作。

2013 年 4 月

2013 年 4 月 10 日，京津冀特殊教育学校成长联盟大会在宝坻博爱学校召开。参加大会的有北京、天津、河北等地的 9 所郊区县特殊教育学校的校长及骨干教师，会议通过了《京津冀特教学校成长联盟章程》。

2013 年 5 月

2013 年 5 月 20 日，天津党政代表团到河北考察，两地党政主管在石家庄市举行工作交流座谈会，会后双方签署了《深化经济与社会发展合作框架协议》。

2013 年 5 月 22 日，北京与河北党政代表团召开工作交流座谈会，会后签署了《北京市-河北省 2013 至 2015 年合作框架协议》和十一个专项协议。

2013 年 5 月 29 日，河北丰宁抽水蓄能电站项目开工建设，建成后，将有效平衡用电峰谷，缓解北京、天津和冀北电网夏季用电"吃不饱"的现状。

2013 年 6 月

2013 年 6 月 5 日，京津冀鲁晋高速公路区域联网电子收费工作协调会在石家庄召开。

2013 年 6 月 8 日，国家发改委在唐山市召开京津冀都市圈区域规划工作座谈会，就做好区域规划的研究和编制工作进行交流，听取有关省市的意见和建议。这标志着京津冀都市圈区域规划工作由前期准备阶段进入了实质性工作阶段。

2013 年 6 月 10 日，北京、天津、河北三地龙舟对抗赛暨秦皇岛市第二届龙舟大赛开锣。来自三地的 38 支龙舟队伍在我市汤河水面上挥桨竞渡。

2013 年 6 月 14 日，由工信部规划司牵头，北京、天津、河北三地工业和信息化主管部门在廊坊市召开联席会议，就环京津区域经济一体化及产业结构调整、信息化推进和产业合作等进行深入座谈。

2013 年 6 月 25 日，由华北管理局主导的京津冀地区民航运输协同发展项目研究论证会，在石家庄召开，对长达六个月悉心调研所形成的《京津冀航空运输协调发展研究报告》进行了讨论。

2013 年 7 月

2013 年 7 月 10 日，北京、天津、河北在天津召开治超工作联席会议。

2013 年 8 月

2013 年 8 月 3 日，津秦铁路客运专线开始联调联试，预计 3 个月后开通运营。这意味着，天津与廊坊、沧州、唐山、秦皇岛、保定等河北省近一半的地级市将有高铁相连，且 1 小时内均能通达。

2013 年 8 月 23 日，北京市政协围绕首都城市发展若干问题召开协商议政专题座谈会。会上北京国际城市发展研究院院长连玉明提出三地应跨区域共建京畿新区。

2013 年 8 月 27 日，京津冀及周边地区重污染天气应对工作会议在北京召开，会议听取了北京、天津、河北、山西、内蒙古、辽宁、山东等关于应对重污染天气的工作汇报，并就贯彻落实《大气污染防治行动计划》、妥善应对冬季重污染天气等工作进行了全面部署。

2013 年 8 月 29 日，京津冀及周边地区重污染天气应对工作将加大责任追究力度。对工作不力、履职缺位等导致持续 3 天重污染天气的，将对主要领导和分管领导依法实施问责。

2013 年 9 月

2013 年 9 月 4 日，河北出台了大气污染专项管理十条办法。

2013 年 9 月 6 日，国家发改委国土地区所所长、研究员肖金成，国务院发展研究中心区域所主任、研究员刘勇集聚天津武清，就"京津冀一体化"发展的总体进程及武清区加入"京津冀一体化"加快区域发展这个主题进行研讨。

2013 年 9 月 7 日，京津冀中国式摔跤观摩交流大会在河北沧州清真北大寺前殿广场开幕，来自北京、天津、河北等地的十余支摔跤队伍近 200 余人齐聚一堂，展开中国式摔跤技艺的交流切磋。

2013 年 9 月 18 日，环保部等 6 部委发布《京津冀及周边地区落实大气污染防治行动计划实施细则》。这是继国务院发布《大气污染防治行动计划》以后的首个区域实施细则。

2013 年 10 月

2013 年 10 月 14 日，财政部发布消息称，中央财政安排 50 亿元资金，全部用于京津冀及周边地区（京津冀蒙晋鲁六省市）大气污染治理工作，重点向治理任务重的河北倾斜。

2013 年 10 月 16 日，中国气象局京津冀环境气象预报预警中心成立，揭牌仪式在北京市气象局举行。

2013 年 10 月 16 日至 17 日，京津冀晋蒙环首都区域生态建设座谈会在石家庄市举行。

2013 年 10 月 22 日，由北京市包装技术协会、天津市包装技术协会、河北省包装业商会共同发起京津冀（环首都经济圈）包装合作发展座谈会在河北雄县成功举行。三方建立每年不定期会议及专题活动制度，为进一步打造京津冀环渤海包装经济圈共同努力。

2013 年 10 月 23 日，京津冀及周边地区大气污染防治协作机制在北京正式启动。

2013 年 10 月 24 日，2013 年京津冀及周边地区环境气象工作会在京召开，研讨京津冀及周边地区环境气象业务进展，安排部署今年冬季京津冀及周边地区重污染天气监测预警工作，进一步贯彻落实《大气污染防治行动计划》。

2013 年 10 月 26 日，"2013 中国保定自由飞行周"铸飞仪式在保定江城机场举行，该活动旨在打造京津冀区域唯一的自由飞行平台，将飞行与生活以一种全新的休闲旅游方式呈现出来，成就一段精彩纷呈的参与过程，享受简单飞行的乐趣与梦想。

2013 年 10 月，承德与清华大学建筑设计院、北京博勤医疗器械有限公司、北京世纪唐人旅游发展有限公司签订合作协议。2011 年以来，北京、天津已成为承德重点招商合作区域。

2013 年 11 月

2013 年 11 月，第五届"9＋10"区域旅游合作会议将首推"9＋10"区域旅游合作"九大行动"，并将全面构建"首都旅游经济圈"。

2013 年 12 月

2013 年 12 月 31 日起，京津冀区域与山东、山西高速公路电子不停车收费系统实现互联互通，区域内 ETC 客户能够在五省市范围内完全实现不停车，跨省市自动缴费通行。此举大大提高了通行效率，加速了区域内城市间信息、资源流动速度。